KB239457

한국을 생각한다

슬픈한국 지음

아고라 논객 슬픈한국이 말하는
한국 사회의 불편한 진실과 위기의 실체,
그리고 희망의 메시지

이비락 樂

한국을 생각한다

초판 2쇄 발행 2011년 5월 27일

지은이 슬픈한국

펴낸곳 도서출판 이비컴
펴낸이 강기원
교   정 作業室
진   행 이병일
마케팅 김동중, 이은미

주   소 서울 동대문구 신설동96-24 세원빌딩 402호
대표전화 (02)2254-0658 FAX (02)2254-0634
전자우편 help@bookbee.co.kr

등록번호 제6-0596호.(2002.4.9)
ISBN 978-89-6245-060-6   03330

ⓒ 슬픈한국 2011

이 책의 국립중앙도서관 출판시도서목록(CIP)는 e-CIP 홈페이지(www.nl.go.kr/cip.php)에서
이용하실 수 있습니다.(CIP제어번호: 2011001763)

거리로 나온 경제가 서민들을 만나다
― 해인

현란한 인터넷 시대의 우리에게 책이란 무엇일까. 어지러울 정도로 빠르고 멀미날 정도로 출렁이는 디지털 세상 속에서, 만지고 접고 메모하는 아날로그적 건드림을 요청하는 책이란 어떤 의미가 있는 것일까. 냄새 하나 없이 미끈하고 모던한 전자 문서의 편리함과 인터넷을 통해 무한 복제되어 신속하게 퍼져나가는 효율성의 세상에서, 다락방의 책 냄새와 책속에 끼워져 익어가는 은행나뭇잎의 사연이란 도대체 무엇일까. 빠르게 소비되고 잊혀지는 디지털 문서가 손때 묻어 헤진 책표지에 길게 남겨진 사유의 흔적을 대신할 수 있을까.

어쩌면 우리는 이 놀라운 검색과 저장의 시대에도 아날로그적 지혜를 목말라 하고 있는지도 모른다. 디지털로 저장할 수 없는 아날로그의 몸짓, 오래 응시하고 곰삭혀 올라오는 지혜 말이다. 이러한 맥락에서, "정보의 바다에 마실 물 한 모금이 없다"는 김영민 선생의 지적은 적절하게 들린다. 그리고 이 책의 저자인 슬픈한국님도 이를 잘 알고 있음을 알 수 있다. 왜냐하면 이 책의 출판 자체가 이를 증명하기 때문이다.

많은 분들이 알고 있듯이, 슬픈한국님은 다음 아고라 경제방에서 좋은 경제 관련 글을 써 오신 분이다. 인터넷에 올라온 이 분의 글들은 깊이가 있으면서도 경제를 잘 모르는 일반인들도 쉽게 이해되도록 쓰여 많은 유명세를 탔다. 나 자신도 이 분의 글로 많은 배움을 얻었으며 슬픈한국님이 쓰신 대부분의 글이 내 컴퓨터에 저장되어 있다. 그러나 검색해서 읽고 저장해 놓는다고 해서 내 것이 되었는지는 의문이다. 다시 말해, 내가 인터넷에서 얻고 배운 정보가 깊이 있는 이해와 지혜로 바뀌었는지 확신이 들지 않았다는 것이다.

그런데 반갑게도 슬픈한국님 글이 잘 정리되고 새롭게 보강되어 책으로 묶였다. 이 책을 통해 나는 슬픈한국님과 제대로 만날 수 있었는데, 왜냐하면 이 만남은 인터넷에서 스크롤 한두 번으로 소비되는 만남과 차원이 다른 경험이었기 때문이다. 아마도 나는 이 책과 더 오랜 시간 대화하는 비용을 치르고서야 '내 마실 물 한 모금'을 얻을 수 있을는지도 모른다. 경제학에서 말하는 격언처럼, 공짜 점심은 없으니까.

이 책의 미덕은 무엇보다도 경제를 바라보는 기존의 틀(패러다임/프레임)을 깨고 새로운 시각과 전망을 제공한다는 것에 있는데, 간단히 말하면 경제만을 위한 '경제학'이 아니라 함께 나누고 같이 살아가기 위한 '정치경제학' 혹은 '인문(人紋)경제학'이라는 패러다임을 언급하고 있다. 저자는 이러한 패러다임 전환이 왜 필요한지, 경제만을 위한 경제가 어떤 해악을 끼쳐 왔는지를 특유의 날카로운 경제학적 분석과 생생한 현장의 사례로 잘 보여 준다.

특히 주목할 점은 저자의 놀라운 경제 지식과 통찰력 있는 경제학적 분석이 어렵게 살고 있는 수많은 서민들을 위한 것이란 점인데, 수년 전 시작되었고 지금도 진행 중인 경제위기 속에서 힘없는 서민들이 어떻게 대처해야 하는지 구체적으로 알려 준다. 즉, 저자의 분석과 통찰은 경제학이라는 학문의 상아탑에 고매하게 좌정하기 위한 작업이 아니라 저잣거리로 걸어 나와 서민들을 만나기 위한 작업이라 할 수 있겠다. 그래서 당연하게도, 이 책은 경제학의 어려운 용어들이 스스로를 소외시키지 않고 서민들이 쉽게 이해할 수 있도록 낮은 자리를 찾아가도록 한다.

저자는 말한다. 선진국이 되어 잘 살고 싶은가? 그렇다면 민주적 조세복지로 경제적 약자를 보호하고 정경유착 없는 진정한 의미에서의 시장경제를 구현하라고. 나는 저자의 이러한 지적에 완전히 동의하는데, 왜냐하면 경제란 정치와 일란성 쌍생아라고 믿기 때문이다. 조금 단순하게 말하면, 먹고사는 게 경제인데 문제는 혼자 먹고사는 세상이 아니라는 것. 따라서 같이 먹고사는 방법을 찾아가는 정치를 할 때 비로소 우리는 선진국으로 도약할 수 있다고 생각하기 때문이다.

이는 대부분의 경제 선진국들이 비교적 공정하고 투명한 조세제도와 광범위한 사회복지망을 갖추고 의회민주주의를 잘 운영하고 있다는 사실에서도 유추할 수 있는데, 저자는 이들이 경제적 성장을 잘해서 조세ㆍ복지ㆍ정치 선진화를 이룬 것이 아니라, 오히려 조세ㆍ복지ㆍ정치 선진화를 바탕으로 경제적 성장을 크게 이루었다는 점을 다각도로 보여주고 있다. 정치 후진국인 중국의 가파른 성장이 결국 벽에 부딪쳐 선진국으로의 도약에 실패할 것이라는 저자의 전망은 여기서 나온 것이

고, 저자는 이를 구체적 경제지표와 해박한 경제이론으로 자세하고 쉽게
설명해 준다.

다시, 이 책의 가장 큰 미덕인 경제를 바라보는 패러다임(프레임)의 전
환으로 돌아가서 이를 인문학적 관점에서 살펴보자. 잘 알려진 대로 우
리 인간의 인식은 반드시 어떤 프레임 안에서 이루어진다. 그런데 《코끼
리는 생각하지 마》라는 책에서도 잘 지적되었듯이, 프레임 안에서만 사
고하면 언제나 그 프레임이 유도하는(조건화된) 결론에서 빠져 나오지 못
한다. 따라서 외부성을 획득하지 못하면(틀 밖으로 나가지 못하면) 내재화
와 자기동일성 강화의 덫에서 한 치도 벗어날 수 없다.

문제는 우리가 틀 없이 생각을 할 수 없다는 것이다. 가령, 언어는 하
나의 틀이고 우리는 말없이 생각할 수 없는 것이다. 프레임에 빠지지 말
자고 언어를 버릴 수는 없는 법. 다시 말하면, "Think out of the box."
도 틀을 없애버리자는 말이 아니라, 지금의 현실과 현재 벌어지고 있는
현상을 이해하고 해석하기 위해 새로운 box가(틀이) 필요하다는 말일
것이다.

결국 중요한 것은 항상 자신의 프레임을 잘 돌아보며 사고하는 자세일
것인데, 이 책의 저자는 우리가 안일하게 안주하고 있는 기존 경제학의
울타리를 거세게 흔들며 우리를 자극하고 있다. 틀에 빠지지 않고 틀과
함께 넘어가는 지혜를 요청하면서.

특히나 '바보야, 문제는 경제야!' 라는 슬로건 아래 정권을 잡은 이명박
정부가 한국 경제를 어떻게 파탄내고 있는지를 똑똑히 보여 주고 있는

작금의 경제 현실에서, 경제적 약자를 보호하며 함께 성장할 수 있는 정치적 토대 마련의 필요성을 제기하는 저자의 주장은 더욱 힘이 실린다. 결국 '바보야, 문제는 정치야!'가 아니겠는가. 거대 언론사들을 통해 끊임없이 흘러나오는 '정치하는 놈 다 똑같은 놈이야. 먹고사는 경제만 생각하자고!'라는 프레임이 왜 생산되고 있는지 우리는 알아야 할 것이다. 심리학자 스키너가 사람은 주무르는 대로 만들어진다고 했을 때, 그는 농담을 하고 있는 것이 아니었기에.

이러한 맥락에서 이 책은 경제학뿐만 아니라 인문학적 측면에서도 큰 의의를 지닌다고 할 수 있을 것이고, 철학과 문학으로 사람 사는 이치와 존재의 결을 끊임없이 길어 올리려고 애쓰는 인문학도라면, 인문의 무늬가 발 딛고 있는 가장 낮은 곳을(세속을, 경제와 정치를, 생존의 문제를) 외면할 수 없을 것이다. 왜냐하면 인문학도 결국 생존 이후의 문제이기 때문이다. 사치의 인문학이 스스로의 생명줄인 생존의 인문학(인문경제학, 인문정치학)을 왜 보살피고 돌봐야 하는지 아는 인문학도들에게 일독을 권하며, 인문학과 경제에 관심 있는 많은 분들에게도 적극 추천하는 바이다.

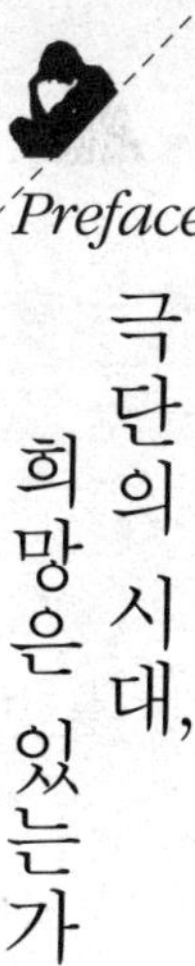

극단의 시대,
희망은 있는가

애초부터 책을 낼 생각 따위 전혀 없었다. 다만 그간 인터넷에 꾸준히 글을 써왔을 뿐이고 그러다 보니 글들이 쌓이고 급기야 몇몇 출판사로부터 책을 내지 않겠느냐는 제안을 받는 상황에 이르렀을 뿐이다.

그에 대한 나의 대답은 일관되게 '거절' 이었다. 그러나 어느 날 문득 생각해 보니 책을 내지 않는 것이 '겸손하다' 거나 '옳다' 라기보다는 '비겁한 것' 이라는 생각이 들었다. 그동안 인터넷에 써온 내용들의 거개가 현실 비판적인데다 매우 도전적인 것들이었기 때문이다. 그러나 문명 역주행적인 이명박 정권이 들어선 이후 자기 검열과 감시의 눈길이 판을 치는 등 민주주의가 극도로 후퇴하고 있다는 점이 나의 출간 결심을 굳히게 만들었다.

이후 원고를 정리하면서 개인적으로 많은 생각들을 했다. 그중에서도 내 머릿속을 휘감은 채 떠나가지 않았던 생각은 '지금 이 순간 대한민국을 살아가고 있는 사람들의 삶은 과연 행복한가, 적어도 희망은 존재하는가' 라는 것이었다.

내 주위의 가족, 지인, 친척, 친구들 그리고 지나가는 사람들을 쳐다보면서도 그런 생각에 빠질 때가 많았고, 심지어는 잠에 들어서도 그칠 줄 몰랐다. 나의 결론은 '별로 행복하지 않다' 는 것이었다. 특히나 심각한 것은 '희망조차 희미해져가고 있다' 는 점이었다.

국민 마음속에 비친 대한민국의 초상은 매우 절망적인 것이다. 현재 한국은 주요국은 물론 모든 국가를 통틀어서도 장시간, 저임금 등의 근로 문제가 심각한 편이다. 일자리의 수도 적어지고 있으며, 임금 격차 문제도 극심하다. 하는 수없이 사람들의 선택은 자영업으로 향하고 있는데 경쟁이 하도 심해 대부분이 영세 수준에서 벗어나질 못하고 있다. 상황이 이렇다 보니 자살, 이혼, 저출산, 투기가 판을 치고 있다. 특히나 부동산 투기 문제가 심각한데, 이것은 조만간 패망적 수준의 대가를 치러야 할 정도로 심각한 상황에 도달한 지 오래다.

2007년 4월 미국 2위의 모기지 업체였던 뉴센트리 파이낸셜사가 부도 처리되면서 전 세계로 휘몰아친 경제위기도 바로 부동산 버블 붕괴로부터 시작된 것이었다. 과거 일본의 잃어버린 10년도 마찬가지 이유에서 비롯되었다. 현재의 중국도 부동산 버블로 무너지기 일보직전이다. 그런데 한국은 그러한 과거와 현재의 역사에서 아무런 교훈도 얻어내질 못하고 있다.

이유가 무엇일까. 여러 가지를 들 수 있겠지만 가장 큰 이유는 바로 '민주주의의 부재' 때문이다. 경제위기는 심각한 경기 변동으로 인해 유발된다. 그것을 막고자 정부의 경제 정책이라는 것이 존재하는 것이다. 이것을 돕고 있는 것이 바로 거시경제학이란 학문이다. 거시경제학이란 경제 총량을 연구해 그것을 적절한 수준(잠재 성장률)으로 성장 촉진하고자 하는 염원을 바탕으로, 대공황 직후 체계화된 학문이다.

그런데 이렇게 좋은 취지로 발전해 온 경제학이 민주주의의 부재 속에서 국민은 외면한 채 정치와 시장 권력에 부역하는 데 치중함에 따라 경제위기가 끊이질 않고 있는 것이다. 특히나 화폐금융 문제에 있어 그 문제의 양상이 심각하다. 대공황도 그렇고 최근 경제위기들의 대부분은 결국 각국 정부의 고의적인 인플레이션 정책에서 비롯되고 있는 것이기 때문이다.

통화 팽창은 부채 확장 속에서 이루어진다. 이 부채 확장이란 무엇을 의미하느냐 하면 대출에서 배제된 사람들의 부의 비중(구매력)을 자동으로 떨어뜨리는 것을 일컫는다. 경제에 새로 유입된 화폐에 먼저 접근하는 사람이 나중에 접근하는 사람으로부터 조용히 부를 강탈해 가는 것이다. 따라서 통화 팽창으로 인한 인플레이션이 심각할수록 빈부 격차가 극심해지게 된다. 투기 또한 판을 치게 된다.

또 하나의 문제는 통화 팽창으로 일어나는 인플레이션이 모든 재화와 용역(서비스)의 가격을 비례적으로 상승시키지 않는다는 것이다. 어떤 것은 오르고 어떤 것은 내린다. 이것이 다시 부의 차이를 더욱 악화시키게 만들고 사람들로 하여금 오르는 재화로의 투기에 동참하지 않고서는 견딜 수 없게 만드는 것이다. 이렇게 투기가 판을 치게 되면 투자는 더더욱 물 건너가게 되고 고용 또한 어려워진다.

고용이 어려워지니 전체적인 경제 총량을 유지하는 것이 점점 힘들어지고 부채 확장 또한 한계에 도달하게 된다. 이때쯤 되면 경제는 결국 공황에 빠지게 되는 것이다. 그런데 사람들이 여기서 헷갈려 한다. 많은 사람들이 공황을 외쳤지만 결국 공황은 오지 않고 있지 않느냐 하는 것이다. 그러나 이는 착각이다. 대공황이 벌어지기 직전인 1929년 당시 실업률은 3.2%에 불과했다. 그러나 1933년에는 24.9%로 치솟았고 GDP 또한 27% 급감했다. 즉, 과거에는 실업률과 경제 총량이 비례적인 모습을 보여 주었던 것이다.

그러나 최근에는 실업률이 떨어져도 경제 총량은 성장하는 기형적인 모습을 보여 주고 있다. 더 심하게 이야기하면 비정규직 만연, 생산기지 해외 이탈 등 고용을 악화시켜 그 동력으로 경제 총량에 올인하는 모습까지 보여 주고 있다. 이것을 과연 경기 팽창이라고 말할 수 있을까. 전통적인 경기 팽창 정의에 따르면 '고용과 생산이 증가하는 현상'이 경기 팽창이다. 따라서 고용은 줄고 생산만이 늘어난다면 진정한 경기 확장이라고 말할 수 없는 것이다.

허나, 놀랍게도 이 부분에 대한 논의는커녕 정의 설정마저 제대로 이뤄지지 않고 있다. 다만 위정자들과 여기에 충실하게 부역하는 관료와 학자들을 통해서 '경기는 회복되고 있지만 온기가 아직 전달되지 않고 있다'란 궤변으로 미화 포장되고 있을 뿐이다. 결국 부의 상층부가 하층부를 쥐어짜 자산 버블을 유지하고 경제 총량을 제고하는 방식을 동원하고 있는 것인데, 이것을 실토하면 정치적으로 불안해질 것이 자명하므로 되레 하층부를 걱정하는 척하는 정치적 프로퍼갠더만이 동원되고 있는 것이다.

이 과정은 언론, 학계, 시장, 정치 권력들의 야합 속에서 이루어지고, 이들 정경언학의 유착이 다시 민주주의를 후퇴시키는 악순환이 반복되고 있다. 정리하면, 최근 공황의 모습은 과거와는 달리 극심한 빈부 격차와 민주주의 후퇴의 모습으로 다가오고 있다는 것이다.

　따라서 경제 회복의 정의부터 다시 해야 할 상황이고, 그것은 '양질의 일자리가 충분히 늘어나고 있느냐', '부의 격차가 적절히 완화되고 있느냐', '그것을 가능케 할 민주주의가 향상되고 있는냐' 등으로 전환되어야 한다는 견해가 범세계적으로 점점 늘어나고 있다. 그렇지 못하다면 전 세계가 직면하게 될 상황은 부의 잔치에서 소외된 계층의 분노로 인한 정권 도미노 붕괴, 아니면 변형된 경제 대위기의 도래가 될 것이다.

　그중에서 변형된 경제 대위기란 대공황식으로 경제 총량이 일시에 급감하거나 2차대전 당시 독일식으로 하이퍼인플레이션이 도래하지는 않더라도, 극심한 빈부 격차를 민주주의 후퇴로서 짓누르고 강화해 나가거나 또는 일본식의 수십 년 장기불황이 도래하는 것을 일컫는 것이다. 일본식 장기불황도 결국 분식회계, 고용 악화, 빈부 격차를 수반하는 것이기에 전자와 마찬가지 현상이라고 할 수 있을 것이다.

　유감스럽게도 현재 세계 각국 대부분이 이러한 추악한 길로 나아가고 있다. 그럼에도 이것을 위기라고 명명하길 거부하는 사람들에게는 인성을 상실한 것이라 비판하지 않을 수 없다. 경제는, 경제학자는, 그리고 경제 참여자는 마음속 깊이 늘 이상주의자여야 한다. 자유를 향해서, 평등을 향해서 그리고 박애를 향해서. 그렇지 않고 양극화, 빈부 격차 등 타인의 고통에 대해 무감각해지게 되면 그 순간부터 그 속에서의 경제 성장은 모두에게 백해무익한 것이 되어버리고 말 것이다.

　일부 사람들은 이것을 두고 신자유주의로의 진일보라 평가하기도 하는데 사실 이것은 잘못된 표현이다. 평등 없는 자유는 자유가 아니기 때문이다. 다른 사람의 자유를 침해하는 자유는 더더욱 자유가 아니다. 다른 사람의 재산을 침해하고 보호해 주지 못하는 시장경제 또한 더 이상 시장경제가 아니라 약육강식의 장일 뿐이다.

법이 지켜지지 못하고, 강자가 약자를 배려하고 보호하는 헌신이 이뤄지지 않고, 자유 경쟁을 보호하는 방어막이 작동하지 못하고, 정부가 앞장서서 투기를 조장하고, 중앙은행이 화폐 가치를 지켜내지 못하는, 그리고 타인의 고통에 무감각한 자유주의와 시장경제는 이미 시장자유주의가 아닌 것이다. 그것은 '세상은 원래 완벽하지 못한 것'이 아닌 '명백하게 실패한 세상'일 뿐이다.

최근 중국이 부상하면서 중국의 공산 독재와 시장경제의 결합 성패에 대한 화두가 분분한데, 중국 경제는 명백히 실패한 경제일 뿐이다. 0.4%의 70% 부의 독점이 이를 증명한다. 미국식의 부패한 자유주의를 비난해 온 중국의 부패가 훨씬 심각한 것이다. 따라서 현재의 범세계적인 양극화, 빈부 격차의 책임은 새로운 G-2라 할 수 있는 미국과 중국의 쌍방향 책임 이다.

우리나라로 시선을 돌려서 보면, 양극화, 빈부 격차 등에 대한 해법으로 미국식 자유주의의 강화를 들고 나오고 있는 보수 진영이나 유럽식 사민주의나 사회주의의 도입을 들고 나오고 있는 진보 진영 모두 문제가 있다고 본다.

일례로 FTA 논쟁을 들 수 있는데, 생산기지의 해외 이탈로 인한 일자리 감소 문제를 관세 철폐로 대기업 생산기지는 한국으로 회귀시키고, 중소기업 생산기지는 북한으로 보낸 후 이를 한국산으로 인정받아 통일 문제까지 대비하려 시도했던 노무현의 고민을 퍼주기 졸속 협상으로 퇴색시킨 이명박 정부의 FTA도 문제지만, 이에 대한 고민 없이 무역 협정은 무조건 신자유주의 정책이란 비판만을 퍼부은 진보 진영 역시 문제였다.

오늘날 한국의 양극화 문제는 결국 복지로 해결해야 하는데, 현재의 GDP 대비 9% 수준인 복지 지출을 유럽 수준인 30% 수준으로 끌어올리려면, 10년만 계산해도 무려 2조 달러의 재원이 필요하다. 또한 통일 후 북한 경제를 남한의 60% 수준으로 끌어올리려면, 역시 10년만 계산해도 5조 달러의 재원이 필요하다. 여기에 더해 부동산 버블이 무너지는 날에는 역시 10년 동안 총 3조 달러의 대가를 치를 것이라는 분석이 있다.

결론적으로 10조 달러의 천문학적 재원이 필요한 것이다. 이것을 무역 확장과 이를 통한 부의 축적 없이 해결할 길은 물론 없다. 그러나 오직 수출 확장을 통한 경제 총량 제고 정책으로만 나가도 대한민국의 미래는 없다. 동시에 강력한 진보 복지 정책과 이를 통한 양질의 일자리 창출로서 대한민국의 양극화를 해소하고, 남북 경협을 대폭적으로 확대해 미래 통일 비용을 선제적으로 줄여내려는 노력이 병행되어야만 한다.

그러나 현실은 정반대로만 가고 있다. 생산기지는 해외로 계속 나가고 있고, 그 가운데 각종 민영화와 재벌의 서비스업 진출 장려 정책으로 공공 요금 등의 비용은 폭증하는 방향으로 나아가고 있는 것이다. 부동산 버블을 뒷받침하기 위한 이민 정책이 시작되었고, 남북 경협은 중단된 채 북한을 무너뜨리기 위한 힘겨루기 정책만이 계속되고 있다. 그러나 부동산 버블은 이미 백약이 무효인 상황이 되었고, 따라서 10조 달러의 저주는 이미 시작된 것이나 마찬가지다.

그간 대한민국 최후의 보루 역할을 해온 국가 부채 역시 김영삼 정권이 8%에서 33% 수준으로 폭증시킨 데 이어, 이명박 정권이 다시 70~80% 수준으로 폭증시켰다. 이를 가리기 위해서 공기업 부채를 은닉하는 등 사실상의 분식회계조치도 이미 시작했다. 모든 상황이 암울해져만 가고 있는 것이다.

이런 암울한 상황들을 바로잡을 수 있는 유일한 길은 바로 '깨어있는 시민의 힘 그리고 이를 통한 한국적 문화의 창출' 뿐이다. 생전 김구 선생이 이야기했던 '아름다운 나라', 김대중 대통령이 이야기했던 '경천인애의 나라(국민을 존경하고 국민을 사랑하는 나라)' 그리고 노무현 대통령이 이야기했던 '사람 사는 세상' 속에 담긴 내용 역시 이것과 다르지 않다.

이들이 살아 있는 동안 줄기차게 강조했던 것은 문화, 역사, 교육, 언론 주권의 힘이다. 국민들이 역사를 바로 보고 끊임없이 자각하고 행동하여 언로를 바로 세우는 문화를 만들어 낼 수 있을 때, '대한민국은 아름다운 나라, 경천인애의 나라 그리고 사람 사는 세상이 될 수 있다' 는 이야기다. 그 문화는 하루아침에 완성되는 것이 아니라 국민 개개인의 철학적 가치 판단 위에서 서서히 진일보해 나가는 것이다.

바로 그 가치 판단의 한 여정을 돕기 위해 나는 이 책을 썼다. 나는 이 책과 이어질 책 속에서 부동산, 화폐금융, 세계경제, 한국의 정치 사회 단상 등의 여러 가지 이야기를 하거나 하게 될 것이다. 그러나 내 책의 목적은 그러한 것에 관계된 사실, 진실, 지식의 전달 같은 것이 아니라, 바로 '오늘날 대한민국의 암울한 현실 속에서 사람들의 삶이 과연 행복해질 희망은 존재할 수 있겠는가' 에 대한 고민과 해법의 일단을 나눠보기 위한 것이다.

그 여정 속에서 그동안 우리가 잊고 살았던 소중한 가치들을 한번 되돌아볼 수 있었으면 한다. 무엇보다도 세상 속에 다시 마음을 부활시켰으면 하는 바람이다. 오랜 시간 일을 하고 그 속에서 오로지 돈에만 매몰되어 되돌아보지 못했던 나와 세상의 마음을, 자신만의 가치판단의 창으로 들여다볼 수 있는 이상적 마음을 다시 우리 속에서 끄집어 낼 수 있었으면 한다는 이야기다. 만약 그럴 수 있다면 이 책의 취지는 어느 정도 성공일 것이다.

이 책은 결코 훌륭한 책은 아니다. 많이 팔리길 기대하고 출간한 책은 더더욱 아니다. 그렇기에 출판 초부터 출판사 관계자들에게 그러한 점부터 분명히 못 박았다. 그럼에도 돈이 안 됨은 물론 품평까지 형편없을지 모를 이 책의 출판을 결정해 준 도서출판 이비컴의 강기원 사장과 출판사 직원들에게 이 글을 빌려서 감사의 말을 전한다.

또한 원고에 걸맞지 않는 훌륭한 추천사를 써준, 평소 존경해마지 않는 해인님과 교정 작업에 큰 도움을 준 묵향의 시티즌님에게도 감사의 말을 전하는 바이다. 그에 대한 보답은 황량한 세상 속에서 홀로라도 우직하게 바로 서려는 노력을 결코 포기하지 않겠다는 작은 약속으로 대신할까 한다. 누군가 마음 속 이상을 져버리지 않는 한 그것은 언젠가 세상 속에 아름답게 만개하리라 믿어 의심치 않기 때문이다.

Contents

제 1 장

2008 미국 발 화폐금융의 위기

2008년 금융위기에 대한 진정한 이해

금융위기의 결말 예측이 어려운 이유 1
– 역행하는 소탐대실의 관료들

　　2008년부터 시작된 세계적 경제위기에 대한 예측이 어려웠던 이유는 사실 간단합니다. 첫 번째는 사람들이 너무 똑똑해졌다는 점이고, 두 번째는 그럼에도 여전히 거짓과 속임, 그리고 탐욕이 활개치고 있다는 점입니다.

　　사람들은 종종 옛날에는 돈 벌기가 그럭저럭 쉬웠는데 갈수록 돈 벌기가 힘들어진다고 말하곤 합니다. 그 말이 사실이라고 전제할 때 그 이유는 과연 무엇일까요. 예컨대 현재 세계 각국의 상당수 지역에서의 부동산이란 게 사두기만 하면 수익을 낼 수 있을까요. 아닙니다. 조만간 개발이 이루어질 땅에 대한 사전 정보가 있거나 아니면 매입 후에 용도변경을 이루어낼 사후 능력이 있어야만 합니다. 그 정보와 능력이란 게 결국 무엇으로 이루어질까요. 유착과 부패, 그리고 정보의 독점으로 이루어집니다. 문제는 기득권층에 의해 자행되고 있는 이러한 전 세계적 특혜들이 민주주의의 광범위한 확산으로 인해 곳곳에서 위험에 직면하고 있다는 사실입니다.

그런데 그 위험에 대한 회피 노력이 새로운 더 큰 위험을 만들어 낸 것이고, 그 위험에 대한 극복 방안들이란 것이 여전히 그 위험을 만들어 낸 당사자들에 의해서만 논의되어 종결되어 가려고 하는 상황들이, 지난 2008년 금융위기의 결말 예측을 다수의 국민들로 하여금 어렵게 만들고 있는 것이 아닌가 생각합니다.

작금의 금융위기는 미국 발 서브프라임 사태에서 시작되었습니다. 그것은 백인이 아닌 계층, 즉 흑인, 히스패닉, 아시아계 등에게도 자기 집을 공급해 주자는, 일견 좋은 취지로 포장되어 실행에 옮겨졌습니다. 과연 그 취지는 옳은 것이었을까요? 취지를 떠나 그것은 정치인, 금융업자, 건설업자 집단 사이에 두 가지 이해타산이 맞아 떨어졌기 때문에 발생한 일이었습니다. 금융업자들은 끝없이 설득했습니다.

"중국과 인도가 연 10%씩 무한대의 성장으로 질주하고 있다. 이대로라면 미국과 유럽은 20년 내에 아시아에 역전당하고 만다. 이대로 패권을 놓고 말 것인가. 그것을 늦추고 궁극적으로 뒤집을 수 있는 유일한 길은 금융에서 고부가가치를 창출하는 길뿐이다."

이 솔깃한 설득은 정치인들에게 먹혀들어 갔고 그것은 정부의 감독을 받지 않는 각종 파생상품시장의 신설과 무한 팽창으로 이어졌습니다. 여기에 건설업자들도 가세했습니다. "더 이상 지을 것이 없는 미국과 유럽에 건설 붐을 일으킬 수 있는 유일한 길은 정상적인 금융제도 하에서는 도저히 자기 집을 가질 수 없는 저소득 계층에게 자기 집 소유에 대한 열망을 부추기고 그것이 실제 가능하다는 것을 지속가능하게 보여 주는 것뿐이다. 그 금융 위에 건설도 한번 올라타 보자." 결국 임대주택 보급 등에 의한 복지정책이 아닌 막대한 복지 비용의 부담을 떠안지 않으면서도 경제 이득까지 취할 수 있는 주택정책의 광범위한 파급은 미국, 영국, 스페인, 아일랜드 등 선진 각국에 믿을 수 없을 정도의 고도 경제 성장을 안겨다 주었고, 한동안 세계경제의 지도를 예측 불능의 안개 속으로 빠지게 만들어 버렸습니다. 사실 서브프라임 사태 이전부터 그러한 구도에 대한 끊임없는 의문을 가졌었습니다. 도저히 납득할 수 없는 세계경제의 랭킹과 순번의 변화 과정들을 말입니다.

도대체 영국, 아일랜드, 스페인 등이 고성장을 구가하는 이유가 무엇이며, 동유럽, 동남아시아, 남아메리카 국가들이 이루어 내고 있는 8%를 넘나드는 동시다발적 고성장이 과연 지속가능한 것인가 하는 의문들 말입니다. 아마 그러한 의문들은 저뿐 아니라 전 세계의 상당수 사람들이 십수 년간 가져 왔었던 것일지도 모르겠습니다. 하지만, 그 의문은 무너졌고 세계 경제는 유례없는 붕괴위기를 맞이하게 되었습니다. 제조업 성장 과정이 부재한 오로지 건설에만 의존한 개발, 그리고 제조업이 무너진 선진국들의 금융에만 의존한 추가 고성장, 두 가지 모두 허망한 신기루에 불과했다는 것을 2008년의 금융위기는 너무나도 극명하게 보여주었던 것입니다.

물론 이러한 밑바탕엔 통화 조작, 건설 경기 부양, 금융 버블 등에 의존해 자신들의 치적을 과시하고, 이에 기반을 두어 정치적 활로를 모색하려 했던 세계 각국 지도자들의 헛된 야심들이 깔려 있었을 겁니다. 이러한 줄거리들에 어느 정도 동의한다면 향후 벌어질 구도에 대한 간단한 예측 정도는 가능합니다. 어려운 여건 하에서도 정치적 과시 욕구 분출을 자제하고 제조업을 지켜가며 국민들에게 금융 검약의 미덕을 강조해 왔던 국가들의 건재가 예견된다는 것입니다. 제조업의 공동화는 다른 모든 것을 다 막아낸다 해도 아직까지는 실업률 감소 문제를 이겨내지 못하게 되어 있습니다. 제조업 기반 하에 서비스업 발전은 몰라도 금융, 건설업 등 서비스업만으로는 고성장의 지속적인 구가는 불가능하기 때문입니다.

결국 2008년 금융위기 사태는 금융 서비스업과 건설업에 대한 일방적 의존과 역할에 대한 경각심을 치명적으로 일깨워 주는 계기가 되었습니다. 그런 기조 하에서 보면 미국, 프랑스는 제조업이 어느 정도 건재하므로 당분간 크게는 망가지지는 않을 것이나, 영국, 스페인, 동유럽, 동남아시아, 남미 등의 국가들은 후유증으로 인해 크나큰 국가적 위상 실추를 감내해야만 할 것이란 예측이 가능할 것입니다.

문제는 한국입니다. 한국의 금융업은 제조업에 비해 턱없이 불성실합니다. 금융이 제조업을 받쳐주는 역할은 망각한 채 오히려 흔들어 털어먹는 데만 혈안이 되어 있다가 위기를 얻어맞았습니다. 차라리 제조업도 그런 금융처럼 초라했다면, 국제 투기자본이 큰 이익이 없다 판단하여 달려들 생각조차 안했을 것이고, 따라서 공격이 덜했을 겁니다. 그러나 한국은 그렇지 않았습니다. 그렇다면 정치인들과 경제당국자들이 취해야 할 입장은 너무나 당연합니다. 소중한 제조업을 지켜내는 것, 즉 지금 우리에게 중요한 것은 금융 선진화나 건설 경기 활성화가 아니라 금융과 건설이 앞으로는 더 이상 제조업의 발목을 잡지 못하도록 적절하게 규제를 가하고 책임을 묻는 것입니다. 금융과 건설은 어디까지나 제조업 발전의 득을 보고 도우미 역할을 하는데 그쳐야 하는데, 그러한 역할을 망각한 채 제조업보다 훨씬 거대한 이득을 도모하게 되면 필연적으로 경제위기를 초래한다는 것이 지난 사태에서 도출해낼 수 있는 정확한 교훈일 것입니다.

그런데 해법을 모색해 나가는 작금의 상황은 어떻습니까. 전 세계적 금융위기가 터지자 우리가 금융이 약해서 위기를 더 크게 겪는 것이라면서 각종 금융규제를 풀려고 합니다. 그러나 그건 사실과 다릅니다. 금융이 약해서 제조업이 위기에 처한 것이 아니라 금융이 주제와 역할을 망각한 채 제조업을 등쳐가며 제조업을 능가하는 이익을 취하려 해왔기 때문에 위기에 처한 것입니다. 이러한 우리 현실 하에서 금융 규제를 푼다는 것은 금융이 제조업을 업어칠 힘을 배가시키는 것을 의미합니다. 건설 버블을 유지하려는 것 역시 제조업 성장이 가져올 과실을 십 수 년씩 모조리 당겨다 부동산 업자들과 소수 기득권들에게 미리 안겨다 준 왜곡된 사회적 이익 분배시스템을 그대로 유지하자는 것을 의미합니다.

제조업이 태생하지 못해 건설로만 성장해 온 국가들이 무너지고, 제조업의 수성 중요성을 간과하고 너무 일찍 개발도상국에 내어준 선진국들이 금융으로만 성장해 온 시스템이 백일하에 무너져 내린 지금도 여전히 금융과 건설업의 환상에 기대어 제조업을 우려 가며 성장을 도모해 보자는 논리가 바로 현 정부의 경제 비전입니다. 이것이 잘못된 해법이라는 점을 이제 알만한 국민들은 다 알고 있습니다.

그런데도 여전히 그 길로 나아가려고 합니다. 그러한 비이성적 행태를 설명해 줄 수 있는 단어는 탐욕이란 두 글자밖에는 없습니다. 평생을 토건 경제 속에서 살아오고, 권모술수가 통하는 세상에서 막대한 이득과 신분상승, 그리고 기득권을 이루어 온 경험을 지닌 사람들이기에 주위의 어떠한 설득도 통하지 않는 것입니다. 그들의 눈과 귀에는 오로지 자신들의 성공적 이력으로 쌓아온 눈앞의 이익만 보일 뿐이며 그러한 탐욕을 보전해 가면서도 정치적 치적을 과시할 수 있다는 확고한 계산만이 서 있는 것으로 보입니다.

유감스럽게도 국민들에게는 당분간 이런 상투적인 계획조차 막아낼 방법이 없습니다. 다만 한 가지 반드시 막아내야 할 것이 있습니다. 그것은 바로 똑똑해진 국민들의 입과 귀를 가리기 위해 정부가 추진하고 있는 인터넷 통제와 언론 장악입니다. 그들의 손으로부터 경제가 허물어지는 것을 막을 수 없다면 빠른 시일 내에 바로잡기라도 해야 하는데, 아무리 똑똑한 국민들이라도 인터넷과 언론에 의한 소통의 수단을 상실하게 된다면 그럴 희망 자체가 사라지기 때문입니다.

이렇게 말을 하면서도 2008년도 금융위기가 지난한 해결 과정을 거치고 난 뒤에도 망령처럼 어디선가 또 다시 부활을 예고할 것만 같은 암울한 느낌이 듭니다. 전 세계 국가 중 상당수 국가에서 우리가 겪고 있는 이러한 일들이 현재 똑같이 벌어지고 있고, 금융위기가 지나간 뒤에도 여전히 상당수 국가에서는 해결되지 않은 채 이러한 문제들이 남아 있게 될 것이 확실하기 때문입니다. 민주화 성취에 의한 정보 공개의 확대와 부정부패에 대한 빗발치는 시정 요구들은 갈수록 기득권층의 설 자리를 위태롭게 하고 금융과 건설업이 너무나도 쉽게 거대 이윤을 창출하는 풍토 자체를 근원적으로 위협하고 있습니다. 그러나 여전히 각국 정부에는 소탐대실의 수구 기득권들이 넘쳐나고 있다는 사실이 2008년 금융위기 결말에 대한 예측을 한없이 어렵게만 하고 있는 것입니다.

금융위기의 결말 예측이 어려운 이유 2
- 산업 및 창출 메커니즘이 없다!

금융위기 결말 예측의 키워드에서 결코 빼놓을 수 없는 두 국가가 바로 중국과 인도입니다. 인구 13억 3천만 명의 중국과 11억 8천만 명의 인도가 미국, 일본, 독일, 프랑스 등 약 7억 명 정도가 장악해온 전통적 산업 영역의 주도권을 과연 언제쯤 그리고 얼마만큼 빼앗아 대체해 낼 것이냐의 구도인 것입니다. 그런데 이것이 산술적으로 가능할까요. 세계 인구의 10% 정도가 장악했던 시장을 40%가 추가되어 나누어 앗아가는 것이 과연 가능한가 말입니다. 그렇게 되면 전 세계의 50% 정도가 부유해진다는 소리이니 말입니다. 역사적 경험 속에서 자본주의와 시장경제가 보여줘 온 극명한 한계 사항들로 볼 때 이것은 불가능합니다.

중국과 인도가 동시에 부유해지는 것도, 그 둘 중 하나만이라도 전통적

제조업 강국들과 부유한 상태로 양립하는 것도 모두 불가능하단 말입니다. 혹시라도 새로운 질서의 패러다임이 창조될 가능성은 전혀 없을까요. 물론 없습니다. 자원, 식량 부족이 갈수록 임계점에 다다르고 있을 뿐더러 금융과 산업 간의 이해다툼도 점점 첨예해지고 있기 때문입니다.

지난 위기에서 그간 부국(富國)들이 쌓아놓은 막대한 금융자산은 길 잃은 모습을 극명하게 보여 주었습니다. 이 자금들은 상품과 서비스 교역의 앞길을 내달리며 전 세계 총생산 향상에 꾸준히 일조해 오는 듯 했습니다. 그리고 그것은 언제나 성실할 것만 같아보였습니다. 그러나 힘에 부치는 모습을 보여 주고 있습니다. 단순한 피로감의 호소가 아닌 병적 피로감을 내보이며 주저앉고 있습니다.

따라서 그간 축적한 막대한 금융자산의 힘으로 후진국들이 선진국들로부터 조금씩 빼앗아 가던 전통적 산업 주도권의 과실을 지속적으로 회수해 낼 수 있으리라던 전략이 근본적 회의에 부딪혀가고 있는 상황입니다. 실수였음을 깨닫고 있는 중이랄까요. 그 실수를 가장 명백하게 해준 지점은 바로 '일자리' 입니다. 고된 제조업 일자리를 개도국으로 옮기고 쓸 만한 일자리도 개도국으로 상당수 옮긴 대신 금융으로 부가가치를 창출해 자국민에게 나누어 준 뒤 그 여력으로 서비스 산업을 끝없이 팽창시켜 내겠다던 전략이 한계에 봉착한 것입니다. 일단 한번 무너진 제조업 기반은 쉽사리 복원되지 않음을 알게 되었기 때문입니다. 영국의 몰락이 대표적 증거이고, 독일, 일본이 그나마 견고하게 버텨주고 있는 것이 그 반대의 증거입니다.

결국, 모든 전략을 전면 재검토할 수밖에 없는 상황입니다. 그 시작은 바로 금융 보호주의입니다. 금융 주도권은 여전히 제조업과 무역 주도권의 우위에 서 있으니까요. 그 다음은 소비 보호주의입니다. 브릭스(BRICS, 2000년대를 전후, 가파른 경제 성장을 거듭하고 있는 브라질·러시아·인도·중국 등 신흥경제 4국, 2011년 2월 남아공이 추가로 가입)가 급부상하고 있기는 하지만 여전히 세계 소비시장의 75% 가까이는 선진 시장이기 때문입니다.

　마지막이 바로 일자리의 회수입니다. 전부는 아니더라도 양질의 일자리는 더 이상 외부로 유출시키지 말고 이미 유출된 일자리 중 양질의 일자리는 최대한 회수시키자는 것입니다. 이런 주장들이 얼마나 실현 가능한 것인지 여부를 떠나 지금 선진국 사이에서는 불을 내뿜는 듯이 이 담론에 대한 논의로 격화되고 있는 중입니다. 물론 중국, 인도 등의 브릭스가 이를 가만히 지켜만 보고 있지는 않을것입니다. 그들은 도저히 그 누구도 거부할 수 없는 25억의 막강 내수시장을 보유하고 있는데다 현재 전 세계 성장의 절반 가까이를 도출해 내고 있기 때문입니다.

　그러나 그들이 무조건 유리하다고만 볼 수 없는 이유는 위에서 말했듯 역사적 경제학적 고찰로 볼 때 기존 선진국과 중국, 인도 등 3자가 동시에 성공을 이끌어 낼 수는 없기 때문입니다. 브릭스 내부를 봐도 러시아, 브라질은 자원·식량 대국으로서 중국, 인도와는 국가 발전 전략의 토대 자체가 다릅니다. 따라서 브릭스가 언제까지 브릭스로 불릴지는 현재로선 알 수가 없는 상황입니다. 여기에 중국과 인도의 이해가 충돌합니다. 이미 그런 조짐은 중국에서부터 보이고 있습니다. 중국의 상하이 협력기구와 러시아, 브라질에 대한 각별한 애정과 관심에는 궁극적으로 미국을 넘어 인도에 대한 견제 심리가 가장 깊숙이 투영되어 있다고 봐야 할 것입니다.

　이상의 이야기들을 밝히는 이유는 국제 경제의 역학관계를 파헤치기 위함만이 아닙니다. 바로 전 세계에서 벌어지고 있는 이런 물밑 패권다툼 속에서 과연 한국의 준비는 무엇인가에 대한 물음을 던지기 위해서입니다. 문제는 지금 한국 사회 그 어디에서도 이런 부분에 대한 근본적 고찰과 대책은 찾아볼 수가 없다는 것입니다. 오히려 진실한 대책과는 정반대의 극단으로 치달아 가고 있는 중입니다.

대표적인 것이 바로 부동산에 모든 것을 거는 올인 전략입니다. 그리고 세계화 올인 전략, 즉 무역에 더 의존적이고, 더 인적·개방적인 경제구조로 재편해 나가는 것입니다. 그러나 이는 중대한 패착입니다. 무역이 중요하지 않다거나 규모를 늘려서는 안 된다는 말이 아닙니다. 다만 그 무역 증대만큼 충격으로부터 내수를 보호할 수 있는 대책이 양립되고 시행되어야 한다는 것입니다. 그렇지 못하면 결국 내수 기반이 파탄날 수밖에 없고, 그렇게 되면 시간이 문제일 뿐 돌고 돌아 무역의 파탄으로 다시 돌아올 수밖에는 없게 되고 말 것이기 때문입니다. 이미 우리는 이 지점에서 돌이킬 수 없을 정도의 실패를 맞이하고 있습니다.

그간 지나친 대기업 올인 전략을 펴온 결과 소재·부품 산업의 메커니즘이 끝내 생성되지 못하고 있습니다. 그 결과 수출의 부가가치 상당수가 국외로 빠져나가고 있고, 일자리의 88%를 담당하는 중소기업이 발전하지 못하니 실질고용율도 제자리를 겉돌고 있습니다. 이런 상황에서 조세·복지 선진화는 외면된 채 더더욱 수출에만 몰두한 결과 결국 수출부문 발 위기 조짐의 증세를 보이고 있는 것입니다. 이에 대해 국외 전문가들도 지속적인 의문을 제시하고 있습니다. "한국에는 삼성, LG, 현대 빼면 과연 뭐가 남는가" "한국 같은 수출 위주 국가에서 중견기업이 이렇게 적은 이유가 무엇인가" 같은 의문 말입니다. 그리고 지금 이루어지고 있는 투자 대부분이 석유화학, 정유, 철강 등 이제 한국이 선진국의 녹색 규제를 본격적으로 받게 되면 투자가 지속되기 힘든 분야에서만 이루어지고 있으며 그나마도 일자리 창출이 거의 없다는 점에 우려를 금치 못하고 있습니다.

이것이 바로 복지제도를 통한 이전지출(移轉支出, 실업수당, 재해보상금, 사회보장기부금 등 정부가 당기의 생산 활동과 무관한 사람에게 반대급부 없이 지급하는 것) 소득이 거의 전무한 상황에서 고용률마저 55% 수준을 횡보하고 있고 이로 인해 내수가 살아나지 못하고 경기가 침체의 수렁에서 허우적거리고 있는 근본 이유입니다. 결론적으로 중소기업, 중견기업, 대기업 순으로 커나가는 산업 메커니즘과 신규 일자리, 재취업, 청년 일자리 등의 창출 메커니즘이 붕괴되었다는 지적입니다. 여기에 더해 이런 실패가 부동산 올인 전략과 만나 사회 양극화를 회생불능 수준으로 격화시키고 있다는 것입니다.

금융위기의 결말 예측이 어려운 이유 3
– 인문학적 접근의 부재

금융은 과학인가 아닌가. 미국 발 금융위기는 이러한 질문을 모두에게 던져주고 있는 것 같습니다. 어떤 이는 금융은 과학이 될 수 없다고 합니다. 금융은 직관이고, 직관은 곧 철학이고, 철학은 곧 이념이고, 이념은 곧 정치며 따라서 정치가 발전해야 금융도 발전할 수 있는데, 지금 정치는 후진적이라 금융위기가 주기적으로 반복되고 있다는 것입니다. 이것이 맞다면 결국 금융의 발전은 최종적으로는 착취위기 형태의 주기적 반복으로 귀결될 것입니다.

반대로 금융은 과학이라고 하는 이도 있습니다. 그러나 지난 금융위기에서 월가는 이의 실패를 극명하게 입증했습니다. 수많은 수재들이 금융과 과학의 결합을 시도해 시장에 제시했지만 실패하고 만 것입니다. 이것의 시작과 실패, 그리고 사후처리를 가져온 것도 역시 정치입니다. 결국 이 둘을 종합해 보면 금융이 과학이 아니라도 정치의 한계에, 설혹 과학이라 한들 이 역시 정치의 한계에 부딪혀 위기는 반복될 수밖에는 없다는 말이 됩니다. 이 둘이 적절히 배합되어도 마찬가지일 것입니다.

이에 대한 해법은 한발씩 뒤로 물러나는 것입니다. 예컨대 금융을 과학이 아니라고 본다면 정치에서 이념, 이념에서 철학, 철학에서 직관으로 물러나는 것입니다. 그래야 금융이 발전해 인간을 행복하게 해줄 수 있습니다. 일전에 어느 분이 각종 지표들로만 세상을 바라보다가 한 발짝 뒤로 물러나 그냥 직장생활 하며 하루하루 열심히 사는 사람들의 시각으로 바라보면 마음이 한결 편해지는 것 같다는 말을 하는 것을 들은 적이 있는데 이를테면 그런 것이 정답이라는 것입니다. 외적 지표에 대한 집착, 가령 성장지상주의 같은 것이 인간의 삶을 끝없이 황폐시켜온 것은 물론 이것이 종국엔 외적 지표 역시도 황폐시켜 가고 있다는 것입니다. (경제 펀더멘털의 손상 및 복원 비용 점증)

그런데 전 세계의 해법은 거꾸로만 가고 있습니다. 금융위기에 대한 이념적 접근, 철학적 접근, 직관적 접근을 철저하게 가로 막고 있는 중입니다. 금융위기의 해법을 금융정책으로서만 경제성장 제고의 틀 안에서만 모색하자는 주장인 것입니다. 그러나 이것은 잘못된 접근방식입니다. 금융을 과학이라고 본다 해도 역시 한 발짝 물러나야 합니다. 물론 과학의 발전과 이의 금융에의 적용은 계속되어야 하겠지만 역시나 이 와중에도 인간의 삶에 대한 근본적 고찰은 끊임없이 투영되어야 한다는 이야기입니다. 그렇지 못하다면 결국 과학 발전은 인간에게 그리고 금융에 재앙적 결과를 초래할 수밖에는 없습니다.

요즘 민족주의도 화두입니다. 예컨대 민족 폐쇄주의로 가지 말자는 것입니다. 일면 좋은 말이지만, 이에 대해 명백히 반대할 수밖에 없는 이유는, 이것이 가면에 불과하기 때문입니다. 우리나라의 출산율이 떨어지는 것은 여성이 행복하지 않기 때문이며, 이는 1차적으로 보육, 교육, 일자리 부분에서 여성에 대한 정치가 부재한 이유이기도 하지만 여성의 행복이 곧 아이의 행복, 아이의 행복이 곧 가정의 행복, 가정의 행복이 국가의 행복으로 이어진다는 간단한 철학을 무시하고 있기 때문이기도 합니다. 따라서 여성들은 직관적으로 아기를 낳고 싶지 않아합니다. 이 직관은 짐승, 하다못해 미물에게도 있습니다. 미물조차도 가뭄이 들거나 먹이가 부족하면 새끼를 낳지 않습니다. 그래봐야 행복할 수 없기 때문이라는 것을 직관적으로 알고 있기 때문입니다.

그런데 정부는 이것을 잠재성장률 제고의 최대 위협으로 간주하고 고작 이민 정책으로 해결하려고 합니다. 이에 관한 반대를 폐쇄적 민족주의, 파시즘으로 매도하면서 말입니다. 여기에는 결국 조세·복지 선진화에 대한 거부 의사가 근원하고 있는 것입니다. 이외에도 정치권이 궁극적으로 이민 정책을 내세우고 이유는 작금의 외형상 지나친 이념 대립의 돌파구로 삼고자 하는 데도 그 목적이 있습니다. 또한 인구가 늘어나야 부동산 버블을 받혀줄 수 있다는 금융공학적인 계산이 도사리고 있습니다.

결론적으로 이렇듯 모든 사안에서처럼 금융에서도 인문학적 접근이 없다는 것이 가장 큰 문제입니다. 과학이 일부 있지만 그 과학에 대한 접근 목적의 실체가 음울하기 그지없다는 데 문제의 본질이 있는 것입니다. 정치적 접근은 있지만 그것은 진정성이 담겨진 것이 아니라 본질을 호도하기 위한 프로퍼갠더(propaganda)에 불과할 뿐입니다. 따라서 진짜 정치 발현의 도래 시기만을 늦추게 만들고 있습니다. 그러지 않고 모든 것을 제대로 된 과학적 합리성으로, 다시 그 과학의 한계를 인정하는 합리적 사고로, 그 사고로 고민하는 정치로, 그 정치의 근본인 철학으로 다시 접근해 들어가려는 자세가 필요한 시기입니다. 금융위기의 결말 예측이 어려운 이유는 바로 그러한 노력의 부재로 인해 빚어지고 있는 우리 모두의 지적(知的) 정체 현상 때문임을 알아야만 할 것입니다.

이익의 민영화와 손실의 사회화

이익의 민영화와 손실의 사회화(Profits are privatized and Losses are socialized), 가히 폭발적인 화두입니다. 전 세계적으로 나타나고 있는 금융위기 논란의 핵심 가운데 하나가 바로 모럴헤저드(Moral Hazard, 도덕적 해이, 도덕 불감증)에 대한 논란입니다. 그동안 금융기관들은 평시에 치밀한 로비와 정경유착을 통해 감독기관의 감시를 무력화시킨 뒤 엄청난 레버리지(leverage, '지렛대'라는 의미의 경제용어로 차입을 뜻함, 자기자본에 차입자본을 이용하여 자기지분에 대한 수익을 증대시키는 것)에 기반한 파생투자를 일으켜 막대한 이익을 챙겨 왔습니다. 이 과정에서 국가, 기업, 가계에 막대한 부채를 유발시켜 사회 전반을 온통 과도한 부채경제 시스템으로 옭아맴으로써 대마불사(Too big to fail, 너무 커서 죽일 수가 없다는 뜻)에 이은 연계불사(Too connected to fail, 너무 복잡하게 연계되어 죽일 수 없다는 뜻)의 관계망을 구축해내는데 심혈을 기울여 왔습니다.

이 작업은 어느 정도 성공했고, 이 과정 속에서 은행들은 철저하게 개인 간 소득 격차와 사회적 불평등을 유발시키는 영업 기법을 고수했습니다. 소수 부동산 투기꾼과 재벌들에게는 부동산을 담보로 대출을 몰아준 뒤 구입 물건을 재담보로 추가 대출을 일으킴으로써 부동산 투기 광풍을 유발하고, 중산층과 서민들에게는 정반대의 금융 소외를 자행했습니다. 그러다 붐이 막바지에 이르러 버스트(Burst) 기미가 보이기 시작할 무렵, 몸이 단 중산층과 서민들에게 마지막으로 폭탄을 돌려가며 약탈적 대출로 우려먹다 마감을 한 것이 금융위기 사태의 추악한 실체라고 할 수 있습니다.

은행들은 이 과정에서 챙긴 막대한 이익을 철저하게 사유화했습니다. 금융기관 주주들은 막대한 배당을 챙기고, 임원들은 천문학적 연봉을 챙기고, 무능한 은행매니저는 고액의 보너스를 챙겼습니다. 그들은 이익의 일정치를 향후 닥쳐올지도 모를 위험에 대비해 최대한도로 유보하길 철저히 거부했습니다.

과도한 레버리지 기법의 산출과 복잡한 파생상품의 출시에는 유독 수학적 모델을 강조해 왔지만 정작 더 중요한 위험 대비에는·그들이 그토록 조롱하던 동물적 감각과 말의 수사화법만이 동원된 것입니다. 곧 거대 이익 구조가 무너지고 그에 상응한 엄청난 손실 발생과 공적 자본 투입을 직감한 금융가에서는 알짜 자산 매각도 불사한 과도한 배당 열풍의 동물적 행태만이 보여졌고, 이를 염려하는 사회 일각의 지적을 향해서는 자본주의를 과도하게 규제하려 드는 반시장적 작태라고 논박하는 행태만 난무한 것입니다.

그들은 탐욕이 고조될수록 경기 후퇴가 불황으로, 불황이 공황으로 연결될 수밖에 없다는 경제학자들의 견제에는 철저한 수학적 논거를 요구하며 링 밖으로 몰아냈지만 정작 이익을 걸신스럽게 챙길 때는 철저하게 과학을 외면했던 것입니다. 그도 그럴 수밖에 없었던 것이 그들이 만들어 낸 금융자본의 이익 창출 행태 핵심이 바로 '이익의 민영화, 손실의 사회화'에 있기 때문입니다.

애시 당초 경제 펀더멘털(Fundamental, 한 나라의 경제 상태를 말해주는 거시경제 지표를 뜻함, 거시경제 지표는 경제성장률, 경상수지, 물가상승률, 재정수지, 외환보유고 등을 말한다)을 지나치게 벗어난 고 리스크는 관리될 수 없었습니다. 과도한 부채에 기반한 끝없는 부가가치 창출도 지속될 수 없었고, 그것은 비현실적인 것을 넘어 애초부터 실재하지를 않았습니다. 다만 실재했던 것은 한정된 이익을 사회적으로 어떻게 배분할 것이냐, 위험 분산은 최종적으로 누가 책임질 것이냐 하는 화두뿐이었습니다. 처음부터 금융공학자들은 그 논의의 무산에만 몰두했던 것입니다.

그래서 그들은 끊임없이 유일한 방해꾼인 정통 경제학자들을 화두의 바깥으로 밀어내는 데만 몰두했습니다. 수학 모델이 현실적으로 사용된 것은 그것의 작동이 아니라 그것이 실재한다는 오판을 사회에 각인시키는 과정에서뿐이었던 것입니다. 이제 그들은 이익의 민영화에 이어 손실의 사회화 작업에 착수합니다. 물론 여기서 과학이 동원될 지점도 금융자본의 이중적 속성에 대한 비판을 방어하는 지점에서입니다.

"좋을 때는 은행을 국유화하면 이익이 분산되어 비효율적이고, 나쁠 때는 은행을 국유화하지 않으면 위험이 분산되지 않아 비효율적이다. 경제의 심장인 은행이 죽으면 경제도 죽는다. 다만 은행에 공적 자금이 투입되는 순간은 모럴헤저드 논란을 최소한으로 불식시킬 수 있는 신체 조직의 일부가 괴사되어 가는 절체절명의 타이밍이어야 한다. 최대한도의 자리 보전도 누릴 수 있고, 책임을 은폐할 시간도 벌 수 있고, 마지막 순간까지 공적 자금 투입 없이 파티를 끝내지 않을 수도 있는 극적, 소생 기적이 발생할 기회의 여지도 누릴 수 있어야 한다."

이런 도덕적 해이들을 학문적 공격으로부터 방어해 내는 순간이 우리가 앞으로 과학과 또다시 짧게 조우하는 시간이 될 것이 뻔합니다. 좀 지겹기도 하고, 솔직히 말하면 혐오스럽지 않습니까. 그런데 이런 지겨움과 혐오감이 비단 한국뿐 아니라 전 세계에서 열풍처럼 몰아치고 있습니다. 금융자본에 대한 위기 관리를 강화하고, 사회정의 의무를 새롭게 부과하며, 모럴헤저드를 철저하게 응징해야 한다는 것입니다.

그런데 이 열망 속에서 희망을 기대하기가 쉽지 않아 보입니다. 월가의 첨단 금융 공학기법이 실은 부동산 버블로 모래성을 쌓아 올린 것에 불과하고, 그 모래성이 무너지는 것을 막기 위해 무한대로 레버리지를 일으켜 퍼뜨린 복잡한 파생 거미줄의 연계불사 속성의 힘으로 연명하고 있다는 처참하고 추악한 본 모습은 여지없이 드러났지만 그것의 인정은 각국의 위정자들에게 결코 달가운 일이 아니기 때문입니다. 미국은 GDP(Gross Domestic Product, 국내총생산)의 8%를 그 금융 버블 사기 덕택으로 창출해 왔고, 영국은 제조업을 내동댕이친 뒤 거의 전업에 가깝게 몰두해 온 상황입니다. 특히 부동산 버블에 대한 의존은 전 세계 상당수 나라들에게 공통되게 해당되는 사항입니다.

따라서 부동산이 무너지면 금융이 죽고, 금융이 죽으면 실물경제가 죽고, 실물경제가 죽으면 자신들의 기득권 유지가 힘들기 때문에 어떻게든 모래성이 무너지는 것만은 막으려고 저마다 안간힘을 쓰고 있습니다. 게다가 부동산은 은행에 돈을 예치하는 절약과 저축의 미덕을 돈을 썩히는 미련한 짓으로 매도시킬 정도로 마약 같은 부가가치 창출 위력을 보여줘 왔습니다. 부동산이 무너지면 거기에 기반하여 온갖 정책 수단과 정보 독점으로 소수가 독점해 왔던 최적의 부의 창출 수단이 기약 없는 작동 중단 시기로 접어들고 말게 되는 것입니다. 이는 전자보다 더욱 심각한 고민거리이며, 금융을 과학으로 포장해 숫자놀음을 해온 사기꾼들은 바로 그러한 공포의 최면에 희망을 걸고 있는 것입니다.

결국, 이야기는 다시 원점으로 돌아갑니다. 금융기관들의 이익 사유화, 손실 사회화의 모럴헤저드 이면에는 애초부터 위정자들과의 마피아적(검은 혹은 어두운) 커넥션 관계가 존재했던 것이며, 정금유착, 관금유착이 감시, 작동 부재의 원인이었던 것입니다. 이익 사유화, 손실 사회화는 결과적 존재물이 아니라 원인적 존재물입니다. 처음부터 해결은 불가능했고 다만 고민의 흔적에 대한 포장만이 필요했습니다. 사기꾼들의 바람은 단순한 희망이 아니라 확신에 가깝게 근거해 왔던 것입니다.

그렇다면 애초에 금융공학도들이 고안해 낸 핵심은 연계불사가 아니라 대마불사란 이야기가 됩니다. 즉, 그들은 경제학을 수학에 종속시킨 것이 아니라, 경제를 정치에 종속시킨 것이고, 과잉 자본, 과잉 부채의 존속은 과학의 힘으로 증명되어 자생하여 온 것이 아니라, 정치에 의해 필요가 인정되어 연명돼 온 것일 뿐입니다. 또한 처음부터 빈익빈 부익부를 유발하고 활용해 악순환시키고, 그것이 막힐 기미가 보이면 이익을 미리 빼돌린 뒤 공적 자금으로 부활해 재순환을 시작하는 시스템으로 프로그래밍되어 있었던 것입니다.

따라서 해법은 정부의 시장 개입과 규제가 될 수 없습니다. 꼭 필요한 규제는 사라지고, 불필요한 규제는 늘어날 것이기 때문입니다. 꼭 필요한 시장 개입은 방기하고, 불필요한 관치만 펼치려 들것이기 때문입니다. 은행의 부분 국유화 역시 마찬가지로, 책임을 묻지 않는 국유화는 손실의 전가 과정일 뿐입니다. 이는 금산분리(金産分離, 기업 등의 산업자본과 은행 등 금융자본의 결합을 제한하는 원칙) 와중에서 이중의 혈세 낭비 초래를 가져올 뿐입니다. 재정 지출책도 마찬가지입니다. 이명박 정부 들어 무려 96조 원의 막대한 금액이 '럭셔리 녹색 뉴딜'로 포장되어 부동산 부양에 사용될 예정입니다.

중요한 것은 정책의 변화가 아니며, 그렇다고 노선의 변화도 해법이 될 수 없습니다. 신자유주의건, 신신자유주의건, 케인즈주의건 어느 노선을 선택하더라도 위정자들의 사고가 순리대로 흘러가지 않는 이상 부정적 양태들은 반복될 것이기 때문입니다. 따라서 금융위기의 핵심은 부채와 부정부패이며, 이는 지나친 탐욕이 멈추지 않기 때문에 생겨나는 것이고, 해소되지 않는 것이며 누적되는 것입니다. 그것에 활용되고 있는 도구가 바로 부동산이고, 금융공학도들과 뱅커들은 여기에 엉겨 붙어 과학적 포장을 해준 대가로 사회에 평등하게 분배되어야 할 이익은 민영화하고, 손실은 사회로 전가해 온 것입니다.

이러한 메커니즘은 부채를 줄이게 하고 부정과 부패를 없애게 하고, 극소수 수구 기득권들의 탐욕을 멈추게 하고, 부동산을 투기의 대상에서 공공재로 전환시키고, 금융 사기꾼들을 엄벌하지 않는 이상 절대로 멈춰질 수가 없는 정치의 문제, 민주주의의 문제로 귀결되는 것입니다. 한국 정부가 외환보유고를 줄여 환란을 자초한 것도 부자 감세와 건설 부양 재원을 최소의 국가 부채 전가로 마련하기 위해서였습니다. 그러다 환란

을 맞자 스왑(swap)으로 단기 외채를 구걸하는 신세로 한국 경제를 전락
시켰습니다. 와중에 경제 실정에 대한 단기 비판을 모면하기 위해 국민
연금을 출혈시키고 있습니다. 이 모든 것이 결국 대운하, 부자 감세, 출총
제(출자총액제한제도, 한 기업이 회사 자금으로 다른 회사의 주식을 매입하여 보
유할 수 있는 총액을 제한하는 제도) 폐지, 금산분리 완화, 자통법(자본시장통
합법, 증권거래법, 선물거래법, 자산운용업법, 신탁업법, 종금법, 기업구조조정
투자회사법, 증권선물거래소법 등 7개 증권 관련법을 하나로 통합하여 증권업,
자산운용업, 선물업, 종금업, 신탁업 등 5개 자본시장 관련업이 금융투자업이라
는 단일 업종으로 합쳐져 겸업이 허용됨) 제정, 한미 FTA, 한중 FTA, 한유로
FTA, 한일 스왑, 한중 스왑, 한미 스왑을 통해서 막대한 이권 잔치를 벌
이려는 탐욕에서 비롯된 것입니다. 그럼에도 이런 탐욕을 국민들 대다수
가 반대하는 것을 넘어서서 결사 저지하려고 하고 있지만 뜻대로 되지
않고 있는 상황입니다. 그런 마당에 정책 대결, 노선 대결, 이념 대결이
무슨 의미가 있을까요.

이처럼 오늘의 한국 현실은 정책노선, 이념 대결이 불가능할 정도의 민
주주의의 원초적 위기일 뿐인 것입니다. 실업, 빈부 격차를 방치하고 통
계와 장부를 조작해 자본주의의 비민주적 작동을 지속시키려는 행태가
위기의 본질인 것입니다. 그리고 이에 대한 국민적 저항을 폭력으로 억
압하고, 저항하는 국민을 폭도로 규정하고, 정당하게 저항할 수단인 언
론과 인터넷을 억압해서 그 위기의 본질을 덮고 넘어가려는 것이 현 정
부의 실체인 것입니다.

그리고 이 땅에 이런 위기를 반복해 몰고 오는 수구 세력의 핵심이 바
로 언론, 학계, 정치계 등에 광범하게 포진해 있는 기득권 세력입니다. 이
들은 온갖 교묘하고 추잡한 방법으로 국익을 박살내고 국민적 삶의 기반
을 붕괴시키고 있습니다. 예전에 모 수구 언론의 경제부 차장이라는 사
람이 직접 나서서 은행에 공적 자금을 쏟아 부으라고 재촉한 적이 있습

니다. 주저하지 말고 손실의 사회화에 나서라는 것입니다. 전후 사정을 잘 모르는 사람들은 기특하다고 착각했겠지만, 예전부터 수많은 루트를 통해 정부와 언론에 은행 부실과 외환시장에 대한 위기 시그널이 집요하게 흘러 들어갔습니다.

그러나 그들은 이 모두를 은폐하고 조작했습니다. 그것은 위기가 커져야 기회도 커지기 때문이며, 돈을 벌게 해주는 것은 다름 아닌 타이밍이기 때문입니다. 환시장이 안정된 상황 하에서는 그런 게임의 법칙이 작동하기가 쉽지 않습니다. 부채 전가를 통한 사적 이익의 도모 역시도 쉽지 않습니다. 그들은 위기가 커지는 환시장의 타이밍을 노려 국부 매각, 부채의 전가를 일으키고 싶은 것이고, 때를 노려온 것입니다. 이는 예전부터의 일관된 우려와 정확히 맞아 떨어집니다. 그들은 처음부터 무지했던 것도 아니고 상황을 오판했던 것도 아니었습니다.

그러니 이런 집단들을 그냥 두고서 어찌 이익의 민영화, 손실의 사회화란 국가적 이슈가 순리대로 해법을 향해 흘러갈 수 있기를 바랄까요. 금융의 모럴헤저드, 그 근원에는 결국 하나의 뿌리로 귀결되고 마는 한국의 구조적 병폐가 자리잡고 있는 것이며, 이는 오로지 한국에만 존재하는 문제가 아닙니다. 그래서 전 세계 경제 전문가들 중 상당수가 각국의 위정자들은 위기극복을 빌미로 차라리 아무것도 하지 말고 일정 기간의 경기 침체를 방치하고(그 자체가 치유 과정), 단지 그 기간에 감당 못할 어려움을 겪을 실업자들과 서민들을 실질적으로 구제할 방안들만 강구하라고 말하고 있는 것이며, 경제위기 극복의 핵심도 결국 민주주의의 진정한 작동 여부에 그 성패가 달려 있다고 일관되게 지적하고 있는 것입니다.

거시경제학의 위기

《Deterministic Nonperiodic Flow》라는 논문이 있습니다. 1960년대 미국의 에드워드 앤 로렌츠(Edward N Lorenz)라는 기상학자는 컴퓨터를 이용하여 기상에 영향을 미칠 수 있는 작은 요소들을 취합해 수학적으로 분석하는 과정에서 초기 조건과 변수의 미세한 차이가 시간과 공간의 흐름에 따라 다이내믹하게 변화해 엄청난 결과로 이어질 수 있음을 발견했습니다.

이른바, 브라질에 있는 작은 나비 한 개의 날갯짓이 미국 텍사스에 재앙적인 토네이도를 몰고올 수도 있다는 나비이론인데, 이것은 훗날 카오스이론(chaos theory)으로 발전되는 계기가 되었습니다. 그것은 동유럽 발트 연안의 어느 작은 국가의 시골 은행에서 부도가 일어나면, 몇 개월 몇 년 후에 월가의 초대형 금융기관의 붕괴의 전조가 될 수도 있다는 것입니다. 그러나 주식, 환율, 경기의 움직임 등은 사전적으로 '예측' 불가능한 것입니다. 왜냐하면 무한대에 가까운 가계, 기업, 정부, 해외 등의 경제 네 축이 일으키는 비선형적, 비주기적 움직임들의 총합의 결과물들을 수학이나 물리학으로 도저히 해석, 예측해 낼 수 없기 때문입니다.

그럼에도 연구는 시도되고 있습니다. 이른바 카오스이론을(chaos theory) 연구하는 비선형 동력학과 같은 것이 그것인데, 근거는 경제의 속성상 그것의 예측은 불가능에 가깝지만 결국 어떤 시점에 어떤 형태로든 결정이 되기 때문이라는 것입니다. 그러나 아직까지 학문이라고 하기에는 구차할 정도로 빈약하고, 어처구니없게도 이로 인해 금융시장에 모든 사람들을 고통에 빠뜨릴 정도의 큰 실패가 반복해 일어나고 있습니다.

대표적인 것이 1994년 노벨상 수상자 2명과 월스트리트의 증권업자들이 만든 롱텀캐피탈 매니지먼트(LTCM) 파산 사건과 2008년에 터진 월가의 금융파생상품 붕괴 사건입니다. 이 사건들의 교훈은 경제에 있어서의 수많은 조건과 변수들을 수학적 모델로 정의하고 분석하는 것은 불가능함을 깨우쳐준 것입니다. 위험 없는 고 리스크도 마찬가지입니다.

그들은 '희박한 가능성'에 의해 실패한 것이 아니라, 그럴듯한 요설로 투자자들을 현혹한 것에 불과했던 것이고, 결국 이익의 민영화, 손실의 사회화에 불과했던 것입니다. 쉽게 말해 사기였던 것입니다. 그럼에도 미국연방준비제도이사회(이하 FRB 혹은 미연준)와 미 재무부는 이런 행태들을 방관했습니다. 왜 그랬을까요? 과학적 개념이라 인문학적 모색이 불가능해서? 또한, 미연준은 이미 1998년경 상당한 인플레이션갭(경기 순환 하향변곡의 명백한 징후가 됩니다=과열)을 발견하고도 거품이 커지도록 수수방관했습니다. 이 또한 왜일까요? 미연준 의장인 앨런 그린스펀(Alan Greenspan)이 무지해서일까요? 아닙니다. 바로 미국과 중국의 알력 때문입니다. 풀어서 이야기하면 지난 위기의 원인은 '과도한 화폐 증발과 이로 인한 통화 교란, 그리고 이것을 둘러싼 전 세계 패권구도의 경합' 때문인 것입니다. 예일대 경제학과 로버트실러(Robert Shiller) 교수는 지난 위기의 원인이 너무 복잡해 단순하게 정리해 말하기 어렵고, 따라서 향후 결말 예측 또한 불가능에 가깝다고 말합니다. 그러나 그 주장에 동의하지 않습니다.

통화 증발, 인플레이션, 국채 증발, 과도한 재정 적자와 국가 부채, 부자 감세, 부동산 버블을 관통하는 것은 바로 '빈부격차'입니다. 과도한 선진국의 파생상품 확대, 과도한 신용 확대, 과도한 거래 상대방 위험 증가, 과도한 개도국의 외환보유고 축적, 과도한 무역 불균형, 과도한 국제 유동성, 과도한 인플레이션 정책 등을 관통하는 것도 바로 '빈부격차'입니다. 위기의 원인은 바로 국내외 '빈부 격차'인 것입니다.

위의 현상들은 국가 간, 국내 간에 있어서 서로의 부를 찬탈하기 위한 치열한 쟁탈의 모습을 보여 주는 증좌에 불과한 것입니다. 그런데도 세계 각국은 이런 본질은 가린 채 단지 경기 사이클이 하강하거나 그것의 장기화만이 '경제위기'라고 주장하고 있습니다. 부동산 버블이 상징하는 빈부 격차는 가린 채 '부동산 버블'이 무너지는 것만이 경제위기라고 주장하고 있습니다. 그러나 더블딥(Double Dip, 불황에서 벗어난 경제가 다시 침체에 빠지는 이중 하강 현상)이건 더블더블딥이건 간에 경기 하강은 경제의 자연스러운 부분의 하나이며, 과잉 가격의 조정 또한 시장의 가격시스템이 건강하게 살아 있다는 반증에 불과한 것입니다.

진짜 위기는 그런 것이 아니라 바로 빈부 격차, 특히 국내 간 빈부 격차가 전혀 조정되지 않고 있다는 것입니다. 똑같은 관점에서 결말 예측 또한 쉽게 이야기할 수 있습니다. 만약 세계 각국이 위기 진단에 있어서처럼 계속 위선적으로 나온다면 또다시 통화 증발로 경기를 억지로 상승시키고, 부동산 버블 붕괴를 간신히 막아낸 뒤 위기는 끝이 났다고 선언할 것입니다. 그러나 진정으로 위기의 본질을 해소하고자 한다면 통화 증발을 중단하고 부동산 버블을 꺼뜨린 뒤 대대적으로 빈부 격차 완화 정책에 나서야 할 것입니다.

과연 세계 각국은 어느 쪽을 선택하려 들까요. 당연히 전자일 것입니다. 결국 위기 해결 정책 구사가 어려운 것이 아니라 위기의 본질을 짚기가 싫은 것입니다. 그럼에도 끝내 위기를 막아내지 못하고 종말적 위기가 도래할 수밖에 없는 것은 국내 간 빈부 격차는 정치적 탄압, 언론 장악 등으로 짓누르면 그만이지만 국가 간 빈부 격차는 그렇게 해결할 수 없기 때문입니다.

실러 교수는 거시경제학이 위기의 원인을 체계화하지 못하고 있다고 지적하고 있지만 경제학자들은 위기의 원인을 다방면에서 정확히 짚어내고 있습니다. 그중에서도 가장 중요한 부분은 바로 미국과 중국의 야만적인 통화재정 정책입니다.

중국은 끝없이 환율을 절하해 이웃나라를 거지로 전락시켰습니다(근린

궁핍화정책 beggar my neighbour policy, 다른 나라의 경제를 희생시키면서 자국의 경제적 이익을 추구하는 정책). 급기야 1994년에 단행된 40%의 위안화 평가절하는 1997년 태국 바트화 발(發) 동아시아 외환위기의 계기가 됩니다. 그러나 이것은 미국의 고의적 인플레이션 정책에 대응하기 위한 중국의 반격이었습니다. 그래도 중국이 무너지지 않자 앨런 그린스펀은 1998년 엄청난 인플레이션갭을 발견하고도 저금리 정책으로 재반격을 가합니다.

이 때문에 2004년경을 전후해 중국에 '은밀한' 재정위기가 발생하게 됩니다. 이것을 감지한 FRB는 2004년경부터 고금리 정책으로 선회합니다. 인플레이션갭은 한참 경과 후에야 그 실체를 알 수 있습니다. 통상의 통화 정책의 성과 여부를 물가가 어느 정도 오르내리느냐를 관찰한 후에야 알 수 있는 것과 마찬가지입니다. 다만 그럼에도 당시의 인플레이션갭은 누구나 직관적으로 명백하게 체감할 수 있었던 수준이었기에 거시경제학자들 중 다수는 앨런 그린스펀의 당시 행동에 '고의적 목적'이 존재했을 것이라 추정하고 있는 것입니다. 하지만 그럼에도 중국은 무너지지 않았고 역으로 엄청난 출혈을 감수하며 미국 장기국채를 매입해 억지로 미국의 긴축정책을 저지해냅니다. 결국 미국은 이 역풍을 얻어맞고 그 충격으로 2008년 서브프라임 모기지 사태를 맞이하게 됩니다.

바로 이런 미국과 중국 간의 치열한 공방전이 아직 끝나지 않았다는 것입니다. 이번에는 역으로 미국이 중국의 부동산 버블을 붕괴시키려고 이를 갈고 있기 때문입니다. 그것이 바로 의외 시점에서의 고금리 도래입니다. 왜 그런 식으로 고금리가 도래할 수밖에는 없는가. 그것은 바로 위의 치열한 공방 전력이 그 뻔한 도래를 예고하고 있다고 기본적으로 설명할 수 있을 것입니다. 또한 미국의 통화 정책이 최근 20년 가까이 미국 국내의 거시경제를 조정하는 데 초점을 맞추기보다는 국외의 패권 전략에 초점을 맞추어 이루어져 왔다는 것은, 특히나 중국 대응에 초점을 맞추어 왔다는 것은 누구나 다 알고 있는 주지의 사실이기도 합니다.

이에 대한 중국의 대응책은 무엇인가. 바로 국민을 내리 누르는 것입니다. 통상의 경제 정책의 효용이라는 것은 단순히 형식적인 명목경제성장률(실질경제성장률+소비자물가상승률)의 성장, 경제위기의 방어에만 있는 것이 아닙니다. 바로 실질적인 실업 안정, 물가 안정에 있는 것이라 할 수 있습니다. 그런데 중국은 실업 안정, 물가 안정에서 대실패를 거듭하고 있습니다. 여기에 결정적 역할을 하고 있는 것이 아이러니하게도 바로 국제수지 안정입니다. 정확히 표현하자면 안정이 아니라 국제 유동성의 과잉 축적일 것입니다. 이것이 바로 물가 폭등, 자산 폭등, 그리고 이로 인한 제조업 황폐화, 실질임금 하락을 가져오고 있는 것입니다. 그런데 중국은 그냥 그것을 내리 누르고 가겠다는 것입니다. 국민이 죽든 말든 간에 외형적 성장만 이루어내고 경제시스템상의 위기만 맞이하지 않는다면 그만이라는 것입니다.

그런 도덕적 해이는 명백한 임계점에 다다랐습니다. 0.4%가 70% 부의 보유, 외환보유고는 많지만 그이상의 부실 누적과 핫머니의 대량 유입, 감출 수 없는 지경에 이른 물가와 자산 버블. 도저히 폭발하지 않고서는 버틸 수 없는 펀더멘털적 한계에 다다른 것입니다. 끝없는 통화 증발과 인플레이션 정책을 구사하고도 30년 동안 단 한 번의 경기 하강도 겪지 않았다는 것은 자랑이 아니라 추악한 것입니다. 엄청난 빈부 격차가 발생했음에도 짓누르고 계속 꾸역꾸역 밀고 나아왔다는 방증이기 때문입니다. 경기가 하강하면 서민에게 더 큰 위기가 도래한다는 말, 부동산이 하락하면 서민에게 더 큰 위기가 도래한다는 말 역시 거짓일 뿐입니다. 인플레이션 정책 구사의 명분인 바로 '빈부 격차 강화를 통한 경제시스템의 보호' 목적이 도사리고 있기 때문입니다.

이런 이유들 때문에 거시경제학자들은 위기가 진정되지 않고 끝없이 반복될 것이라 분명하게 적시해 예고하고 있는 것입니다. 그런데도 실러 교수는 두루뭉술하게 카오스이론, 거시경제학의 금융위기 모델체계화 대응의 어려움 등을 들어가며 위기 진단과 결말 예측을 교묘히 피하려 들고 있습니다.

사실은 어려운 것이 아니라 피곤한 것일 것입니다. 실제로도 많은 경제학자들이 지겨워합니다. 언론과 인터뷰를 하거나 정치인들과 대담을 할 때마다 그들은 분명한 타깃 질문만을 거듭하고 있기 때문입니다. 위기의 본질을 짚어주면 받아들이기를 거부하고 위기가 장기화될 것이라는 견해를 표명하면 기사화, 정책화를 거부하고, 오로지 자신들의 이익의 보호에만 관계된 단기적이고 피상적 견해만을 선별해 수용하려 드는 것입니다. 그런 정치적 자세에 대다수 거시경제학자들은 이미 신물을 내고 있을 뿐입니다. 최근 경제위기로 세계 각국 언론과 인터뷰를 많이 한 저명한 경제학자들 중 상당수는 자신들의 견해가 일반 국민들에게 전해지는 경로에 충격을 받았다고 합니다. 자신들이 말한 사실과 전망이 최종적으로 제대로 전달된 사례가 거의 없다는 것을 사후에 발견해 내고 있기 때문입니다.

결론적으로 현재의 세계 경제는 경제학자들의 이상적 대안에 의해 움직여지고 있는 것이 아니라 정치 권력, 이를 추종하는 언론 지식인 집단에 의해 그들의 사적 이익 수호를 위해서만 이루어지고 있는 것입니다. 그것이 바로 위기의 진정한 원인이자 향후 결과 예측을 어렵게 하는 핵심 요인일 것입니다. 따라서 실러 교수는 위기 원인 진단과 결말 예측의 난해함, 거시경제학의 한계 등을 이야기할 것이 아니라 바로 이런 민주주의 파탄, 빈부 격차 급증 문제를 중점적으로 이야기해야 합니다. 인플레이션 정책 누적의 산물인 빈부 격차 한계 상황 도래에 따른 종말, 부동산 버블의 종말, 이익의 민영화와 손실의 사회화의 종말, 부자 감세와 복지 축소의 종말, 대마불사 연계불사의 종말, 통화 증발, 국채 증발, 재정 위기, 국가 부채 위기에 따른 종말 등에 관해서도 이야기해야 할 것입니다. 무엇보다도 지난 20~30년의 운 좋은 경기 상승이 실은 운이 좋았던 것이 아니라 전 세계 각국 서민들의 엄청난 고통을 못 본 척 내리 누른 채 이루어져온 위선적 경기 상승이었음을 전 세계 위정자들과 국민들에게 각인시키려 노력해야 할 것입니다.

이제 고성장 저물가 시대는 막을 내렸습니다. 그 고성장 저물가는 부동산 버블, 빈부 격차, 실업, 양극화 등 경제의 하부축인 서민경제를 짓밟아 가며 구가해 온, 유지될 수 없는 추악한 성과물이었기 때문입니다. 이제는 그것을 바로 잡기 위한 끝없는 '오류 정정'의 시대로 접어 들어가게 될 것입니다. 물론, 이 외형적 양태는 저성장 고물가가 될 것입니다. 거시경제학에서 경기 사이클이 상승에서 하강으로 전환한다는 것은 그 상승 과정에서의 부작용이 감내할 수 없는 수준에 도달했을 때의 자가적 치유 과정이라 할 수 있습니다.

과로로 무리한 사람이 몸에 열이 나서 드러눕는 것이 사망을 막기 위한 신체기전의 발현이고, 물속에 오래 잠긴 사람이 저체온증으로 빠져들어 갈 때 몸이 부들부들 떨리는 것도 근육을 움직여 몸의 열을 끌어올려 심장마비를 막기 위한 신체기전의 자동(automatic) 발현인 것과 마찬가지 이치입니다. 따라서 경기 하강이 길고 오래갈수록 그것은 서민을 위한 가장 좋은 일이 될 것입니다. 그래야만이 비로소 위정자들이 도저히 빈부 격차 완화 없이는 성장을 지속적으로 도모할 수 없다는 것을 분명히 자각하게 될 것이기 때문입니다.

진정한 경제 성장이란 단순한 명목성장률의 유지나 하강 없는 경기 사이클의 고수가 아닌 모든 경제 주체들이 경제 발전의 고른 수혜를 만끽하는 것이란 기본적 이치를 다시 되새길 수 있을 때, 지난 위기는 그 진정한 해법의 실체를 모색하게 될 수 있습니다. 실러 교수는 바로 그 점에 대해 다시 한 번 생각해 볼 수 있어야 할 것입니다. 결국 위기는 경제나 경제학의 위기가 아니라 정치, 즉 민주주의의 위기이고 앞으로 경제학이 아무리 추가적인 발전을 거듭해 이상에 가까운 대안을 제시한다 한들 정치의 실패가 그때마다 이것의 효용을 가로막고 나설 것이 자명하기 때문입니다.

거시경제학은 경제 전반의 호황과 불황의 사이클을 연구하는 학문입니다. 그 거시경제학의 목적은 위기 도래의 무조건적 저지가 아니라 위기 도래의 원인을 정확히 파악해 본질적인 해법을 도모해 나가기 위함입니다. 그런데 일부 정치인들은 이 점을 착각하고 있습니다. 향후 의학이 아무리 발전하더라도 사람이 쉬지 않거나 잠을 자지 않아도 되는 시기는 절대 도래하지 않을 것이며, 경제도 마찬가지입니다. 20년 연속 경기 사이클의 상승 지속은 운이 좋은 것도 아니고 거시경제학의 성과도 아닙니다. 다만 정치인들이 거시경제학을 악의적으로 이용해 세상의 고통을 거짓과 위선으로 덮어온 것일 뿐입니다. 따라서 경기는 향후 아주 긴 시간 불안정한 곡선을 그려내야만 합니다. 그것은 경제학을 떠나 모든 학문이 말해주고 있는 근원적 이치이자 순리이며, 만약 그럴 수 없다면 거시경제학이란 학문은 결국 강력한 원초적 회의에 부딪히게 될 것입니다.

금융위기의 진정한 이해를 위한 세 가지

한 나라의 자본시스템을 이해하기 위해서는 기본적으로 외환, 채권, 주식 등에 대해 알아야 하는데 그러기 위해서는 펀더멘털 진단, 기술적 분석, 그리고 시장 감각을 익힐 수 있어야 합니다. 그러나 그게 쉽지가 않습니다. 현재에 대한 과학적 대입과 분석은 어느 정도 가능할지 모르나 어디까지나 불완전하며 따라서 그것을 바탕으로 한 완전한 미래 예측은 더욱 어불성설이기 때문입니다.

그 이유는 자본시장의 모든 것은 결국 지식의 문제이긴 하나 힘의 역학 속에서 작동되며 힘의 역학은 결국 정도(正道)의 문제로 귀결되기 때문입니다. 지식의 문제는 이론과 실물의 숙지와 경험으로 어느 정도 해결될 수 있습니다. 그러나 힘의 역학으로 넘어가면 그 문제는 깊은 심연 속으로 금세 잠겨 버리고 맙니다. 너무나 방대하기 때문입니다. 그 방대함 속에는 숙지와 경험으로는 납득될 수 없는 복잡한 부정도 존재합니다. 이러한 부정이 정도의 문제로 귀결되지 아니하고 극복할 수 없는 수준의 부패로 발현되어 임계점을 넘어설 때 자본시스템은 오늘날처럼 심각한 위기에 직면하게 되는 것입니다.

금융위기의 실체를 이해하려면 적어도 세 가지 부분에 대한 깊이 있는 숙고가 있어야 합니다. 첫째, 인간이 얼마나 무지하면서 탐욕스러운가, 둘째 식량과 에너지를 장악하고 있던 미국의 자본주의 패권이 얼마나 중대한 기로로 들어서고 있는가, 셋째 부채, 부패, 부정이 득세하고 정도가 실종한 자본주의가 탐욕과 위기를 휴머니즘을 바탕으로 극복해 낼 수 있을 것인가 하는 것들입니다.

이러한 숙고 없이 단순히 현재의 자본시스템에 대한 시황 분석만 도열해 놓고, 여기에 금리, 통화, 재정 등의 시장 대책을 가미한다고 하여 현재 우리가 맞이하고 있는 문제들을 절대로 단시일 내에 명쾌하게 해결하고 넘어갈 수는 없습니다. 위기의 양태가 근원적이고 종말적이기 때문입니다. 따라서 지금 전 세계는 미증유의 파고를 맞이하고 있는 것입니다. 이 거대한 변화 앞에 각국의 내로라하는 저명한 과학자들과 경제학자들조차 망연자실한 채 자신감 있는 예측과 견해를 표명하길 주저하고 있는 상황입니다.

지난 100년간 인류는 두 차례의 세계대전, 사회주의와 민주주의의 대립, 종교의 퇴조와 과학의 부상, 정보통신과 교통의 혁명, 권력 권위의 해체와 재편성 등 놀랄 만한 격동의 시기를 보내야만 했습니다. 이 모든 것을 아우르는 것은 바로 인구의 폭발적 증가와 이를 떠받히기 위한 대량

생산과 대량 소비, 생산과 소비의 기반을 형성하는 에너지에 대한 주도권 장악 다툼, 그 장악 성공을 기반으로 한 미국의 자본주의 패권, 그 패권을 질서로 한 세계 경제의 구도입니다. 이 구도가 무너지고 흔들리게 된 이유는 바로 역설적으로 인구의 폭발적 증가가 종래에 가져오게 될 글로벌 불균형, 그것이 유발해 낼 전쟁, 학살, 폭력, 기근 등의 글로벌 갈등, 이를 치유할 이상, 박애주의, 휴머니즘 등의 충분하지 못한 글로벌 부존재 때문입니다.

그동안 수학자, 과학자, 경제학자 등은 이를 효과적으로 예방 치유 극복하기 위해 다양한 가설과 이론을 제시하고 이의 해석과 토론, 그리고 적용을 시도했으나 종내에는 인간이란 복잡한 생명체가 어우러져 만들어 내는 다이내믹한 행태의 예측에 실패하고 끝내 작금의 실패를 만들어 낸 것입니다. 그 실패의 핵심에 바로 부채, 부패, 그리고 부정의 '3부'가 존재하고 있습니다. 전 세계의 수많은 천재들이 많은 조건과 변수들을 기반으로 새로운 분석과 프로그램을 창조해 제시했지만 이것이 결과적으로 실패한 이유는 우리가 종교를 대체해 새롭게 신봉하기 시작한 과학의 실체에 대한 지나친 맹신 때문입니다. 즉, 과학은 아직도 너무나 불완전하지만 그것에 기반한 질서는 너무 많이 앞서 나간 채 철옹성처럼 확립되어 세상을 지배하고 있고, 이의 지배에 대한 어떠한 철학적 각성과 제고의 여지를 거부하여 왔으며, 이틈을 파고든 탐욕이란 불완전한 요소들이 자본주의 이론에 기생해 끝없는 부채, 끝없는 부패, 끝없는 부정을 만들어 내고 결국 임계점에 다다름으로써 폭발의 형태로 나타난 것이 지난 금융위기의 외적 형태라고 할 수 있는 것입니다.

그러나 앞서 말했듯 위기의 진정한 원인은 그러한 탐욕에 대한 적절한 통제 실패가 아니며, 당연히 해법의 우선순위 또한 그러한 탐욕이 유발해 낸 부채, 부패, 부정의 해소가 될 수 없습니다. 고민이 보다 근본적이면서 먼 곳으로 향해 나아갔다 다시 천천히 중심으로 회귀해 들어와야 하는 것입니다.

그 길의 첫 번째가 바로 종교가 인간의 생명이 유한하다는 각성에서 출발하듯 과학에 앞서 인간 세계의 삶을 지배하고 있는 에너지가 유한하다는 각성으로 다시 몰입해 들어가는 것입니다. 그렇다면 그런 유한한 에너지의 장악을 전제로 설정·유지되어 오던 미국의 자본주의 패권도 심각한 의문과 도전에 직면할 수밖에는 없습니다. 다시 말해서 작금의 위기는 탐욕의 절제와 반성, 부채의 해소, 부패의 청산, 부정의 방지 등으로만 털고 다시 새롭게 앞으로 뛰어나갈 수 있는 간단한 성질의 것이 아니라는 이야기가 됩니다.

세계 경제는 에너지를 중심으로 돌아갑니다. 에너지가 있어야 일이 돌아가고, 일이 있어야 일자리와 부가가치가 창출됩니다. 그러나 그런 에너지는 유한하고 창조 불가능합니다. 그리고 그 에너지의 중심을 차지하던 석유 잔량은 이미 정점을 지나 고갈의 시기로 나아가고 있습니다. 그 고갈의 임박이 미국의 자본주의 패권을 몇 년 전부터 심각하게 압박하여 왔고, 그 압박에 대한 고민과 인식, 그리고 의문이 전 세계적 확산으로 나아가기 전 미국이 좀 더 많은 부의 창출과 축적을 이루어 내야 한다는 내적 조바심과 이에 대한 전폭적인 공감을 유발해 냈고, 이것이 폭주의 양태로 치닫다 벽에 부딪쳐 충돌을 끝낸 것이 지금 미국의 처참한 본모습인 것입니다.

결국 미국은 작금의 사태를 미필적 고의 형태로 인식해 왔지만 그에 대한 어떠한 고민과 해답도 제시하기를 거부해 왔던 것입니다. 물론 미국 일각에서 석유를 대체할 새로운 에너지원 개발에 대한 희망 섞인 구도를 제시하고는 있긴 하지만 어디까지나 그것은 한낱 눈속임에 지나지 않을 뿐입니다. 대체 에너지 개발은 막대한 시간과 자금의 소요를 요구합니다. 그러나 그 엄청난 대가에 비해 보답은 너무나 불확실하고 불충분합니다. 미국은 지금 그 짐을 혼자 짊어지길 거부하고 있고 그러한 거부는 미국의 전 세계적 리더십의 기반을 근본부터 허물어 들어가고 있는 것입니다.

따라서 현재로선 대체 에너지와 녹색 산업에 대한 비전 제시는 어디까지나 불안과 절망을 잠재우기 위한 한낱 정치적 쇼에 지나지 않습니다. 진정한 문제는 미국이 그토록 우려하던 미국의 에너지와 자본주의 패권에 대한 의문이 전 세계적으로 걷잡을 수 없이 확산되기 시작했다는 것입니다. 이 의문이 인구의 폭발적 증가, 그에 따른 대량생산, 대량소비, 이를 지탱하던 식량과 에너지 수급구조의 불안정으로 이어지고 있고, 이것은 이러한 경제 기본 메커니즘을 전제로 한없이 높게 치솟아 형성되어 왔던 금융과 실물경제의 불안감으로 이어지고 있으며, 이것이 다시 자본주의 질서의 생리인 적자생존, 독과점, 종속 등의 지속에 대한 의문과 불만의 폭발로 이어져, 결국 미국의 패권주의와 여타 국가들의 치열한 이기적인 주도권 다툼으로 치달을 수밖에는 없습니다. 따라서 이러한 주도권 다툼이 향후 어떠한 이기적 양태로 나타날지를 예측하고 준비, 대응해 나갈 수 있어야 합니다.

중요한 포인트는 에너지는 창조될 수 없고 유한한데, 인구는 폭발적으로 늘어나 어떻게든 남은 에너지를 소진하고 살아가야 한다는 것입니다. 또한 인간이 살아가기 위해서는 결국 식량이 필요한데, 식량을 재배할 수 있는 토지는 유한하고 물은 갈수록 고갈되고 오염되어 가고 있다는 것입니다. 그에 비해 이러한 식량과 에너지 위기 극복을 위한 그 어떠한 대안도 현재로선 너무나 불충분한 상황입니다. 불충분한 상황은 다시 심각한 불균형을 유발하고, 불균형은 또 다른 폭발을 잉태할 수밖에 없습니다. 폭발은 앞으로 여러 분야에서 수없이 일어날 것이고 그때마다 그것은 글로벌 불균형을 해소해 내기는커녕 또 다른 위기를 양산해 낼 것입니다. 거대 금융위기에 종언을 고하기 위해서는 그러한 위기 해소책에 대한 근본적인 비전과 희망이 제시되어야 합니다. 그리고 그때까지 글로벌 리더들은 그 위기 속에서 구제받지 못하고 나락으로 떨어지고 있는 피해자들을 휴머니즘의 관점에서 껴안고 버텨낼 책임감을 다져낼 수 있어야 합니다.

자기 직업에 충실한 일부 가짜 지식인들은 이번 위기는 길어야 3년 안에 끝날 것이다는 말장난을 하고 있습니다. 심지어 그 위기의 기간이 2년, 1년, 6개월, 3개월로 점점 짧아지다, 급기야는 위기는 애초부터 없었는데 우리 모두가 그냥 한번 공포에 빠져 들었던 것뿐이었다라고 주장하는 낙관론자까지 등장한 상황입니다. 하지만 이 위기는 최소한 폭발적으로 증가한 글로벌 인구 중 상당수의 식량과 에너지 수요를 충족시켜 낼 수 있는 상업적 비전 제시와 이런 위기 상황의 주도권 쟁탈전이 어떤 확실한 윤곽을 가시적으로 드러내기 전까지는 끝없이 지속될 것이 확실합니다.

따라서 그 와중에 위기 속에서 희생되고, 위기 해결책 속에서 희생될 약자들을 향한 근본적인 해결책 제시와 실행이 절실합니다. 만약 전 세계가 이 두 가지 중 최소 어느 한쪽에서라도 뚜렷한 실패의 모습을 보이게 된다면 인류가 누려온 자본주의 질서는 근본적인 위기를 맞이할 수밖에는 없을 것입니다. 또한 이러한 식량과 에너지, 그리고 자본주의에 대한 근본적 성찰이 있다면, 사람들은 단기적으로 보다 예의 있고 겸손하고 공존하는 방향의 활로를 모색할 수 있을 것입니다. 그러나 만약 없다면 또다시 이 절체절명의 위기를 단순히 오랜만에 도래한 최고 기회의 노름판 정도로 협소하게 해석하고 달려들어 섣부른 예측과 예언을 쏟아내고 이에 기반한 탐욕스런 양태를 반복함으로써 위기를 더욱 키우고 위기 해결의 출발에 걸리는 시간만을 더욱 더 지연시키게 될 것입니다.

제 *2* 장

한국
부동산의 위기

부동산 금융지표

펀더멘털의 이상 유무를 판단하는 통화지표

통화지표(Money Stock Measures)란 한 경제에 유통되는 화폐의 양을 말합니다. 즉 통화량(money stock)을 말합니다. 과거에는 금융기관의 금융상품을 기준으로 M1, M2, MCT, M3로 작성했으나, 2000년부터는 IMF 기준에 따라 M1, M2, Lf, L로 작성하고 있습니다.

M1은 협의 통화로 '민간 보유 현금 + 요구불예금 + 수시 입출식 저축성예금'을 합한 것입니다. 이것은 지급 결제 수단으로 활용되는 단기 금융시장의 유동성 파악에 유용합니다.

M2는 광의 통화로 M1에 정기예금, 정기적금, 정기부금 등 2년 미만의 금융상품을 더한 것입니다. 이것은 결제 수단보다는 자산 증식에 활용되는 자금 파악에 유용합니다. 그러나 이 자금들은 해약하면 언제든지 유동화될 수 있으므로 유동성 면에서 M1과 별 차이가 없습니다. 우리가 통화지표를 살펴볼 때 보통 이 M2 지표를 가장 많이 살펴보게 됩니다.

Lf는 금융기관 유동성으로, M1, M2에 만기 2년 이상의 정기예금, 정기적금 등의 금융상품을 더한 것입니다. 예전의 M3가 바로 Lf입니다. 이것은 M1, M2에 비해서 유동성이 크게 떨어집니다.

L은 M1, M2, Lf 등 금융기관 유동성에 정부, 기업 등이 발행하는 국공채, 회사채 등을 합친 것입니다. 이것은 금융시장 전체를 거시적으로 파악하기 위한 지표로서, 가장 포괄적인 통화지표입니다.

- M1 = 민간 보유 현금 + 예금 취급 기관의 당좌예금·보통예금 등 요구불예금 + 저축예금 + MMDA + MMF
- M2 = M1 + 2년 미만의 정기예·적금과 부금 + 거주자 외화예금 + 양도성예금증서·환매조건부채권 등 시장형 금융상품 + 금전신탁·수익증권 등 실적배당형 금융상품 + 금융채·신탁형증권저축·종금사 발행어음
- Lf = M2 + 2년 이상의 정기예적금·부금과 금융채 + 유가증권·청약증거금 + 생명보험회사 보험계약준비금 + 장단기 금융채 + 고객예탁금
- L = Lf + 정부·기업 등이 발행한 국공채·지방채·회사채·기업어음·자산유동화증권

위와 같은 여러 가지 통화지표는 한국은행 경제통계시스템(Ecos, http://ecos.bok.or.kr)에 들어가서 확인할 수 있습니다. 거기로 들어가면 [주요 통화금융지표]를 클릭한 뒤 상세항목 선택에서 본원통화, M1, M2, Lf, L의 평잔과 말잔을 선택하고 오른쪽 상단의 [조회] 버튼을 누르면 수치와 그래프 자료 등이 나타납니다.

통화승수(k)란 '통화량(M)/본원통화(B)' 이 됩니다. M1을 본원통화로 나누면 M1 통화승수가 되고, M2를 본원통화로 나누면 M2 통화승수가 됩니다. 거기서 데이터로 예를 하나만 들어보겠습니다.

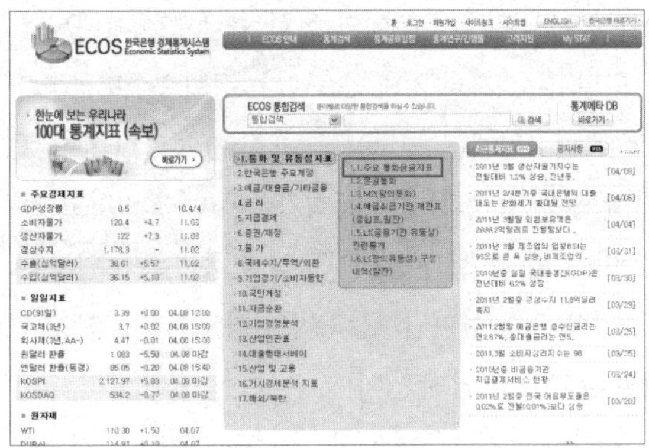

한국은행 경제통계시스템(Ecos)

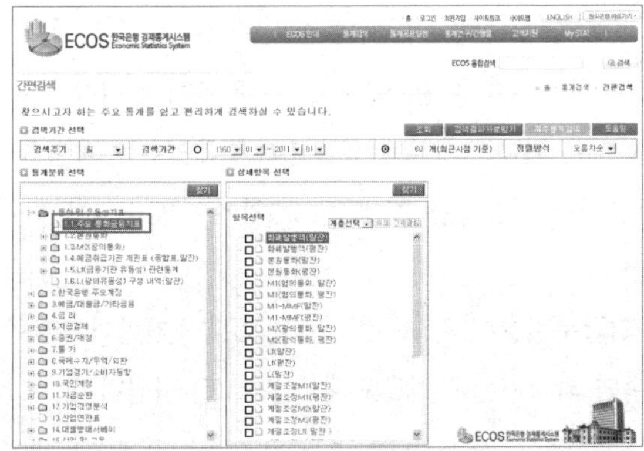

주요 통화금융지표 클릭

2009년 5월 기준

- 본원통화 : 60조 820억 원
- M1 : 355조 9220억 원
- M2 : 1491조 5420억 원입니다.

따라서 M1 통화승수(M1/본원통화)는 -5.92배가 되고, M2 통화승수 (M2/본원통화)는 -24.82배가 됩니다.

2008년부터 보면 M1 증가율은 한국은행의 통화 공급으로 확대되었으나, M2 증가율은 둔화된 것으로 나오고 있습니다. 통화승수도 2008년 7월의 27.25 이후 2009년 3월에는 22.39로(평잔 기준) 하락한 것으로 계산이 나옵니다. 따라서 신용 경색과 경기 둔화가 일어나고 있다고 보아야 합니다. 여기서 알아야 할 것은 대부분의 통화량 증가는 본원통화 증발보다는 신용화폐 증가에 의해 늘어난다는 것입니다. 이 경우 신용화폐의 창출 과정은 지준율의 제약을 받게 됩니다.

예컨대 본원통화가 100억이고 지급준비율(이하 지준율, 은행이 고객으로부터 받아들인 예금 중에서 중앙은행에 의무적으로 적립해야 하는 비율)이 10%인 상황에서 신용화폐 증가가 무한대로 일어나게 되면 총통화량은 최대 1,000억에서 끝나게 됩니다. 이 경우 통화승수는 최대 10이 됩니다. 지준율이 20%라면 총통화량은 최대 500억에서 끝나고 통화승수는 최대 5가 됩니다. 지준율이 5%라면 통화량은 최대 2,000억에서 끝나고 통화승수는 최대 20이 됩니다.

2008년 8월말 평균 지급준비율이 3.5% 정도 되므로 금융기관이 만들어 낼 수 있는 통화승수의 최대치는 약 28.57배 정도가 될 것입니다. 또한 2008년 8월말 지급준비 예상 대금은 801.52조 원으로 필요 지준금액은 평균지준율 3.5 기준으로 28.2조 원이 됩니다. 만약 지준율이 0.5% 인하되면 은행의 무수익자산은 대략 4조 원정도 줄어들 것입니다. 그럼 은행은 이 금액으로 대출을 할 겁니다. 이 금액은 수익자산으로 전환되는 동시에 최대한계승수 범위 내에서(약 120조 원) 엄청난 통화승수를 일으키게 될 것입니다. 이처럼 지준율의 경우 조금만 변경해도 통화승수가 급변하게 되어 미세 조정을 요하는 통화정책에는 적합하지 않아 자주 사용하지 않습니다. 미국의 경우도 2008년 위기 전 마지막 지준율 조정은 1992년이었습니다.

미국의 통화지표는 어떨까요. 미국의 통화지표는 FRB에 들어가서 확인하면 됩니다.

미국의 통화지표 검색

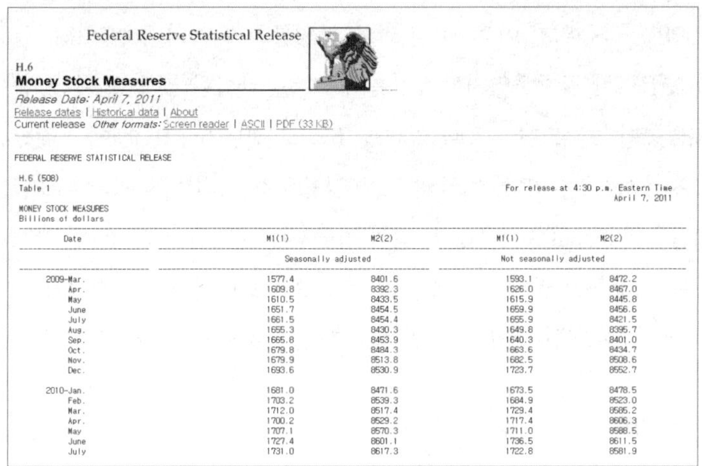

Federal Reserve Statistical Release

H.6
Money Stock Measures

Release Date: April 7, 2011
Release dates | Historical data | About
Current release *Other formats:* Screen reader | ASCII | PDF (33 KB)

FEDERAL RESERVE STATISTICAL RELEASE

H.6 (508)
Table 1   For release at 4:30 p.m. Eastern Time
                                                                                      April 7, 2011
MONEY STOCK MEASURES
Billions of dollars

Date	M1(1)	M2(2)	M1(1)	M2(2)
	Seasonally adjusted		Not seasonally adjusted	
2009-Mar.	1577.4	8401.6	1593.1	8472.2
Apr.	1609.8	8392.3	1626.0	8467.0
May	1610.5	8433.5	1615.9	8445.8
June	1651.7	8454.5	1659.9	8456.6
July	1661.5	8454.4	1655.9	8421.5
Aug.	1655.3	8430.3	1649.8	8395.7
Sep.	1665.8	8453.9	1640.3	8401.0
Oct.	1679.8	8484.3	1663.6	8434.7
Nov.	1679.9	8513.8	1682.5	8508.6
Dec.	1693.6	8530.9	1723.7	8552.7
2010-Jan.	1681.0	8471.6	1673.5	8478.5
Feb.	1703.2	8539.3	1684.9	8523.0
Mar.	1712.0	8517.4	1729.4	8585.2
Apr.	1700.2	8529.2	1717.4	8606.3
May	1707.1	8570.3	1711.0	8588.5
June	1727.4	8601.1	1736.5	8611.5
July	1731.0	8617.3	1722.8	8581.9

(http://www.federalreserve.gov/releases/h6/current)

거기 보면 월별 M1, M2가 나와 있습니다. 본원통화(Monetary base) 또한 검색할 수 있습니다.

본원통화 검색

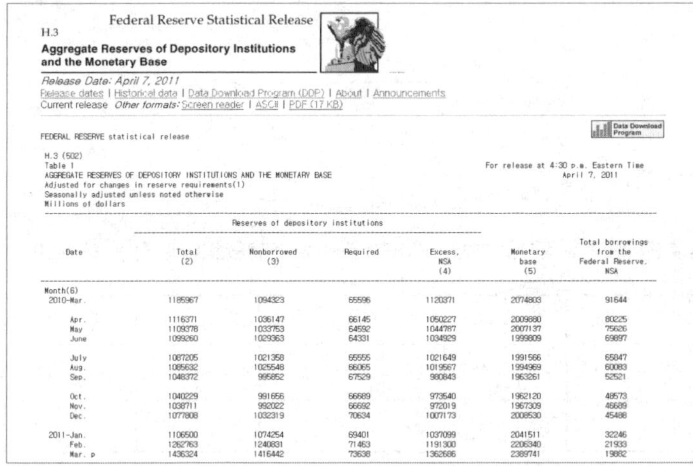

Federal Reserve Statistical Release

H.3
**Aggregate Reserves of Depository Institutions
and the Monetary Base**

Release Date: April 7, 2011
Release dates | Historical data | Data Download Program (DDP) | About | Announcements
Current release *Other formats:* Screen reader | ASCII | PDF (17 KB)

FEDERAL RESERVE statistical release

H.3 (502)
Table 1   For release at 4:30 p.m. Eastern Time
AGGREGATE RESERVES OF DEPOSITORY INSTITUTIONS AND THE MONETARY BASE   April 7, 2011
Adjusted for changes in reserve requirements(1)
Seasonally adjusted unless noted otherwise
Millions of dollars

Date	Reserves of depository institutions				Monetary base (5)	Total borrowings from the Federal Reserve, NSA
	Total (2)	Nonborrowed (3)	Required	Excess, NSA (4)		
Month(6)						
2010-Mar.	1185967	1094323	65596	1120371	2074803	91644
Apr.	1116371	1036147	66145	1050227	2009880	80225
May	1109378	1033753	64592	1044787	2007137	75626
June	1099260	1029363	64331	1034929	1999809	69897
July	1087205	1021358	65555	1021649	1991566	65847
Aug.	1085632	1025548	66065	1019567	1994969	60083
Sep.	1048372	995852	67529	980843	1963261	52521
Oct.	1040229	991656	66689	973540	1962120	48573
Nov.	1038711	992022	66692	972019	1967309	46689
Dec.	1077808	1032319	70634	1007173	2008530	45488
2011-Jan.	1106500	1074254	69401	1037099	2041511	32246
Feb.	1262763	1240831	71463	1191300	2206340	21933
Mar. p	1436324	1416442	73638	1362686	2389741	19882

(http://www.federalreserve.gov/releases/H3/Current)

그 자료들로 월별 M1을 본원통화로 나누면 M1 통화승수, 월별 M2를 본원통화로 나누면 M2 통화승수가 되는 것입니다. 자료를 추적해 보면 지난 2008년 금융위기 이후 몇 달 만에 본원통화가 거의 두 배 가량 급증하고, M1 또한 급증하였지만 M1 통화승수는 급락한 것을 알 수 있습니다. M2 통화승수 또한 4.70배(2009년 5월)로 전년 5월 9.3배에서 절반 수준으로 감소하였습니다. 미국의 경우 금융위기 이전 당좌예금에 대한 필요 지급준비율은 10%였습니다. 만약 평균 지급준비율이 10%라면 한계 통화승수는 10이 될 것이고 통화승수가 그 수치에 다다를수록 경기가 과열되었다는 신호가 될 것입니다. 엄청난 통화 증발에도 불구하고 경기 둔

중국의 M1 증가율 추이

출처 : 중국 인민은행

중국의 월별 통화량 지표 증가율 추이(2009년 1월~6월, 전년동월 대비, 단위: 조 위안)

2009	1월	2월	3월	4월	5월	6월	7월	8월	9월	10월	잔액
M1	6.7%	10.9%	17.0%	17.5%	18.7%	24.7%	26.2%	27.7%	29.5%	–	20.17
M2	18.8%	20.5%	25.5%	26.0%	25.7%	28.4%	28.5%	28.5%	29.3%	–	58.54

출처 : 주중 한국대사관

화가 일어나고 있으며 한편으론 증발된 본원통화 이동 경로가 제한적으로 철저하게 통제되고 있음을 의미합니다. 중국의 경우도 미국만큼은 아니지만 본원통화 M1, M2 통화승수 모두 증가하고 있습니다. 중국의 통화지표는 인민은행에 들어가서 확인하면 됩니다.(www.pbc.gov.cn)

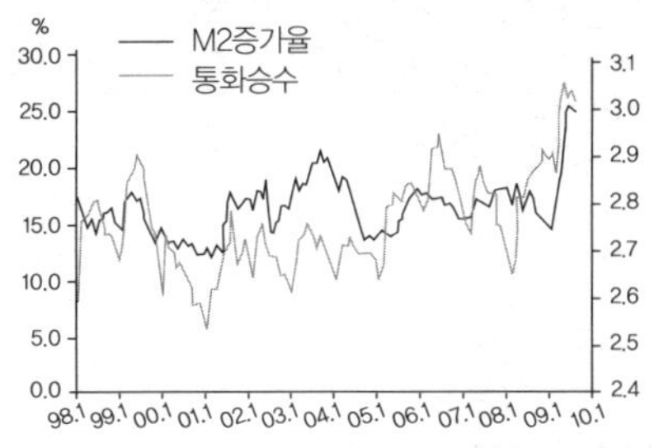
중국 통화승수(M2/본원통화)와 M2증가율

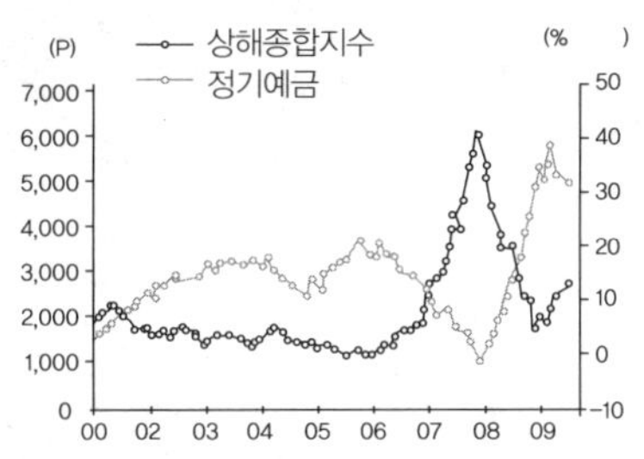
중국 상해종합지수와 정기예금 증가율

출처 : 메리츠 종합금융증권

중국 통화승수(M2/본원통화)는 −3.01배(2009년 5월)이고, 중국의 경우 인민은행이 고시한 평균 지급준비율은 2009년 5월 기준으로 16.5%입니다. 따라서 이 경우 최대 한계통화승수는 6.06 정도가 될 것입니다.

이상으로 간단히 통화지표인 M1, M2, Lf, L ,통화승수, 지준율 ,한국·미국·중국의 지준율, 한국·미국·중국의 통화승수 등에 대하여 알아보았습니다. 이러한 지표는 주식, 채권, 부동산 등의 투자 활동을 하는데 있어서 가장 근간이 되는 판단 자료입니다. 경기에 과열이 걸렸는지 경제 펀더멘탈에 이상이 생겼는지에 대한 판단의 출발점이 되기 때문입니다.

2009년 국민은행 사태의 전말

2009년 국민은행 100조 증발설이 주는 의미

지난 2009년 2월의 국민은행 100조 증발 루머 사태를 보면서 든 추정은 첫째, 파생상품 관련 손실이 상당 부분 존재할 가능성도 있으나 시중의 루머처럼 100조 원 단위는 아니고, 설령 존재하더라도 몇 천억~몇 조 원 단위일 거라는 것입니다. 따라서 이 금액을 분기별로 쪼개서 상각처리하고 있었을 가능성은 있습니다. 참고로 2008년 국민은행의 순이익은 전년 대비 71% 급감했습니다.

둘째, 그러던 중에 해킹까지 받아 관련 자료가 고스란히 유출되었을 가능성도 있습니다. 만약 그랬다면 이는 중국, 홍콩 쪽일 가능성이 있고 어느 쪽이든 관련 자료가 해외로 넘어갔을 수 있습니다. 자료를 파악한 쪽에서 한국 금융당국 쪽으로 이 문제를 공론화하고 해킹 사실까지 금융당국에 제보 등으로 파악 되면서 쌍방향 문제가 터지자 결국엔 소음을 진정시키지 못하고 문제가 공론화되었을 가능성이 있습니다.

셋째, 금융노조의 성명서를 보면 KB만의 문제가 아닌 금융권의 복합 문제라는 주장이 나옵니다. 파생 손실, 해킹, 정부의 본질 회피를 위한 적반하장식 책임 추궁 등이 겹치면서 문제가 커졌을 가능성이 있습니다. 문제 제기를 한쪽이 홍콩 쪽이라는 것도 결국엔 해킹 가능성을 높이고 있습니다. 지금도 전 세계는 상대국 금융기관과 정부 등에 숨겨진 부실을 찾느라 사활을 건 정보전을 펼치고 있습니다. 이런 상황 속에서 소프트웨어 관련 보안 투자가 형편없는 한국의 은행들은 만약 해킹이 일어났다면 아주 손쉬운 먹잇감이 되었을 것입니다.

넷째, G20에서도 이런 파생 관련 손실 처리 문제가 보안 속에 의제로 다뤄지고 있을 공산이 있습니다. 여기서 기인하는 외환시장 충격 등을 막기 위해 미국이 여러 국가와 통화스왑을 해주었을 가능성도 존재합니다.

다섯째, 중국의 미 국채 매입 규모 축소의 이유에 이러한 모기지 관련 파생 손실, 이 손실 처리 등을 둘러싼 막후 협상 과정에서의 트러블 발생이 존재하고 있을 수 있습니다.

여섯째, 천문학적이지만 수년 안에 정리할 수 있는 규모의 파생 손실이 만약 국민은행에서 발생했다면 전 금융기관으로 이 규모를 확대할 경우 수조에서 수십조 원에 달할 수도 있습니다. 은행 이외의 금융기관 정부 투자분 등을 합칠 경우 100조 원이 전혀 불가능한 금액은 아닙니다. 다만 그럴 가능성은 거의 없다고 봅니다. 2006년 기준 전 세계 파생 거래 규모는 무려 440조 달러, 2008년 말 CDS 거래 잔액만 무려 62조 달러에 달하며, 주요 다국적 금융기관의 파생 거래 수익 중 무려 90% 이상이 이 CDS 부분이었습니다. 특이한 것은 아·태지역이 미국과 영국 등의 꼬임에 넘어가 대거 파생상품 거래에 뛰어든 시기가 2000년대 초경이라는 사실입니다.

파생금융상품의 동아시아 지역 거래 비중 추이(전 세계 중 %)

연도	1990	1994	1998	2002	2007
비중	16.5%	11.5%	12.9%	49.2%	5.9%

출처 : BIS홈페이지

위의 표를 보면 2000년 초반 직전까지는 전 세계 파생금융상품 거래액의 80% 이상을 미국, 영국, 서유럽 등이 차지했다가, 2000년대 초반 들어 갑자기 한국, 중국, 일본 등 동아시아 지역 거래 비중이 폭증합니다. 그때가 2004년 미연방준비제도이사회의 고금리 진입을 앞둔 시점이었습니다. 이는 곧, 절반에 가까운 파생상품 거래를 동아시아에 급작스럽게 전가시켜 놓은 시점에 영미권 계열 금융기관들은 한발 뒤로 빠지고 바로 고금리가 도래했다는 것입니다.

CDS(Credit Default Swap, 신용부도스왑)가 무엇인가요? 간단히 말해 거래 상대방 위험(Counterparty Risk)을 전가하는 것입니다. 매입한 쪽은 위험을 떠넘기는 대신 고수익을 지급하지만, 판매한 쪽이 부도를 내면 막대한 비용만 날리고 위험에 다시 노출되게 됩니다. 판매한 쪽은 하나같이 초대형 금융기관인데 부도가 날 수 있을까요? 날 수 있는 것이 아니라 실제로 났습니다. 2008년 3월 미국 월가 5대 투자은행 중 하나인 베어스턴스 투자은행이 맥없이 무너졌습니다.

이 부도는 'MBS(주택담보부증권) ⇨ CDO(부채담보부증권) ⇨ SIV(파생거래활성화를 위한 유령법인) ⇨ 투자은행 ⇨ 상업은행 ⇨ 페니메이 프레디맥 등 모기지업체 ⇨ AIG 등 보험회사'로 차례차례 충격을 전가하며 이어지다가 2007년 말 주택담보부증권이 CDS 보호막에서 위태로워지면서 투자자들의 집단 이탈 현상이 심화되고, 이로 인해 미국 서브프라임 모기지 사태가 터진 것입니다.

일곱 번째, 결국 한국, 중국, 일본 등은 미국에 거세게 항의했을 수 있습니다. 미국 거대 금융기관은 부도나지 않을 줄 알았는데 이럴 수 있느냐, 책임져라, 책임져주지 않으면 미 국채를 처분하겠다, 달러를 대체할 동아시아 통화 협력 행보 강화에도 나설 것이다. 그래서 일단 급한 대로 외환위기 도래 가능성부터 막아 달라고 했을 가능성이 있습니다. 이런 식으로 한미 통화스왑 체결이 이루어졌을 개연성이 있습니다. 그러면서 절충안이 추가되었을 가능성이 있습니다. 손해의 전액을 물어줄 수는 없습니다. 그런 식의 감당 못할 요구를 들고 나온다면 대형 투자은행 등을 다 부도내 버릴 수도 있기 때문입니다. 따라서 접점 찾기, 즉 미국도 손실을 껴안고, 동아시아도 손실을 껴안자, 미국이 이렇게 나왔을 수 있습니다. (미국 입장에서 투자은행 1개 이상을 반드시 부도낼 수밖에 없었던 이유가 존재했을 수 있습니다. 서유럽, 동아시아, 북미 지역 금융기관들이 미국에 무리한 수준의 책임을 요구했고 미국이 스스로도 정말 어렵다는 점을 입증하기 위해, 또한 미국 정부를 그토록 궁지로 몰아넣은 투자기관을 문책하기 위해 구제금융 투입 대신 부도를 택했을 것이란 추측입니다.)

여덟 번째, 데이터를 보면 파생상품에 동아시아 국가들을 끌어들이는 데 성공한 직후부터 '고금리 도래 ⇨ 미 금융기관들의 천문학적인 이익 발생 ⇨ 그러나 평행선상으로 리스크도 급증 ⇨ 막장 임박을 예감한 미 금융기관들의 보너스 잔치 등 모럴헤저드 빈발 ⇨ 시장의 신경이 극도로 날카로운 가운데 불특정 기관들이 청산 포지션 올인을 시작하자 전 금융기관으로 집단현상(herding behavior) 확산 ⇨ 미국 서브프라임 모기지 사태 발발', 이런 전개 개연성이 있습니다.

그럼 동아시아 투자 비중은 왜 갑자기 늘어났을까요. 그리고 왜 갑자기 줄어들었을까요. 추측컨대 1990년대 초 유럽 금융위기 시점을 전후해 유럽이 영미계열에 말려들어가고, 1997년 동아시아 위기 시점을 전후해 위기 대응 수단의 필요성을 절감하고 있던 동아시아가 영미계열의 파생상품 확대 전략에 말려들어갔을 가능성이 있습니다. (참고로 파생상품 중 CDS는 1995년 JP모건에 의해 처음 도입되었으나 정작 자신은 2008 금융위기 발발 직전 발을 뺐습니다. 이 CDS 부분이 2008 미국 금융위기 직전까지 전 세계 파생상품 중 최고의 수익원이자 위기 발발 후 충격의 일등공신이기도 했던 것입니다.) 그러다 동아시아 거래량이 급감한 이유는 금리인상 시점 도달, 서방 주택시장 불안 등을 예감한 동아시아 채권 매니저들의 파생시장에서의 채권시장으로의 포트폴리오 이동 때문이었을 수 있습니다. 파생 거래 비용과 리스크 증가 요인도 있었을 것입니다. 역설적으로 이 매수세의 순환매 이동은 영미계열의 독자적인 파생시장 떠받히기를 힘에 부치게 했을 수 있습니다. 막장에 이른 것을 본인들이 체감하고 있었는데, 그동안 착하게 호구노릇을 해주던 동아시아의 매수세 이탈, 이것은 시장 이탈 도미노 현상을 촉발했을(trigger) 가능성이 있는 것입니다.

아홉 번째, 만약에 이상이 사실이라면 미국 금융기관들은 쓰레기 채권을 아직도 잔뜩 안고 있고, 부실을 단시일 내에 정리할 수 없다는 의미가 됩니다. 문제는 CDS 시장 전망이 불투명하다는 데 있습니다. 미국, 영국, 동아시아 국가 금융기관 등의 부실이 정확히 얼마인지, 이 시장의 거래가 정상적으로 재개될 수 있을지는 아직 안갯속입니다. 분명한 것은 초대형 금융기관들의 수신 기능이 고갈 상황이며 어떠한 경우에도 고금리 도래는 필연적이라는 사실입니다. 따라서 시장의 금리 싸움의(이자율 변동 위험) 구도는 과연 미국 금융기관들이 고금리 속에서 수익 창출이 가능한 환경이 임박하고 있는가 아니면 수익 창출(약소국 양털 깎기) 금밭이 열렸다고 가정할 경우 고금리 구사 시 한국, 중국 등의 부동산시장이 과연 무너져내리지 않고 버텨줄 수 있는가 하는 양상이 될 것입니다.

열 번째, 이런 제반 여건 등을 감안해 지금 전 세계 유동성은 중국으로 몰리고 있는 중입니다. 중국의 착각은 미국이 고금리로 가지 않을 것이라는 것. 그러나 고금리로 가지 말라는 경고의 시그널 또한 꾸준히 보내고 있지만 중국의 리스크는 커지고 있습니다. 유동성이 중국으로 몰리는 가운데 이를 컨트롤할 금융기법이 없는 중국으로서는 결국 이 자금을 부동산으로 보내는 수밖에는 없습니다. 여기서 과열이 일어나면 일어날수록 향후 이탈 충격은 커지게 됩니다. 미국이 회복하는 길은 약소국 **양털 깎기*** 정도로는 어림도 없습니다. 최소 중국 정도가 무너져줘야 합니다.

메가톤급 위기가 와줘야 한다는 이야기입니다. 그럼 여기서 초유의 이익을 구가하며 금융 파워를 재건해 낼 수도 있지만 실패하면 미국은 장기 불황의 늪으로 빠져 들어갈 수도 있습니다. 미국이 장기불황으로 빠져 들어가면 중국이 반대급부를 볼까요. 그렇진 않습니다. 중국은 이미 부동산 올무에 걸린 상황입니다. 미국 소비시장 급감을 통화 증발, 여신 증가로 버티고 있는 중이지만 이미 한계 상황입니다. 이런 상황 속에서 중국에게 최적의 돌파구는 무엇일까. 한국 등을 잡아버리는 것입니다. 미국이 핫머니를 중국으로 집어넣는 것이 올무이듯 한국으로 하여금 중국 시장 의존도를 키우고 있는 지금의 중국 모습은 고도로 계산된 올무인 것입니다.

결론적으로 국민은행 100조 원 루머 사태가 주는 의미는 그 진실이 무엇이건 간에 한국에 총체적인 위기 도래가 임박하고 있다는 것입니다. 미국이 중국을 잡는데 성공하면 중국과 같이 잡히고, 반대의 양상이나 지리한 양상이 펼쳐지면 역시 중국에게 잡히게 될 것입니다. 지나친 수출 대중(對中) 의존도에서 바로 이러한 구도가 훤히 내려다보이고 있는 것입니다. 이런 위험을 회피할 수 있는 가능성은 적어 보입니다. 왜냐하

 **양털 깎기**

양털 깎기란 말은 그냥 나온 것이 아닙니다. 이는 털이 자라는 대로 뒀다가 어느 날 털을 깎아 가져가 수익을 챙긴다는 말로, 시중에 유동성(돈)을 실컷 풀어놓고 나중에 일시에 자금을 빨아들이는 것을 말합니다. 첨단기법을 가장한 금융파생 사기는 그외 석유에서도 이라크 침공, 원유선물 투기, 가스관 고의 폭파, 하다못해 일부러 수리를 안한 뒤 수요가 몰리는 겨울철에 교묘하게 고장나게 유도하는 기법까지 사용되는 이면에는 거대자본의 근원적 악한 본성이 자리하고 있습니다.

면 내수시장 육성만큼이나 시장 다변화는 어렵고 또 하루 이틀만에 가능한 문제도 아니기 때문입니다.

마지막으로 예전 일본이 왜 도요타 사태를 비롯하여 미국에 혼쭐이 났을까요. 이 사태를 촉발한 미국 발 서브프라임 사태 원인 중 중요한 하나가 일본의 미국에 대한 금융 공조 거부 때문입니다. 보호무역주의의 격화조짐이라기보다는 진작 일본을 손보려 벼르고 있다가 바빠서 못하고 있었는데 급한 고비를 넘기자마자 손을 보기 시작한 것이라고 보는 것이 옳습니다. 물론 전자의 이유도 존재합니다. 이상은 향후 미국이 무역협정 등에서 얼마나 악랄하게 나올 것인가를 예고하고 있는 것이라고도 할 수 있습니다.

최근 일본은 미국, 중국, 영국 등에 예금자산을 투자할 상황이 아니며, 그 자금을 환류시켜 엔화 강세가 일어나 수출 타격이 크다 한들 예금자산을 고위험에 노출시켜 가면서 고환율을 도모할 상황이 아닌 것입니다. 따라서 일본은 조용히 시장 상황을 안전 점검하면서 미국이나 중국 과연 어느 쪽에 위기가 발생하게 될 것인가를 지켜보고 있는 중입니다. 물론 일본의 상대적 긴축에는 한국, 중국 등에 인플레이션을 전가하려는 목적도 있습니다. 강세를 띠고 있는 엔화 속성상 캐리(carry, 증권 브로커가 차입한 자금으로 유가증권을 매입하여 보유하는 것을 말함)시장에서 수요가 줄어들고 있는 요인도 물론 있습니다. (그러나 그것은 일본에게 손해라기보다 채무국들에게 더욱 부담일 수 있습니다.)

그러니 미국 눈에 일본이 곱게 보일까요. 그렇다면 국민은행의 황당한 100조 증발 루머 사태도 따지고 보면 '화폐 가치 하락과 이로 인한 통화 교란, 그리고 이것을 둘러싼 전 세계 패권구도의 경합' 등의 산물 중 하나라고 볼 수 있습니다. 결국 한국의 부동산 버블 붕괴가 결코 피할 수 없는 국면으로 가고 있다는 것입니다.

국민은행 파생 손실 100조 루머가 주는 교훈

국민은행의 100조 증발 루머의 진실은 무엇인가. 첫째, 루머가 사실이냐 아니냐가 중요한 게 아니라 과연 저 루머가 왜 생겼나를 한번 추정해 볼 필요가 있다는 것입니다. 루비니 교수가 미국 금융기관들이 최소 2조~4조 달러의 부실자산을 상각해야 한다고 주장했었습니다. 미국 상업은행 자산이 10조 달러, 그림자금융(투자은행 등의 파생거래) 자산이 10조 달러 정도됩니다. 이중 손실은 당연히 그림자금융 쪽에 집중되어 있습니다. 어찌되었든 루비니 교수의 주장은 이러한 금융자산 중 적어도 10~20%의 손실이 발생할 것이라는 이야기입니다. 한국의 파생 잔액은 2,656조. 그럼 비슷한 잣대로 잴 경우 대략 260조에서 520조 정도의 손실이 발생할 수 있다는 말입니다. 그중 4대 메가뱅크가 20%씩을 점유한다고 보면 여기서 100조 루머가 나왔을 수 있습니다.

둘째, 미국 투자은행의 레버리지가 무려 3,000%에 달했습니다. 미국의 위기는 집값 하락이 아닌 투자은행의 유동성 경색에서부터 출발한 것입니다. 통상 은행은 부채(예금)를 조달해 자산(대출)을 창출해 냅니다. 투자은행은 수신보다도 채권 발행 등을 통해 자금을 조달합니다. 그러나 레버리지가 너무 높아지자 투자자들의 불안이 심화되었고, 만기 연장이 한번 거부되기 시작하자 걷잡을 수 없이 디레버리지(deleverage, 빚을 상환한다는 의미로 빚을 지렛대로 투자 수익률을 극대화하는 레버리지의 반대 개념)가 진행된 것입니다. 이 디레버리지는 '투자은행의 CDO, CDS 발행 및 거래차질 ⇨ 고위험 자산 채권시장 거래에 경색 유발 ⇨ 서브프라임 모기지 등 저신용군부터 손실 발생 ⇨ 집값 폭락'으로 연결된 것입니다. 이중 CDS가 미국 금융기관 파생 수입의 90% 이상을 차지합니다. 거래 잔액은 62조 달러. 여기서 일어난 레버리지 구사율을 3,000%, 원금 비중을 1/30로 볼 때 결국 원금을 다 날리는 수준의 손실이 발생할 수도 있다고 봐야 합니다.

셋째, 2008년경 W은행이 CDO, CDS 손실 등으로 1조 5천억을 손실 냈다고 자진해서 실토한 적이 있습니다. 하여 정부의 자본 확충 펀드의 지원을 받았습니다. W은행은 그러면 시장의 신뢰를 회복할 줄 알았던 모양입니다. 그러나 과연 그게 전부일까요. 그리고 이것이 W은행만의 문제일까요? 답은 '웃기지 마시라' 입니다. 이후 정부는 20조 원 규모의 하이브리드채(신종 자본증권, 주식과 채권의 중간적 성격을 가지며, 은행의 BIS 기본 자본 확충 수단으로 활용됨), 후순위채(은행 도산시 변제 순위에서 다른 채권에 비해 순위가 뒤지는 채권을 말함) 등을 매입해 시중 은행들의 자본 확충을 도와준 바 있습니다. 20조 원을 왜 받았을까요. 한국 은행들의 주 수입인 부동산시장은 큰 손상이 없었는데 말입니다. 아마도 파생 손실을 땜질했을 수 있습니다. 물론 새 발의 피만큼만 급한 대로 말입니다. 20조 원이 손실 났다는 것은 위의 잣대로 추정하면 총 600조 가량의 파생 거래 잔액에 손상이 갔다는 말일 수도 있고, 다른 이유가 있을 수도 있습니다.

넷째, 다른 이유란 무엇일까요. 최근 시중 은행들은 저금리 수신 약화 속에서 고금리 부동산담보대출을 경쟁적으로 확산해 왔습니다. 그 주 자금 조달원은 후순위채, 신종 자본증권(하이브리드채권 = 증권 + 채권 성격), CD 발행 등입니다. 물론 외화로도 자금을 조달했습니다. 알다시피 한국 은행들의 신용은 바닥 수준입니다. 막대한 CDS 프리미엄이 가산됩니다. 이것을 만회하려는 신용스프레드(부도 가능성이 없는 국고채 금리와 부도 가능성이 있는 회사채 금리의 차이, 신용스프레드가 커졌다는 것은 기업들의 자금 조달이 어려워졌음을 의미한다.)에 베팅하는 투기 거래가 발동될 수 있습니다. 위험 회피 보장 매수자인 채권 투자자에게 CDS를 매도한 투자금융 회사는 다시 이 CDS를 한국으로부터 매입할 수 있습니다.

프리미엄이 하락하면 상관없지만 그것은 의지와는 상관없는 일이고 따라서 신용스프레드가 확대되면 한국은 가산금리 부담 증가와 파생투자 손실의 쌍둥이 손해를 입을 수 있습니다. 이 경우 투기세 진정을 위한 개입은 오히려 투기 확대와 손실 악화의 악순환을 불러올 수 있습니다. 여기에 위험 보장과는 별 상관없는 CDO 등을 다량 거래한 것으로 볼 때 한국의 파생 거래는 단순한 위험 회피 목적이 아니었던 것일 수 있습니다. CDS란 간단히 말해 유동화가 가능한 보험료, CDO는 채권, 대출채권, 자산담보증권, 보험계약, 신용파생상품 등을 망라해 합쳤다 쪼갰다를 반복한 금융자산담보부증권의 일종이라고 보면 됩니다. 이 둘에 대한 투자가 왜 말이 안 될까요.

다섯째, CDS는 '채권불이행 위험회피' 보장 매입자가 보장 매도자에게 프리미엄을 지불하고 실제 부도가 났을 때 사전 계약 수준에 따라 보장을 받는 상품입니다. 그러나 거래가 늘어나면서 투기화되었고, 투기화되었다는 것은 결국 신용스프레드에 대한 베팅, 즉 CDS 거래로 인한 위험회피 본 목적이 아닌 위험율의 변동에 따른 CDS 매매 차익을 거두려는 부가 목적 양상으로 변질되었다는 이야기입니다. 그 위험률을 누가 만들어냅니까. 시장이 아니라 CDS를 팔아먹는 미국 금융기관, 미국 신용평가기관들이 주도적으로 관여합니다. 따라서 미국을 이길 수가 없습니다.

결국 CDS를 매입해도 위험 보장을 약속하고 보험료를 받아먹은 보장 매도자가 위험 보장을 해주는 대신, 그의 위험을 회피하기 위해 위험 보장을 시장에서 다시 매입하는 것입니다. 그럼 예컨대 A생명 보험회사에 보험료를 낸 보험자가 암에 걸려 보험료를 청구하면 그 보험사는 이미 그 위험 보장을 B투자은행에 팔았다고 나오는 식입니다. B투자은행으로 다시가면 그 위험보장이 1/4씩 쪼개져 다시 C은행, D보험, E투자은행, F증권사로 팔려 나갔다고 하는 식입니다.

C, D, E, F를 가면 다시 16곳으로 가라고 하겠죠. 그러나 CDS 상품은

판매자가 다단계로 무한대 뻗어나가는 것이 아니라 거미줄처럼 소수 금융기관이 얽히되 단지 상품으로 복잡하게 쪼개지고 합쳐지는 양상이었던 것입니다. 결론은 보험료만 받아먹고, 보장 위험을 회피하고 서로 떠넘기며 돈 잔치를 하다 한계 상황 기미가 보이자 덜컥 주저앉은 것입니다. 결국 CDS는 주식도 아니고 파생도 아닌 보험 성격으로 봐야 하는데, 여기에 피라미드 성격이 가미되었다는 것만 다를 뿐입니다. 특히 문제가 되는 것은 레버리지 제한이 없다는 것입니다. 레버리지 제한은 소위 '먹튀'를 방지하기 위한 것입니다. 줄 돈 준비해 놓으란 것이죠. 그런데 투자 은행들은 BIS 비율 등 레버리지 제한 규정을 피해 얻은 수익을 배당 등으로 다 빼돌리고 드러누워 버린 것입니다. 한국이 이런 류의 거래에 호되게 걸려든 것일 수 있습니다.

CDO도 마찬가지입니다. 수익률, 신용 위험 등 사이의 스프레드 움직임이 관건입니다. 그걸 주도적으로 판매하고 시장의 힘을 좌우하는 미국 금융기관들과의 싸움에서 이길 수가 없는 것입니다.

여섯째, 지금 한국의 가장 큰 문제는 레버리지입니다. 한국이 파생에서 손실을 보게 된 이유도 레버리지가 막장에 도달했는데 디레버리지 할 방법이 없다는 것입니다. 오히려 레버리지를 늘릴 궁리만 하고 있습니다. 레버리지 중 가장 중요한 것이 BIS(국제결제은행) 자기자본 비율입니다. 예컨대 BIS 비율이 10%라면 100을 이것으로 나눈 역배수인 자기자본의 10배만큼 레버리지가 허용되는 것입니다. BIS 자기자본 비율치는 전 세계적으로 별 차이가 없습니다. 권고치만큼 쌓지 않으면 부실 금융기관 취급을 받기 때문입니다. 문제는 방법입니다. BIS 비율을 끌어올리는 방법은 주식 발행(증자), 신종 자본증권 발행(증권 + 채권성격 = 하이브리드채권) 등 기본자본 확충과 후순위채 발행 등 부채 성격의 보완 자본 확충으로 나눠집니다. 그런데 한국은 경영권에 위협을 주는 증자보다는 채권 발행(신종 자본증권, 후순위채)에만 몰두하고 있습니다. 그렇게 되면 수신 능력, 수익 구조, 예대(預貸) 구조가 불안정해집니다. 고금리를 거부하고 고비용으로 자본을 조달해 부동산 시장에 올인한 결과 한국의 예대율(預貸率 loan-deposit ratio, 은행의 총자금 잔고에 대한 총대출금 잔고 비율)은 2008년 140%대로 전 세계 최악의 국가가 되었습니다.

일곱 번째, 그럼 지급준비율은 어떤가. 지급준비율이 20%라면 100을 이것으로 나눈 5배만큼 레버리지가 가능해집니다. 이것을 은행 확장승수 또는 통화승수라고 합니다. 지급준비율은 국가별로 다릅니다. 한국은 3.5% 정도, 미국은 10%, 중국은 16.5% 수준입니다. 구체적으로 한국의 경우 지급준비율은 장기예금 0%, CD 2%, 수시입출금예금 7.0% 등 단기로 갈수록 지급준비율이 높아집니다.

예를 들어 2008년 8월말 평균지급준비율이 3.5% 정도 되므로 금융기관이 만들어 낼 수 있는 통화승수의 최대치는 약 28.57배 정도가 될 것입니다(미국은 10배, 중국은 6배 정도). 또한 2008년 8월말 지급준비대상 예금은 801.52조 원으로 필요 지준금액은 평균지준율 3.5 기준으로 28.2조 원이 됩니다. 예컨대 만약 지준율이 0.5% 인하되면 은행의 무수익자산은 대략 4조 원 정도 줄어듭니다. 그럼 은행은 이 금액으로 대출을 할 겁니다. 이 금액은 수익자산으로 전환되는 동시에 최대한계승수 범위 내에서(약 120조 원) 엄청난 신용화폐 증가를 일으키게 될 것입니다.

은행들은 바로 이런 이유 때문에 지준율을 낮추거나 폐지해 달라고 중앙은행에 요구하고 있습니다. 그러나 중앙은행은 조금만 변경해도 통화량이 급변하게 되어 미세 조정을 요하는 통화정책에는 적합하지 않은 지준율 변경 대신 지준금에 대해 이자를 지급해줬습니다. 지준부리제(중앙은행이 은행의 지급준비금에 이자를 지급하는 제도)의 부활은 1986년 이후 20년 만의 일입니다. 바로 이 지준율 레버리지부터 한국은 문제인 것입니다. 지준율이 너무 낮은 것입니다. 더욱이 대출 증가로 신용화폐가 증가되어 있는데 이 돈이 다 어디로 가 있습니까. 바로 부동산입니다. 따라서 경제 상황에 따라 통화승수가 탄력적으로 움직일 여지가 약한 것입니다.

여덟 번째, 더욱 큰 문제는 지준율 레버리지에 이어 보유세 레버리지 부분입니다. 예컨대 부동산 버블이 어떻게 일어납니까. 바로 보유세 레버리지로 일어나게 됩니다. 한국은 보유세가 0.2~3%이고, 선진국은 1.0~3.0%입니다. 그럼 한국에 몇 배의 거품이 일어나게 되죠? 그 배수(3~10배)만큼 일어나고 있습니다. 따라서 한국의 아파트 가격이 1/3에서 1/10 토막 나야 되는 수준으로 버블이 일어난 것은 우연이 아니라 보유세 역배수의 최대 레버리지 한계만큼 도달해 일어난 것입니다.

물론 그것을 막는 추가 레버리지 장치도 있습니다. 바로 LTV(loan to value, 주택담보대출비율)와 DTI(debt to income, 총부채상환비율)이라는 것입니다. 그러나 이것은 별 의미가 없습니다. 예를 들어 100만 원이 적정 가치인 주택에 거품이 일어나 700만 원이 되었다고 칩시다. 이 주택가격의 60%인 420만 원만 대출해 주는 게 과연 무슨 의미가 있습니까. 그래봐야 1/4.2 토막이 나야 적정 가치가 되는 것입니다. 따라서 보유세 레버리지에서 브레이크를 걸지 않으면 다른 레버리지로 규제 한들 장난이 되는 것입니다. 더욱이 제3금융권까지 합치면 이 규제는 사실상 유명무실한 상황이라는 견해가 압도적입니다.

소득 대비 규제는 아예 부재합니다. 원래 세계은행 권고치는 연소득의 3~6배가 주택가격으로 적당하다는 것입니다. 한국의 경우 근로자 평균임금은 185만 원 정도입니다. 그럼 6천6백에서 1억 3천2백만 원이 수도권 주택가격으로 적당한 것입니다. 가구당 평균인 250만 원을 적용해도 9천~1억 8천이면 충분합니다. 그러나 이것은 평균값일 뿐 상·하위 가구당 소득 격차가 22배에 달하는 소득 양극화의 한국에서는 중간값은 훨씬 더 낮음으로 주택가격은 더 낮아야 합니다.

더 큰 문제는 저축률입니다. 연소득의 3~6배가 주택가격으로 적당하다는 것은 인플레이션율이 제로라는 가정 하에 저축을 25% 수준으로 했을 때 12~24년 만에 주택을 구입할 수 있다는 뜻입니다. 그러나 여기에 이자가 붙고 인플레이션율은 절대로 제로로 움직이지 않습니다. 이자율 계산을 떠나 최근 한국의 집값 인플레이션율만 따지더라도 30,000%에 달합니다. 30년 전에 비해 집값이 300배 오른 것입니다. (수도권 변두리 30평 주택가격 170만 원 ⇨ 5억 1천만 원)

따라서 외형상으로는 대출을 받아 이자를 내서 집값을 감당할 수 있는 것처럼 보이지만 하늘이 무너져도 그럴 수는 없는 것입니다. 결국 중간에 상환 위기가 발발해 금융위기로 이어질 수밖에는 없는 것입니다. 그런데도 정부는 정신 못 차리고 그럴 일은 결코 없다고 합니다. 그럴 일이 없는 게 아니라 저축률은 1/6 토막, 가처분소득은 메말라 가는 중입니다. 이제는 금리를 올려도 수신할 여력조차 말라가고 있는 것입니다.

아홉 번째, 미국 주택위기의 본질은 '주택가격 버블'의 문제라기보다는 '수신'의 문제라고 봐야 합니다(과소비 억제 저축의 문제, 그리고 일자리 창출의 문제라는 이야기입니다.). 은행의 자산(대출)의 문제라기보다는 은행의 자본(부채 = 저축)의 문제라고 봐야 하는 것입니다. 따라서 고금리와 투자은행 규제가 필요한 것입니다.

한국의 문제도 마찬가지입니다. 부동산 버블 등 은행의 자산(대출) 부분도 문제지만 더욱 문제는 자본(부채 = 저축) 부분입니다. 자기자본 조달 부분에서, 지준율도 거의 제로 수준, 보유세도 거의 제로 수준, 저축률도 막장입니다.

한국은 수신 확장 창출 여력이 사실상 바닥인 것입니다. 그저 돈 더 찍어 시장에 들이붓는 방법밖에는 없는 것입니다. 그럼 돈의 가치는 더욱 떨어지게 될 것이고, 외환시장 안정성 역시 더욱 떨어지게 될 것입니다. 부동산은 더 오를 수 있을까요. 저축률, 가처분소득 추이를 볼 때 어림 반 푼어치도 없습니다. 이런 상황 속에서 만약 미국 등이 부실 자산 상각, 자본 확충 작업, 부동산 거품 제거 등을 끝낸 채 본격적으로 고금리로 긴축에 들어가면 어떻게 될까요. 한국은 국제 유동성의 씨가 마른 상황 속에서 은행들이 초토화되게 될 것입니다. 그때가 되면 이판사판이 될 것입니다.

즉, 무차별 부동산 채권 회수가 일어나게 될 것이라는 말입니다. 일본도 1/10 토막이 나고 싶어서 난 것이 아닙니다. 뿐만 아니라 한국이 파생상품에 발목을 잡히게 되는 과정도 마찬가지로 부동산 때문이라고 할 수 있습니다. 환란이 빈발하는 이유도 그렇습니다. 대기업과 중소기업, 부자와 서민이 양극화되는 이유도 마찬가지이고, 출산율, 고용율, 저축률, 가처분소득 등이 급감하고 있는 이유도 마찬가지입니다. 결국 부동산 버블에 올인한 결과 모든 게 무너지고 있는 것입니다. 그 누구도 한국이 이 버블 붕괴를 피할 수 있으리라 보지 않습니다. 오로지 한국 정부만 빼고는 말입니다.

열 번째, 미국 서브프라임 사태의 본질은 가격 급등이 아니라 저소득층에 고리 대출로 주택을 구입케 해 준 것이 발단입니다. 그에 비하면 한국은 미국과는 비교할 수도 없는 초버블이 형성되어 있고 저소득층은 주택을 구입할 방법이 없습니다.

질로 따지면 한국이 10배쯤 심각합니다. 그리고 미국 주택시장의 버블은 거의 꺼져가고 있습니다. 한국이 2차 외환위기 때 구사한 작전은 '환율의 극단적인 변동'입니다. 이것은 공동화이론이라고 해서 '환율은 극단적으로 고정되거나 극단적으로 변동할 때 최적으로 관리될 수 있지, 목표 관리대에서 일정한 범위 내 변동 관리는 사실상 몽상에 불과하다'란 주장입니다. 맞는 이야기일 수도 있습니다. 그러나 극단적인 금융지표의 변동은 엄청난 대내외적 빈부 양극화를 수반합니다. 따라서 이후의 부의 조정 작업이 수반되지 않는다면 양극화 기법에 불과할 뿐입니다. 또한 극단적인 변동 과정에서 시장 신뢰를 잃어버려 회복하는 데만 긴

시간을 필요로 할 뿐더러 이후 시장 참가자들에게 학습 효과에 기인한 위기 강화 현상을 불러오게 됩니다.

극단적인 이동 예상을 하게 되면 무엇이 선행되게 될까요. 당연히 원화 투매입니다. 채권만기연장율도 떨어지게 됩니다. 그럼 단순히 고환율이 와서 좋을 정도가 아닌 아예 재앙이 벌어지게 될 수 있습니다. 국민은행 파생 손실 100조 루머도 그런 관점에서 봐야 할 것입니다. 부동산 버블의 공범 은행 재벌, 은행이 아니라 전당포입니다. 주택 담보 전당포죠. 더욱이 그 장사는 위험하게도 상당액의 해외 빚 의존으로 국민을 외줄에 세워가며 하는 장사입니다. 그리고 이제 그 장사가 한계를 향해서 달려가고 있습니다. 그 은행의 파생 손실이 100조이건 0원이건, 그것은 아무 짝에도 중요하지 않습니다. 왜냐하면 그것과는 전혀 별개로 한국의 부동산과 은행의 연계 파탄은 임박해 가고 있기 때문입니다.

청계천을 말하다

청계천은 왜 실패했는가?

글로벌 임밸런스(Global Imbalances 글로벌 불균형, 미국의 막대한 경상수지 적자와 중국 등 신흥국들의 경상수지 흑자로 대비되는 지역 간의 불균형 현상)!

이를 해결하기 위해서 미국은 저축을 늘리고 중국은 저축잉여를 해소해야 합니다. 세계 경제 위기 해법으로 수없이 제시된 말입니다. 최근 보면 미국은 저축률이 올라가고 있습니다. 그러나 중국은 저축률이 내려가지 않고 오히려 올라가고 있습니다. 왜 그럴까요? 저축률 감소, 소비 진작을 위해서는 소득이 늘고 물가가 안정되어야 합니다. 소득이 늘어야 사람들은 더 많은 상품과 서비스를 소비하려 들고, 부동산, 증시, 물가가 안정되어야 사람들은 장기자산투자 저축이 아닌 설비투자 소비를 하려 들기 때문입니다.

그렇다면 중국의 소득은 왜 늘지 않고 물가, 자산 가격은 왜 폭등을 거듭할까요. 그것은 바로 중국이 인플레이션 정책을 고수하고 있기 때문입니다. 인플레이션 정책이란 경제에 필요한 이상으로 계속 돈을 찍어내거나 축적하는 정책을 말합니다. 그럼 무슨 일이 벌어질까요. 자산 가격과 물가가 폭등하고 빈부 격차가 심해지게 됩니다. 임금도 올려줘야 하지만 그것은 내리누릅니다. 이 차액만큼 추가로 빈부 격차가 심해집니다. 따라서 돈이 없는 서민들 입장에서는 죽어라 저축할 수밖에는 없게 됩니다. 그러나 저축을 해도 그 저축 이자로는 빈부 격차를 따라 잡을 수 없으며 서민의 은행 돈은 일부에게만 대출되어 다시 장기자산 상승에 투입됩니다. 이게 절정에 달하게 되면 한국처럼 소비도 못하면서 저축율도 떨어지는 막장형 저축 감소 국가로 전락하게 되는 것입니다.

결국 내수시장의 확대가 어려운 이유는 '부의 분배'가 어려운 이유와 같은 것입니다. 부의 분배가 어려운 이유는 '민주주의'가 어려운 이유와 같고, 소비를 위해서는 사회적 약자에게도 대출을 해주거나 임금을 올려주고 그러면서 장기자산의 가격을 안정시켜줘야 하는데, 모두 싫은 것입니다. 그러면 상위계층의 부가 감소하기 때문입니다.

같은 논리로 청계천을 살펴보겠습니다. 청계고가가 처음 철거된다고 했을 때 대다수 사람들은 환호했습니다. '드디어 서울에도 자랑할 만한 명소가 생기는구나' 하고 말이죠. 그러나 그 기대는 얼마못가 절망으로 바뀌었습니다. 왜 그럴까요. 일단 개발 방식부터가 말이 안 되었습니다. 발주를 대기업에 줄 이유가 없었습니다. 수없이 쪼개 중소기업에 주고 부분 부분의 조경과 인테리어는 건축 자영업자들에게 맡겼으면 아마도 청계천은 친환경 하천이 될 수도 있었을 것입니다. 그러나 사업 목적이 친 자연환경 하천이 아닌 대형 건설 업체에 일감 몰아주기에 있었으므로 콘크리트로 도배하는 콘크리트 하천이 될 수밖에는 없었던 것입니다. 그 결과 청계천은 흙과 풀 사이로 물이 지나가는 자연 하천이 아니라 시멘트 위로 물이 흘러가는, 외부로 빼놓은 하수도 꼴이 되고 말았습니다.

그렇다면 최근 한창 진행되고 있는 4대강 개발은 어떻습니까. 청계천

개발 목적과는 다른 어떤 목적을 가지고 있을까요. 친환경 하천 정비와 홍수 예방이 4대강 개발의 진정한 목적일까요. 결코 그렇지 않습니다. 4대강 개발 역시 청계천 개발과 마찬가지로 대형 건설업체에 돈을 퍼부어 줌과 동시에 전국 토지의 투기 광풍화를 위한 저의가 깔려 있습니다. 지역 주민의 삶의 활력소가 되기는커녕 오히려 기본적인 의식주를 훼손하는 역할만 하게 될 것이란 이야기입니다.

어쩌면 이 글의 소제목은 '청계천은 왜 실패했는가' 가 아니라 '청계천 환상은 어떻게 성공할 수 있었는가' 가 더 적당할 수 있습니다. 그럼에도 이 글의 소제목을 '청계천은 왜 실패했는가' 라고 정한 것은 아직도 미몽에서 깨어나지 못하고 있는 사람들이 너무나도 많기 때문입니다.

아파트 적정 가격이 6,600만 원이라고 말하면 그 말을 못 믿을 분들이 계실 것입니다. 그러나 아파트 가격은 결국 '토지 지분 적정가 - 철거 비용' 으로 수렴될 뿐입니다. 따라서 낡은 아파트는 6,600만 원도 되지 않습니다. 이 대목에서 제가 아파트에 대해서 비판을 퍼붓는 이유를 잘 알아야 합니다. 만약에 한국의 주택들이 아파트가 아니라 단독주택이었다면 비판 강도는 훨씬 낮았을 겁니다. 단독주택은 땅이라도 남지만, 아파트는 땅이 사라지고 소모재인 콘크리트만 덩그러니 남습니다. 게다가 그 차액은 토건 마피아(이하 토건 재벌)가 다 가져가는 현실입니다. 그럼 은행은 그걸 모르고 아파트에 수억씩 대출해 준다는 말인가요. 그래서 은행 마피아(이하 은행 재벌)라고 하는 것입니다. 전당포라고도 하고 협잡꾼이라고도 합니다. 아파트가 가치가 있건 없건 간에 대마불사, 연계불사, 복잡불사로 주류 기득권 내에서 한동안 합법적으로 통한다면 은행 입장에서는 못갈 이유가 없는 것입니다. 실컷 먹다 나중에 주저앉은 뒤에도 계속적으로 국민 혈세를 우려먹으면 되기 때문입니다.

최근의 중앙은행과 시중은행 간 저금리 자금 정체는 사실상의 공적자금 투입의 성격이 있습니다. 채권수익률 곡선의 비정상적인 우상향 기울기와 장단기 금리 스프레드(spread) 확대는 국민 혈세를 퍼부어 은행 수익성 강화를 해주는 작업이기도 합니다. 그간 은행들이 토건 재벌의 아파트 투기를 훌륭하게 뒷받침해 준 데 대한 보상 성격입니다.

망국적 투기도 주류 전체를 다 아우르면 정상이 됩니다. 사과 1개를 천만 원에 한 사람에게만 팔면 사기가 되지만 전 국민에게 팔면 경제가 되는 논리입니다. 더군다나 사과 1개에 천만 원인 것이 사기란 걸 모르고 산 게 아니라 2천만 원에 다른 사람에게 덤터기를 씌우려고 산 것이라면 사기의 피해자가 아니라 공범일 뿐입니다. 마지막에 산 사람만 최종적 피해자가 되는 전형적인 다단계 범죄의 공범이 되는 것이죠. 그래서 토건 재벌들이 떳떳할 수 있는 것입니다. 사기꾼들이 항상 하는 말들이 있습니다. "나만 사기 쳤어?" 그리고 피해자들이 항상 하는 말이 있습니다. "모르고 당했다." 천만의 말씀입니다. 차라리 사기꾼의 말이 맞습니다. 그들의 말마따나 사기꾼만 사기 치는 세상이 아니기 때문입니다. 거꾸로 피해자들의 항변은 거짓입니다. 그들은 피해자가 아니며 미필적 고의, 인식 있는 과실 정도가 아닌 명백한 고의로 가담해 온 투기 망국의 공동 정범이기 때문입니다. 그래서 이 글의 제목이 '청계천은 왜 실패했는가' 인 것입니다.

처음으로 돌아가서 사람들이 애당초 청계천을 정말로 자연 하천이 될 것으로 기대하고 환호했을까요? 아닙니다. 왠지 좋은 일이 생길 것 같은 예감 때문에 환호한 것입니다. 청계천이 개발되면 서울의 가치가 오르고, 서울의 가치가 오르면 내 집의 가치도 오르지 않을까. 사람들은 이렇게 부동산 투기의 관점에서만 가슴 짠해 했던 것입니다. 청계천에 갈 시간도 없고 돈도 없고 청계천에서 즐길 문화도 없다는 것을 어쩌면 그들은 처음부터 알고 있었습니다. 대형 건설사들에게 먹으라고 주는 혈세 퍼붓기 작업임도 알고 있었지만, 그렇게 아무렇게나 일단 청계천이 만들어지고 그것을 최고의 문화 공간인 양 포장하는 작업에 동참해 줘야만 내 집 가격이 오를 수 있을 것이란 기대감으로 그 가면극에 적극 호응을 해주었던 것입니다. 그리고 이제 그 연극이 끝나가니 당연히 청계천에 대한 감흥이 떨어질 수밖에 없습니다.

만약 청계천이 부동산 투기의 심벌이 아닌 문화·환경적 공간의 심벌이었다면 설사 부동산이 폭락하더라도 그 공간 속으로 달려가 위안을 받으려 들 수도 있을 것입니다. 그러나 시멘트 콘크리트 위로 흐르는 물, 그것도 그런 짓거리를 위해 천문학적인 국민 혈세를 퍼붓고 있다는 진실 위에서 결코 마음이 평안해질 수 없습니다. 그래서 청계천을 쳐다보기조차 싫은 것입니다.

선진국 특히 환경 선진국은 결코 건설로 이루어지지 않습니다. 국가 내부의 민주주의, 조세·복지 선진화, 문화, 역사 등이 모두 조화를 이루게 될 때 구현 가능한 것입니다. 근로 시간을 줄이고, 최소 임금을 보장해 주고 실업과 비정규직 대책을 세우고, 물가와 부동산 가격을 안정화시키고, 출산·교육·의료·복지 대책을 세우고, 모든 사람이 평등하게 최소한의 의식주와 자유로운 이동과 표현의 자유를 보장 받을 수 있을 때 진정한 환경 선진국, 문화 선진국이 될 수 있는 것입니다. 그렇지 않고 지금처럼 위선적인 가면극과 거기에 편승해 개인적인 이득만을 꿈꾸려 드는 배금주의, 이기적인 공동체 문화가 판을 칠 때에는 청계천, 4대강이 아니라 대한민국 전체를 알프스 초원처럼 아름답게 꾸며놓은 다 한들 그것은 아무런 의미가 없는 것입니다. 물론 그런 아름다운 풍광의 구현 자체가 가능하지도 않습니다.

프랑스가 낳은 세계적인 항공작가 얀베르트랑이 이런 말을 했습니다. "하늘에서 도시를 내려다 보면 그 나라 서민들의 애환이 들여다 보인다." 이 말은 무슨 초정밀 카메라로 집안 밥상 위의 숟가락 개수마저 선명하게 들여다 볼 수 있다는 뜻이 아닙니다. 불규칙하게 치솟은 건물, 빽빽하게 들어선 아파트, 강을 뒤덮은 콘크리트, 강 위를 뒤덮은 간선도로들 속에서 '토건 재벌들이 취하고 있는 이득'과 '극심한 착취의 고통'이 훤히 들여다 보인다는 뜻입니다. 곧 제로로 수렴되어 들어갈 소모품 아파트에 열광하는 시민들, 잔디도 없는 콘크리트 위로 흘러가는 청계천을 장시간 근무로 찌든 얼굴로 무표정하게 거니는 시민들. 그 속에서 그는 혐오라 기보다는 슬픈 동정을 애절하게 느꼈던 것입니다.

프랑스의 대표적 건축가 스테뱅스는 다음과 같이 말한 바 있습니다. "파리가 대표적으로 무절제함을 최대한 자제시킨 도시라는 것은 인정한 다. 그럼에도 나는 파리 건물의 절반 이상을 박살내 버리고 싶다. 아름답 지 않아서라기보다는 그 내면의 추악한 이기심이 너무나 구역질나기 때 문이다." 그 추악한 이기심이란 바로 공동체 정신을 상실한 돈의, 돈에 의한, 돈을 위한 개발을 일컫는 것입니다. 모든 도시의 개발 이익은 도시 민 모두에게 귀속되어야 하며, 나 하나가 아닌 도시 전체를 위한 개발만 이 오직 유효하다는 것입니다. 그런 관점에서의 오늘날 서울, 특히나 청 계천은 그 흉물스러움에 있어서 그리고 그 내면의 추악함에 있어서 그야 말로 실패작인 것입니다.

토건 재벌들의 탐욕과 그에로의 많은 시민들의 동참이 오늘날 청계천 실패를 만들어 낸 일등공신이기 때문입니다. 게다가 가면극으로 결판난 오늘날까지도 그 실패의 여세를 몰아 다시 또 다른 가면극인 대운하를 밀어 붙이려는 사람들과 아직 환상에서 깨어나지 못한 국민들의 좌충우 돌의 후유증은 여전히 이어지고 있습니다.

결국 대기업 퍼주기와 투기가 목표인 이상, 환경 살리기는 도저히 달성 될 수 없는 사업의 무리한 강행, 그럼에도 그것을 막아낼 방법이 없는 민 주주의의 종말. 그 강둑 콘크리트 위의 자전거도로도 결국 언젠가 차도로 변하게 될 것이고, 사람과 하천은 유리되어 그 대가를 국민 모두와 후손들 이 대를 이으며 영원토록 치러내야 할 것입니다. 어느 한 사람에 의해서가 아닌 이 거대한 가면극에 가담한 수많은 투기꾼들에 의해서 말입니다.

청계천은 군사정권이 남긴 기념비 문화의 산물

1997년 외환위기가 터졌을 때 김대중은 경악했습니다. 너무나도 많은 대기업의 장부 조작, 은행의 뇌물 대출, 이로 인한 대기업과 은행의 부실이 존재하고 있었기 때문입니다. 이 규모는 얼추잡아 수백조 원 가량 이었다고 합니다.

예를 들어 A기업이 장부로는 매출액 5조 원, 순이익 +5천억, 자산 5조 원, 부채 3조 원이었다면, 실제로는 매출액 3조 원, 순이익 −2천억, 자산 2조 원, 부채 5조 원 식이었던 것입니다.

김대중은 기가 막혔습니다. 언론에는 이 부분이 '나라와 기업, 그리고 은행 곳간이 이처럼 비어 있고 형편없이 운영되고 있는 줄 몰랐다' 는 식으로만 보도되었습니다. 따라서 국민들은 '외환위기가 올 정도니 뭐 상당히 어렵긴 하겠지' 라는 정도로만 이해했을 것입니다. 그러나 실제로는 기업의 장부 내용 상당수가 거짓이었으며 꿈에도 원금상환이 들어올 줄은 모르고 있었습니다. 오직 이자만 상환, 그러다가 건수 있으면 또 추가 대출, 물론 이자 갚기 어려우면 또 추가 대출. 은행은 해외에서 차입한 우리 외채의 총규모조차 모르고 있었습니다. 가령, 한국의 외환보유고가 500억 달러인데 공식적인 금융 부분의 외채 규모가 얼마인지 모두들 몰랐던 것입니다.

그뿐인가요, B기업에 A은행이 대출해 준 금액이 1조 원인데 이 A은행은 B기업이 다른 은행으로부터 차입한 금액이 얼마인지 몰랐습니다. 서로 간에 영업기밀이라며 숨겨왔기 때문입니다. 물론 A은행이 B기업에 대출해 줄 때는 뇌물을 받았습니다. 은행은 기업 금융뿐만 아니라 개인 금융 영업 때도 예컨대, 카드 발급 때 민간 브로커(사채업자)와 끼고 발급 및 한도 장사를 했습니다. 이런 것들이 모여 사방에 부실이 산더미처럼 쌓여갔던 것입니다.

문제는 이것을 단시일 내에 정리할 수 없었다는 점에 있었습니다. 어디 한두 푼이라야죠. 어떤 분은 김대중이 카드 대란을 일으켰다고 말합니다. 그것을 일정 부분 인정한다손 치더라도 기업들의 분식회계가 수백조 원에 달하는 것을 어떻게 합니까. 김대중이 건설사에 막대한 순이익을 안겨줬다라고 말합니다. 마찬가지로 사실이라 쳐도 기업들의 분식회계가 수백조원 있는 것을 어떻게 합니까.

이렇게 정리하다가 만 부실을 바로 노무현이 이어받았던 것입니다. 그러다 노무현이 이제 퍼줄만큼 퍼줬고 분식회계도 정리할 만큼 했으니, 이제 정상으로 돌아가자고 했던 것이 바로 '종합부동산세(이하 종부세) 신설'이었던 것입니다. 그러나 재벌기업들은 막대한 금융과 건설 부분 이익으로 분식회계를 거의 다 정리했으면서도 그 중독에서 헤어 나오지를 못했습니다. 그래서 물밑 로비를 해서 그 지속을 요구했던 것입니다.

요즘 주식 투자 하시는 분들이 많습니다. 예를 들어서 예전에 현대중공업이 수주 활황으로 순이익을 엄청나게 올릴 때 역시 수주 실적이 만만찮았던 S중공업의 순이익은 제로 수준을 왔다 갔다 했습니다. 왜일까요? 분식회계를 정리하고 있었기 때문입니다.

S물산은 알짜배기 S건설을 합병했으나 역시 병든 병아리처럼 실적은 한동안 엉망이었습니다. 왜일까요? 건설 부문이 거둔 순이익은 천문학적 숫자였으나 그것 모두 무역 부문에 수십 년간 누적된 분식회계를 정리하는 데 투입되었기 때문입니다. 이런 부분들을 서울지검 특수부 검사 출신 김용철 변호사가 폭로한 적이 있었습니다. 아마 주식 오래하신 분들은 다 수긍하면서 무슨 말인지 이해하실 것입니다.

많은 분들이 노무현 대통령 시절 삼성그룹과 유착이 심했다라고 비난합니다. 당시 노무현에게는 두 가지 길이 있었습니다. 아예 대한민국 기업과 은행을 모두 파토내고 관련자들을 모두 구속시킨 뒤 한국 경제의 문을 닫아 버리는 것. 아니면 기업들을 몇 등급으로 나누어 부실이 적은 우량기업은 최대한 빨리 숨겨진 부실을 정리하도록 하고 그것이 끝나가면 서서히 시스템을 정상으로 회귀시키는 것. 노무현은 후자를 택한 것입니다. 만약 그가 계속적으로 삼성을 무너뜨렸으면 우리나라 모든 기업을 다 무너뜨렸어야 했을 것입니다. 삼성이 비교적 그나마 부실이 적었기 때문입니다. 따라서 비교적 재무구조가 우량했던 삼성은 그대로 놔두고 그보다 부실이 많았던 현대는 3등분되고 부실이 가장 많았던 대우는 해체되었던 것입니다.

가끔가다 장하준 교수 같은 분들이 이런 것을 알면서도 김대중, 노무현이 잘못된 해법으로 대기업을 옥죄는 바람에 설비투자가 줄어 한국의 잠재성장률이 줄어들었다라고 주장하곤 합니다. 기업 대출을 안 해주고 민간 대출에 돌려 부동산에 투기적 버블이 일어났다고도 주장합니다. 그가 그런 주장을 하려면 먼저 이런 현실부터 짚은 뒤 설명했어야 합니다. 기업 부실은 아이들 장난이 아닙니다. 예컨대 5조 원 부실이 있다면 5천억 순이익으로 10년을 정리해야 원금을 복구합니다. 물론 그 기간 순이익은 제로 수준을 왔다 갔다 해야 합니다. 결코 쉬운 일이 아니었던 것입니다.

한국의 주가지수가 노무현 정권 시절 드디어 수십 년간의 1,000선 횡보를 돌파하고 2,000을 찍을 수 있었던 것은 이 어마어마한 부실을 김대중, 노무현 10년 동안 거의 정리해 냈기 때문입니다. 노벨경제학상을 수상한 미국 프린스턴대학교의 폴 크루그만 교수는 이를 두고 기적으로 표현했다고 합니다. 재임 기간 내내 카드 대란, 건설 퍼주기, 재벌 유착 등의 비난을 감수하고, 진보 정권이 수구 재벌의 부실을 정리해 주었기 때문입니다. 대신 부정, 부패, 숨겨진 부채를 일소하는 조건이 있었습니다. 향후 부실을 다 정리하고 나면 대기업이 중소기업과 상생하고 고용과 납세의무를 충실히 한다는 조건에서였던 것입니다. 그러다 결국 모든 비난을 안고 세상을 등지고 말았던 것입니다. 여러분들은 이런 내막을 알고 계신가요?

예를 들어, 몇 년 전 주택이 한참 활황일 때 대형 건설사의 순이익은 5천억 수준을 왔다 갔다 했습니다. 마치 짜놓은 것처럼 순이익이 비슷했습니다. 상당수가 분식회계입니다. 그러나 사정은 저마다 달랐습니다. 예컨대 A물산 순이익이 1조원인데 분식회계 6천억 정리하고 장부상 이익은 4천억 흑자로 조작하거나, B건설 순이익이 1조원인데 분식회계 2천억 정리하고 4천억 계열사 지원으로 돌려 부실 해소하고 4천억 흑자로 조작, 이런 식이었던 것입니다.

아파트 지어 봐야 평당 건축비 150만 원이면 충분합니다. 그런데 평당 1,800만 원까지 받았으니 얼마나 이익이 많이 남습니까. 재벌 건설사의 조 단위 순이익은 소문이 아니라 정설이 맞습니다. 그러나 그 순이익을 전부 노출시키면 엄청난 분양가 인하 압박에 시달릴 것이 뻔하므로 순이익 규모를 쉬쉬하며 줄여왔던 것입니다. 이익을 늘리는 것은 아주 어렵지만 줄이는 것은 쉽습니다. 하나만 예를 들면 불법도 아닌 방식으로 부실 계열사에 구매 지원으로 풀면 됩니다. 바로 그렇게 한국 경제 펀더멘털이 회복될 수 있었던 것입니다.

요즘 중국을 비관적으로 바라보는 것은 이러한 절차마저도 결코 밟아 나갈 수 없는 구조이기 때문입니다. 많은 전문가들은 중국의 부실을 최소 한국의 2~3배로 보고 있습니다. 즉, 한국 GDP가 5천억 달러일 때 숨겨진 부실이 대략 2천억 달러 수준으로 GDP 대비 40%선에 달했습니다. 그 결과 국가 부채가 8%에서 30% 수준으로 늘어났던 것입니다. 그런데 중국은 이게 2~3배 수준이니 GDP를 5조 달러로 잡을 때 최소 4조 달러~6조 달러의 부실이 있을 것이라는 예상입니다. 이것을 도대체 언제 다 해소합니까. 그러려면 진작 브레이크를 몇 번 걸어 줬어야 했습니다. 고금리로 경기 활황을 일부러 주저앉히든가 하는 디플레이션 정책으로 가야 했는데 중국은 인플레이션 정책의 극단으로만 치달아 왔습니다. 따라서 가까운 장래에 재정파산이 도래할 수밖에는 없는 것입니다.

해외 석학들이 중국이 불과 수년 내에 붕괴할 것이라 보는 것은 바로 이 숨겨진 부실 때문입니다. 이런 것은 뉴스에는 절대 나오지 않습니다. 그러나 직시하고 있어야만 합니다. 서서히 터질 때가 되어가기 때문입니다. 이런 것을 잘 모르는 분들이 중국 위안화 투자 어쩌고, 미국 붕괴 어쩌고 하는데 미국의 강력함은 바로 이런 데서 나옵니다. 미국도 숨겨진 부실이 있지만 세계적으로 볼 때 가장 적은 수준입니다.

일본은 없었을까요. 일본은 겹쳤습니다. 엄청난 부실과 부동산 수직 대폭락이 겹쳐 분식회계 질량이 눈덩이처럼 불어났던 것입니다. 그 결과가 국가 부채가 200%입니다. 단순히 버블 붕괴나 이 대응 과정에서의 정책 실패 때문만이 아닙니다. 미국과 유럽 석학들은 사석에서 망해가던 한국을 김대중, 노무현 두 대통령이 구해냈다고 격찬합니다. 그냥 대충대충 갔더라면 부실을 쉬쉬하며 숨기고 다시 렛츠고 했을 것이고, 그러다 아예 초토화되어 더 크게 무너졌을 것이기 때문입니다.

본론으로 들어가 다시 청계천 실패를 언급하면, 청계천은 대기업 입에 그냥 들이부어 주는 공적 자금 투입과 같습니다. 노무현은 이제 천문학적인 기업들의 은폐된 부실을 거의 정리했으니 그런 짓을 그만하자고 했습니다. 그러나 현 정권은 4대강까지 끝내 밀어 붙이고 있습니다. 4대강 역시 대기업에 그냥 돈을 들이부어 주기 위함입니다. 그러려면 강둑을 콘크리트로 바르는 방법 밖에는 없습니다. 풀을 심고 나무를 심으며 강을 정비하려면 쪼개서 중소기업에 주면 되겠는데, 본래의 목적이 대기업 퍼주기이기 때문에 그리할 수는 없는 것입니다.

또 하나의 목적으로 내세우는 수질 개선은 어떤가요. 수질을 개선하려면 강을 깊게 파내는 것이 아니라 지류에서 들어오는 오염물을 차단해야 합니다. 그 오염물을 주로 배출하는 기업은 중소기업들입니다. 그들이 왜 오염원을 배출합니까. 납품단가가 박하기 때문입니다. 대기업의 쥐어짜기 납품단가 때문입니다. 그렇다면 이러한 기업 간 거래 문화를 개선하는 것이 가장 좋은 수질 개선의 지름길일 것입니다. 농촌에서 가축 오수가 유입되는 부분도 마찬가지입니다. 이것을 개선하려면 농촌에 예산을 투입해 주어야 하지만, 정부는 농촌을 버리는 대신 투기 바람만을 일으키고 있습니다. 시골에 투기 바람이 일어나면 그 돈은 결국 마을 지주들(지역 관료, 지역 정치인, 사학, 종교계 등)에게로 다 갑니다. 마을 주민들에게는 별다른 이득이 없습니다.

그런 투기 바람을 일으키는 이유는 군사정권 시절부터의 '기념비적 문화'가 배어 있기 때문입니다. 예를 들어서 중부고속도로는 노태우 정권 때 건설했습니다. 나이든 분들은 그 길을 지나갈 때마다 노태우 대통령의 이름을 들먹입니다. 이명박 대통령도 그런 기념비적 이정표를 세우고 싶은 것입니다. 그럴 돈으로 그냥 조용히 중소기업 지원하고 서민 지원하고 복지 강화하면 대기업 부자들에게 줄 돈이 줄어들고, 투기에 재원을 투입해 이익을 보기 힘들어지고, 기념비적 업적은 남지 않기 때문에 훗날 으스댈 만한 거리가 남지를 않는다고 생각하는 것 같습니다.

정부는 우리 사회의 모든 문제가 부동산에서 시작해 부동산으로 끝난다는 것을 모르고 있을까요. 아마도 잘 알고 있을 것입니다. 그러나 그것을 건들면 모든 기득권 구조의 프레임이 뿌리부터 흔들리게 됩니다. 가장 피해를 입는 쪽이 바로 사학, 종교계입니다. 그리고 부동산 부자 대부분이 정치, 행정, 사법 기득권의 혈연, 지연, 학연 카르텔과 거미줄처럼 연결되어 있습니다. 그러므로 쉽게 건들 수 없는 부분인 것입니다.

처음으로 돌아가서 김대중, 노무현 때 이명박 대통령 취임 초의 상황이었다면 어땠을까요. 수백조 원의 숨겨진 부실이 없고 마음 놓고 개혁을 할 수 있는 시기였더라면 어땠을까 하는 말입니다. 그랬다면 당연히 이 악순환의 고리들을 해소해 나갔을 것입니다. 카드 거품, 건설 거품 등도 없었을 것입니다. 노무현이 임기 중에 결국 인위적인 경기 부양을 포기했던 것은 여러 가지 이유가 있지만 바로 '경제'에 대해 명석하게 이해를 하고 있었기 때문입니다.

　대통령이란 자리는 결코 전임자의 덫에서 자유로울 수 없습니다. 흔히 이야기하듯 대통령이란 자리는 전임자가 해놓은 밥을 먹고, 후임자가 먹을 밥을 해놓고 나가는 자리입니다. 그런데 김대중이 부임해 보니 밥이 없었습니다. 오로지 숨겨진 설거지 안한 그릇들만 가득했습니다. 그래서 욕 얻어먹으면서 밥만 해놓았습니다. 그러다 결국 밥만 하고 있기에는 설거지가 너무 힘에 붙여 카드 버블 등의 거품이 일어났던 것입니다. 그런데 그렇게 힘들게 차려진 밥상을 다 먹고 그냥 나가면 뒷사람은 먹을 밥이 없게 됩니다. 그래서 노무현은 경기 부양을 아예 포기했던 것입니다. 부실도 거의 해소 단계라고 보고 자신에게 도움을 줄 거품 유발도 포기하고 오로지 조용히 밥만 하다가 물러났던 것입니다.

　예전 김대중 대통령이 카드 거품을 유발했던 것은 단순히 정권 재창출을 위해서만이 아니었습니다. 너무나도 부실이 많았기에 경기의 상승 유발이 당분간 필요했던 이유가 가장 컸던 것입니다. 그가 경기 부양을 좋아했던 사람이었을까요. 김대중은 어떻게 보면 노무현보다도 경기 부양을 더 끔찍이 싫어했던 사람 중의 하나입니다. 왜냐하면 결국 복지제도로 가기 위해선 인플레이션 정책을 버려야 하기 때문입니다. 복지의 가장 큰 적은 바로 빈부 격차이고, 빈부 격차의 가장 큰 원인은 바로 인플레이션인 것입니다. 따라서 인플레이션적 화폐 불균형 정책(경제에 필요한 이상으로 화폐 증발을 유지하는 정책)으로 경기 버블을 만들기 싫었을 것입니다. 김대중은 노무현보다는 약간 더 복지에 관심이 많았던 사람이었기 때문입니다. 그러나 사람의 운명이라는 것은 묘합니다. 살다보면 하고 싶은 때 하고 싶은 것을 할 수가 없는 경우가 다반사로 일어나기 마련입니다. 그래서 김대중은 그 어려운 상황 속에서도 복지정책의 기본 축을 묵묵히 깔아 나가면서도 몇몇 부분은 어쩔 수 없이 욕을 얻어먹으며 해야만 하는 '숙명'이라고 되뇌며 한탄하곤 했습니다.

그런데 지금은 전 세계적인 부동산 버블 붕괴로 엄청난 위기와 양극화가 초래된 시점에서 정권 출범을 한 이후에도 자신들의 평소 소신이었던 고환율 정책, 과도한 통화 증발 정책, 인플레이션 정책, 토건경제 올인 등 제 모습을 못 버리고 있습니다. 한마디로 소탐대실한다고 할 수 있는 것입니다. 목욕하고 미팅을 가려는데 화장실 변기가 막혔으니 도와달라는 병든 어머니의 요구를 도저히 들어줄 수 없다는 것입니다. 여자 만나서 냄새 난다면 그게 더욱 문제라고 생각하기 때문입니다.

청계천과 4대강의 진정한 문제점은 바로 그 지점에 존재하고 있습니다. 이제는 부정부패, 부채, 부동산 버블 등이 적은 나라가 향후 수년간 유리한 경제구도를 점하게 될 터인데 김대중, 노무현이 숨겨진 부실을 다 해소하고 종부세까지 만들어 놓고 나갔습니다. 공기업을 최대한 팔지 않고 외환보유고를 축적했고, 노무현 때에 이르러서는 퇴임 전에 인플레이션 정책을 포기하면서 물가 안정시키고 국제수지 균형까지 해놓고 나갔습니다.

그럼 다음 정권은 그 바통을 이어받아서 고용에만 집중하면 될 일이었습니다. 그런데 그게 너무 싫은 것입니다. 뭐랄까. 왠지 밥만 하는듯한 기분이 드는 것이겠죠. 결국 좋은 일은 티가 나지 않는 법입니다. 고용, 출산, 양극화 등의 문제가 바로 그런 것이라고 할 수 있습니다. 그런데 그건 너무나 힘이 들면서 공은 뒷사람이 가져가니 하기 싫은 것입니다. 지금 하려들면 너무 많은 양보를 해야 하면서 빛은 나지 않고 그 효용은 차기 정권이나 차차기 정권에서 나게 되는 것입니다. 게다가 가진 자들이 양보해야 할 것도 너무 많고 말입니다. 따라서 공기업 팔고, 국가 부채 늘리고, 통화 찍고, 세금 줄이고, 자산 버블 키우면서 힘든 것은 안하고 쉬운 것만 하려는 데 혈안이 되어 있습니다. 공은 다 내꺼, 뒷사람이 내가 어질러 놓은 거 못 치우면 그건 전적으로 그쪽 책임. 이것의 대표적인 상징이 바로 청계천과 4대강 사업인 것입니다.

　경제란 것은 결국 이런 편협함을 버리고 얼마나 꿋꿋하게 대인배의 길로 걸어 나갈 수 있느냐의 싸움입니다. 티는 안 나고 힘들기 만한 길, 공은 다른 사람이 취하고 욕만 내가 다 얻어먹는 길, 그런 길 말입니다. 그런 길을 얼마나 꿋꿋이 걸어갈 수 있느냐에 결국 장기적 경제 펀더멘털 제고의 성패가 달려 있다고 할 수 있습니다. 김대중, 노무현은 바로 그런 길을 묵묵히 걸어갔던 것입니다. 그런데도 그걸 잘 아는 진보 진영조차도 두 사람을 비난하는 데만 여념이 없었습니다. 카드 대란, 건설 거품, 재벌 유착 등에 관하여서 말입니다. 그러나 진정으로 정치, 경제를 아는 사람은 두 사람을 절대로 사석에서 비판하지 않습니다. 아니 못합니다. 두 사람은 치적에만 눈이 멀거나 부동산 투기에 눈이 멀면 국가 패망급 위기를 불러올 수 있다는 점을 잘 알고 경제 체질을 튼튼하게 하는 데 무엇보다 우선순위를 두어온 시대적 거목들이었기 때문입니다.

　청계천, 대운하는 바로 그렇게 하지 못하고 눈앞의 작은 이익에만 눈이 멀어 있는 소인배들의 기념비적 문화이기에 지금 비난의 대상이 되고 있습니다. 왜 APT를 버려야만 하는가. 그 APT는 1997년 외환위기를 치료하기 위해 투입된 치료제의 부작용이기 때문입니다. 인플레이션 정책을 김대중 때는 쓸 수밖에는 없었습니다. 그리고 노무현이 훌륭하게 금단 현상을 이겨내고 종부세 등으로 중단시켰습니다. 그럼 이제 그 부작용을 이겨내야 합니다. 그게 힘들긴 하지만 수백조 원의 부실이 기업과 은행 전반을 휘감고 있었던 외환위기 때나 그걸 해소하며 모진 욕만 얻어먹었던 지난 10년간의 두 대통령의 고초만은 못할 것입니다. 그런데도 그걸 이겨내지는 못하면서 되레 "김대중, 노무현이 집값 다 올려놓았다", "그 둘은 버블 키워놓고 책임을 누구에게 뒤집어씌우나" 같은 말을 하면 결국 한국은 다시 국가 패망급 외환위기 도래의 길로 갈 수밖에 없습니다.

　노무현은 과세표준의 현실화(이하 과표 현실화)와 종부세로 부동산 버블에 종지부를 찍으려 했습니다. 그런데 일부 국민이 그걸 다 무너뜨려 버렸습니다. 지금이라도 각성하고 되돌린다면 정말 큰 화는 면할 수도 있습니다. 그러나 '누구 책임이다'는 말장난이나 버블 미련을 못버리겠다는 행태로 나온다면 결국 한국 경제는 죽을 수밖에 없습니다. 이제는 대기업, 부동산 부자, 상위 중산층이 양보할 때입니다. 아파트로 돈 번 분들이 그 돈의 상당수를 뱉어내고, 기업 부실 정리하고, 자산 축적한 대기업들이 그 돈의 상당수를 뱉어내야 할 시점이라는 이야기입니다. 그런데 정부는 이런 전후 사정을 무시하고 또 다시 재벌들에게 고환율로 수백조원을 퍼주었습니다. 아직도 해소하지 못한 부실이 남아 있다는 말입니까. 이제는 그 기업, 은행 부실을 정리하느라 늘어난 국가 부채를 해소하고, 양극화 문제를 힘을 모아 해결해야 할 시점인 것입니다.

그 첫 번째 길이 바로 4대강 중단, 인플레이션 정책 중단, 토건 의존적 경제 중단입니다. 그리고 부동산 환상에 절어 아직도 집값 상승의 꿈을 꾸고 계신 분들이 깨어나고 김대중, 노무현의 눈물에 대해 다시 한 번 생각해 볼 때가 되었습니다. 하지만 그것은 유감스럽게도 쉽지 않아 보입니다. 이제 부실을 다 해소했으니 또 부실 만들고 해소하면 될 것 아니냐, 한 번 한 것 두 번은 왜 못해라면서 국가 경제를 파탄 내려는 자들이 있기 때문입니다. 은행과 부동산 투기꾼들도 마찬가지이고, 살아나라고 국민 등골 쥐어짜 지어준 보약에 밥처럼 맛을 들인 대기업들이 바로 그들입니다. 그래서 결국 한국은 희망이 적어 보인다는 것입니다. 이럴 줄 알았으면 1997년, 2002년에 김대중, 노무현이 다 집어치우고 재벌들 해체하고, 응급 경기 버블 만들지 말고 국가 경제 접었어야 맞았을까요. 아니면 그냥 그 상황에서 막대하게 숨겨진 부실과 분식회계를 그대로 쭉 밀고 나가면서 그냥 모른 척하고 오늘날 중국처럼 밀어 붙여 왔으면 차라리 나았을까요. 국제 경제학계의 그 어떤 교수도 그렇게 생각하고 있지 않습니다. 한국은 김대중, 노무현의 눈부신 정책과 희생 때문에 살아났다라고 격찬합니다. 따라서 이제는 국민이 김대중, 노무현의 고뇌의 길을 뒤이어 걸어 갈 때인 것입니다.

4대강 중단과 이를 악물고 아파트 환상에서 깨어나, 정신을 모아서 민주주의의 길로 다시 나아가야 합니다. 그래서 조세·복지 선진화의 점진적 완성으로 작금의 모든 문제를 해결하고 사람 사는 세상의 구현을 되살려달라는 말입니다. 유감스럽게도 현실은 매우 힘들어 보이지만, 아직 마지막 희망을 버릴 이유는 없습니다. 김대중, 노무현을 뽑아 올렸던 국민이라면 분명 그만한 저력도 있는 국민일 것이기 때문입니다.

사람, 자연, 문화가 없는 청계천

국민이 거꾸로 알고 있는 것이 너무나 많습니다. 그런 것들을 접할 때마다 정말로 답답하고 속이 상합니다. 예를 들어, 지방선거를 맞이할 때마다 수도권 규제 완화 문제가 화두로 떠오르고 있습니다. 질문 하나 드리겠습니다. 규제를 완화해야 일자리가 생깁니까, 규제를 강화해야 일자리가 생깁니까? 답은 규제를 강화해야 일자리가 생긴다는 것입니다. 일자리라는 것은 기업의 '존재'가 아니라 기업의 '태동-성장-소멸'의 과정 속에서 생기기 때문입니다. 따라서 기업이 생기려면 어떻게 해야 합니까. 태동과 성장을 막는 진입 장벽인 독과점 횡포를 강력히 규제하고, 시장에서 퇴출되지 않는 강시 기업들이 공적 자금으로 연명하지 않고 자연스럽게 소멸될 수 있도록, 정경유착, 관경유착을 철저히 차단해야 하는 것입니다. 그래야 일자리도 생길 수 있습니다. 그런데 보면 수도권 규제 완화를 해야 일자리가 생길 거라 주장하는 분들이 너무 많습니다. 심지어는 수도권을 더 키워야 북경, 동경경제권과 대결할 수 있다는 근거 없고 황당한 주장까지 남발되고 있습니다.

북경경제권이 크긴 하지만 중국 경제의 1/10도 되지 않습니다. 동경경제권이 크긴 하지만 일본 경제의 1/4도 되지 않습니다. 반면 서울과 수도권은 한국 경제의 절반에 육박합니다. 그런데 뭘 더 키우자는 말인가요. 도리어 수도권으로 인구가 몰리고 부가 집중되면 자산 양극화, 소득 양극화가 심해져 지역 간 빈부 격차만 강화되고, 빈부 격차는 다시 원활한 경제 성장과 일자리 창출을 가로막는 악순환을 초래할 뿐입니다.

LG가 악착같이 경기도 파주에 공장을 세운 이유가 무엇입니까. 그 회사는 생산의 대부분을 수출하는 기업입니다. 그럼 항만이 있는 울산, 군산, 대천 등에 지어도 될 일입니다. 그런데 수도권을 고집했습니다. 왜 그랬을까요. 바로 부동산 자산 이익을 더 얻기 위해서였을 것입니다. 현대차가 기아차를 인수한 후 경기도의 공장을 보고 땅을 쳤다고 합니다. 자기들도 울산이 아니라 수도권에 공장을 지었으면 엄청난 부동산 투자 이익을 얻었을 텐데 하는 아쉬움 때문이었을 겁니다. 지난 정부에서 수도권 규제로 경기도가 아닌 충남, 충북 등에 공장을 지어야 했던 삼성전자, 하이닉스 등도 아쉬워하고 있기는 마찬가지입니다.

결국 그들은 수도권에 공장을 못 짓게 하면 차라리 중국 등으로 공장을 이전시켜 버리겠다고 나왔고 실제로 상당 부분 그렇게 했습니다. 특혜 안 주면 경제 기여 못하겠다는 식으로 나오는 것입니다. 국민적 희생으로 성장한 기업이 계속 희생해 주지 않으면 외국으로 도망가겠다고, 국민을 상대로 협박을 하고 있는 셈입니다. 국토 전체를 봐야 하는데 지방의 일자리를 수도권으로 옮겨 가는 제로섬(zero sum) 게임을 마치 신규 일자리 창출인 양 포장하고, 그 과정에서 추가적으로 초래되는 부작용 등에 대해서는 두 눈을 질끈 감아버리고 있습니다.

여기서 질문을 하나 더 해보겠습니다. 수도권에 인구와 공장이 몰리면 집값이 오를 테니 수도권에 사는 사람들은 무조건 환영해야 할까요. 천만의 말씀입니다. 집값은 오르지 않습니다. 경제학을 연구하다 보면 가장 많이 나오는 것 중의 하나가 어떤 정책의 '한계효용'을 찾아내는 수학적 분석입니다.

예를 들어, 화폐를 무한정 찍어대면 무조건 시뇨리지(Seigniorage 화폐주조차익, 중앙은행이 발행한 화폐의 실질가치에서 발행 비용을 뺀 차익을 말함)가 증가합니까. 세율을 올리면 무한정 조세 수입이 증가할까요. 아닙니다. 어느 순간 정점을 찍고 급하향하기 시작합니다. 마찬가지로 수도권에 인구와 공장이 몰린다고 일자리와 집값이 무한정 증가할 수는 없습니다. 이것 역시 정점을 찍고 내려오게 됩니다.

그럼에도 계속 밀어붙이면 어떻게 될까요. 화폐 증발을 계속 밀어붙이면 하이퍼인플레이션이 오고, 세율을 무조건 올리면 경제가 활력을 잃고 조세가 걷히지 않아 재정이 파산하게 됩니다. 마찬가지로 수도권에 인구를 계속 밀어넣으면 '사람 사는 세상'이 아니라 '사람 없는 지옥'이 되어버리고 맙니다. 집값이 급등해 사람들이 집을 살 수 없게 되고, 토지가가 급등해 기업이 공장을 증설할 수 없게 되고, 범죄와 자살이 증가하고 환경오염이 극심해져 사람이 살 수 없는 도시로 전락하고 마는 이치입니다. 이때쯤 되면 제정신인 사람들은 도시를 벗어나고 싶어 합니다. 따라서 정부 차원의 '분산 연착륙' 정책이 동원되게 됩니다. 더 이상 도시 확장을 막고 관공서, 대학, 기업 시설 등을 지방으로 이전시킬 경우 인센티브를 부여하는 정책을 시행하게 되는 것입니다. 지금 수도권이 그래야 되는 시점입니다. 사실 훨씬 지났지만 말입니다.

그럼 수도권 인구가 국토 전체의 1/2에서 1/2.5~3 수준으로 줄어들면 수도권 삶의 질이 현저하게 악화 될까요. 집값과 지가는 폭락하게 될까요. 천만의 말씀입니다. 오히려 숲과 문화 공간이 늘어나고 빽빽함과 답답함에서 널널함과 시원함으로 도시가 탈바꿈하게 될 경우 도시의 가치와 활력은 늘어나게 됩니다. 거주민들의 주 관심사 또한 집값이 상승하냐 하락하냐에서 주거 공간의 가치가 올라가느냐 내려가느냐의 관점으로 바뀌게 됩니다. 따라서 수도권에 사는 사람일수록 세종시 등 지방 균형 발전 작업을 오히려 찬성해야 옳습니다. 수도권 대 비수도권으로 보면 수도권만 잘 되어야 무조건 좋은 것으로 보일지 모르나, 전국적으로 보면 결국 비수도권도 잘 되어야 수도권도 잘 될 수 있다는 이야기입니다.

청계천도 마찬가지이고 4대강도 마찬가지입니다. 그곳에 사람과 자연, 그리고 문화가 있습니까. 식수원 지역에서 공사를 하려면 정말 천천히 해야 합니다. 사람이 마시는 물이기 때문입니다. 그전에 환경평가부터 철저하게 해야 합니다. 선진국에서는 그걸 최소 수년에서 십수 년에 걸쳐서 합니다. 그런데 한국은 환경영향평가와 공사를 합쳐 날림으로 몇 년 안에 끝내라고 못을 박습니다. 정치 일정과 투기 일정 때문입니다. 그 과정에서 당연히 수많은 물고기들과 동식물들이 사라져 갑니다. 철새가 쉬어갈 공간도 사라지고 사라진 숲에서 갈 길을 잃은 고라니는 황폐해진 광야를 방황하며 헤맬 것입니다. 그 피해는 동식물에 그치는 것이 아니라 바로 몇 년 후 인간에게 고스란히 전가될 것입니다. 동식물에게 불행한 환경 속에서 인간이 행복한 삶을 누리며 살아 나갈 수는 없습니다.

결론적으로 청계천과 4대강은 실패한 게 아니라 애당초 거짓과 위선이었습니다. 더욱 어처구니없는 것은 어차피 다 뜯어내야 할 이 재난적 공사의 원상복구 기간만 수십 년의 기간과 천문학적 비용이 소요되고, 그때까지 수많은 인간과 자연이 피눈물을 흘려야만 한다는 사실일 것입니다. 이러한 엄청난 재앙이 벌어지고 있고, 전 국민이 나서서 반대하고 있음에도 막아내지를 못하고 있는 것은 민주주의의 파탄을 의미하는 것이기도 합니다.

김대중 대통령이 전에 대한민국이 조만간 민주주의의 파탄, 남북평화의 파탄, 그리고 민생경제의 파탄, 이 3대 위기를 겪게 될 것이라고 했습니다. 이에 하나를 더 추가하자면 바로 '사람 사는 세상'의 파탄입니다.

어쩌면 건설 역사상 가장 큰 금액이 쏟아 부어진 공사가 산산조각 나 원상 복귀되는 과정, 그리고 그 과정에서 엄청난 국민적 고통이 수반되는 과정을 지켜보게 될지도 모르겠습니다. 그것을 지켜보며 토건 재벌들은 피눈물을 흘리게 될 것입니다. 그러나 그 피눈물은 그들 때문에 흘린 국민적 피눈물의 무한대분의 1도 되지 않는다는 것입니다. 토건 재벌들이 가는 그 어느 곳에서도 사람과 자연, 그리고 문화는 존재하지 않는다는 말입니다.

한국의 심각한 아파트 거품

대한민국 부동산 기득권의 본류

　　여러분들은 대한민국 부동산 기득권의 위세가 과연 어느 정도라고 생각하십니까. 아마 거의 대부분이 모르실 겁니다. 오래전에 한 모임에 나갔다 그곳에서 어느 분이 우연찮게 부동산 이야기를 꺼냈는데 화두는 '우리나라 부동산 재벌 현황은 어떠한가'에 관한 것이었습니다. 그분이 이런 이야기를 하시더군요.

　현재 서울 시내 각 구에서 부동산 랭킹 1위가 되려면 소유 부동산이 3천억 원정도는 되어야 한다고 합니다. 그분은 그중 3명을 아는데 서울 노원구의 A모씨는 보유 부동산이 3천억이고, 소유 빌딩만 전국 각지에 대략 100여 개가 넘는다고 합니다. 동작구에 사는 B노인은 보유 부동산이 5천억이 넘는다고 합니다. 그 노인은 당시에 주유소를 하나 운영했는데, 그냥 취미삼아 하는 정도였다고 합니다. 그분이 아는 최고의 부동산 부자는 안양에 사는 C노인이었다고 합니다. 이 노인의 재산은 그 당시로 부동산만 1조 원이 넘었다고 합니다.

위 A, B, C 세 노인에게는 몇 명의 아들과 딸이 있었는데, 우연히도 그들의 며느리와 사위의 직업은 모조리 법조인이었다고 합니다. 왜 그랬을까요. 그것은 집안 내력과 관련이 있습니다. 왜냐하면 그들 재산의 대부분은 조선시대를 거쳐 일제강점기에도 꿋꿋하게 유지되고 이어져 온 것이기 때문입니다. 그들의 부동산은 놀랍게도 한국 전쟁을 거치면서도 단 한 평조차 줄어들지 않았다고 합니다. 그러나 그들은 늘 노심초사하면서 "아무리 나라의 정권과 지배계급이 바뀐다 한들 언론, 교육계, 그리고 사법부 이 세 가지만 바뀌지 않으면 어떠한 경우에도 금권은 흔들리지 않는다"라는 말을 자주했다고 합니다. 물론 그중에서 가장 중요한 것은 사법 권력이었겠지요.

너무 오랜 기간 지속되고 하여 진부한 이야기지만 깨어 있는 다수의 분들은 잘 아실만한 주제가 하나 있습니다. 그것은 다름 아닌 친일파 자손이 법원에 소송을 걸면 가끔 이기기도 한다는 내용입니다. 그건 왜 그럴까요. 각각 소송의 실체적 내용에 관한 논의를 떠나 결론부터 말하면 판결을 내리는 판사 중 일부가 이 친일파들의 사위이거나 며느리이기 때문입니다. 그럼 어떤 분은 이렇게 반문할 것입니다. "백번을 양보해 그 말이 맞다 치자. 그렇지만 아닌 판사도 있을 거 아닌가. 그리고 양심에 따라 판단하는 판사들도 있을 거 아닌가. 허니 아무리 연줄(혈연, 지연, 학연)과 금권을 동원한다 한들 어떻게 그런 판결이 가끔이라도 나올 수 있겠나." 물론 그런 면도 있습니다. 그러나 알다시피 판사의 다음 직업은 변호사입니다.

예컨대 친일 자손의 소송액이 공시지가가 아닌 실질 가치 기준으로 1조 원이라고 하면 승소했을 때 변호사가 수임료로 30%만 받는다고 해도 3천억입니다. 우리나라 수구 법조계가 과연 이 돈을 쉽게 포기할 수 있을까요. 쉽게 이야기하면 모조리 패소 판결 내려버리면 친일파들은 아예 소송을 포기하고 말 겁니다. 따라서 시장 자체를 지키기 위해서라도 소수의 민사재판 승소 판결을 그들에게 안겨줘야 할 전략적 판단을 내리고 있는 겁니다. 모조리 패소시켜 버리면 수십조에 이를지 모를 친일 민사재판소송시장은 모조리 날아가 버린다는 점을 판사들 중 일부가 묵시적으로 공감하고 있었던 것입니다.

많은 분들이 알다시피 지난 정권에서 가장 논란이 뜨거웠던 법률안 중 하나가 바로 사립학교법(이하 사학법)입니다. 그것은 왜 그럴까요. 현재 우리나라 대학 숫자는 대략 200여 곳 정도입니다. 그럼 많은 분들은 반문 하실 겁니다. 뭐가 이렇게 많아 하고 말이죠.

그런데 왜 이렇게 대학이 많을까요. 많은 수의 대학들이 신입생 선발에도 애를 먹고 있고 대학을 만들고 유지하는 데 한두 푼이 드는 것도 아닌데 말입니다. 혹시 그들이 교육투자만이 애국의 유일한 길임을 자각하고 있는 애국자여서 그런 것일까요. 유감스럽지만 천만의 말씀입니다. 그 이유는 바로 교육재단처럼 돈을 불리고 상속하기가 쉬운 수단이 없기 때문입니다.

종종 신문이나 방송에서 어디에 사는 누가 장학금으로 써 달라며 대학에 수억 원에서 수백억 원을 기부했다는 기사를 봅니다. 그중 상당수는 부동산입니다. 그런데 그 기부액이 본래 기부자의 의사대로 활용이 됩니까. 거의 그렇지 않습니다. 상당액이 전용되거나 편법 활용됩니다. 설사 법적 책임을 묻기 힘든 전용의 경우라 할지라도 사학재단을 친인척으로 거미줄처럼 장악하고 있는 수구 대학 측은 그 부동산을 각종 편법 거래와 인허가 변경, 그리고 수혜 대상 특혜 등을 거쳐 가며 그 엑기스를 남김없이 독식합니다. 물론 문제될 소지는 전혀 없습니다. 왜냐하면 이 부분에 관한 것은 적어도 지난 10년 전까지는(진보 정권 등장 전) 무풍지대였기 때문입니다. 지금도 마찬가지입니다. 가끔씩 기부자가 소송을 건다거나 하는 이야기가 회자되기도 하지만 대부분은 본말이 정확히 전달되지 않고 있을 뿐더러 그나마 알려지는 것은 빙산의 일각에 불과할 뿐입니다.

참 이상합니다. 우리나라 증시 시가 총액은 고작 1,000조 원 정도입니다. 이에 반해 부동산 시가 총액은 5,000조 원이 넘습니다. 부동산의 경우 증시에 비해 빈익빈 부익부 현상이 더욱 심각합니다. 혹시 이러한 부동산을 도대체 누가 많이 소유하고 있는지 알고 계십니까? 어디에서도 본 적이 없는 것 같다고요? 모를 수밖에 없는 것이 지난 60년간 한 번도 공개된 적이 없기 때문입니다. 주식 부자라면 언론에 종종 공개되어 왔으니까 모를 수 없겠지만, 그보다 몇 배의 부동산 부자 이름을 대다수 국민이 알 길은 거의 없는 것입니다.

다만 확실한 것은 극소수 기득권이 대다수의 부동산을 가지고 있고, 이들은 극소수 정치권, 사법부, 행정부, 학계, 언론계, 교육계와 혈연, 지연, 학연으로 거미줄처럼 엉켜져 지난 수십 년간 한국의 과거와 현재, 그리고 미래를 좌지우지하며 우리 사회를 지배해 왔다는 것입니다.

그런 그들이 부동산 세제를 엉망으로 만들어 결국 나라의 조세 선진화와 복지 선진화를 가로막고 있으며, 이로 인해 우리나라의 부익부 빈익빈은 날로 심화되고 있다는 사실을 인식해야만 합니다. 이것이 단기적으로는 이 땅에 주기적인 경제 파탄을 가져오는 원인이 되고 있으며, 장기적으로는 동아시아를 넘어 전 세계로 힘차게 웅비해야 할 통일 민족의 역량 발현을 가로막고 있는 요인이기도 하다는 것입니다. 물론 그들의 뿌리는 친일매국노, 숭미세력, 반공정권에 부역하는 세력으로 그 명맥을 이어왔습니다. 그래서 그들은 그토록 과거사 진상규명법 제정에 반대하고 있는 것입니다. 만약 이런 것에 대해 이해가 없다면 유감스럽지만 이 땅에 통일과 조세·복지 선진화는 영원히 도래하지 않을 것입니다. 아무리 열심히 일해도 가세가 조금도 나아지지 못하는 빈곤과 처참한 삶의 끊임없는 반복과 가난의 대물림 또한 마찬가지로 반복될 수밖에는 없는 것입니다. 그래서 지난 정권 때 무리수를 두고서라도 4대 법안을 통과시키려 그토록 애를 썼던 것입니다.

부동산이 올라선 안 되는 이유

요새는 서울에 올라와 있지만 저의 집은 경기도입니다. 집에서 남한강이 내려다 보입니다. 남한강이라고 하면 떠오르는 것이 4대강입니다. 요 근래도 그렇지만 몇 년 전부터 난리도 아니었습니다. 덕분에 땅값이 많이 올랐지만 전혀 달갑지 않습니다. 대운하 건설도 찬성하지 않을 뿐더러 그런 정책을 펴고 있는 현 정권도 지지하지 않기 때문입니다.

그런데 참 우스운 것이 부동산에 대한 일반인의 생각입니다. 우리나라 부동산 버블이 심각하고 그 때문에 부동산을 가진 사람들은 낭패를 보게 될 것이라 생각하는 모양인데, 이런 생각은 진짜 부동산 부자들에게는 해당되지 않습니다. 우리나라 부동산 부자들은 원래 토지 부자지 주택 부자가 아니기 때문입니다. 그리고 지금 가격이 꺼지고 있는 것은 주택이지 토지가 아닙니다. 따라서 부자들은 여전히 자산이 늘어나고 있습니다.

우리나라 토지는 극소수가 절대다수를 소유하고 있기 때문에, 또한 그 극소수가 거래 자체를 활발히 일으키지 않기 때문에 가격의 하방경직성이 대단히 강합니다. 따라서 우유부단한 방법으로는 토지가격 자체를 절대 잡을 수가 없습니다. 토지시장이 그렇다보니 그에 기반해 개발되는 주택시장도 가격이 그동안 천정부지로 치솟았던 것입니다.

그런데 이것도 가만히 사연을 들여다 보면 우습기 그지없습니다. 우리나라 건설용지가 부족한 것은 국토가 좁기 때문도 아니요, 논밭이나 산이 많아서도 아니요, 그린벨트가 많아서도 아닙니다. 오로지 소수가 절대다수의 토지를 소유하고 있는데 그 땅이 비싸서 매입하기가 힘에 부치니 좁은 도시를 과밀 개발하고 아파트를 고층으로 쌓아올려 가다보니 그렇게 된 것입니다. 코미디 같은 일입니다. 불과 1%도 안 되는 토지 부자들 때문에 99%의 국민들이 허리가 휘고 있기 때문입니다.

이것을 바로 잡는 일은 의외로 간단합니다. 바로 보유세만 올리면 됩니다. 토지에 한국적 특성을 감안해 추가 공공성을 가중할 필요도 없이 선진국 수준으로만 쫓아가도 모든 일은 단숨에 해결됩니다. 그런데 그걸 못해서 60년 동안 국민이 결국 주택 발 금융위기까지 맞이하게 되는 것입니다. 여전히 해결은 난망한 상황입니다. 이 얼마나 코미디 같은 일인가요.

이것이 중요한 이유는 부동산은 수구들의 돈줄이자 기득권 네트워크 망의 핵심이며, 중소기업, 자영업자들이 커나가지 못하는 원흉이며, 부의 불평등을 생성하고 심화시키는 악순환의 근원이기 때문입니다. 그리고 거의 모든 부정부패가 부동산에서 시작해 부동산으로 끝난다고 해도 과언이 아닐 정도입니다.

아마 땅이 좀 있으신 분들은 아실 겁니다. 돈이 있다고 땅을 살 수 있는 게 아니고 땅을 살 수 있다고 해서 돈을 벌 수 있는 게 아니라는 것을 말입니다. 토지를 활용한 불로소득이란 게 거의 다 혈연, 학연, 지연의 네트워크망으로 촘촘하게 연결되어 있고 특권과 비리가 전횡하는 가운데에서만 이뤄질 수 있는 겁니다. 이를 끊어내지 않고서는 한국은 어떤 형태의 발전과 도약도 어려운 상황입니다. 그래서 기득권들은 부동산에 대한 조세나 제도 변경에 사활을 걸며 저항하는 것입니다.

사실 사학재단, 대기업, 언론, 정당인, 관청, 법조인 고위직 중 상당수는 개발 계획에 대한 사전 정보나 인허가 변경 권한의 선제 취득과 행사를 통해서 수익을 창출합니다. 따라서 부동산 친화적인 정부는 죽어도 이 부분을 놓지 않으려는 것이고, 정권이 바뀌자마자 사력을 다해 종부세 폐지와 4대강 건설에 나선 것이며, 이는 금융위기와도 연결이 되는 문제입니다.

애당초 정부는 외환보유고를 줄여 정부 재원을 마련한다는 계획이었던 것 같습니다. 적정 보유고를 수입 3개월분, 즉 1,200억 달러 정도라고 보았고, 과보유분 1,500억 달러 정도를 적절한 수준에서 정리할 계획이었던 것 같습니다. 바로 이것을 비싸게 팔려고 고환율 정책을 일으켰던 것입니다. 강만수 전 장관이 실수한 것이 아니고, 이명박 대통령도 몰랐던 것이 아니라, 처음부터 그렇게 계획되어 있던 것입니다. 수출에 도움이 되거나 성장에 도움이 되라고만 고환율 정책을 밀어붙인 것이 아닙니다. 그런데 한심하게도 금융위기로 달러 유동성이 고갈되는 와중에서도 달러를 시장에 내다버렸습니다. 물론 중간에 잠깐 멈칫하며 놀란 기색은 한두 번 잡혔지만, 이내 간편하게 입장 정리를 했습니다. 금융위기를 '안 그래도 팔아야 했는데 외부요인으로 인해 환율시장이 급등하니 시장 안정용으로 요긴하게 투입하는 거다'는 핑계의 안전판으로 삼아버린 겁니다. 그렇게 귀한 달러를 스스로 절단 내고는, 모자라자 온갖 아쉬운 소리를 해가며 통화스왑으로 1,200억 달러의 외환차입 계약을 맺은 것입니다.

더욱 어처구니없는 것은 이런 상황을 잘 아는 대기업들은 한쪽에서는 사재기를 열심히 해가면서 한쪽에서는 열심히 적정 환율을 1,000원 이하선으로 내리치며 외환시장은 별일 없을 것이라는 안심 시그널을 계속 시장에 내보낸 것입니다. 언론도 마찬가집니다. 결국 이런 제2환란 유발이나 4대강 같은 작업에는 부동산을 중심으로 한 수구 메커니즘이 도사리고 있는 것입니다. 1997년 제1환란도 마찬가지고, 이 메커니즘에는 일정한 프레임이라는 것이 있습니다.

이를테면 한번 설정을 해보죠.

금융인 A : 유동성도 넘치는데 부동산으로 한번 제대로 우려먹어야 되지 않겠어?

정치인 B : 글쎄, 환란으로 우려먹은 지 몇 년 안 됐는데 거지들(중산층, 서민) 체력이 받쳐주려나?

금융인 A : 뭐 있어? 부동산값 좀 계속 띄우면 영원히 집 못 사게 될까봐 안달하면서 올라타겠지.

정치인 B : 그래도 가뜩이나 우리 땜에 국가 부채가 폭증했는데 당분간 까는 척해야 하지 않을까?

언론인 C : 김대중, 노무현이 한테 뒤집어씌우면 되죠. 때마침 회수 못한 공적 자금이 국채로 전환되는 시기니.

정치인 A : 그런가? 하긴 한번쯤 더 해먹을 수 있는 여지가 있긴 하지. 지금 얼마지 부채가?

언론인 C : 33%죠. 선진국 평균이 66%니 한탕 더 해 먹으면 딱 맞겠네요. 딱 더블로 떨어지네요.

정치인 B : 으음. 그렇게만 되면 일석이조군. 일석이조야.

금융인A : 뭐가요? 뭐가 일석이조예요?

정치인 B : 어차피 통일하면 그 돈 거기로 다 깨질 거 아냐. 부채를 미리 늘려 놓으면 통일도 못하고 좋지.

금융인 A : 그렇군요. 대신 통일을 간절히 원하는 척은 해야 하겠습니다. 탄로 안나게.

언론인 C : 그렇지. 아무튼 잘 좀 해보자고. 이번이 마지막 기회니까. 앞으로 이걸론 더는 힘들잖아.

금융인 A : 그렇죠. 국가 부채 70%면 그때부턴 채권으로 외환 조달도 힘들어 질 겁니다. 그땐 좀 까야겠죠

언론인 C : 우리가 깔 필요 있나요? 인플레이션 조세로 국민들에게 1/n씩 덤탱이 씌워 버리면 되지.

뭐 이런 식이 되는 것입니다. 그리고 여기서 이 프레임의 핵심이 되는 게 바로 'IMF 극복론'과 '희망 + 애국 마케팅'이 되는 겁니다. 김대중,

노무현 때는 자신들이 저질러 놓은 환란 뒤치다꺼리용 공적 자금 중 회수되지 못한 금액이 국가 부채로 차례로 계상되면, 이것을 빨갱이들이 김정일에게 퍼주느라 국가 부채 절단냈다라고 선전합니다. 그러나 그런 선전이 먹혀 정권을 뺏어오면 그땐 고환율 정책으로 국가 부채 부담을 낮추고, 고환율 상황에서 달러를 매각해 건설 재정을 만들고, 그 토건 사업으로 1997년 IMF를 훌륭히 극복한 저력을 담아 다시 한 번 희망차게 온 국민이 동참해 위기 극복에 나서자는 프레임을 국민에게 언론과 방송을 통해 주입시키는 것으로 말입니다. 그러다 위기로 삐끗하면 공기업 등 국부를 해외로 매각해 버리고 부채를 줄여놓으면 모든 건 마무리됩니다.

이를 막으려면 못 파게 하고(4대강 사업 저지), 못 팔게 하고(공기업 매각 저지), 못 늘리게 하면서(국가 부채) 잘못된 프레임을 철저히 깨나가고, 모든 정책 우선순위를 버블 붕괴로 인한 디플레 도래 방어를 빙자한 인플레 조장에 두지 못하도록 감시해야 합니다. 이 모든 행태의 중심에 바로 'IMF 프레임'이 있습니다.

따라서 '한국이 환란을 훌륭히 극복했다', '한국인은 환란이 또 와도 극복할 수 있다'고 말하는 것은 토건 재벌들의 전략에 고스란히 놀아나는 것에 불과합니다. 어느 분이 말하기를 땅이 있으면 그것도 한강 근처에 땅이 있으면 4대강을 찬성하는 게 솔직한 속내 아니겠느냐고 합니다.

물론입니다. 그러나 그것도 어느 정도여야 합니다. 나라를 망하게 하면서까지 불로소득을 추구해야 할까요? 돈보다는 나라가 잘됐으면 하는 바람이 우선입니다. 나보다는 자식들이 더 나은 세상에서 살았으면 하는 마음이 더 우선입니다. 이제 부동산으로부터, 그리고 국민도 기득권의 지긋지긋한 프레임에서 제발 벗어났으면 좋겠습니다.

그러려면 두 가지가 필수적입니다. 첫째 사회를 실질적으로 움직일 수 있는 부와 권한을 가지고 행사하는 사람들의 사고가 바뀌어야 합니다.

물론 이 부분은 현실적으로 매우 어렵습니다만 어찌되었건 상당 부분 인식이 바뀌어야 합니다. 둘째, 대다수 서민들이 탐욕에서 벗어나 기득권에게 휘둘리지 않도록 성실한 삶을 살면서 기득권을 국민의 뜻대로 움직이도록 바꾸어 낼 수 있는 민주주의적 의무를 다해나가야 합니다. 이 역시도 매우 풀기 어려운 문제입니다.

지금도 보면 서민 중에도 투기를 꿈꾸는 분들이 너무 많습니다. 이런 사람들은 누굴 욕할 자격이 없습니다. 지금 나라를 망국으로 빠뜨리고 있는 게 바로 부동산 투기인데 무슨 자격으로 그들이 남들을 욕할 수 있을까요. 주택 구입자 중 일부도 마찬가지입니다. 지나치게 부채를 끼고 버블에 올라타는 것을 보면 답답한 심정입니다. 이 지점에서 확고한 국민의식이 있어야 하며, 적어도 기본적으로 지켜야 할 자신만의 분명한 원칙이 있어야 합니다. 지금은 얼마 전처럼 부동산으로 쉽게 돈을 벌 수 있거나 일자리가 널려 있는 시대가 아닙니다. 그래서 더더욱 자신만의 원칙을 만들어 지켜야 합니다. 그리고 복지사회로 나아가야 합니다. 일자리가 널려 있는 시대도 아니고, 요즘 비정규직이 많은데 이들이 하루아침에 정규직으로 전환할 수 있는 것도 아닙니다. 또한 많은 자영업자들이 다 돈을 벌 수도 없습니다. 어떻게 해야 할까요?

바로 가진 사람들이 세금을 더 내고 부동산으로 과다하게 돈을 버는 악순환의 고리를 끊어내 집값을 획기적으로 안정시키는 것입니다. 이것은 세율(보유세) 인상으로도 가능하고, 대대적인 공공주택의 건설로도 가능하고, 토지에 공공개념을 강화하는 방법으로도 가능합니다. 그중 어떤 방법 하나만 획기적으로 강화해도 문제의 실타래가 풀립니다. 그런 다음 거기서 조달되고 절약되는 예산으로 실업자, 사회적 약자, 비정규직, 여성 등을 돌볼 수 있는 복지체제를 강화해야 합니다. 그것만이 한국의 살 길이고 우리의 자식 세대, 손자 세대가 살아갈 길이라고 생각합니다. 그러기 위해선 기득권 프레임에서 벗어나야만 합니다.

지금 많은 사람들이 힘들어 하지만, 그럴수록 이 길을 포기해서는 안 됩니다. 위기를 반전의 기회로 삼을 수 있어야 합니다. 그것의 처음과 끝은 바로 잘못된 프레임에서 벗어나고 그 프레임에서 다른 사람 역시도 벗어나게 해 사람들의 꿈을 점차 현실화시켜 나가는 것이 중요한 것입니다.

설득하는 것은 정치인이 국민을 향해서 하는 것이고, 국민은 나라의 주인이기 때문에 납득을 시켜야 합니다. 힘과 강압은 오로지 국민에게서 정치로 나아가는 것이지 절대로 그 반대 방향이 돼서는 안 되고 될 수도 없습니다. 따라서 민주주의의 원칙에 역행하는 것에 굴하지 않고 그것을 지켜내는 것으로부터 모든 해법은 시작될 수 있어야 합니다.

아파트 건설 프레임과 버블 경제학

앞에서도 언급했지만 프랑스 항공사진 촬영 작가 얀 베르트랑은 며칠에 걸쳐 한국 전역을 촬영하고 난 뒤 기자들이 서울의 전경을 하늘에서 돌아본 소감을 묻자, 말없이 한숨만 내쉬다가 두 가지 말을 했습니다. "서울은 차로 뒤덮인, 인간에 대한 배려심 없는 삭막한 도시다." "무질서함 속에 수없이 복잡한 인간사가 배어 있음을 느낄 수 있었다."

외국인들은 올림픽대로, 강변북로, 내부순환로, 간선도로 등을 보면 기가 막혀 합니다. 하천을 콘크리트로 발라 도시의 물길을 끊어놓았기 때문입니다. 일제가 식민 지배 당시 산천에 쇠말뚝을 박아 한민족의 정기를 끊어버리려 했던 것을 연상하면 됩니다.

서울은 스스로 자살하고 있습니다. 베르트랑이 언급한 복잡한 인간사란 바로 복마전을 말합니다. 그리고 탐욕을 말합니다. 산보다 높은 아파트, 한강 앞에서 한강을 볼 수 없게 가로막은 고층 아파트, 빽빽이 같은 모양으로 지어진 초고층 아파트.

프랑스 파리가 5층으로 고도제한을 하고 영국 런던이 도심개발권을 오로지 정부에게만 부여하는 이유는 탐욕을 절제시켜 모두에게 공공의 이익을 누릴 수 있게 하기 위함입니다. 그런데 한국은 그런 원칙조차 없습니다. 오로지 있는 자들의 패악과 그것을 부러워하는 자들의 아귀다툼만이 존재할 뿐입니다. 사람은 흙을 밟고 살아야 합니다. 사람은 땅에 붙어서 살아야 합니다. 아파트는 그 모든 것을 불가능하게 합니다. 무엇보다 아파트는 민주주의, 공동체사회, 조세·복지 선진화, 사람 사는 세상 구현을 불가능하게 합니다. 오로지 '내일 없는 복마전', '돈을 갖고 튀어라' 뿐인 것입니다. 그 결과는 사람 없는 지옥입니다.

지금 얼마나 많은 분들이 아파트에 대한 잘못된 프레임을 깨기 위해서 노심초사하고 있을까요. 그런데도 그 알량한 탐욕 때문에 그것을 받아들이길 힘들어 하고 있습니다. 슬픈 일입니다.

너무나 자기 집, 자기 땅 애착의식이 강한 사람들에게 토건 자본은 바로 다음의 세 가지 프레임을 주입합니다.

첫째, 아파트는 중산층의 주거형태다.

둘째, 아파트는 환금성이 좋다.

셋째, 아파트는 계속 오른다.

아파트는 중산층 주거형태가 아니라 서민 중에서도 하위서민층과 빈민층이 사는 주거형태입니다. 아파트가 환금성이 좋은 것이 아니라 단독주택이 환금성이 좋은 것입니다. 좁은 대지에 수천 가구가 사는 것과 하나의 대지에 한 가구가 사는 것 중 어느 것이 더 매매가 쉽겠습니까. 따져볼 필요가 없습니다. 그런데도 저 프레임이 먹힐 수 있었던 이유는 그 즈음이 막 개도국에서 중진국으로 진입하던 시점이었기 때문입니다. 즉, 주택 매매가 점점 활발해지기 시작했던 것입니다. 그리고 때마침 주택이라곤 아파트만 산더미처럼 쏟아져 나오니 자연 그 거래가 많을 수밖에 없었고, 이 과정에서 토건 세력들은 '역시 아파트가 환금성엔 최고'라는 프레임을 손쉽게 만들어낼 수 있었던 것입니다. 그리고 아파트는 계속 오른다는 프레임. 세상에 계속 오르기만 하는 상품도 있습니까. 아파트는 실제로 많이 오르기도 했는데, 그 구체적 메커니즘은 다음과 같습니다.

정부에서는 성장률에 목을 맵니다. 그걸 달성하기 위해서 건설 고정투자에 목을 매게 됩니다. 단시일 내에 가장 많이 고정투자를 일으킬 수 있는 분야는 바로 주택이기 때문입니다. 주택 중에서도 아파트가 최고입니다. 이것을 많이 팔기 위해서는 많은 돈을 풀어야 합니다. 지준율을 낮춰야 합니다. 한국의 지준율은 3.5% 정도로 거의 폐지 수준입니다(미국 10%, 중국 16%). 정부에서 허락한 금융시장의 한계통화승수가 본원통화의 30배에 육박하는 것입니다.(미국 10배, 중국 6배)

보유세 또한 마찬가지입니다. 한국은 고작 0.2~3%. 이것 역시 폐지 수준입니다. 선진국은 보통 1.4~3.0% 여기서도 3~10배의 버블이 일어날 수 있습니다. 뿐만 아니라, 아파트를 팔아야 하므로 은행 대출을 지속해 예대율 140% 수준, GDP 대비 채권발행 잔액 114%, GDP 대비 가계대출 100% 수준으로 세계 최고를 자랑합니다.

통화정책에 있어서도 더 이상 막장으로 치달을 수 없을 만큼의 상황입니다. 재정은 GDP 대비 국가 부채가 근래 들어 매년 5%씩 늘고 있습니다. 그러나 그것은 중앙정부 부채 증가만 떼어놓고 이야기할 때 그렇고 공기업 매각, 공기업 부채, 공기업 회계기준 변경(시가평가 유보), 공기업 증자(채권→ 주식전환) 등으로 은폐되고 있는 재정 적자까지 합치면 매년 10% 수준이라고 봐도 틀리지 않습니다. 이것으로 끝나는 것이 아니라 나중에 부동산 대폭락으로 은행자산 부실이 대규모로 발생하면 상상을 초월하는 국가 부채 증가 사태가 유발될 수 있습니다. 이를 빼고 계산하더라도 현 정부의 국가 부채 실질 증가 수준은 출범 초 GDP 대비 30%선에서 퇴임 무렵 80%선에 육박하게 될지도 모르겠습니다.

이처럼 통화, 재정뿐만 아니라, 정책 부분도 마찬가지입니다. 용적률, 건폐율, 고도제한, 동간제한, 층수제한, 녹지비율, 그린벨트, 임대비율 등 규제란 규제는 모두 풀고, 심지어 국민 혈세로 정상가의 3~10배에 달하고 있는 버블 아파트를 정부에서 사 주기까지 하고 있습니다. 최소한의 경제 정의마저 실종되고 있는 현실입니다.

여기에 미국의 고금리 도래가 임박하고 있고 중국 경제가 심상치 않습니다. 미국의 금리인상은 한국의 명목금리를 단기간에 지금의 수 배 수준까지 솟구치게 할 수도 있습니다. 중국 경제가 붕괴하면 한국 경제는 마지막 비빌 언덕마저 사라지게 될 것입니다. 많은 분들이 경기가 살아나길 바라고 있지만, 경기가 살아나려면 전체적으로 고용이 살아나고 임금이 올라야 하는데 그런 일은 단기간에 기대하기가 힘듭니다. 실업, 고용 유연화, 생산기지 해외 이전 등 신자유주의 패러다임에 이미 한국은 찌들대로 찌들어 있기 때문입니다. 여기에 출산율 급감, 미분양 아파트 수십만 채, 지방자치단체의 반값 아파트 건설 경쟁, 세종시 이전 문제에 이르기까지 수도권 아파트가 오를 수 있는 모멘텀은 단 하나도 없습니다.

요 근래의 아파트 거래량 실종이 무엇을 의미합니까. 증시로 따지면 수직 대폭락의 전조인 것입니다. 머리꼭대기에 이르러 거래량이 대폭 감소합니다. 하늘 높이 공을 던지면 정점에 이르러 공이 잠시 멈춥니다. 그리곤 하강을 시작합니다. '아파트 시세가 바로 그 지점에 이른 것입니다.

'무릎에 사서 어깨에 팔아라' 라는 말이 있는데, 우리가 가장 착각하는 것이 바로 무릎과 어깨 지점의 판단입니다. 주택시장은 최소 3~5년을 봐야 합니다. 내가 집을 살 준비가 끝났어도 상당 기간 여유롭게 상황을 주시해야 한다는 말입니다. 다른 상품에 비하여 주택은 가격 순환주기가

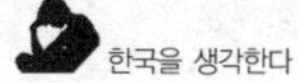

매우 길기 때문입니다. 그런데 아직도 돈도 없으면서 빚을 내서 마구잡이로 구매에 들어가는 사람들이 있습니다. 집이 무슨 사탕입니까. 가게 들어가서 바로 사게? 특히 지금처럼 위험천만한 시기에 말입니다. '나중에 시장 상황을 주시하다 정 폭락할 것 같으면 그 직전에 팔면 되지 않을까' 라고 생각할 수도 있겠지만, 그때는 이미 늦었습니다. 주택이 폭락해야 하는데 폭락하지 않고 뜸을 들이고 있는 데는 여러 이유가 있겠지만 그중 하나는 바로 환금성이 없기 때문입니다. 팔래야 팔 수도 없으니 다들 못 팔아 가격이 덜 떨어지고 있는 것뿐입니다. 그렇다고 현실인정을 하고 몇 분의 일 토막을 내서 팔 수도 없고 말입니다.

예전에 어떤 부동산 전문가를 만나 이런 이야기를 한 적이 있습니다. "위에 말했던 모든 상황이 선진국 수준이었다면 어땠을까." 그럼 이런 버블 자체가 일어나지 않았을 것입니다. "그럼에도 지금 선진국 수준으로 모든 제도를 선진화시킨다면?" 답은 적정 가격 산출 불가입니다.

아파트가 아닌 단독주택의 경우 수도권 시세를 6,600~1억 5천만 원 정도로 이야기할 수도 있을 것입니다. 그러나 아파트는 시세 판정 불가입니다. 회계감사로 따지면 '의견거절' 입니다. 땅이 거의 없는 집을 뭐 하러 사며 따라서 뭐 하러 향후 바닥시세를 예측할까요.

생각해 보면 집을 3억 6천만 원 주고 사느니 한 달에 1백만 원 월세 살면 1년에 1천 2백만 원, 10년에 1억 2천만 원, 30년에 3억 6천만 원입니다. 인플레이션율, 주택 인플레이션율을 모두 정지시켜 놓고 한번 따져 보자는 이야기입니다.

반대로 3억 6천만 원 주고 집을 산다고 했을 때 정상 보유세 3.0%를 매달 낸다고 생각하면 한 달에 90만 원씩 보유세를 내는 꼴이 됩니다. 따라서 집을 사서 살면 집 한 채 값이 더 드는 꼴이 됩니다. 집을 사서 월세를 주면 한 달에 10만 원 남는 꼴이 됩니다. 3억 6천만 원 투자해서 1년에 120만 원 버는 것입니다. 은행에 넣어 5% 이율만 잡아도 1,800만 원은

벌 텐데 말입니다.

따라서 토건 세력들이 아파트를 팔기 위해서 끝없이 통화, 재정, 조세, 규제정책, 시장 질서를 어지럽히며 가격을 올리다 위기를 유발한 뒤 결국엔 도망갈 수밖에는 없는 구조입니다. 지금 그들이 어떻게 나오고 있나요? 도망가기 전에 마지막으로 정리 작업하고 있습니다. 어떻게? 정부에서 국민 혈세로 터무니없는 버블 가격으로 매입해 달라는 것입니다.

또한 지준율을 0%로(지준율 제도를 폐지해 달라는 말입니다), 보유세를 0% 수준으로(부동산 직접세를 폐지해 달라는 말입니다) 근접시켜 달라고 요구하고 있습니다. 그리고 정부 재정을 직접 건설사 입에 부어 달라고(4대강 등 거져 먹는 공사 추가 발주) 요구하고 있습니다.

결국 세금 내기는 싫고 그러면서 세금은 퍼달라는 말입니다. 이 부분을 보면 영화 '아마겟돈'이 연상됩니다. 영화 아마겟돈을 보면 지구를 구할 마지막 영웅으로 캐스팅된 백수건달들이 임무에 성공할 경우 들어줄 요구조건으로 "죽을 때까지 세금 안 내게 해달라." "죽을 때까지 자동차 과태료 끊지 말아 달라"는 식의 요구를 합니다. 토건 세력들의 요구하는 것이 이와 다를 것이 없습니다. 그렇다면 지금 그동안 번 돈이 없어서 이럴까요? 그리고 부도가 나는 건가요? 부도를 내는 건가요? 지금까지 번 돈은 다 빼돌리고 부도를 내는 겁니다.

대형 건설사 중 사주들이 망하는 것을 보기는 어렵습니다. 금융회사처럼 버블이 임박할수록 배당 횡령은 극심해집니다. 그리고 주저앉으면서 혈세를 최대한 이용하려 들고 완전히 주저앉으면 빈껍데기 회사로 또 우려 배불리기에 이용합니다. 국민이 무슨 금융, 건설 세력들에게 전생에 죄진 것도 없는데, 하다못해 전쟁 배상도 이처럼 악질스럽게는 못할 것입니다. 수십 년간 해온 시도가 성공해 왔으니 습관처럼 또 이러는 것입니다.

예전에 김영삼 대통령이 이 부분을 손보려고 했습니다. 또 위에서 언급한 부분을 김영삼 대통령은 들어서 알고 있었습니다. 그러나 취임 후에 결국 경제성장률 달성을 위해 건설사를 손보는 대신 건설사와 손을 잡는 길을 택했습니다. 그리고 그 결과 IMF 외환위기가 왔습니다.

김대중, 노무현 때도 마찬가지입니다. 건설사들은 그야말로 떼돈을 긁어모았습니다. 그 돈들은 대기업들의 부채 비율을 떨어뜨리고 숨겨진 부실을 갚는 데 혁혁한 공을 세웠는 데, 그렇게 기운을 차렸음에도 불구하고 또 돈 달라고 징징거리고 있는 것입니다.

따라서 정말로 손을 볼 때인 것입니다. 1995년 즈음에는 1만 달러 달성 OECD 가입을 위해서 어쩔 수 없었고, 1997년 직후에는 외환위기 직후라 어쩔 수 없었고, 2008년 이후에는 세계 경제 위기라 어쩔 수 없으니 이번에도 될 것이라 생각하는 토건 세력이 있을지도 모르겠습니다. 그러나 이번에는 다릅니다. 왜냐, 줄게 없습니다. 엄마가 딸이 카드빚 사고 치면 대신 갚아 주는 것도 숨겨놓은 쌈짓돈이 있을 때 이야기입니다. 지금은 쌈짓돈이 없습니다. 게다가 엄마도 병에 걸려서 죽어가고 있습니다. 그동안 갚아준 돈도 사실 약 사먹을 돈이었고 어서 딸이 정신 차려서 돈을 벌어오기만을 고대하며 겨우 마련해 준 돈이었습니다. 그러나 딸은 또 사고를 쳤고 그걸 대신 수습해 주느라 그동안 엄마의 병은 악화되어 수습할 수 없는 지경에 이르렀습니다. 그런데도 딸은 정신 못 차리고 카드 고지서를 들이민 채 안 갚으면 카드사에서 고발한다고 난리치며 엄마를 닦달합니다.

이제는 딸의 소리를 들어줄 기운조차 없는 엄마, 그런 엄마 어깨를 아직도 붙들고 흔들며 닦달하는 딸. 지금 토건 세력과 아직도 미몽에서 깨어나지 못한 채 아파트 투기에 열을 올리고 있는 투기꾼들의 행태가 꼭 저 딸과 같은 모습입니다. 어떤 분은 수도권 아파트 적정 가격이 6,600만 원이라고 하면 거품을 물면서 흥분하실지도 모르겠습니다. 그런 분들께 거꾸로 묻고 싶습니다.

여태껏 아파트 때문에 국민과 국가 경제가 피해 본 부분은 대체 어떻게 보상하실 것이냐고 말이죠. 수많은 자살과 병사, 가난, 이혼, 실직, 파산 등의 수많은 국민의 고통은 바로 이 아파트 버블 때문에 그리된 것입니다. 출산율, 자살률, 취업률 등이 엉망이 된 것도 바로 이 아파트 때문입니다. 이것을 다 어떻게 보상할 것이냐는 말입니다. 또한 앞으로 아파트 버블이 무너지면서 또 한 차례 경제 한파의 폭풍이 몰아치게 될 것입니다. 이건 또 어떻게 책임질 것이냐 이 말입니다. 책임질 수 없을 겁니다. 갚을 능력도 없으면서 카드를 긁어댄 저 딸과 같은 사람이기 때문입니다. 게다가 엄마(정부와 서민)가 어떻게 책임져 주지 않을까라면서 아직도 미몽에서 헤어 나오지 못하는 모럴헤저드 행태를 버리지 않고 있습니다. 결국 아무 죄 없는 국민들이 1/n씩 분담해 대신 떠안아 달라는 이야기일 것입니다. 그러다 또 좋은 세월 오면 다시 뉴버블을 향해 고고를 외치고 싶으시겠죠. 그러나 그것은 이제 꿈 정도가 아니라 환상으로 접어 들어 가고 있습니다. 그간 대출 받아 아파트를 산 뒤 거실에 누워 천장을 보며 이 아파트가 얼마가 될까라는 계산을 하면서 환상 속에서 지내왔다면 이제 그 환상의 대가를 치러야 할 때가 도래하고 있는 것입니다.

'환상도 죄가 되나요' 라고 말하면 곤란합니다. 아파트 투기꾼들은 몽환자가 아니라 국가 경제와 서민민생을 유린하는 실체적 범죄를 저지르는 범법자들이기 때문입니다. 아파트 거품은 내가 땀 흘려 정당하게 취득한 사유재산이 아니라 국가 경제와 서민민생을 파탄 내며 취득한 장물입니다. 아파트 투기꾼들은 어찌 보면 그들 역시도 사회에 대한 가해자인 동시에 피해자일 것입니다. 갈수록 삭막해지고 있는 세상 속에서 제 정신 가지고 산다는 것은 거의 불가능에 가까울 정도로 점점 힘이 들어가는 게 사실이기 때문입니다.

아직 APT의 함정에 빠져들지 않은 분들은 앞으로도 APT의 함정에 절대로 빠져들지 말아야 합니다. 그리고 땅이 있고 흙이 있는 집에서 흙냄

새 맡으며 사람답게 살아야 합니다. 그런 분들이 절반을 넘어 다수가 되어야만 세상이 정상으로 돌아갈 수 있습니다. 물론 여전히 현실은 암울합니다. 현재 지어지고 있는 주택의 90% 이상이 아파트이고 급기야 전체 주택에서 아파트가 차지하는 비중이 절반을 넘어서는 비이성적 일들이 일어나고 있기 때문입니다.

대통령도 무사할 수 없는 보유세와 아파트 버블

"감히 부동산 보유세를 올리면 '전두환' 조차도 무사할 수 없다", "모 수구 신문이 보유세 증세 반대 사설을 한번 올리면 정부 정책이 보류 되고, 두 번 올리면 관계 장관이 잘리고, 세 번 올리면 다음 대선에서 정권이 바뀐다"와 같은 말이 나오게 된 계기중 하나가 바로 부동산 보유세제 개편, 그중에서도 과표현실화 문제였습니다.

이것 때문에 전두환 정권 때부터 수많은 장관이 경질되었고, 결국 김대중, 노무현도 정치 보복을 당해야 했습니다. 그 정도로 우리 사회 기득권 세력들의 부동산 저항은 지대합니다. 현재 한국의 주택 버블이 어느 정도일까. 정상의 3~7배 수준입니다. 그러나 그것은 단독주택을 기준으로 한 것입니다. 단독주택이 아닌 아파트 시세에 그 정도로 거품이 끼었다는 것은 '가치 산정 불가' 에 해당합니다.

대지가 거의 없는 아파트가 '자산 가치' 를 가질 수 있을까요. 아파트는 자동차처럼 감가상각되어 매년 가치가 떨어지는 상품에 불과합니다. 따라서 재개발할 때가 되면 가치가 거의 0원에 수렴되는 것이 맞습니다. 물론 쥐꼬리만한 대지 지분 가치는 쳐줘야 할 것입니다.

그런데도 그런 가치 없는 아파트가 수억 심지어 십억이 넘어가는 이유는 사기와 투기, 그리고 후진적인 조세제도 때문입니다. 어떤 분은 "한국의 보유세는 결코 적지 않다", "미국의 경우만 보유세를 조금 많이 내는데 미국은 세액 공제 지원 등이 잘 갖추어져 있어 한국보다 결코 부담이 크지 않다"고 하시더군요. 이는 틀린 말입니다. 보유세는 실효세율에 따라 부과됩니다. 예컨대 10억짜리 시가 아파트의 공시가가 70~80%라면 이 공시가를 기준으로 다시 조세부과표를 만들어 세금을 산정하게 됩니다. 여기서 실효세율이란 '명목적으로 부과되는 세율×과표현실화율(과표가 공시지가 시가에 다가서는 비율)' 이 됩니다.

미국의 경우 이게 1.6% 정도 됩니다. 10억짜리 시가 아파트를 가지고 있으면 1년에 세금을 1,600만 원 정도 내는 것입니다. 일본의 경우는 1.0% 정도 됩니다. 10억짜리 시가 아파트를 가지고 있으면 과표현실화율이 70% 정도 되어 있다고 볼 때(2002년 일본 정부 자료) 1.4%의 보유세를 감안하면 실효세율 1.0% 수준인 1,000만 원 정도의 세금을 내는 것입니다. 캐나다도 명목보유세가 1.2~1.8% 정도이고, 시가에 대한 과표현실화율이 70% 이상 되어 실효세율이 1.0%가 넘어갑니다. 그러나 한국은 어떤가요. 실효세율 0.2~3% 이하입니다. 이게 얼마나 엄청난 것인가요. 지준율 레버리지, BIS 레버리지, LTV·DTI 레버리지로 비유해 보겠습니다. 예를 들어 지준율이 반으로 줄면 통화승수는 2배 늘어나게 됩니다. 마찬가지로 보유세가 줄어들면 반대로 레버리지가 커지게 되고 통상적으로 그 배수만큼 거품이 일어나게 됩니다.

한국의 보유세율은 일본의 1/4, 미국의 1/6에 불과하므로 4~6배의 거품이 일어나게 됩니다. 따라서 한국의 집값이 오르는 것은 경제 펀더멘털, 부동산 선호 심리, 국토의 협소 때문이 아니라 바로 '자산 인플레이션 지향적 조세정책' 때문입니다.

또한 어떤 분은 미국은 세액공제가 잘 되어 있는 것 같다고 생각하시더군요. 미국의 세제 중 개인소득세 비중을 한번 살펴보시기 바랍니다. 미국의 세제는 직접세 위주입니다. 한국의 세제는 간접세 위주입니다.

따라서 직접세 납부에 그만큼 메리트를 부과해 주는 것입니다. 즉, 간접세 위주의 한국이 직접세 위주에 따르는 환급을 부러워한다는 것은 코미디입니다. 가령, 슈퍼마켓에서 이용고객에게 누적 마일리지에 따른 사은품을 지급했더니 지나가던 사람이 나는 왜 안 주냐고 따지는 꼴인 셈입니다.

노무현이 바로 이런 코미디 같은 과표현실화를 위해 종부세를 만들었다 정치 보복을 당하게 된 것입니다. 전두환 때도 정석모 내무부장관이 10% 수준이던 공시가의 과표현실화율을 60% 수준으로 현실화하려다 수구 신문의 비판 사설을 얻어맞고 쫓겨났습니다. 이후 전두환조차도 수구 신문에 기죽어 지내야만 했습니다. 그리고 그 후로도 과표현실화율은 조금 올라가는 듯하다가 되레 20%선까지 떨어졌습니다. 그것을 감히 노무현이 잡아보려다가 그리된 것입니다.

대한민국에서 감히 보유세를 올리려 들면 "신이라도 무사할 수 없다. 석가모니, 예수, 모하메드가 올리려 들어도 불가능하다", "꿈도 꾸지 마라" 등의 말이 쏟아져 나옵니다. 이것이 바로 대한민국 토건 재벌들의 절대로 양보할 수 없는 철칙인 것입니다.

그런데 사람들은 노무현 때 집값이 폭등했다고 잘못 알고 있습니다. 아닙니다. 과표를 현실화한 것입니다. 일시적으로는 조세 저항에 따른 반발상승이 일어날 수 있습니다. 그러나 그것은 곧 잡힙니다. 또한 국제 유동성 증가에 따른 동반 상승 현상이 일어났다고 말하는 사람이 있습니다. 그것은 경제학적 지식이 전혀 없는 몰상식한 수준의 이야기입니다.

국내에서 법과 제도로 장치를 해놓으면 아무리 외부에서 자극이 와도 소용이 없게 됩니다. 그 대표적 자산 버블 방지 장치가 바로 '보유세 레버리지 규제'라는 것입니다. 그런데 한국은 그것이 수구 기득권들의 저항 때문에 60년째 무산되고 있습니다. 그 결과가 작금의 5%가 70%의 자산보유, 미증유의 경제위기에도 도리어 주택가격 상승, 낡은 아파트 따위가 10억 호가 등의 코미디 상황입니다.

미국, 일본 등은 GDP 대비 보유세 비중이 3%를 넘습니다. 예컨대 미국 GDP가 14조 달러면 보유세만 4,200억 달러가 걷히는 것입니다. 반면 한국은 0.6%에 불과합니다. GDP가 1조 달러면 보유세는 고작 60억 달러 정도만 걷히는 셈입니다. 그러니 세금을 걷어야 하는 정부가 어떻게 나올까요. 고환율·물가 상승 유도로 그에 따른 간접세 징수에 혈안이 되는 것입니다. 일부 수구 언론은 아예 한발 더 나아가 소득에 대한 세금(대표적으로 부동산 보유세)을 아예 없애고 모든 세금을 소비에만 부과하자라고 주장합니다. 물론 물밑에서 재벌의 사주도 이러한 주장에 지대한 영향을 끼치고 있습니다.

그 결과 조세제도가 망가지고 따라서 복지를 할 수 없게 되고, 이걸 지키기 위해 수구 기득권들이 민주주의를 후퇴시킵니다. 결국 부동산 때문에 온 나라가 출산율, 취업률, 자살률 등에 있어 엉망진창이 되어가고 있습니다.

집값이 너무 비싸서 결혼, 취업, 출산을 할 수 없고 결국 자살까지 하는 것입니다. 여기서 끝나고 말까요? 세금을 못 걷으니 빚이 늘어납니다. 한국의 가계 부채, 은행 예대율, 채권발행 잔액 등은 아시아 포함 전 세계에서 최악의 수준입니다. 한마디로 돈 구할 데가 없는 것입니다. 금융자산에 대한 부동산자산 비중은 500%로 전 세계 평균의 5배에 달합니다. 따라서 작금의 부동산 발 위기에서 최고로 위험한 국가가 바로 한국입니다.

한국은 땅이 좁고 산이 많아 부동산이 비쌀 수밖에 없다? 천만의 말씀입니다. 실효 보유세율 1% 넘기면 그런 말은 안드로메다 너머로 빛의 속도로 사라지게 될 것입니다. 경제를 모르니 그런 말을 합니다. 레버리지 효과라는 것이 얼마나 무서운지 모르고 하는 소리입니다.

반대로 그들은 디레버리지의 무서움도 모릅니다. 최근 나오고 있는 부동산 발 위기의 실체가 뭐냐 하면, 디플레이션 우려입니다. 그런데 굿(Good) 디플레이션도 아니고 베드(Bad) 디플레이션도 아닌 스태그디플레이션(Stag-Deflation, 경기침체와 이자율 하락, 동시에 물가가 하락하는 현상)이라고들 합니다. 악성 디플레이션입니다. 지리한 조짐의 Debt Deflation 현상이 나타나고 있는 것입니다. 거품이 꺼지면서 연쇄적인 디레버리지가 일어나 경제가 늪으로 빠져 들어가게 되는 것입니다.

사람들이 말합니다. 은행들의 LTV 비율이 50% 수준이고 모든 사람이 은행 빚을 얻은 것은 아니기 때문에 아파트 가격 조정이 조금 일어나도 경제 붕괴 우려는 없다고. 이게 바로 초등학교 수준의 말장난입니다. 디레버리지란 트리거(trigger) 효과를 말합니다. 예컨대 극장에서 "불이야" 한 마디에 수천 명이 뛰쳐나가면서 수백 명이 압사를 당합니다. 그 압사에 필요한 요건은 "불이야"라는 말 한 마디뿐입니다. 똑같은 이치로 대체 얼마가 있어야 디레버리지를 손으로 받아쳐 올리며 막아낼 수 있을까요.

정답은 APT 디레버리지 도미노는 절대 막아낼 수 없다는 것입니다. 왜 일까요? 아파트가 5천만 원에서 10억에 이르는 과정 자체가 말도 안 되는 사기이기 때문입니다. "평당 천만 원은 지켜지지 않을까요.""중국은 한국보다 못살지만 되레 주택가격이 더 비싸던데요.""유럽은 조세 선진국이지만 보유세율이 낮지 않나요." 모두 틀린 이야기입니다. 아파트는 차와 같아 재개발이 될 무렵 적정 가치가 0으로 수렴되어 갑니다. 중국은 한국과 함께 조만간 대재앙을 겪게 될 것입니다.

유럽은 소득의 반을 세금으로 내는 국가입니다. 도심재개발을 지방자치단체가 하는 나라입니다. 세제 후퇴, 선심성 정책 남발(용적률, 건폐율, 동간거리, 고도규제, 재개발 연한 정책 등의 수시 변경 남발) 등은 꿈도 꿀 수 없는 나라입니다. 그들은 아무리 경제가 급해도 중요한 원칙을 쉽게 포기하지 않습니다. 가끔 보면 그런 나라에 투자를 하는데 인센티브를 얼마 주더라는 소리를 수구 언론이 합니다. 계속 살아보세요. 몇 년도 안 되어 인센티브 이상 세금 납부로 다 뱉어야 합니다. 따라서 그런 것들은 수구 언론들이 보여 주고 싶은 것만 따와 들이대는 대표적인 팩트(fact) 왜곡 사례입니다.

상황이 이런데도 아파트 가격은 절대 떨어지지 않을 것이라고 절규하는 분들이 계십니다. 천만의 말씀입니다. 수도권 아파트 평균가격은 향후 1억선으로 떨어지게 될 가능성이 높습니다. 사실 1억도 감가상각되다 결국 제로로 수렴되고 마는 콘크리트 덩어리 가격으로는 후하게 쳐준 셈입니다.

아파트 적정 가격이 6,600만 원이라고 말하면, 또 이런 반응이 나옵니다. 그럼 나 10채 살래. 그러나 보유세와 중과세에 걸려 못 사야 맞습니다. "서울을 팔면 캐나다를 살수 있다는데, 그럼 살까요?" 라는 질문도 마찬가지입니다. 보유세 감당이 되지 않습니다. 또한 서울을 파는 과정에서 시가는 1/10 이하로 쪼그라들고 캐나다를 사는 과정에서 다시 10배가 더 필요해질 것입니다. 이게 일본이 미국을 사지 못하는 이유입니다.

땅은 주권만 잃지 않으면 언제든지 찾아올 수 있습니다. 보유세 조절로 자산 지니계수(Gini's coeffocient, 소득분배불평등도는 물론, 부동산, 금융자산 등 자산분배상황도 등을 나타내는 수치)를 정상화하는 것은 사실 쉬운 문제입니다. 다만 어려운 것은 수구 기득권의 저항입니다. 투자 이탈을 막는 문제 같은 것과는 전혀 별개의 문제입니다. 정작 문제는 그 국가 내부의 수구 부동산 기득권들인 것입니다.

"보유세 올리면 누구라도 다친다." 모 수구 신문사 회장이 어느 연회에서 전두환을 앞에 놓고 자신들은 할 말하며 살았노라고 큰소리쳐서 전두환 얼굴을 흙빛으로 만든 적이 있습니다. 그게 바로 부동산 부분입니다.

전두환도 비리를 많이 저질렀지만 개혁 시도 시늉은 했습니다. 그중의 하나가 바로 부동산입니다. 그러나 수구 언론에 막혀 개혁은커녕 무릎

끓고 눈물을 흘리며 수구 언론에 빌어야 했습니다. 그 무서운 것을 바로 노무현이 손대었던 것입니다.

"다칠 것이다", "상관없다. 죽으면 그만이다" 등은 종부세 탄생 과정에서 수도 없이 나왔던 대화라고 합니다. 이해찬이 골프 파동으로 쫓겨난 것도 결국 부동산 때문입니다. 수구 언론은 사활을 걸고 추적 테스크포스팀을 구성해 표적 기사를 내보냈습니다. 노무현, 김대중도 마찬가지였습니다. 이처럼 우리 사회의 수구 언론, 재벌, 종교재단, 사학, 그리고 여기에 혈연과 지연, 학연으로 얽혀 있는 법조, 정치, 관료, 시민단체, 언론계를 아우르는 카르텔. 이렇게 거대한 카르텔을 과연 깰 수 있을까요. 정답은 불가능하지 않다라는 것입니다. 시민이 움직이면 성공할 수 있습니다. 즉, 안 사면 됩니다. 매수자는 어떠한 경우에도 갑입니다. 재벌이 갑의 위치로 납품업자인 중소기업 을을 쥐락펴락하듯 실수요자 갑이 아파트 매도자 을에게 더 이상 아파트를 비싼 가격으로 살 수 없음을 분명하게 각인시켜 주면 될 일입니다. '쥐꼬리 대지 지분을 가진 낡은 아파트를 6,600만 원 이상으로는 절대로 살수 없다' 고 하면 웃겠죠. 10억이 넘어가는 아파트를 날로 먹으려고 한다면서 말입니다. 그러나 안 사고 기다리면 얼굴이 흙빛이 되는 것은 갑이 아니라 언제나 을입니다.

'단지 한 채에서 실수요자로 살아왔는데 너무한 거 아닌가요' 라고 항의하실 분도 계실 것입니다. 투자와 투기는 1채 보유냐, 몇 년 거주냐로 판가름난다기보다는 적정가치와 기대수익으로 설명되는 것입니다. 예를 들어, 1억이면 충분한 아파트를 5억인데도 산다면 그것은 투기입니다. 7억, 10억 등 말도 안 되는 가치를 기대하고 사기 때문입니다.

반면 적정 가치 1억짜리 아파트를 1억 1천 정도를 기대하고 샀다면 그것은 투자입니다. 남들이 다 사길래 저도 샀는데요? 그것도 잘못인가요? 남도 투기하니까 나도 투기한다? 제비 따라 강남 가는 게 아니라 이완용 따라 매국계약서에 지장 찍을 인간군상에 불과합니다. 그때마다 몇 몇 사람의 고통은 배가 되어야 합니다. 그럼 아파트 사기극을 하루라도 빨리 종식시키려는 국민적 염원의 구현 시기는 그만큼 늦춰질 수밖에 없습니다. 하늘이 무너져도 아파트 버블은 더 이상 지속되어서는 안 될 이유입니다.

뿌리 깊은 아파트 버블의 메커니즘

앞서 대국민 아파트 사기에 동원되었던 여러 가지 프레임을 설명하였습니다.

첫째, 아파트는 중산층의 주거형태이다.
둘째, 아파트는 환금성이 좋다.
셋째, 아파트는 계속 오른다.
넷째, 아파트에서 살려면 고층에서 사는 게 좋다.

중산층 주거형태, 환금성, 아파트 불패, 로얄층 등의 프레임에서 현재 가장 크게 무너지고 있는 부분은 바로 환금성과 불패 신화 부분입니다. 아파트가 환금성이 있다? 앞으로 팔리지도 않을 뿐더러 버리고 도망가고 싶어도 도망조차 가지 못하게 될 순간이 도래할 것입니다. 아파트는 영원히 오른다는 아파트 불패 신화는 고사하고 최대 1/10 토막 나게 될 것입니다.

여기에 로얄층에 대한 호감은 어떻게 생겨났을까요? 아직도 '아파트는 고층이 좋다' 라는 업자들이 만들어 낸 프레임에서 허우적대는 분들이 있습니다. 옛날에 시골에서 서울에 관광 오면 가장 먼저 들리던 곳이 바로 63빌딩입니다. 63빌딩에는 왜 갔을까요. 엘리베이터 타러 갔습니다. 사

람들이 못 살던 시절 워낙 높은 건물에 환상을 갖고 있다 보니 아파트 업
자들이 이것을 활용해 로얄층 사기론까지 손쉽게 만들어 낼 수 있었던
것입니다.

이제 남은 것은 '인지부조화(認知不調和, 사람이 서로 다르거나 행위 경향
과 일치하지 않은 신념이나 지식을 가지고 있는 상태)' 입니다. 아파트가 사기
란 것을 깨달았지만 불쾌해서 그 현실을 받아들일 수는 없는 것입니다.
또한 전 재산과 대출을 총동원해 뛰어들었는데 팔리지도 않고 현재 하락
한 가격에서도 1/10 토막이 날 거라니 도저히 그 현실을 믿을 수가 없는
것입니다. 그러나 믿을 수가 없다고 악몽 같은 현실이 도래하지 않는 것
은 아닙니다. 따라서 부동산 투기는 향후 많이 들어본 죽음의 5단계 심리
거치 절차를 그대로 밟게 될 것입니다.

부정(Denial) ⇨ 분노(Anger) ⇨ 타협(Bargaining) ⇨ 우울(Depression)
⇨ 수용(Acceptance)

- 부정 : 설마 아파트 가격이 1/10토막이나 나겠어. 아니야, 그럴 리가
  없어.
- 분노 : 토건 재벌들이 여태껏 국민에게 사기를 쳐왔단 말인가.
- 타협 : 이렇게 합시다. 여기서 더 오르는 것은 바라지 않을 테니 떨
  어지는 것만큼은 막아주세요.
- 우울 : 그것이 불가능하다는 것을 안 순간 극도의 무기력감에 빠져
  들게 됩니다.
- 수용 : 모든 것을 체념한 뒤 현실을 받아들이게 됩니다.

부동산 수직 대폭락은 이처럼 많은 국민을 죽음의 벼랑 끝으로 내몰 만
큼 충격적인 것입니다. 실제로도 아무리 강건한 사람이라도 4단계에서

버티지 못하게 될 것입니다. 현재 한국의 1년 자살자가 1만 명 정도인데 향후 아파트 사기가 만천하에 공식화되면 어떨까요? 가정 파탄 역시도 이루 말할 수도 없을 것입니다. 문제는 4단계로 가기 전의 2단계입니다.

일본의 부동산 대폭락이야 가장 엷은 형태의 마지막 금본위제도인 달러환본위제도가 폐지된 1970년대 이후 거의 유일한 세계 주요국에서의 부동산 대폭락 참사였습니다. 따라서 국민이 누구에게 분노를 퍼부어야 할지 우왕좌왕하는 가운데서 속수무책으로 자살자만 폭증했습니다.

노무현은 이 일본이 겪은 참사의 도래를 막으려고 과표현실화, 종부세 신설까지 밀어붙였습니다. 그러나 결국 그 대가를 혹독히 치러야 했습니다. 참사 도래의 저지를 저지당한 것입니다. 이런 과정을 잘 아는 국민이 과연 가만있을까요? 그냥 조용히 감내해 줄 것이냐 이 말입니다. 더욱 해외의 주택 상승은 단독주택인데 반해 한국은 악랄하기 짝이 없게도 아파트입니다.

어떤 사람은 홍콩, 싱가포르의 예를 들며 한국의 부동산 버블을 정당화하더군요. 미안하지만 그 두 국가는 도시국가입니다. 그에 비해 한국은 아무리 땅이 좁다 한들 모든 가정에 30평짜리 단독주택을 지어줘도 여전히 땅이 남는 대륙국가입니다. 한국의 아파트는 극소수가 토지를 점유한 현실을 조세제도로 바로잡지 않으려는 수구적 발상에서 초래된 기형적 산물일 뿐인 것입니다.

부동산 버블이 꺼지면 상당한 사회 혼란이 올 것이 예상되지만, 그전에 타협의 여지는 있습니다. 최근 20년간 토건 재벌들이 벌어들인 소득을 최대한 조세로 환수해 내면 어느 정도 피해 보상이 될 수도 있는 것입니다. 이 토건 재벌에는 건설사, 은행, 부동산 투기꾼, 수구 언론들이 망라됩니다. 이들이 빠짐없이 동참해야 하는 것입니다. 그러려면 이를 위해서 범국가적 '아파트 피해보상위원회'가 설치되어야 할 것입니다. 특별법을 만들고 각계의 전문가들이 두루 참여한 뒤에 오랫동안 지난한 조세

설계 작업을 수행해야 합니다. 그러나 과연 이게 가능할지는 의문입니다.

잘못된 프레임이라는 것이 이토록 무서운 결과를 초래합니다. 예전에 '여자와 북어는 3일에 한 번씩 패야 한다'는 남성 우월적 우스갯소리가 있었습니다. 실제로 십몇 년 전만해도 동네마다 여자를 함부로 손찌검하는 가정이 흔했었습니다.

왜 때리느냐. 그냥 기분 나쁘면 때리는 것입니다. 남편이 아내를 때리는데 이유 따윈 필요 없었던 것입니다. 물론 경찰에 신고해도 소용없었습니다. 신고해 봐야 출동도 안 할 뿐더러 출동 한들 옆에서 때리는 광경을 팔짱 끼고 지켜보다 간간히 끼어들어 "참으시죠"라는 몇 마디 말하는 게 전부였으니까요. 그러다 잘못하면 되레 욕만 곤죽이 되도록 얻어먹고 쫓겨날 뿐이었습니다.

이것을 중단시킨 것이 '가정폭력방지법'이라는 것입니다. 아무리 남편이라도 아내를 때리면 처벌한다는 지극히 상식적인 이 법이 제정되는데 무려 50년 넘게 걸렸습니다. 지금은 '남편이 아내를 아무리 폭행해도 예전에는 무죄였다'는 사실을 젊은 여성들은 믿지 못할 것입니다.

바로 아파트가 조만간 그런 통념의 과거 속으로 사라지게 될 것이라는 이야기입니다. "수도권 아파트 평균가격이 5억 4천? 지금 장난 하시나요?"라는 당연한 말을 당연한 말로 인식하는 데 그토록 지난한 과정이 필요하다는 것이 어처구니없어 보이기도 하지만, 이런 식의 인지부조화 혁파 과정이 지난 세월 한국 땅에서 한두 가지가 아니었다는 이야기입니다.

왜 사람들은 너무나 당연하고 언젠가는 꼭 해야만 하는 것을 최대한 오랫동안 거부하려 드는 것일까요. 그것은 바로 '수구 기득권 특유의 생리' 때문에 그렇습니다. '여자가 감히 사람 취급을 원해?' '여자가 출산 후에도 계속 일을 하기를 원해?' '여자가 운전을 해?' 이런 수구적 발상에 아직도 절어 지내는 사람이 많습니다.

아파트 불패 프레임이 이와 유사한 것이라 할 수 있습니다. 안타깝게도 아파트 부녀회 등에서조차 이런 수구 프레임에 절어 지낸다는 것은 그야말로 슬픈 코미디입니다. 얼마 전까지만 해도 "우리 동네 아파트의 적정가격은 5억 원입니다"라는 전단지를 엘리베이터에 붙이고 현수막을 내거는 아줌마들의 모습이 전혀 낯설지 않은 풍경이었습니다.

그러나 "현 아파트 버블 수준은 완전한 사기일 뿐이며 국가 경제와 민생을 초토화시키는 암적 존재"라고 말한다면 역시 기가 막혀 하며 달려들 것입니다. 50년간 자신의 어머니 세대의 피눈물 나는 노력으로 비로소 최소한의 여권 행사를 누리게 된 딸 세대가 기껏 벌이고 있는 행태. 하나를 없애면 또 하나의 행태를 바로 만들어 냅니다. 그만큼 수구 기득권 생리라는 것이 끈질긴 것입니다. 아파트는 올랐으면 좋겠는데 물가는 잡아 달라? 미안하지만 둘 다 인플레이션 정책의 산물일 뿐입니다. 그 상황 속에서 물가를 억지로 안정시키려고 하면 주택 같은 장기자산의 가격이 치솟게 되는 것입니다.

따라서 서민 입장에서 보면 거꾸로 주택가격을 안정화시키고 물가는 적정한 수준에서 올라가도록 해야 합니다. 그래야 고용, 임금이 상승할 수 있습니다. 다만 인플레이션율에 연동하여 납품단가, 명목임금 등이 함께 올라가도록 해주어야 서민생활이 안정화되고 빈부 격차가 지나치게 벌어지는 것을 막아낼 수 있습니다. 보유세는 내기 싫은데 육아, 교육, 의료 등에서 혜택을 많이 달라는 이야기 역시 앞뒤가 맞지 않는 이야기일 뿐입니다.

바로 이런 무지함과 이중성 위에서 대국민 아파트 사기는 탄생할 수 있었습니다. 내 아파트가 오르면 다른 사람들은 허리가 휠 것이라는 것을 그들은 알고 있었습니다. 중단해 달라고 요청하면 "돈도 없는 것들이"라는 막말을 던져가며 그간 모욕을 즐겨왔습니다. 토건 재벌들은 사람들의 이런 원초적 탐욕을 이용했던 것입니다. 집에 바퀴벌레가 기어다니는 것은 밤에 단것 먹고 치우지 않기 때문입니다. 살펴보면 이런 인과응보적 관계가 존재하지 않는 결과물은 이 세상에 단 하나도 없습니다.

대마불사, 연계불사, 복잡불사. 상위계층이 아파트에 올인하고, 모든 국가 경제력을 아파트에 연계하고, 이제는 그들에게 책임 추궁조차 할 수 없을 정도로 복잡하게 만들어 삼켜놓고 드러누워 버렸습니다. 그들이 믿는 것은 바로 이런 것입니다.

아파트 추락을 방치하면 상류층, 중상위계층이 무너진다, 따라서 정부에서 가만있지 않을 것이다, 고분양가 문제를 걸고 넘어지고 싶어도 이미 시간이 많이 지났고 그 돈들은 여러 단계를 거쳐 이미 추적과 책임추궁이 불가능한 단계 속으로 사라져 버렸다, 그러니 앞으로의 뒤치닥거리는 국민 혈세로 하고 국민 전체가 손실을 1/n로 까나가자. 이른바 이익의 민영화, 손실의 사회화입니다. 정말 지긋지긋한 일입니다. 먹을 때는 나 혼자 독식, 설거지는 우리 다함께. 낡은 아파트를 5~10억에 사고팔다 이제 한계에 이르니 전 국민, 전 국가 경제가 나서서 책임져라는 것입니다.

가능하지도 가당치도 않은 일입니다. 은행이 아파트 대출에 올인한 이유는 아파트가 그만한 가치가 있어서가 아니라 아파트 버블 메커니즘 상의 대마불사, 연계불사 구조를 깔아놓기 위함이었던 것일 뿐입니다.

적정 가치의 10배 이상 폭등한 아파트에 50% LTV 준수가 대체 무슨 의미가 있습니까. 그렇게 가치에 자신 있다면 청구권을 아파트에 한정하는 소구불능 대출로 전환하면 될 것입니다. 그럼 향후 경제에 미치는 영향이 줄어들 것입니다. 아파트는 폭락할 일이 없고 안전한 수준에서 대출해 줬다면 인적담보 대출에서 소구불능 대출로 전환 못할 이유는 또 무엇이 있겠습니까. 하지만 은행은 거짓말을 하고 있기 때문에 죽어도 그렇게 할 수는 없는 것입니다. 약탈적 착취구조를 잃어버리면 향후 또 다시 그런 짓을 하기 힘들어지기 때문에 더더욱 그리할 수도 없습니다.

결국 사회 전체가 썩어 들어가고 있는 것입니다. 커지고 연계되고 복잡해졌던 것은 금전 책임뿐만이 아니라 거짓과 탐욕도 마찬가지였던 것입니다.

이것은 향후 이 땅 위에 도래할 황폐해질 미래의 크기를 예견해 주는 것이라 할 수 있습니다. 그동안 아파트 상승의 이면에서 소외돼온 전 국민의 반 이상, 그리고 국가 경제 미래 전체가 겪어온 고통을 드디어 아파트 투기꾼들이 직접 겪게 생겼기 때문입니다. 이제 그 고통의 유발 당사자가 자신이 그 고통을 직접 겪게 되자 그간 자신들 때문에 고통을 겪어온 사람들에게 화합과 책임분담을 촉구하고 나서고 있습니다. 추악한 모습입니다. 그분들에게 한국의 자살률이 왜 압도적 세계 1위인지에 대해 정말로 진지하게 한 번 생각해 보시라는 말씀을 드리고 싶습니다.

붕괴될 수밖에 없는 아파트 버블의 미래

경기도에 땅을 사서 33평짜리 집을 지으면 가건물 형식에서부터 제법 집다운 집에 이르기까지 3천만 원~1억 원 사이면 근사한 집을 짓습니다. 따라서 그런 단독주택이 대량으로 짓는다면 더욱 싸야 하고 아파트라면 더더욱 싸야 합니다. 그런데 33평짜리 수도권 아파트 평균가격이 오히려 6억에 달합니다. 정상가의 10배 거품인 것입니다.

그동안 건설사들이 얼마나 부당이득을 많이 취해 왔는가, 은행들이 채권을 부실화시키지 않고 자산을 불려가며 부당이득을 지속시키기 위해 얼마나 말 같잖은 부동산 버블을 조장해 왔는가를 잘 알 수 있는 대목입니다. 아파트 가격은 아무리 비싸도 신축 기준으로 6,600만 원이 적절합니다.

그 가격에는 도저히 지을 수 없다? 그럼 짓지 않으면 됩니다. 또한 지을 수 있습니다. 명목보유세를 2.0% 이상으로 부과하면 토지 공급 가격은 기적적인 수준으로 추락합니다. 토지가격만 싸지면 그까짓 대량 건설 아파트는 저비용으로 수월하게 지을 수 있습니다.

기타 부가적인 의무사항을 건설사들에 부과할 필요도 없습니다. 보유세를 걷어서 일괄처리하면 될 일입니다. 그러지 않고 지목변경부담금, 개발부담금 등 토지 사용에 각종 부담금을 무려 104가지나 부과하는 이유는 주택가격을 올리고 부동산 투기꾼들의 부담을 덜어주기 위한 것에 불과합니다.

결국 그간의 아파트 버블은 국민의 부를 은행, 건설사, 부동산 투기꾼 등에게로 이전시키기 위한 협잡에 불과했던 것입니다. 많은 사람들이 이제 그 점을 깨달아 가고 있는 것입니다. 그래서 이제는 아파트에서 살고 싶지 않다고들 말합니다. 전세조차 못살겠다고 말하는 사람들도 늘고 있습니다. 아파트 확산과 부동산 투기에 한 팔 힘을 보태주기 싫은데다 이젠 그것이 가능하지도 않다는 것을 깨달아 가고 있기 때문입니다.

이제 관심은 아파트가 과연 얼마나 오를 것이냐가 아닌 아파트의 원가, 적정 가치, 그리고 그간 토건 재벌들이 해먹은 돈은 대체 얼마고 어떻게 이런 투기가 가능하고 방치되는가로 치닫고 있습니다. 또한 그들의 관심이 아파트가 과연 얼마나 오를 것이냐가 아닌 얼마 수준으로 떨어질 것이냐로 치닫고 있습니다. 답은 6,600만 원입니다. 그것은 평균가격이므로 수도권 요지에 신축인 경우는 그보다는 다소 높고 요지가 아니면서 구형이고 용적률 등 재료를 거의 소진한 아파트는 참담한 수준으로 떨어지게 될 것입니다.

아파트가 6,600만 원? 원래 부동산이란 토지를 말하는 것입니다. 물론 집도 가치가 있긴 하지만 어디까지나 그것은 엄연히 감가상각 되어 나아가는 상품에 불과한 것입니다. 아파트가 높을수록 또 동간 거리가 가까울수록 아파트의 가치는 저렴해지는 것입니다. 더 이상 사람들은 용적

률, 건폐율, 층수, 동간 거리 등의 특혜에 환호하지 않고 있습니다. 그것
이 특혜가 아닌 되레 한계 도달의 신호임을 깨닫기 시작했기 때문입니
다. 따라서 사람들은 딜레마에 빠져 들어가고 있습니다.

재개발을 하면
1. 분담금, 금융비용 감당이 안 되고
2. 집값은 되레 떨어지며(갈수록 재료 소진 중인 아파트의 형편없는 가치에
   대한 국민적 인식 확산)
3. 더이상 아파트를 살 사람이 없으며
4. 단독주택에 대한 열망이 커지고 있기 때문입니다.(재개발은 땅을 빼앗
   기는 것이라는 점을 자각하기 시작)

그렇다고 재개발을 안 하면
1. 집은 더욱 살 수 없는 지경으로 치달아 갑니다.
2. 집값이 떨어지기는 매한가지입니다.

이처럼 재개발을 할 수도 없고 안할 수도 없다는 것은, 그 도시는 이미
가치(price)를 소실했음을 의미합니다. 따라서 아파트만 가득한 도시는
땅을 빼앗긴 빈자들만 득실거린다는 의미입니다. 예전에는 땅을 빼앗기
고 집을 다닥다닥 짓는 대신에 집값을 올려 제 3자에게 전가하면서 재미
를 보았는데, 이제 그게 불가능한 이상 도시를 살리는 유일한 길은 거꾸
로 널널하게 땅을 되찾아가며 집을 짓는 일밖에는 없습니다.
예컨대 10층짜리 6개동 120가구가 있었다면, 20층짜리 12개동 480가
구를 짓는 것이 아니라, 5층짜리 3개동 30가구를 짓는 식으로 줄여나가
야 도시 가치를 되살릴 수 있다는 이야기입니다. 이게 가능할까요? 불가
능합니다. 그냥 살고 있는 그대로 부서서 고스란히 다시 짓는 비용도 감

당 못할 상황입니다. 금융자산 규모가 턱없이 모자라기 때문입니다.

이런 식으로 재개발을 할 수도 안할 수도 없는 상황이라면, 그 도시는 버려져야 합니다. 도시가 버려진다는 것이 말이 되느냐고 생각하는 분도 계실지 모르겠으나 한국의 수도권과 런던, 파리 등의 상황은 다릅니다. 런던, 파리 등이 아파트를 안 짓고 층수, 용적률 제한을 철저히 관리한 이유는 도시를 지키기 위한 목적이 가장 컸습니다. 그렇게 하지 않으면 도시는 결국 후대에 가서 황폐화되기 때문입니다. 홍콩, 싱가포르 등의 예를 드는 분도 계시겠지만, 그 국가들은 국가가 아니라 도시국가입니다.

남한도 땅이 좁지만 남한의 수백분의 1의 크기밖에 안 되는 국가를 들고 와서 그 예로 남한의 아파트 가격도 치솟아야 한다는 것은 그야말로 어불성설일 뿐입니다. 싱가포르의 넓이는 한국의 1/200, 인구는 1/10에 불과합니다. 따라서 한국인들이 남한 넓이의 1/20 지역에만 모여 살고, 나머지 지역은 사람이 살지 않게 해야 싱가포르 정도의 주택 버블을 유지할 수 있을 것이라는 말입니다. 그건 불가능한 이야기입니다.

수구 언론 등이 도쿄경제권은 4천만, 베이징경제권은 1억 2천만 등이니 수도권은 2천5백만 명은 되어야 그들과 경쟁할 수 있다고 주장하며 지방균형 발전을 반대합니다. 그것이 말이 되지 않는 근거는 좁은 땅에서 수도권에 2천5백만이 있는 들, 250만이 있는 들 그것이 대체 무슨 상관일 것이냐는 겁니다. 부산, 목포, 강릉, 제주도 등을 떠나서 남한 전체가 그들과 경쟁하는 것이지 특정 지역이 그들과 경쟁하는 것은 절대 아닌데 말입니다. 결국 하다하다 부동산 투기를 위해 이런 유의 수작까지 들고 나오는 것입니다. 그러한 문제 제기는 최종적으로 국민의 부를 토건 재벌들에게로 이동시키는 것이 목표일 뿐입니다. 사학, 종교, 재벌, 은행, 건설사, 그리고 부동산 투기 세력 등의 토건 재벌 말입니다. 지금까지 아파트를 사온 분들은 사실상 이런 수구들의 노예라 해도 과언이 아닙니다. 한국의 상 · 하위 10% 급여근로자 간의 소득불균형이 4.74배로 전 세계 1위인데 이들 상위계층이 집을 사면서 중위계층이 쫓아가는 식으로 부의 이전이 이루어져 왔기 때문입니다.

중위계층은 자기 돈으로 집을 산 것이 아니라 부모의 돈을 더하거나 하위계층의 피 같은 예금을 대출 받아 샀습니다. 그리고 하위계층은 자신이 예금한 돈이 모여져 중위계층의 아파트 담보대출로만 가서 자신은 더욱 집을 사기 어려운 코너로 몰리는 것을 피눈물을 흘려가며 지켜만 보아온 것입니다. 그 결과 끊임없이 온 나라의 빈부 격차가 악화되어 왔습니다. 이런 카테고리를 중단시켜야 할까요. 아니면 그런 투기의 연장을 위해 또다시 서민들에게서 1/n로 등을 치고 후손들이 살아가야 할 재정과 토지를 악화시켜 가면서까지 부동산 버블을 좀 더 질질 끌고 나가야 할까요.

물론 그 버블은 언제 얼마만큼 더 커져 터지느냐의 문제일 뿐 절대로 연착륙 될 수는 없습니다. 용서될 수 없는 수준의 버블이기 때문에 '트리거(trigger)'가 당겨지는 순간 바로 붕괴일 뿐인 것입니다. 따라서 아파트 투기꾼들이 조금이라도 서민들과 후손들에게 사죄하는 길은 '아파트 버블 붕괴하면 서민들은 더 힘겨워질 것'이라는 협박이 아니라 잘못을 기꺼이 인정하며 대가를 감수하고 그동안 서민들의 피눈물을 빼 온 만큼 저소득층의 눈물을 닦아주는 일일 것입니다.

그러지 않고 '아파트는 계속 오를 것이다', '적어도 덜 떨어질 것이다'라고 말하는 것은 앞으로도 계속 서민과 후손의 등골을 쥐어짜겠다는 말과 똑같은 것입니다. 그리고 극한의 경제위기를 이 땅에 유발시켜 우리의 아들과 딸들을 수렁 속으로 밀어넣겠다는 협박에 다름 아닐 것입니다.

한국에만 존재하는 병풍 아파트

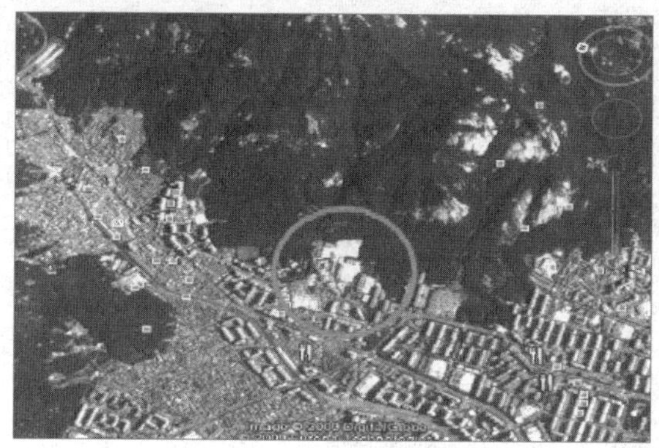

　　자주 가는 산의 모습을 구글어스 한국판을 이용하여 찾아보았습니다. 사진의 중앙을 보면 하얀 부분이 있는데, 이곳은 학교 운동장입니다. 이곳은 산을 깎아 지은 모 사학재단 소유의 학교입니다. 바로 왼쪽에 붙어 있는 길이 등산로입니다. 사진을 확대해 보겠습니다.

　　중앙에 학교 운동장 2개가 명확히 보입니다(왼쪽의 하얀 부분과 오른쪽의 하얀 부분 역시 학교 운동장입니다. 다른 학교입니다). 그 중앙의 학교 바로 왼쪽 약간 아래편에 나란히 붙어 있는(사진으로 보면 중앙) 고층 아파트가 세

워진 지점은 원래 산입니다. 그 산을 깎아 먼저 사학재단이 학교를 설립하고 훗날 그 학교를 빌미로 바로 옆에 또 산을 깎아 아파트를 지었습니다. 그럼 학교의 부동산 가치도 올라갑니다. 기득권들이 사학을 세우려는 이유 중의 하나가 바로 이것입니다.

　가운데 쭉 뻗은 아스팔트 도로는 급경사이며 원래 이곳이 등산로의 시작입니다. 오른쪽에 도열한 수십 층짜리 고층 아파트는 없었습니다. 그런데 학교를 빌미로 누군가 허가를 내어 고층 아파트를 지었습니다. 저 아파트 때문에 그 수백 미터, 수 킬로 밖에서는 산의 많은 부분이 보이지 않습니다. 산을 병풍처럼 둘러싼 아파트, 끊임없이 산을 파고 들어가 경관의 고려조차 없이 마구잡이로 지어지는 아파트, 그리고 누군가의 주머니 속으로 나누어질지 모르는 막대한 시세 차익. 과연 누구를 위한 아파트일까요.

　저 아파트 시공업자는 땅값을 거의 들이지도 않고 단순한 인허가 변경만으로 엄청난 시세 차익을 챙겼을지도 모릅니다. 다음에는 어떻게 될까요. 저 아파트가 재개발될 때 즈음 말입니다. 더 높이 지어 산을 아예 완전히 가릴까요. 아니면 산을 더 깎아 올라가다 결국엔 산 정상에 수십 층짜리 아파트를 세울 까요. 선진국이라면 꿈도 꿀 수 없는 일이 버젓이 일어나고 있습니다. 아니 후진국에서조차 일어날 수 없는 일이 밥 먹듯 일어나는 것이 현실입니다. 아래는 '용오'라는 닉네임을 사용하는 어느 분이 첨언해 준 이야기입니다.

사학재단(중학교, 고등학교)과 종교 시설(교회, 절)은 유일하게 법률상의 도시 지역 내 보존녹지에 건축이 가능하지요. 사실 이 보존녹지는 주거시설(공동주택)개발이 불가능하도록 법으로 이중 삼중으로 막아 두었는데요. 문제는 법령에서나 시·도별 조례에서는 보존녹지에도 학교를 지을 수 있게 해두었다는 사실입니다.

보통 학교에서 약 1만 평 정도의 땅을 평당 1만 원으로 20년 전에 사서 고등학교를 지었을 경우 완공 전 보존녹지였던 땅이 완공 후 2종 일반주거(아파트 건축할 수 있음)나 자연녹지(아파트 개발가능) 지역으로 바뀌게 되어서 땅의 가치가 100배에서 1,000배 정도 차이 나게 됩니다. 또한 필연적으로 학교가 생기면 학교 주변에 주거시설이 들어서기 때문에 그 가치는 상승이 됩니다.(그래서 서울시는 도시계획조례에 학교 부지가 이전된 땅은 용적률을 170% 수준으로 못 박아 두었죠. 사업성이 없게 해서 못하게 하려고요.) 그럼 1억의 땅값이 20년 후 100억~1,000억 되는 것이지요.(학교는 도시계획 시설이기에 20년이 지나야 자리 이동이 가능해지는 요건이 되지요.)

여기서부터 비리는 시작됩니다. 사학재단에도 처분 가능 재산이 있고 처분 불가능 재산이 있는데, 기본적으로 교육 기본재산으로 분류가 되면 교육부 장관의 허가를 받아야 처분이 가능합니다. 심사가 아주 까다롭기 때문에 관할 시도교육청에 인허가 협조를 받기 위해서 건설사 측에서 여러 가지 일들(?)을 하죠. 미리 학교(총학생회, 학부모협의회, 교사협의회) 측과 협의해서 오케이 사인을 받고 학교발전기금으로 몇 십억을 기부하게 되는 것이죠. 이 돈이 아이들 교육에 쓰이면 괜찮은데 그렇게 될지는 의심스럽습니다. 그리고 건설사는 보전녹지지역 중 같은 지역의 입지 좋은 곳을 골라서 학교 측으로부터 땅을 사서 건물을 지어 기부하게 되는 겁니다.

　건설사는 전체 비용이 100억 들면 개발이익은 최소한 10배 이상이 나는 것이고, 사학재단 입장에서는 '학교발전기금 + 입지 좋은 곳에 최신식 시설 + 넓은 부지', 그리고 건축물이 낡아질 때쯤 위의 방법으로 또 할 수 있는 거죠. 재벌이나 돈 좀 있다는 분들께서 다들 사학재단을 만들어 가지고 있는 이유가 세금 부분도 있지만 자기 소유의 땅을 인위적으로 몇 십배 부풀릴 수 있는(보전용도의 땅을 개발용도의 땅으로 만들 수 있는) 위의 방법도 하나의 이유가 되는 것입니다.

서민들의 고난과 딜레마 한국

아파트 거래 부진과 금리인상

아파트 거래 부진 속 가격하락 현상은 한마디로 말하면 수직 대폭락의 전조라는 이야기입니다. 요즘 부쩍 동네 부동산중개업소에 가격 표시가 없어졌습니다. 창문 등에 아파트 평수별로 매도호가를 붙여 놓던 것이 거의 사라진 것입니다. 하도 거래가 안 되다 보니 그걸 없애버리면 차라리 사람들의 발길을 끌 수 있지 않을까 해서 나온 고육지책으로 보입니다. 하지만 아파트 대세는 이미 끝나가고 있습니다. 개중에는 기다리면 가격이 결국 회복될 것이라고 생각하시는 분들이 꽤 있는 것 같으나 그럴 일은 절대 없으며. 이제 10~20년간 대세 하락합니다.

최근의 금리인상 기류와 관련해서도 고민 중인 분이 많이 있는 듯합니다. 결론부터 말하면 금리도 결국 계속 오를 수밖에는 없습니다. 이자율을 보려면 예상 환율, 예상 인플레이션, 다른 나라와의 예상 이자율 차이, 선물환 흐름 등을 봐야 하는데 지금 정부는 '극단적 환율 고정정책'을 사용하고 있습니다. 극단적으로 고(高)환율을 유도한 뒤 어느 정도 하락한 지점에 고정시켜 놓는 것입니다. 너무 올려놓으니 더 올라갈 일 없어 오히려 위기가 도래하지 않는 것입니다. 그 다음은 어느 정도 하락한 지점에 한동안 고정시키는 정책을 폅니다. 사실상 고정환율제 구사입니다. 이 상황에서 정규적 예측은 정권 임기 하반기에는 결국 정반대로 상당한 하락이 일어날 것이라고 보는 것입니다. 달러환산 경제 치적과 선거를 의식할 것이 분명하기 때문입니다.

문제는 고환율의 달콤함에 절은 시장의 반격과 돌발 위기 상황의 도래입니다. 후자는 미국 등 선진국의 전격적 금리인상 단행, 한국의 부동산 시장 폭락 등입니다. 저환율을 너무 일찍 단행하면 기업 실적이 악화되고, 수출 실적이 나빠지고, 경제지표 등이 악화되면서 부동산 폭락이 가속화될 수 있습니다. 반대로 막판에(임기 말년) 저환율을 단행하면 레임덕와중에 시장을 이길 힘이 없는 정부의 여건과 자본들의 일시적인 집단 현상 가속화가 겹치면서 오히려 반대로 환율 폭등이 일어날 수 있습니다.

일단 시장에서 매도 이탈하는 심리들이 몰리게 되면서 오히려 바닥을 바로 찍고 환율이 대폭 오를 수 있다는 이야기입니다. 결국 정부가 정치적 일정에 따라 '환율 조작'을 안 할 거란 시장의 공감이 있으면 모르되 그럴 가능성이 적으므로 남은 임기 내에 금융시장에 급변 상황이 일어날 가능성이 높다는 이야기입니다.

고환율·저환율, 고금리·저금리, 고물가·저물가, 재정 및 금융의 팽창 긴축정책, 부동산 상승·부동산 하락 등에 관한 예상이 결국 실물을 움직이는 중심이 된다는 이야기입니다. 그리고 그 일부가 선물 등에 반영되고, 그 예상과 선물 흐름 등이 다시 겹쳐지고, 환율, 금리, 물가정책 등이 서로 연계되고, 정치적 일정에 따른 안배가 추가로 겹쳐지면서 결국에 금리 향배가 결정될 것입니다. 최근 국내 및 국제 정세의 상황을 보면 다음과 같습니다.

1. 현 정부는 아파트가 끝이 났다는 것을 잘 압니다.
2. 금융당국은 민생보다 국내에 들어와 있는 국제 금융의 흐름을 더 주시하고 신경 쓰고 있습니다.
3. 정부는 임기 후반에 달러환산 치적을 포장할 필요성을 절감하고 있습니다.
4. 국민들의 아파트는 끝났다는 인식도 확산되고 있습니다.
5. 미국과 중국의 통화 갈등이 극에 달해가고 있습니다.
6. 기업들은 고환율의 달콤함에만 절어 경쟁력이 극도로 악화되어 가고 있습니다.
7. 부동산 폭락 및 가계 부채 리스크가 극에 달해가고 있습니다.

결론적으로 한국은 지금 딜레마입니다. 이리로 갈 수도 없고 저리로 갈 수도 없습니다. 이런 상황은 한국 경제 펀더멘탈이 국제 정치 역학 및 국제 금융투기세의 흐름에 출렁이게 될 가능성을 크게 만듭니다. 우리 힘으로 주류 흐름을 좌우할 상황이 아니란 것입니다. 위기가 와도 갑자기 오고 오면 막기 힘들 것이란 이야기입니다. 유일하게 확실한 것은 아파트는 끝이 났으며 앞으로 어느 순간 현금을 많이 갖고 있고 부채가 적은 사람이 유리해지게 될 것이란 점입니다. 현금의 일정 부분은 외환으로 분산하는 것이 더욱 안전합니다.

다시 말해, 미국 금융정책의 움직임, 중국의 경제위기 도래 가능성, 이명박 정권의 정치 일정에 연계된 정책 변경, 국민 주류 예상 흐름, 고환율에 젖어 경쟁력을 상실해 가고 있는 수출 대기업 등의 상황 등을 종합적으로 보고 판단할 수 있어야 합니다.

기초 경제 변수, 예상 금융지표의 변화, 그리고 거품의 합리화 및 붕괴 메커니즘 등을 종합적으로 볼 때 아파트는 끝이 났고(부동산 버블 붕괴), 부채가 위험해지고 있고(레버리지 시대 마감), 현금(특히 외환)이 귀중해질 시기가 도래하고 있습니다.

　최근 한국은행의 1차 관심사는 시장지배권의 회복입니다. 그리고 여력을 회복한 후 이명박 정부 경제 실적 치장 및 부동산 대폭락 방어를 고려하겠죠. 금리인상을 통해 무엇을 도모하자라기보다, 그 자체로 이제 비정상적인 시장 흐름을 더 이상 그냥 내버려 두지 않겠다는 신호를 자주 보낼 것입니다. 그렇다면 한국에 들어와 있는 국제금융 투자자와 삼성 등 수출 재벌 등이 반응하며 움직이게 될 것이고 이들의 흐름 예측에 관한 주류 견해가 결국 시장을 주도하게 될 것입니다. 여기에 미국, 중국, EU 등의 국제 정책 환경 변화가 가세하고 말입니다.

　위기일수록 미국의 저력이 재평가되고 중국의 붕괴 위험이 현실화되고 있다는 점을 주시해야 합니다. 이미 국제 경제의 기본구도는 확보되었습니다. 그럼 그 흐름대로 구도가 한동안 지속되며 그 구도 위의 선상에서 어느 정도 예측 가능한 위기 전개가 펼쳐질 가능성이 농후하다 할 것입니다. 앞으로의 화두는 합리적 거품의 붕괴와 견조(堅調, 주가의 시세가 내리지 않고 높은 상태에 계속 머물러 있음)하던 흐름의 붕괴 후 점프 현상 발발(이걸 경제 용어로 페소화 문제라고 합니다.)이 될 것 같습니다. 그렇더라도 언제나 정도(正道)에 입각해 경제 활동을 펼쳐내던 사람에게는 큰 화가 닥치지 않고 오히려 기회의 장이 펼쳐질 수도 있습니다. 그것이 사람 사는 세상의 제일의 이치가 아닐까 생각합니다.

　위에 언급된 '합리적 거품'이라는 단어는 거품이 합리적 수준에서 형성되었다는 이야기가 아닙니다. 예를 들어서 수도권 30평 아파트의 평균 적정 가격이 6,600만 원인데 거품이 있어도 1~2억 수준이어야 합니다. 그런데 5억 5천만 원을 호가합니다. 이것이 한국적 현실을 볼 때 납득 가능한 것, 이를테면 한국은 집에 대한 애착이 강해 계속 오를 것이고 따라서 5억 5천이 거품이긴 하지만 결코 비정상이라고 볼 수 없다는 인식을 상당수 국민이 함으로써 그 가격이 지속된다면, 그것을 합리적 거품이라고 합니다. 그러나 단기, 중기로 보면 몰라도 이러한 현상은 장기로 보면 '시장은 결국 균형가격으로 돌아간다' 는 원리에 의해 무너지게 되고 이제 그 시기가 도래했다는 이야기입니다. 1~2억이 합리적 거품이란 이야기가 아니라 5억 5천이란 큰 거품이 있어도 시장 참여자들의 예상 및 공감 등에 의해 한동안 거품이 유지되는 경우를 합리적 거품이라고 말한다는 소리입니다.

페소화 문제라는 것은 정책 등에 대한 예상으로 인해 가격·금융 지표 등이 지속되던 견조한 흐름에서 벗어나 급등락을 보이는 형상을 말합니다. 많은 분들이 환율이 1,100선에서 왔다 갔다 하니까 그것을 이제 환율이 안정되었다는 신호로 인식하는 듯하는데, 그렇지 않습니다. 그 고정은 급등락 사이의 일시적 과정에 불과합니다. 금리도 마찬가지입니다. 저금리가 지속되니 충격을 감안해서라도 앞으로도 함부로 급등시키지 못할 것이라 착각합니다. 그러나 금리도 어느 순간 급등할 가능성이 농후합니다. 예컨대 미국이 기준금리 인상을 빠른 속도로 단행하는 것입니다. 이렇듯 한동안 지속되던 패턴이 무너지고 가격이나 지표가 급등락하게 되는 현상을 페소화 문제라고 하며, 그 현상이 주택시장 전반에도 생길 거라는 이야기입니다.

부동산이 무너지는 시점

예를 들어 당신에게 4억짜리 아파트가 있다고 칩시다. 모아둔 돈 2억에 은행돈 2억을 대출 받아 샀습니다. 그리고 열심히 일해 1억을 상환했습니다. 남은 돈은 1억. 그런데 5억 5천을 찍은 아파트 가격이 4억을 거쳐 3억 5천으로 내려오고 여기서도 다시 '반 토막이 나네', '삼분의 일 토막이 나네', 하는 곡소리가 들리기 시작합니다. 그렇다면 당신의 반응은?

첫째, 괘념치 않고, 받아들인다.

둘째, 받아들일 수 없다. 일단 대출을 최대한 받아서 빼돌려 놓고, 최악의 경우 파산신청 등으로 드러눕는다.

당연히 두 번째로 가려 들 겁니다. 문제는 은행이 만만치 않다는 데 있습니다. 통상 대출자는 은행의 손바닥 안입니다. 부동산 가격하락 기미가 보이면 당연히 은행이 대출을 까다롭게 하고 전체 액수를 줄이려 들게 마련입니다. 안달난 대출자는 제2금융이나 제3금융 대출이라도 받으려 들게 됩니다. 보험사, 새마을금고, 저축은행 등 말입니다. 이마저도 어려우면 사채라도 대출 받으려 할 것입니다.

이때 무슨 현상이 일어날까요. 신용보증기관과 신용평가기관 등이 바빠지게 됩니다. 그리고 아래로부터 사고가 터지고 직업이 불안정하거나 신용이 안 좋은 사람의 대출 신청은 급증하는데 현금 흐름과 부동산 가격 흐름은 불안정하여 은행 등 금융기관의 주의력은 핏발이 곤두서게 될 것이고, 시장에 이상신호가 감지되게 될 것입니다. 최근 부동산 하락 반전은 이미 2년 전에, 발 빠른 투기꾼들의 이탈은 이미 1년 전에 완료되었습니다.

지금은 누구만 남았을까요. 막차 피라미 투기꾼들만 남았습니다. 이미 빠져 나간 전문 투기꾼들은 어디로 갔을까요? 일부는 대운하 등 토지순환매로, 그리고 대부분은 채권 등 안전 자산이나 단기금융시장으로 가 있습니다. 그리고 그런 사람들을 한 번씩 만나 물어보면 시간이 문제일 뿐 아파트 가격하락은 기정 사실이라고 합니다.

왜 그럴까요. 정부가 부동산 폭락을 막을 수 있는 수단은 크게 세 가지 입니다. 첫째 세제 완화, 둘째 규제 완화, 셋째 재정과 금융정책입니다. 그런데 이중 첫째와 둘째 카드는 거의 써버렸으며 셋째는 아파트에 관계된 것이 아니라 토지순환매와 관계된 것이 주요한 것입니다. 또한 결정적으로 네 번째가 문제입니다. 넷째 국제적 유동성 흐름과 국제 부동산 시세의 불안정입니다.

사람들이 흔히 착각하는 것이 두 가지가 있는데 첫째, 어떤 가격 변동도 시장의 주류 흐름에서 이탈할 수 없습니다. 갑자기 1억 하던 아파트가 몇 년 만에 10억으로 뛰어 오른다면 국제적 유동성과 다른 나라의 주택 가격 등의 국제적 흐름이 그 선까지는 우려먹을 정도로 발생했다는 신호입니다. 둘째, 증시뿐만 아니라 부동산도 이미 세계화되어 버렸습니다. 사람들이 증시 등 금융시장은 국제화되었는데 부동산 가격은 아니라고 착각합니다. 또한 차별화가 가능하다고 착각합니다. 그러나 그것은 착각일 뿐입니다.

조세 규제 정책 등의 리스크가 너무 큼으로 인해 외국자본이 다른 나라의 부동산에 적정액 이상을 잘 투자하지 않는 것은 사실입니다. 그리고 국내자본의 해외투자가 성행하더라도 결국엔 인플레이션에 대한 헤징 목적 등으로 국내 실물자산에도 어느 정도 이상을 투자할 수밖에는 없습니다. 그러나 전 세계 금융시장 190조 달러 대비 부동산 시장의 규모는 300조 달러가 넘고 금융시장과 부동산시장, 그리고 국내 금융시장과 국제 금융시장이 거미줄처럼 연계되어 있는 점을 감안할 때 더 이상 독불장군식으로 전혀 다른 흐름을 보여 줄 수 있는 시대가 아닌 것입니다.

그런데 한국의 경우는 버블 붕괴를 연착륙시킬 수 있는 정책적 여지가 거의 없고, 국제 금융시장의 리스크 증대는 극에 달해 가고 있는 상황입니다. 따라서 우리에게 남은 미래는 오직 부동산 버블 붕괴 밖에는 없는 것입니다.

좀 더 자세하게 말하면 조만간, 전세대란 다툼이 급증할 것입니다. 최근에 나왔던 전세 급등 조장 정책 및 대출 확대 정책은 이러한 위험을 막으려는 얕은 수였을 뿐, 소용이 없습니다. 국민 전반의 가처분소득이 급감하고 있기 때문입니다. 한마디로 거품을 지탱할 만한 최소한의 경제 체력이 안 되는 것입니다. 따라서 전세 분란, 경매시장 침체, 금융시장의 아래로부터의 붕괴(사채 ⇨ 저축은행 ⇨ 새마을금고 ⇨ 상업은행)는 어느 순간 단번에 폭발하게 될 가능성이 매우 높은 상황입니다. 또한 그 전에 대규모 펀드런(Fund Run, 주식형 펀드 투자자들이 수익률이 떨어질 것을 우려해 일시에 펀드 환매를 요청하는 현상)의 가능성도 있습니다. 그것은 해외펀드로부터의 가능성, 예컨대 중국 경제 불안으로부터 시작될 수도 있습니다. 그럼 버블 구조가 비슷한 한국 시장에서도 동반 이탈 가능성이 농후한 것입니다.

이런 식으로 경제 전반에서 리스크가 급증하고 있습니다. 인플레와 디플레 모두, 금융과 부동산 모두, 실물경제와 자산시장 모두, 상업은행과 증권사 모두, 수출과 내수 모두, 원화 유동성과 외환 유동성 모두에서 말입니다. 물론 그중에서도 가장 결정적인 것은 부동산 부문입니다.

한국은 전 세계에서 유례없는 부동산 올인 국가이기 때문입니다. 전 세계에 이토록 부동산에 올인한 국가는 없습니다. 개인자산의 83%가 부동산이며, 그것을 지탱하는 금융의 누적 규모는 턱 없이 작고 여기에 해외 의존도가 지나친 상황입니다. 그 해외 의존도가 높은 국제 금융시장의 변동성이 너무 커지고 있습니다. 과연 앞으로 무슨 일이 일어나게 될까요? 이미 침몰하는 배에서 미리 탈출하려는 몸부림 때문에 시끄러워서 잠을 잘 수 없을 지경입니다. 그러나 결론은 오래 전에 내려져 있습니다.

그렇다면 가격은 오히려 더 빠지게 하려는 정책이 동원될 가능성이 농후합니다. 겉으로는 부동산을 지지하겠다는 정책을 천명하고서는 말입니다. 왜 그럴까요? 첫째, 투기꾼이 다시 들어가려면 가격이 빠져야 하므로 결국 가격이 다시 오를 수 있는 길은 바닥을 빨리 찍는 길 뿐입니다. 둘째, 토지시장 등 다른 유동성 동원에 지장이 생기니까요. 그런데도 아직 정신을 못 차리고 정부가 주택시장 부양 의지를 버리지 않을 것이라고 떠들어대는 자칭 착한 서민들이 있습니다. 대가를 치르게 될 투기꾼들일 뿐입니다. 부동산 투기를 경제 살리기로 착각한 대가 말입니다. 그들은 과연 언제쯤이나 인정하게 될까요. 주택시장이 오래 전부터 대세 하락 흐름을 탔다는 것을 말입니다. 그리고 그때가 도래하더라도 과연 자신들이 아파트 폭탄 돌리기의 최후 주자였다는 것을 받아들일 수 있을까요. 진리는 언제나 간단합니다. 나만 잘먹고 잘살려고 남의 눈에 피눈물을 내는 불로소득자들은 결국 패가망신하게 된다는 진리 말입니다.

전세 보증금이 위험하다

최근 2~3년 사이에 집 산 분들, 전세 끼고, 대출 끼고 매입 하신 분들 미안하지만 논할 가치도 없습니다. 그 이야기는 이미 오래 전 이야기가 되었습니다. 최근에 부상하고 있는 레전드는 전세금 올려달라는 말에 덜컥 올려주거나 아예 이 기회에 전세금에 대출을 보태 매입으로 올라탈까 고민 중인 분들입니다.

우리나라에서 집 부자 중산층은 2~3채 정도 가진 사람들입니다. 이 사람들은 아파트는 처분하고 단독주택은 자식들에게 물려주고 있습니다. 아니면 세입자 내보내고 자식들이 들어와 살도록 하고 있습니다.

지금 많은 분들이 미분양 미분양 하시는데 미분양이 문제가 아닙니다. 재개발이 더 문제입니다. 재개발 단지에는 투기꾼들 중 하급 피라미들이 물려가 있는데 옴짝달싹 못하고 있는 상황입니다. 팔 수도 없고 재개발을 하자니 분담금 금융 비용이 너무 들고, 설상가상으로 은행은 바보가 아니므로 대출도 잘 안 되고, 게다가 아파트 가격 하락은 불을 보듯 훤하고, 앞으로는 그 하락하는 시세로도 팔기 힘들 것이기 때문입니다. 그야말로 하루하루가 '시애틀의 잠 못 이루는 밤' 입니다. 또한 재개발 추진단지가 아닌 조만간 재개발을 예정하고 있는 단지는 더욱 문제입니다. 아직 전세로 살고 있는 분들이 있는데 여기에 물린 중급 피라미 집주인 중 상당수는 이미 대출을 끝까지 당겨 놓은 상황입니다. 여기에는 전세금까지 묶여 있는 상황입니다.

이 중급 피라미들에게 물린 분들 혹은 이 중급 피라미들에게서 풀려나 다른 피라미들에게 옮겨가 물리신 분들, 앞으로 전세금 떼이게 될 우려가 높습니다. 등기열람, 확정일자 같은 것은 아무짝에 소용 없습니다. 주택시장은 이미 대세 하락장이며 최소 10~20년은 가야 합니다. 지금 하락한 시세에서도 1/3~1/5 토막 정도가 더 나줘야 하는 것입니다.

상급 피라미는 위에 말한 최소 2~3년 전에 재건축 관련 물건을 이미 정리한 사람들입니다. 그리고 재개발과 관련이 적은 연립단독에 살고 있습니다. 여기에 전세 사는 분들은 비교적 안전한 편입니다. 그러나 안전하다는 말은 이들이 사기성이 없는 사람들이라는 뜻이지 돈이 넉넉한 사람들이라는 뜻은 아닙니다. 이 사람들도 부동산 폭락장이 조만간 도래하면 대처 방법이 없는 사람들이 상당수입니다. 그래서 양식 있는 사람들 중 일부는 월세로 돌리고 있습니다. 전세는 자기들이 생각해도 말이 안 된다는 것입니다.

진짜 땅 부자는 외곽 지역 토지로 가 있습니다. 지금 가고 있는 게 아니라 종료되었습니다. 그리고 전원주택, 원룸 개발 등으로 돈을 벌고 있습니다. 이것도 아무나 할 수 있는 것이 아닙니다. 줄이 있어야 하고 지역에 인맥이 있어야 합니다. 그것 없이 나도는 물건 상당수는 업자들 낚시물건에 불과합니다.

주택시장은 이미 아마겟돈으로 접어들었습니다. 우리나라 근로자 평균소득이 185만 원, 저축률은 5%입니다. 그 속도로 근로자가 수도권에 5억짜리 집을 사려면 500년을 모아야 합니다. 여기에 더해 과거 추세대로 집값이 오른다면 30년에 200배씩 오른다는 이야기가 됩니다. 결국 영원히 집은 살 수 없게 된다는 이야기입니다.

가구소득 250만 원, 저축률 30%, 10년 동안 9천만 원 모아서 집을 살 수 있어야 합니다. 아니면 근로자 임금이 더 올라가든가, 집값이 떨어지든가 해야 합니다.

그러나 가계소득 평균이 250만 원이 아닙니다. 중간값은 훨씬 낮습니다. 빈부 격차가 극심하기 때문입니다. 저축률은 더욱 심각합니다. 저축 못하는 이유가 바로 이 코미디 같은 주택 버블에 발이 묶인 채 허덕이면서 쉴 새 없이 토건 재벌들에게 부가 빨려 들어가고 있기 때문입니다.

옛날에 집을 100~300백만 원씩 주고 산 사람들, 2~3천만 원 주고 산 사람들 중 양식 있는 사람들은 모두 현재의 집값이 미쳤다고 말합니다.

상당수 양식 있는 사람들은 아파트 값이 1억을 넘어서면서부터 주택에서 관심 껐습니다. 시세를 잘 보지조차 않았습니다. 살 생각이 별로 없기 때문입니다. 돈 없는 사람들은 더더욱 그랬어야 합니다. 따라서 1990년대 후반 이후 무리해서 버블 지역에 집 산 분들은 사실상 거의가 투기 가담이라고 봐야 합니다. 집을 팔아 시세 차익을 본 분들도 마찬가지입니다. 토지 · 상가 · 주택을 대규모로 가지고 있는 투기꾼들은 말할 나위도 없습니다.

더 이상 집 살 사람도 없을 뿐더러 중산층이라 불리는 사람들은 이미 다 샀습니다. 이제는 못 사는 사람과 안 사는 사람뿐입니다. 오직 지금의 불안한 상황에서 세입자 분들이 전세금까지 떼이는 일만큼은 없기를 바랄 뿐입니다.

전세금 상승의 정치경제학

전세금이 뛰고 있습니다. 이것이 경제학적으로 어떤 의미를 가지고 있는가!

첫째, 정부가 '화폐 발행 독점권' 을 가지고 있다.

둘째, 정부는 이 화폐 발행 독점권으로 경기 변동을 야기하려는 '유인 (incentive)' 을 가지고 있다.

셋째, 정부가 야기하려는 경기 변동은 '인플레이션적(inflationary) 화폐 불균형' 이다.

넷째, 정부가 이루어내려는 유인은 '소득과 자산 재분배' 이다.

다섯째, 이런 정책의 최종적 목표는 바로 '부동산 버블 유지와 빈부 격차 심화' 이다.

인플레이션이 일어나면 정부가 이익을 봅니다. 대신 민간은 손해를 봅니다. 민간에서는 채무자가 상대적 이익을 보고 채권자가 손해를 봅니다. 채무자는 재벌, 은행, 부자, 부동산 투기꾼이고 채권자는 소액 예금을 한 다수의 서민입니다. 따라서 인플레이션이란 결국 '정부 ⇨ 재벌, 은행, 부자, 부동산 투기꾼 ⇨ 서민' 의 먹이사슬에 불과한 것입니다.

이중에서도 정부는 이익만 얻고 재벌 등은 정부로부터 입은 손해를 서민을 통해 만회합니다. 서민은 정부와 재벌 등으로부터 쌍방향 손해만 입게 됩니다. 그 결과가 바로 빈부 격차 심화입니다. 여기서 이런 질문이 나올 수 있습니다. 세상에 이득만 보는 정책도 있나요? 라고 말입니다. 맞습니다. 정부의 경우 인플레이션 정책이 고용을 창출하지 못하는 경우에는 치명타를 입게 됩니다. 그런데 최근 그렇게 되고 있습니다. 고용 창출 못해도 부동산 버블 유지하면 그뿐이라는 식으로 말입니다.

재벌의 경우 빈부 격차가 벌어지면 고용과 납세에 대한 사회적 압력을 받습니다. 다만 고용이고 납세고간에 관심 없다, 만약 나보고 '고용 더해라', '납세 더해라' 라고 윽박지르면 해외로 이탈하겠다는 식으로 나오는 패륜 기업에게는 이것도 별무신통입니다. 바로 수출 재벌들이 그러한 케이스입니다. 따라서 서민들만 죽어 나가고 있는 것입니다.

마찬가지 논리로 전세 급등 현상을 한번 살펴보도록 하겠습니다. 여기서 전세세입자는 채권자, 집주인은 채무자가 됩니다. 정부는 이 채권자에게서 채무자에게로 부의 이전을 발생시키려는 유인을 가지고 있습니다. 이유를 물어볼 것도 없이 친재벌, 친부동산 정부, 반서민 정부이기 때문입니다. 그 수단은 바로 인플레이션적 화폐불균형 정책, 즉 경제에 필요 이상으로 통화 공급 증가와 대출 증가를 유지하는 정책입니다. 그렇게 되면 은행 돈이 결국 집주인으로 가게 되어 집값이 오르게 되지만, 그것도 한계에 도달했습니다. 부동산 버블이 너무 심해 무너질 수밖에는 없게 된 것입니다. 그래서 나온 것이 바로 전세금 급등입니다. 집값을 올려 팔아먹던 행태가 막바지에 이르자 이제 전세입자에게 전세금 급등 압박으로 차라리 집을 사게 함으로써 마지막 피박을 씌우겠다는 것입니다.

그 수단으로 정부는 다음의 두 가지 정책을 취하고 있습니다. 하나는 집주인에게로 잠정적 대출 중단과 저금리 유지하는 것입니다. 은행이 집주인들에게 엄청난 대출을 해주다 잠정적으로 중단하는 이유는 외형상 대출 채권의 리스크가 커지고 있고 물려줘야 할 투기의 연결고리들이 끊기고 있기 때문입니다. 애가 탄 집주인은 돈줄이 막히게 되니 결국 세입자만 닦달할 수밖에 없습니다. 정부가 유도하는 것이 바로 이것입니다. 집주인에게만 대출해 주던 리스크가 분산되고 새로운 수익원이 창출되며 집값 상승을 유지할 수 있는 구조적 기반을 추가할 수 있게 되는 것입니다. 그것을 백업해 주는 정책이 바로 저금리입니다.

집주인 중 상당수는 전세금으로 이자를 받아 생활하는 사람이 많습니다. 그런데 저금리 지속은 이 구조를 무너뜨립니다. 더욱이 그 저금리는 시장의 높은 자연이자율을 역행하는 정책입니다. 이런 정책을 쓰는 이유는 집주인에게 고리이자를 줘야 하는데 억지로 저리이자를 주도록 정부에서 기준금리로 짓누르고 있기 때문입니다. 이것은 은행 수익성 보충 작업, 즉 사실상의 공적 자금 투입입니다. 따라서 '은행 ⇨ 집주인 ⇨ 세입자'로 가는 착취 구조가 형성됩니다. 은행은 집주인에게 고리를 줘야 하는데 저리를 주고, 저리를 받은 집주인은 여기서의 손해를 세입자를 통해 만회하는 구조를 정부가 유도하고 있는 것입니다.

결국 전세입자가 여기서 탈출하는 길은 전세를 벗어나는 일입니다. 또한 규모가 작은 월세로 이주해 주택시장의 불균형을 유발시키는 것입니다.

정리하면 지금의 상황은 '정부·은행·부동산 투기꾼 vs. 집 없는 서민'의 대결 구도입니다. 여기서 지는 길은 집을 덜컥 사는 것입니다. 반대로 이기는 길은 전세를 빼 월세로 이주하거나 전세 규모를 오히려 더 줄이는 것입니다. 그리고 그 현금을 외환이나 주식 등에 투자하면 됩니다.

반대로 정부, 은행, 부동산 투기꾼들은 속이 타들어가고 있습니다. 이에 따라 조만간 은행이 강력하게 추파를 던질 날이 도래할 것입니다. 서민이 은행에 돈을 예금하는 것은 은행 입장에서는 부채를 차입하는 것입니다. 마찬가지로 세입자가 갑, 집주인이 을인데 되레 을에게 갑이 시달려온 주택시장 구조를 이번 기회에 바꾸어 내야 합니다. 예금주가 갑, 은행이 을인데 되레 을에게 시달려온 은행시장 구조를 이번 기회에 바꾸어 내야 합니다. 서민의 등골을 우려내 부동산 투기꾼, 은행으로 부를 이전시키려는 정부의 인플레이션 정책에도 철퇴를 가해야 합니다.

마지막으로 정부에서 최후의 대출, 세금 감면, 정부 혈세 투입으로 미분양 매입 등의 조치를 취하려 들 수 있습니다. 어떻게든 금리 폭등, 집값 폭락은 임기 내에 최대한 막아내야 하기 때문입니다. 그러나 그러면 그럴수록 집값은 더 빨리 폭락할 수밖에 없습니다. 주택시장에 관한 정책들은 효용 발현의 주기가 길어 집값을 잡으려 들어도 그 효용이 몇 년 후에 나타나는 경우가 대부분이기 때문입니다. 최근 집값 하락을 방어해

내려는 정책들은 결국 대부분이 당장 먹혀 들어갈 수 없는 정책이란 이
야기입니다.

경제 논리로만 풀 수 없는 위기

흙과 숲, 그리고 강물

얼마 전에 병원의 의사와 간호사들을 상대로 한 흥미로운 설문조사 결과를 본 기억이 납니다. 그것은 의료인들이 생각하는 가장 무서운 질병은 무엇인가에 관한 것이었습니다. 예상대로 뇌출혈, 심장병, 암, 그리고 정신질환 등의 답변이 많이 나왔습니다. 그럼 그것은 왜 무서운 것일까요. 예를 들어, 정신질환을 한번 보겠습니다. 정신질환의 가장 무서운 점은 재발이 잦다는 점입니다. 그때마다 악화의 양태를 띱니다. 재발이 잦다는 것은 결국 잡념에서 벗어나지 못하게 된다는 것을 의미합니다.

"혹시 내가 충동적으로 아파트 베란다에서 뛰어내리면 어떻게 하지?" "지하철 선로에 나도 모르게 뛰어드는 일은 일어나지 않을까?" 이런 쓸데없는 잡념에서 벗어나지 못하게 되는 것입니다.

이것은 일차적으로 유전자가 약하기 때문이라고 합니다. 즉, 스트레스에 견뎌낼 수 있는 내성의 크기가 작은 것입니다. 이차적으로는 세로토닌이라는 물질 분비 기전이 어떤 요인에 의해 방해받고 있기 때문이라고 합니다. 그래서 유명한 정신전문의 이시형 박사 같은 사람은 이 세로토닌 분비를 늘리기 위해 여러 가지 제안을 합니다. 그가 추천하는 것은 콘크리트가 아닌 숲속에서 햇볕을 쬐고 흙을 밟으며 걸을 것, 닭고기, 계란 노른자, 견과류, 탄수화물, 비타민 B·E 등을 골고루 섭취하고 음식의 맛을 음미해가며 천천히 꼭꼭 씹어 먹을 것, 마지막으로 거울을 자주 보고 자기만족을 추구하며 낙관적인 사고를 할 것 등입니다. 이렇게 하면 뇌에서 세로토닌이라는 물질이 많이 분비되어 첫째 극단의 행동이 조절되고, 둘째 기억력과 창조력이 향상되고, 셋째 활력과 의욕, 안락한 기분이 증가한다고 합니다.

여기서 두 가지 화두를 던질 수 있습니다. 하나는 정신질환이 갈수록 급증하고 있는 것이 과연 사람들이 그러한 의학적 대처 방법을 모르거나 알면서도 실행에 옮기지 않고 있어서 빚어지고 있는 현상이냐 하는 것입니다. 오히려 너무도 잘 알고 있는 것은 아닐까요. 숲을 많이 만들고, 아파트를 줄이고, 콘크리트를 걷어내면, 사람들은 스트레스에 덜 시달릴 것입니다. 그러나 그렇게 되면 토건 재벌들의 물질적 이익이 줄어듭니다. 그들의 자기만족 또한 줄어듭니다.

그런데 숲을 없애고, 아파트를 짓고, 그렇게 해서 다른 사람의 부를 이전 받은 토건 재벌들이 활개를 치고 있기 때문에 보통 사람들의 스트레스가 줄어들지 못하고 있다는 것입니다.

밥을 꼭꼭 씹어 먹고 숲을 천천히 산책하는 것은 최저임금, 근로시간 등과 깊숙이 연관된 문제입니다. 결국 이것은 개개인의 삶의 방식을 바꾸어야만 하는 개인적 문제가 아닌 사람들의 사회적 삶의 구조를 바꾸어내야만 하는 정치적 문제가 됩니다. 바로 그것이 힘들기 때문에 정신질환이 급증하고 있는 것입니다. 그런 사회적 약자들에게 그럼에도 불구하고 긍정적인 마인드를 가지고 희희낙락하며 살라는 것은 결국 말장난에 지나지 않습니다.

또 다른 하나는 과연 이런 세상 속에서 진짜 정신질환자는 누구냐 하는 것입니다. 사람이 최소한의 값어치를 갖는 사람 사는 세상을 거부하는 사람이 정신질환자인가, 아니면 그런 상황 속에서 삶의 희망을 잃어가며 미쳐가는 사람들이 정신질환자일까요.

다른 사람에게 스트레스를 주고 세로토닌이 적게 분비될 수밖에 없는 환경을 만들어 그 속에서 물질적·정신적 기쁨을 만끽하고, 이렇게 우월한 생활을 누림으로써 미치지 않는 사람들이야말로 진짜 정신질환자들일 것입니다. 그들에 의해 정신병자로 전락하는 사람들이 진짜 정신병자가 아니라 말입니다.

그렇게 되면 결국 이것은 누가 정신병자냐를 가리는 문제가 아니라 가해자와 피해자 사이의 구조적 문제가 될 것입니다. 피해자는 이런 환경을 바꾸어 내려고 노력하지만 가해자가 그 노력을 짓누름으로써 결국 피해자가 정신병자로 전락하게 되고, 그럼에도 가해자는 정신병자를 만들어 내는 사회적 구조를 바꾸려 들기보다는 그 정신병자를 격리하려드는 구조적 문제에 주목을 할 필요가 있다는 것입니다.

흙과 숲, 그리고 강변이 없어지고 그곳을 아파트와 콘크리트가 대체하게 되면, 사람들의 빈부는 극명하게 갈리게 됩니다. 그 자체가 부의 이전 과정이기도 합니다. 그리고 그 속에서 부를 잃어버린 사람들은 덤으로 극도의 스트레스와 세로토닌 분비 감소까지 겪게 됩니다. 반면 부를 이전 받은 사람들은 그런 환경을 피해 교외의 경치 좋은 곳에 별장을 지어 놓고 여유 있게 골프를 치러 다닙니다. 사람들이 이런 아파트에 의한 경제적 불공정성, 비인간적 양태에 관해 지적을 하고 도시의 집중화, 비대화를 막기 위해 수도를 분산하자고 하자, 그들은 그것을 개선하려 들기는커녕 되레 멀쩡한 하천에 마저 콘크리트를 붓고, 남은 숨줄마저 죽이려 들고 있습니다. 결국 이렇게 땅에서 지나친 탐욕을 도모하려는 인간들을 제어하지 못하는 이상 정신질환자를 감소시킬 방법은 어디에도 없습니다. 이렇게 원인을 제공하는 그들이야말로 진정한 정신병자이자 가해자인 것입니다.

취업률 선진국의 2/3, 근로시간 세계 1위, 자살률 세계 1위, 부동산 버블 세계 1위, 아파트 비율 세계 1위, 도심 공간 속 숲과 흙의 비율 세계 최하위. 이런 결과는 우연이 아니라 계속 그것을 강화하고 그 속에서 상대적인 물질적, 정신적 우위를 도모하며 다른 사람의 고통을 수수방관해 온 인간들 때문에 벌어진 일입니다.

그러나 해법은 언제나 강자가 아닌 약자에게서 도모됩니다. 본질적 부분이 아닌 피상적 부분에서 도모됩니다. 약자의 치유가 아닌 약자의 자연 정리(자살)를 통해서 도모되는 경우가 많습니다. 부동산 투기가 한국적 현실에서 정신질환, 자살을 비롯한 모든 사회적 문제의 근원임은 누구나가 알고 있지만 해결할 엄두를 그 누구도 내지 못하고 있습니다. 이런 병폐가 치유되지 않고 지속될수록 사회의 구조적 빈부 격차는 극심해집니다. 80% 정도가 인간적으로 살 만하던 세상에서 20%가 살 만한 세상으로 계속 줄어들어가고 있는 것입니다. 자살만 많이 하는 것이 아니라 아이를 낳아 기를 수 없는 환경으로 치달아 갑니다. 자살 증가와 출산율 감소의 빈자리는 외국인 노동자 유입으로 메워집니다. 이민정책을 통한 전체 인구수 유지로 다시 부동산 버블을 지탱하려 드는 것입니다. 그때가 되면 정신병에 대한 근원적 문제제기는 완전히 사그라지게 됩니다. 오로지 정신의학의 문제로만 전락하게 되는 것입니다. 따라서 정신전문의들이 호황을 누리고 관련 의약품의 매출이 상승하게 됩니다. 해법 모색이 근원으로부터 멀어질수록 치료가 어려워질 것이고 그럴수록 의료수가만 올라가게 될 것입니다.

의료수가가 올라가도 정신질환을 유발한 근원적 환경은 갈수록 악화되므로 치료가 잘 될 턱이 없습니다. 그때 정신질환은 재발률이 높고 그

때마다 양태가 악화되는 등 치료가 쉽지 않은 질병이라 매도하면 됩니다. 의료인들을 대상으로 한 설문조사에서 정신질환이 뇌질환, 암, 그리고 심장병만큼이나 다루기 어려운 질병으로 랭크되면 모든 것은 마무리됩니다.

그래서 누군가는 차라리 분노하지 말고 순응하거나 초탈하라고 말합니다. 이런 환경의 개선이 정치적 외면 때문에 어렵다면 개선을 위해 분노하다 미쳐가지 말고 차라리 순응해 부동산 투기에 가담하거나, 그럴 수 없거나 싫다면 차라리 담담해 하라고 말입니다. 그것이 정신 건강에 유익하다는 것입니다. 그러나 그렇게 되면 세상은 영원히 바뀌지 않을 것입니다. 그렇다고 해서 이런 부조리의 개선에 앞장서 잘못된 현실의 개선을 위해 노력하고 분노한다면 그 사람은 홧병에 걸리거나 여러 가지 불이익을 받을 수 있습니다. 차라리 가만히 있는 게 낫습니다.

이것이 바로 토건 재벌들이 가장 원하는 바이기도 합니다. 지성과 양심이 죽은 사회 말입니다. 그것은 악화가 양화를 구축하는 세상을 일컫는 것입니다. 단독주택이 사라지고 아파트로 뒤덮힌 세상, 흙과 숲이 사라지고 콘크리트로 뒤덮힌 세상, 하천의 갈대와 모래자갈이 사라지고 콘크리트로 뒤덮힌 세상 말입니다. 이런 세상은 결국 우리 사회 내부에서 적절한 사고가 실종되게 만들고 있습니다. 부동산 투기에 미쳐 지내거나, 못 하거나 혹은 바로잡기를 포기한 세상 말입니다.

이런 모 아니면 도의 세상은 결국 정신병적 세상을 의미합니다. 그리고 도를 잡은 사람들만 정신병자로 전락해 미쳐가거나 죽어가고 있습니다. 진정한 정신병자는 모에 빠져 허우적대는 인간들일 텐데 말입니다. 그런 그들은 온 세상을 정신병으로 물들이고 있는 가해자이기도 하면서 자신이 정신병에 걸렸다는 것과 가해자임을 고의적으로 인식하길 거부하는 사람이라 할 것입니다. 이런 인간들을 변모시켜 내고 아파트와 콘크리트로 찌든 세상을 흙과 숲, 그리고 갈대와 모래·자갈이 가득한 하천으로 복원해 낼 수 있을 때 사람이 제값을 가진 진정한 사람 사는 세상이 열릴 수 있게 될 것이라는 생각이 듭니다.

한국의 경쟁력, 한국적인 문화에서 찾아라

우리나라의 전통 의식주 문화인 한복, 한식, 한옥이 사라지고 있습니다. 한국 고유의 글이 훼손되고 한국 고유의 가락이 사라져가고 있습니다. 이렇듯 오늘날 한국에는 한국적 철학과 문화가 거의 없다시피한데, 이것이 경제위기를 포괄한 모든 위기의 근원이라고 저는 생각합니다.

얼마 전, 우연히 일본 프로야구를 본 적이 있습니다. 경기장 관람석에서 일본 전통 의상인 기모노를 입은 여성의 모습을 심심찮게 볼 수 있었습니다. 우리에게서는 볼 수 없는 모습인데, 우리나라에서 평상시에 한복을 입고 다니는 사람은 거의 없습니다. 스포츠 시설, 영화관, 공원 등 어느 곳을 가나 마찬가지입니다. 설날, 추석 등 전통 명절에도 한복을 입은 사람들을 보기가 점점 어려워지고 있습니다.

이는 전통문화의 심각한 증발현상이라 할 수 있습니다. 정부와 기업 마인드의 부재라고도 볼 수 있습니다. 야구장, 극장 등을 방문할 때 한복을 입고 오면 약간의 할인 혜택을 주거나 사은품을 주는 등의 마케팅만 해도 전통문화를 살리면서 사람들의 관심과 참여를 불러일으키는 일거양득의 효과를 볼 수 있을 것이기 때문입니다. 학교, 직장에서 한복 문화를 교육하고 권장할 수도 있을 것입니다. 그런데 그런 노력들이 전혀 없습니다.

우리나라에 관광을 오는 사람들은 주로 역사와 문화가 잘 보존되고 있는 선진국에서 온 국민이고, 그들이 다른 나라를 방문했을 때 가장 느끼고 싶어 하는 것은 바로 그 나라의 향취일 것입니다. 그 향취란 어떤 거창한 무엇이 아닙니다. 높은 빌딩, 넓은 도로, 빽빽한 아파트 숲은 더더욱 아닙니다. 바로 한국인의 전통적 생활양식 그 자체입니다. 한국인이 한복을 입고, 한식을 먹고, 한옥에서 자는 한국인의 평범한 의식주를 체감해 보기 위해서 한국을 찾는 것입니다.

유감스럽게도 한국의 길거리에는 한복을 입은 사람들의 모습이 거의 눈에 띄지 않습니다. 한옥이 눈에 들어오지도 않습니다. 사람들은 우리나라를 방문한 관광객들에게 창경궁, 덕수궁 등의 고색창연한 궁궐들을 소개해 줄지도 모르겠습니다. 그러나 감히 말하건대 그것들은 경쟁력이 전혀 없습니다. 웅장한 궁궐을 보려거든 중국의 자금성이나 일본의 천황궁을 보는 것이 더 나을 것이기 때문입니다. 그렇지 않고 온통 건물과 차도로 둘러싸여 고립된, 중국과 일본에 비해 왜소한 궁궐을 구경한다는 것은 별의미가 없는 것입니다.

한국의 경쟁력은 그런 것이 아니라 평범한 일상속의 한옥과 한옥사이 골목길의 모습에 있습니다. 그러나 시류는 정반대로 가고 있습니다. 아파트를 짓기 위해 한옥을 막무가내로 훼손하고 있고, 와중에 참다못한 한국 거주 외교관들과 한옥을 사랑하는 외국인이 소송을 걸어 한옥을 지켜내는 어이없는 상황까지 발생하고 있습니다. 우리는 점점 한옥을 없애려 들고, 외국인은 사활을 걸고 지켜내려 드는 아이러니한 광경이 연출되고 있는 것입니다. 이것은 한국인에게 얼마나 역사와 문화인식이 부재한가를 보여 주는 한심한 단면이라고 할 수 있을 것입니다.

또한 만들어 놓아도 몇 벌 팔리지 않으니 제작비를 맞추기 위해 한복을 중국에서 만들어 들여온다고 합니다. 자수를 놓으며 한 올 한 올 감성을 불어넣는 세심한 손길의 작업까지도 중국인에게 맡기고 있는 실정입니다. 그러니 거기에 무슨 한국적 향취가 있을 수 있겠습니까.

한복과 한옥이 이처럼 내동댕이쳐지고 있는 데에 가장 크게 기여한 것이 아파트라고 봅니다. 전국적으로 불던 재개발, 뉴타운 광풍이 지금은 차갑게 식은 상태입니다. 당연한 현상입니다. 재개발이라는 것은 수십 년에 걸쳐 진행되어야 하는 작업입니다. 수많은 사람들의 경제적 이해관계가 얽혀 있기 때문이기도 하지만, 그것만이 이유의 전부는 아닙니다. 그 지역의 문화를 보존하고 특색 있게 발전시키기 위해서는 심도 있는 논의와 노력이 필요하기 때문입니다. 그런데 한국에서는 그간 오직 경제적 논리만을 내세워 막무가내로 밀어붙여져 왔습니다. 조금만 지연되면 사업비가 눈덩이처럼 불어나고 거주자들의 부담도 급증하게 된다는 협박을 내세워 가면서 말입니다. 이처럼 투기꾼들과 건설사, 그리고 은행 등의 토건 재벌들이 달라붙어 "빨리빨리"만을 외쳐댑니다.

선진국 같은 경우에는 이런 복마전 자체가 벌어지질 않습니다. 재개발에서 나오는 공공이익을 지방정부에서 대부분 환수해 가기 때문입니다. 주택 개발로 발생하는 초과이익은 공공의 이익이지 사익이 아닙니다. 그리고 거기서 나오는 이익으로 임대주택 등을 지어 가장 어려운 계층에 최대한 풍광 좋은 곳을 배정합니다. 한국으로 비유하면 한강변이 내려다보이는 아파트의 거주자 상당 부분을 기초생활 보호대상자에게 배정하는 식입니다. 그런데 한국은 그런 곳에 돈 많은 사람들이 프리미엄을 줘 가면서 거주합니다. 조망권에서조차도 부의 격차가 발생하고 있는 것입니다.

수십 년간 살아야 할 집을 지으면서 아무런 철학도 없고, 수십 년간 살아온 집을 부수면서 아무런 역사 보존 의식도 없습니다. 공공이 함께 어우러져 살아가야 할 대규모 주택단지를 지으면서 공익에 대한 배려가 없고, 사회적 약자에 대한 배려가 없습니다. 그리고 아무런 문화 창출의 노력도 없습니다. 이런 현실의 중심에 바로 한옥의 '사라짐'이 자리하고 있습니다.

더 참담한 것은 한옥이 사라진 자리에 한국의 랜드마크로 초고층 빌딩들이 대규모로 계획되고 있다는 것입니다. 100층이 넘는 초고층 빌딩들이 어떻게 한국의 랜드마크가 될 수 있다는 말일까요. 그렇게 고층 빌딩을 지어본들 뉴욕, 상하이와 경쟁할 수 없는 이유는 위에서 언급한 덕수궁, 창경궁이 자금성과 경쟁할 수 없는 이유와 같습니다. 그들이 높은 건물을 지어대려는 것은 문화, 역사, 철학과는 관계없이 오로지 경제적 논리 때문일 것입니다. 그러나 아파트 광풍이 종착역의 단계로 치달아가고 있듯이 그 논리 역시도 무너질 수밖에는 없습니다.

그것은 송도, 영종도 ,청라지구 등의 인천경제특구를 보면 잘 알 수가 있습니다. 그곳은 원래 대규모 부지를 경제특구로 지정해 첨단신도시를 건설하고자 야심차게 추진된 지역입니다. 초고층 빌딩, 명문 학교, 외국 기업 등을 유치해 한국의 랜드마크 도시를 만들고자 했던 것입니다. 그러나 성냥갑 아파트만 대량으로 지어진 채 실패로 끝나가고 있습니다. 왜일까요. 아파트 사기는 한국인들에게는 통할지언정 외국인에게는 통할 수 없기 때문입니다.

온 도시가 아파트 천지라는 것은 그 도시에 생명력이 더 이상 없다는 것을 의미합니다. 즉, 도시의 탄생과 동시에 도시의 생명은 끝나는 것입니다. 아파트는 재개발을 할 수가 없습니다. 사용하다 슬럼화되면 버려져야 합니다. 소규모로 사회적 약자를 위한 임대아파트로만 지어진 후 정부에 의해 수십 년마다 공적자금이 투입되어 다시 지어지면 모를까, 아파트는 경제 논리만으로는 재생을 통한 지속가능한 재활용이 불가능합니다. 그런데 중산층이 입주할 아파트 단지를 대규모로 지어놓고 대체 어쩌자는 것인지, 선진국에서 보기에 투자할 답이 도저히 나올 수 없는 모습인 것입니다.

한국의 랜드마크가 되기 위해서는 결국 한국적 역사와 문화, 그리고 철학이 느껴지는 시스템으로 온통 휘감겨 있어야 합니다. 한국의 송도, 영종도, 청라지구를 가면 한복을 입은 예쁘고 멋진 한국인을 만나서 여름에는 시원하고 겨울에는 따뜻한 한옥에 앉아 같이 맛있는 한식을 먹는 삶의 경험을 할 수 있겠구나' 하는 충동이 들어야 외국인 투자, 외국인 관광을 유치해 낼 수 있는 것입니다.

옛말에 "자신을 사랑하지 않는 사람에게는 다른 사람도 사랑을 주지 않는다"는 말이 있습니다. 자신을 사랑하지 않는 사람이 타인을 사랑할 리 없기 때문입니다. 이는 역사, 문화, 철학에서도 그대로 준용됩니다. 한국만의 특색과 향취, 즉 한옥, 한식, 한복이 없는 문화로 전락해 가고 자신의 전통을 스스로 내동댕이치는 한국과 한국인들에게서 밝은 미래의 모습을 볼 수 없는 것입니다.

처음으로 돌아가서 오늘날 경제위기를 포함한 한국에서 발생하고 있는 모든 위기의 해법은 한국적인 것이어야 하고 또한 문화적, 철학적, 역사적인 것이 되어야만 합니다. 금융경제학의 대가인 미국의 로버트 쉴러 교수가 이런 말을 한 적이 있습니다. "작금의 금융위기를 풀기 위해서는 전 세계의 경제 관료와 경제학자, 그리고 정치인들이 역사학자, 철학자, 사회학자, 심리학자가 되어야 한다"라고 말입니다.

이런 말은 비단 쉴러 교수만 한 것이 아닙니다. 수많은 경제 석학들이 위기는 절대로 경제 논리로만 풀어낼 수 없다고 단언하고 있습니다. 지나친 물질 중심의 배금주의에서 벗어나 인간 중심의 인본주의(휴머니즘)를 회복할 수 있을 때 비로소 해법을 찾아낼 수 있다는 것입니다. 그것은 빈부 격차 해소, 양극화 해소를 말하는 것입니다. 그러기 위해선 통화 교란, 부동산 버블, 부자 감세, 규제 완화 문제를 근원적으로 해결해야 합니다. 부채, 부정부패 문제도 해결해야 합니다. 결국 그 답은 민주주의 구현과 조세·복지 선진화뿐입니다. 그리고 그 출발이 한국적으로 볼 때 바로 역사 바로 세우기, 서양 문화 숭상 타파, 한옥·한복·한식 등 전통문화의 계승 발전인 것입니다.

그중에서도 가장 중요한 것이 바로 부동산 투기와 버블을 영원히 추방

시키고 우리 삶속에 한옥을 귀환시키는 것입니다. 한국이 자랑할 수 있
는 반만 년 역사 최고의 유산은 멀리 갈 것도 없이 한국적 의식주에 있다
고 할 수 있기 때문입니다. 해답은 멀리 있지 않습니다. 그것은 어떠한 경
우에도 오직 우리 안에 있는 것입니다.

안동 하회마을, 청빈남님 제공

한국 사회의 위기

이명박 비판

이명박 정권의 국민 고통 유발

최근 모 신문에 이런 기사가 나왔습니다. 이명박 대통령이 저명한 경제학자 등을 모아 놓은 자리에서 '윤리적으로 제어되지 않는 시장경제와 자본주의는 오래 지속되지 못한다. 즉 종말적 위기에 처하게 된다. 따라서 윤리적 가치가 동반된 시장경제의 도모가 중요하다'고 말했다는 것입니다.

도대체 이명박 대통령은 무엇 때문에 자신의 행동과 정반대되는 말을 언론에 쏟아내는 걸까요. 그것은 바로 지난 10년간 진보 진영에 섰던 세력들의 피를 말리기 위해서일 것입니다. 그래서 노무현에 정치 보복을 한 뒤 제발 화합하자고 하고, 부자 감세·부동산 투기 조장·고환율 정책을 벌여 놓고 지도층이 솔선해 어려움을 함께 극복해 나가자고 말하고, 거액의 탈세 횡령 배임은 눈감아가면서 법치 운운하며 촛불 시위 도중의 무단 횡단 등은 처벌하는 것입니다.

요즘 대공황 이야기가 자주 나옵니다. 대공황은 영어로 Great

Depression입니다. 여기서 디프레션이라는 것은 경기 불황을 말하는데, 경기 불황은 대공황 이후 지난 70년간 주류 경제학자들의 견해에 따르면, 주요 선진국 경제에서는 거의 일어나지 않았습니다. 큰 경기 침체(recession)는 몇 번 있었는데 가장 큰 것이 30년 전, 그러니까 1980년대 전후에 일어났던 경제위기입니다. 그 이후로 세계 경제는 거침없는 탄탄대로를 달려오다 최근에 위기를 맞은 것입니다. 그렇다면 이번 위기의 강도는 얼마나 될까요. 정확한 것은 위기가 완전히 종료되어야 알 수 있을 것입니다. 다만 위기 직후에 미국 실업률이 대공황 이후 두 번째로 10%선을 넘어가는 것으로 봐서, 지난 70~80년 동안에 발생한 위기 중에서 적어도 3대 위기에 포함될 것은 확실해졌습니다.

문제는, 어디까지 이번 위기가 전이될 것인가 하는 것입니다. 만약 이 위기가 대공황 바로 아래 수준이었던 1980년대 경제위기 정도의 양태를 띤다면, 위기는 2~3년 안에 종료될 수 없습니다. 따라서 때 이른 위기 탈출 운운은 쇼라고 말할 수 있습니다. 만약 이번 위기가 1980년대 수준 이상의 양태를 띤다면, 이것은 대공황이 온다는 것을 의미합니다. 저는 이번 위기가 대공황 이상의 수준으로 확대될 수 있다고 예상하고 있습니다. 왜냐하면 지난 70년간 대공황의 재발을 막기 위해 시작된 거시경제학이란 학문의 효용이 이제 종말에 다다랐다고 보기 때문입니다.

'케인즈식'으로 이번 위기를 살펴보겠습니다. '케인즈식'이란, 결국 다음 세 가지를 말합니다.

첫째, 희망 효과
둘째, 재정(fiscal policy)과 통화(monetary policy) 정책의 동원
셋째, 경제지표들의 총력 관리

그중 희망 효과, 즉 잘될 거야를 노래하여 정말로 선순환을 유발함으로

써 이른바 펀드런, 뱅크런 같은 자기실현적 예언(Negative Self-Fulfilling Prophecy)의 예방이나 플라시보 효과(혹은 위약(僞藥) 효과, 의사가 환자에게 가짜 약을 투여하면서 진짜 약이라고 하면 환자의 좋아질 것이라고 생각하는 믿음 때문에 병이 낫는 현상)의 도모는 실패하고 있습니다. 중산층, 서민, 실업자, 중소기업, 자영업, 노점상의 몰락과 분노가 이미 극에 달해 있기 때문입니다.

그리고 재정과 통화는 이미 미래가치를 있는 대로 가져다 쓴 지 오래입니다. 즉, 돌려막기를 한 것인데, 약으로 따지면 가벼운 감기에 항생제를 남용해 정작 큰 병에 걸렸을 때 허무하게 죽을 수밖에 없는 것과 같습니다.

마지막으로 경제 총량에 관한 제고, 즉 GDP 사기 발표(대표적으로 중국), 자산시장 부양(부동산, 증시 버블), 명목임금 삭감과 근로자 해고 등 단기 반짝 기업 실적으로 희망 효과 부양, 기계설비 등 좀 더 생산적인 투자가 아닌 주택 신축 등 덜 생산적인 고정 투자의 확대 등은 모조리 실패하고 있습니다.

예전의 위기가 모르고 당한 것이어서 통계의 작성과 확대로 위기 관리에 나섰던 것이라면, 지금의 위기는 단지 통계의 관리를 위한 화장발 성형으로 본질적이고 원천적인 위기를 가려왔고, 그러다가 위기를 맞이했다는 것입니다. 그것은 바로 '사람 사는 세상의 실종'을 말합니다. 고용 없는 성장과 양극화가 바로 그 대표적인 사례라 할 수 있을 것입니다. 그래서 사람들은 극한의 위기 도래를 말하고 있습니다. 이번 위기는 이보, 삼보 후퇴해야, 앞으로 나아갈 수 있는 위기라 말하고 있는 것입니다. 그러니 차라리 그대로 놔둬 시장이 스스로 솔직하게 처참한 모습을 드러내게끔 하는 게 낫다고 말합니다.

결국 이번 위기는 '약'이 없어서가 아니라 바로 그 '약' 때문에 일어난 것임을 알아야 합니다. 거시경제학이 지난 70년간 인류의 경제적 삶의 제고에 지대한 기여를 했을지는 모르나, 이제는 잠시 그 약을 버리고 자연 속으로 뛰어 들어가 넘어져 까지기도 하고, 풀밭에서 뒹굴다 벌레에 물리기도 하면서, 인간의 본성을 회복하고 그러면서 다시 정신을 가다듬고 앞으로 나아갈 수 있는 정신적 면역력을 제고하는 것만이 이번 위기의 해법임을 알아야 한다는 말입니다.

그래서 이명박 정권은 결코 이번 위기의 해법을 제시할 수가 없습니다. 되레 이명박 정권 같은 토건 정권들의 전 세계적 출몰이 이번 위기의 본질적 초래 요인이며, 그 청산이 위기 해소의 시작입니다.

끝도 없는 통계 화장, 단기 실적 부양과 이를 통한 본질 호도. 결국 단기적으로 양극화를 더욱 극심화시켜 위기를 벗어난 척하고, 그 과정에서 진실하게 세상을 바라보는 눈은 민주주의 후퇴와 언론 장악으로 뒤덮고, 그러면서 피를 말려 그간의 설움을 복수하고, 그것이 잘못되었다는 것조차도 모른 채 대한민국을 망가뜨려 놓고 나서야 이명박 정권은 유유히 임기에서 물러날 것이고, 그 책임을 묻는 국민을 향해 허탈한 소리 몇 마디만을 늘어놓을 게 훤하다는 것입니다.

'거참…. 누가 그렇게 될 줄 알았나. 아무튼 미안하게 생각해….'

지난 70년간의 범세계적 노력에 의한 위기 방지 성공은 단기적으로 볼 때는 마치 대단한 업적처럼 비추어질지 모르나, 지난한 인류의 역사 속에서 볼 때는 하나의 가소로운 점에 불과할 뿐입니다. 결국 서민의 삶은 언제나 고단했고, 그들의 절규가 세상을 온통 뒤덮을 때에야, 그들에게 최소한의 단기 처방이 이루어졌습니다. 그 잠시의 시기가 지나면 언제 그랬냐는 듯이 다시 약탈과 착취가 반복되고, 고통은 진화합니다. 우리는 그 지루하고 단조로운 드라마의 6편 정도를(10부작) 또 다시 재방송으로 보고 있을 뿐인 것입니다. 그리고 그 나머지 4편엔 한편 한편이 지난

편들을 모두 합친 것의 수십 배의 고통이 담겨져 있습니다. 전 국민적 고통이 도대체 어디까지 뻗칠지 도무지 알 수가 없습니다.

이명박 정권의 국가 파탄

국가가 망한다는 뜻은 무엇을 의미하는 것일까요? 흔히 국가 구성의 3요소로 주권, 국민, 영토를 듭니다. 그렇다면 현재 한국의 상태는 어떨까요?

주권은 국민이 아닌 정권, 재벌, 수구 언론이 쥐고 있고, 그들의 정신을 지배하는 것은 국민이 아니라 미국, 일본, 중국 등의 열강입니다. 얼마 전 방한한 프랭크 라 뤼 UN 의사표현자유 특별보좌관이 "한국에서 말, 글, 집회 자유가 놀랄 만큼 제약받고 있다"며 경악했듯이, 사실상 현재 주권은 국민에게 없습니다.

영토는 어떤가요. 4대강, 부동산 투기 및 건설회사 퍼주기로 국토가 동강나고 있습니다. 더욱이 독도는 일본 측의 요구로 끊임없이 영유권을 위협받고 있습니다. 일본은 왜 한국에 끊임없이 독도 문제로 시비를 걸까요. 그것은 바로 자국의 정정 불안을 해소하고 한국의 정정 불안을 유도하기 위함입니다. 젊은 일본인들에게 끊임없이 한국이 일본의 식민지에 불과했음을 각인시키려는 것이고, 한국이 친일 매국노를 청산하고 있지 못한 점을 감안, 끊임없이 돌을 던져 잔물결을 유도함으로써 그로 인한 국력 소진을 유도하기 위함입니다.

일본이 독도는 일본 땅이라고 주장하면 한국에는 무슨 일이 생길까요. 일본에 대한 분노라고 생각한다면 천만의 말씀입니다. 바로 국보법 적용 강화가 이루어집니다. 한국 내에서 친일파가 청산되지 못하게 하려고 강화한 것이 바로 '빨갱이 프레임' 이란 것입니다. 그런데 일본이 독도 문제를 제기하면 당연히 친일파 청산 여론이 드세집니다. 따라서 이때 나올 수 있는 이들의 저항을 제압하기 위한 정부의 대응은 오로지 '빨갱이 척결' 실행뿐인 것입니다.

그렇다면 임기를 2년 여 남겨 둔 현재 이명박 정권의 정치적 계획은 무엇일까요. 그것은 바로 퇴임 후에도 지속될 세력을 재건하는 것입니다. 이 부분이 잘 이해가지 않는 사람들이 많을 것입니다. 조금 부연을 하면, 원래 박정희뿐만 아니라 전두환, 노태우, 김영삼은 각기 종신집권을 꿈꾸었습니다. 박정희는 유신헌법으로 그걸 외형적으로 달성했고, 나머지는 그럴 수 없으니 정권 이후에도 계파의 건재를 통한 막후 영향력 도모를 꾀했던 것입니다. 김현철이 정치에 개입한 것이 돈과 권력이 탐나서만일까요. 천만의 말씀입니다. 바로 아버지를 종신 권력자로 만들어주기 위해서였습니다. 그러나 실패했습니다.

노태우는 전두환 세력을 와해시키고, 김영삼은 전두환, 노태우, 김종필 세력을 와해시키고, 이회창은 김영삼 세력을 와해시켰기 때문입니다. 왜냐하면 그들이 건재하고서는 도저히 자신의 영향력을 발휘할 길이 없었기 때문입니다.

이러한 처절한 정치적 거세는 무엇을 불러왔나요. 바로 독립 이후 최초의 정권 교체를 불러왔습니다. 김영삼의 대구·경북 죽이기(전두환, 노태우 제거)에 참다못한 대구·경북의 여론이 친 자민련으로 돌아서고, 이 자민련이 민주당과 연대하면서 사상 최초로 정권이 바뀐 것입니다. 그리고 김영삼 정권은 IMF 외환위기, 이인제 분열 등과 맞닥뜨리면서 드디어 50년 수구 정부 집권 대단원의 막을 내리게 만드는 장본인이 됩니다. 이 과정에서 부산·경남계열의 수구 세력은 몰락했습니다.

이명박 정권은 바로 이러한 계파를 되살리려고 하는 것입니다. 즉, 민정계, 민주계 등의 전철을 밟지 않고 자신들은 퇴임 후에도 막후 영향력을 행사하면서 종신 권력을 누리고자 하는 것입니다. 그 적지가 어디일

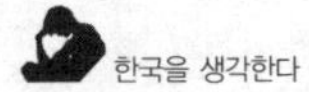

까요. 바로 부산·경남입니다. 대구·경북은 박근혜가 버티고 있기 때문에 현실적으로 힘들지만 부산·경남은 가능합니다. 따라서 한나라당 내 부산·경남지역 세력의 이명박에로의 투항은 숙명적이라고 자신하고 있는 것입니다.

이게 과연 달성 가능한 목표일까요. 천만의 말씀입니다. 이명박 정권이 영남 지방에 세를 잡기 위해서는 대구·경북의 박근혜, 대구·경북의 유시민, 부산·경남의 노무현을 동시에 제압해야 합니다. 그러나 욕심이 너무 과했고 그로 인해 이들 세 세력은 외형적으로는 아니지만 실질적으로는 유권자들이 수시로 표로서 뭉치고 있습니다. 박근혜 지지자들은 이명박을 도와주면 반드시 박근혜가 곤경에 처해질 것을 알고 있다는 식이며, 김대중·노무현 세력도 당연히 그런 인식하에 정치적 스탠스를 취하고 있는 것입니다.

그래서 천안함 사태가 정국 이슈로 부상한 것입니다. 천안함 사안을 크게 키우지 않고서는 도저히 이 연결고리들을 해소할 길이 없었기 때문입니다. 그렇다고 지금 와서 박근혜에게 손을 벌릴까요. 그동안 '정신을 맑게 하라', '치어리더', '선거용 공주' 등으로 막말 비하 해온데다 심각한 정치적 적대 행위까지 가했는데, 며칠 손을 벌리며 비위를 맞추어 준다고 앙금이 풀릴 수 있을까요. 그럴 가능성은 제로입니다.

이런 가운데서 마지막으로 남는 것은 당연히 경제뿐입니다. 그러나 이명박 정권은 자신들이 경제를 살렸다고 자화자찬하고 있지만, 현 정권은 경제를 살린 게 아니라 완전히 파탄시켰습니다.

지금 전 세계적으로 문제가 되는 것이 바로 부정부패와 부채, 그리고 빈부 격차입니다. 이명박 정부 출범 후에 부정부패가 강화되고 있는 것이야 말 안 해도 다들 알 것이고, 부채는 기가 막힐 지경입니다. 부자 감세 100조 원, 4대강 등 건설공사 130조 원 등으로 230조 원을 퍼붓고 있고, 이의 재원 마련을 위해 독거노인 연탄 지원비 900억 원 삭감, 결식아동 식비 지원비까지 삭감을 감행했습니다. 그래놓고 다시 재벌 지원을 위해 연 수출액이 4,000억 달러에 달하는 대한민국의 환율을 단기간에 50~100% 가까이 폭등시켰습니다. 이명박 정권 집권 2~3년 동안, 최소 수백조 원 규모로 서민·중소기업에게서 부자·대기업으로 부의 이전이 일어난 것입니다.

이 덕에 대규모 적자가 나도 부족할 판국인 삼성은 10조 원 흑자를 냈고, 그것을 빌미로 이건희는 떡하니 복귀했습니다. 후유증은 지대합니다. 연 수십조 원 이상의 재정 적자, 국세 수입 연 10~20조 원 감소, 적자 국채 발행 급증, 채권 발행 잔액 급증, 국가 채무 급증, 공기업 부채 연 40조 원 급증, 공적 금융기관 부채 급증, 지방 부채 최대 수백 퍼센트 급증 등 단기간에 도저히 해결할 수 없는 악성 부채가 폭증하고 있는 것입니다.

이 악성 부채는 우리 자식들이 뼈 빠지게 30년을 일해야 원상복귀 될까 말까 한 규모입니다. 어디 그뿐입니까. 통일도 멀어지고 있습니다.

10년 전만해도 북한과 통일하려면 최소 1.5조 달러에서 2.5조 달러가 필요하다고 했습니다. 지금은 최소 2배 이상으로 늘어났을 것입니다. 가끔가다 보면 분리 발전을 이야기하거나 북한의 지하자원을 이야기하는 사람이 있는데, 그것은 시너지에 관계된 것일 뿐, 통일 직접 비용에 관계된 것이 아니니 혼란이 없기를 바랍니다. 아무튼 남한 국민 30년 고생에, 통일 불능까지 초래하고 있는 엄청난 규모의 악성 부채를 만들어 놓고 현 정권은 어이없게도 2014년부터 재정 흑자를 공언하고 있습니다.

쉽게 말해 내가 빚내 경제 살려 놓았으니 니들은 빚이나 갚으라는 이야기인 것입니다. 그런데 그 규모의 부채를 2년 만에 해결할 수 있다면 전 세계에 경제위기 자체가 생기지 않았을 것입니다. 기업 부도, 개인 파산도 생길일 자체가 없을 것입니다. 그런데 천연덕스럽게 이명박 정권은 자신들이 경제를 살렸다고 주장하고 있습니다.

그리고 빈부 격차. 이 이야기를 하려면 한숨 밖에 안 나옵니다. 신문을 보면 아무리 경제에 담을 쌓고 지내는 사람이라도 지금의 위기를 극복하려면 수출에 의존하지 말고 내수를 키워야 한다는 내용의 기사를 보았을 것입니다. 이게 무슨 말인가요. 이는 고용률 제고, 최저임금 인상, 서민 대출 강화, 조세 선진화, 복지 선진화, 시장독점 감시 강화, 근무시간 단축으로 일자리 나누기, 물가 안정, 부동산 안정 등을 일컫는 것입니다.

지금 그렇게 하고 있나요. 모두 거꾸로 가고 있습니다. 따라서 빈부 격차, 양극화는 각종 지표로도 심화되고 있는 것입니다. 그런데 대체 무슨 경제를 살렸다는 것인가요. 혹시 국민 희생을 기반으로 대규모 적자가 나야 할 삼성의 실적이 대규모 흑자로 반전한 것을 두고 경제가 살아났다고 말하는 것일까요. 수출이야 노무현 정부 때도 많았고, 국제수지도 안정적이었습니다.

흔히 경제의 3대 목표라 일컫는 국제수지 균형, 물가 안정, 고용 안정 중에 노무현 정부 때는 최소 앞의 2개가 안정이었던 것입니다. 그런데 이명박 정부 들어서는 물가와 고용이 무너지고 있습니다. 물가를 앙등시켜 국제수지 유지, 고용 유지를 간신히 해내고 있는 것입니다. 대체 이게 뭘 살렸다는 것인지 국민들은 물론 경제학자들도 의문인 것입니다.

한국이 국가 부채가 낮은 것은 전두환 군사정권조차도 북한 통일을 위해서 인위적으로 낮게 유지해 온 때문이고, 환란을 덜 겪은 것은 김대중 · 노무현이 외환위기 재도래를 막기 위해서 수구들의 반대를 무릅쓰고 철저한 준비를 해두었기 때문입니다. 이게 어찌 현 정권의 공이란 말인가요. 도리어 저환율, 물가 안정이 부자와 대기업에 도움이 안 된다며 인위적으로 고환율을 유도하다 환란, 키코사태 등 중소기업 파탄, 미국에 통화스왑 구걸 등으로 국가 경제 파탄까지 초래한 입장에서 말입니다. 상황이 이런데도 현 경제팀은 유일하게 해야 하고 또 하면 되는 고용 창출, 부채 감소는 안 한 채 모든 경제지표를 망가뜨리고 있는 와중에 있습니다.

그래 놓고 언론, 신문, 포탈 등을 장악해 '경제가 살아났다', '한국이 주요국 중 가장 좋은 실적을 올렸다' 등의 선전에만 열을 올리고 있는 것입니다. 이러니 이명박 정권이 경남에서 과연 자리를 잡을 수 있겠습니까. 경제 파탄, 민주주의 파탄, 남북평화 파탄에, 정치 구도적으로는 대구·경북, 부산·경남, 호남 등과 대립각을 세우면서 말입니다. 그래서 이명박 정권은 향후 임기 종료 후 받아들이기 힘든 상황을 맞이할 가능성이 농후해지고 있는 것입니다. 앞으로의 2년은 경제 파탄과 레임덕에 시달릴 가능성 또한 농후해지고 있습니다. 무엇보다 자신들이 손댄 김대중, 노무현 그리고 박근혜 등의 세력에 언제고 똑같은 일을 당할 가능성이 높아지고 있는 것입니다.

따라서 남은 과제는 국가, 영토, 국민이 더 이상 망해가는 것을 최대한 중단시키는 것입니다. 그리고 국가를 살릴 수 있는 방안을 전 국가 전 국민적으로 모색하는 것입니다. 대체 이 정권은 국민이 무섭지 않은 것일까요. 그러고 보니 천안함 침몰도 그 원인이 무엇인지 논하기에 앞서 노무현의 해군 등 장비 현대화 계획 예산에서 22조 원을 삭감하고 그것을 4대강 등으로 돌린 데 그 근원적 문제가 있다고 할 수 있을 것입니다.

그래 놓고 그 책임을 지난 정권의 대북 평화 정책 탓으로 돌리는 중입니다. 그런 위선과 기만이 과연 언제까지 갈 수 있으리라고 생각하는 것일까요. 앞으로 남은 2년, 국가와 민생, 그리고 남북관계가 걷잡을 수 없이 악화되어 가는 모습을 지켜보면서, 이 정권의 주요 인사들은 5년이란 시간이 얼마나 허망하고 짧은 세월이었는지를 절감할 때가 올 것입니다. 권력이 영원할 것 같은 착각은 나쁜 정치인들이 반드시 겪게 되는 역사적 필연의 과정이기 때문입니다.

템즈강 공사 vs. 4대강 공사

템즈의 죽음

1850년대 런던은 250만 명의 인구가 거주하는, 전 세계에서 가장 부유하며 거대한 도시였습니다. 당시 영국은 산업화 선점과 제국주의 수탈, 그리고 국제 교역 확장을 주도하며 전 세계의 부를 독점하다시피하고 있었는데, 이것을 뒷받침한 것이 바로 강력한 해군의 존재였습니다.

그러나 겉으로 비춰지는 화려함의 이면은 참담했습니다. 국부의 증가 이상으로 빈부 격차와 착취는 극심했으며, 폭동, 내란, 파업 등의 소요 사태가 그칠 날이 없었습니다. 실업, 질병, 범죄가 만연했으며, 환경 또한 극도로 오염되어 갔습니다. 국가는 갈수록 부강해지고 있었으나 상당수 서민의 고통은 극한 상황으로 내몰려가고 있었던 것입니다. 그중에서도 런던을 관통하는 젖줄인 템즈강의 오염은 런던 시민의 삶을 드라마틱한 수준으로까지 추락시켰습니다. 오염된 강 때문에 수인성 전염병인 콜레라, 장티푸스가 만연했고, 사람과 말 등의 가축이 발생시키는 생활폐기물로 인해 도심은 하나의 거대한 쓰레기장으로 전락해 갔던 것입니다.

이로 인해 영국 시민의 수명은 1820년대 35살, 1830년대 29살에 이르던 것이, 1850년대에는 26살 수준으로 떨어졌습니다. 그러자 개혁적 지식인들이 들썩이기 시작했습니다. '거대한 하수도망' 의 건설 필요성을 역설하고 나선 것입니다. 그러나 주류 기득권들은 이에 강력히 반대했습니다. 사유재가 아닌 공공재에 대한 투자는 자신들의 이익에 부합하지 않는다고 보았기 때문입니다.

그러던 중 1858년 'THE GREAT STINK'라 불리는 대 악취 사건이 발생하게 됩니다. 거리의 시민들이 악취로 인해 쓰러지는 지경에까지 이르게 된 것입니다. 급기야 피해는 시민들뿐만 아니라 특권층에게까지 도달했습니다. 환경오염은 가난한 서민들에게만 피해를 주는 것이며 부유하고 깨끗한 특권층들과는 무관하다고 여겨졌던 고정관념이 흔들리게 되자, 영국 의회는 마지못해 하수도 건설을 승인하게 됩니다.

1865년 엔지니어였던 조셉 바잘게트에 의해 설계된 거대한 템즈 하수도망이 드디어 완공되었는데, 이후 규칙적으로 발생하던 수인성 전염병이 자취를 감추고 런던 시민들의 삶은 드라마틱하게 개선되게 됩니다. 이처럼 하수도는 대표적인 공공재의 하나입니다. 공공재란(public goods) 대가를 지불하지 않은 사람이 그 재화를 소비하는 것을 막을 수 없는 비배제성과 두 사람 이상이 동일한 재화를 소비할 수 있는 비경합성을 갖는 재화를 말합니다.

그렇다면 이명박 정권이 밀어붙이고 있는 4대강 공사는 어떨까요. 이것이 공공재 투자일까요. 환경오염과 홍수를 막거나 아름다운 자연으로의 접근성을 향상시켜 국민 전체의 편익을 증가시키려는 공평성 강화 정책일까요. 만일 그렇다면 공공재 보급과 공평성 강화에 초점을 맞추고 있는 진보 진영이 강력 반발하고 있는 이유는 무엇일까요.

답은 4대강 공사는 경제학적으로만 본다면 공공재일 수도 있지만 현실적으로 본다면 사유재에 가깝기 때문입니다. 4대강 공사로 이익을 볼 사람은 그 주변에 부동산을 선취매 해놓은 투기세력과 날림 공사로 천문학적인 이익을 구가할 토건 재벌이지 모든 시민이 될 수 없기 때문입니다. 오히려 대다수 시민들은 콘크리트로 둘러싸인 하천을 바라보며 답답함을 느끼게 될 것입니다. 개발하지 않고 자연상태로 보존함으로써 얻을 수 있었던 공공의 이익이 사라질 것이기 때문입니다.

환경오염도 막을 수 없습니다. 큰 강의 오염은 지류에서 시작되고, 지류의 오염은 중소기업과 관련이 깊습니다. 그 중소기업의 오염은 대기업의 착취로부터 시작됩니다. 따라서 그 착취구조를 개선해야 하천 오염 개선을 통한 공공의 이익이 증가하게 됩니다. 그런데 현 정권은 되레 그 재벌의 이익만 증가시키는 대규모 토목공사를 벌이면서 그 명분만 '공공재의 공급'으로 미화시키고 있는 것입니다. 이 과정에서 사회적 비용 분담과 편익 수혜 계층 및 규모 간의 비용 편익 분석 과장은 경제학자들이 지목하는 대표적인 경제학 거짓말의 사례들입니다. 과도한 공공재 보급을 거부해야 마땅할 시장지상주의자들이 공공재의 가치를 과장해 보급을 합리화함으로써 그 과정에서 대규모 사익들을 갈취해 낸다는 것입니다.

이것이 바로 보수 진영조차 4대강을 반대하는 이유입니다. 사회적 약자 계층에 대한 기초 지원도 최소화하는 작은 정부를 주창하는 보수론자들에게 거대자본에 대한 대규모 재정 지출을 끊임없이 지속시키는 큰 정부 정책은 가당치도 않기 때문입니다.

이외에도 이명박의 4대강 공사가 공공재 보급이 아니라는 증거는 많습니다. 하천공사 이외에 대표적인 공공재 지출이라고 할 수 있는 국방비, 과학연구비, 질병예방비를 모두 삭감하고 있기 때문입니다. 이명박은 국방 전력 증강비 22조 원을 삭감해 부자 감세의 동력으로 이용했고, 과학기술부와 정보통신부를 없앴으며, 보건 예산 및 농어촌 예산을 줄여 구제역, 조류독감 확산의 단초를 제공했습니다. 강한 군대, 더 많은 지식 그리고 질병 예방이 주는 공공의 이익을 간과했기 때문에 그리한 것입니다.

그러나 진짜 심각한 문제는 이런 것이 아닙니다. 상하수도, 철도, 지하철, 도로, 공항, 항만 등의 공공재 건설을 통해 사유 재산의 보호 및 증가를 도모하려는 모럴헤저드가 문제의 본질이 아니라는 이야기입니다.

4대강 문제의 본질은 바로 '당겨 쓰기'입니다. 부동산 버블이 붕괴했을 때 사용해야 할 확장적 재정 정책을 미리 사용하고 있다는 것이 가장 심각한 문제란 소리입니다. 일본이 1990년대를 통틀어 1.5조 달러의 공공재 투자를 단행했는데, 이것의 목적은 사회간접자본을 공급하는 데 있지 않았습니다. 그럼 총수요를 진작하기 위한 재정 정책이었는가. 그것도 정확한 표현이 아닙니다. 정확한 표현은 '부동산 버블 붕괴로 장부가 걷잡을 수 없이 분식회계되기 시작하자 정부에서 건설사, 은행 등의 입에 직접 부어주는 사실상의 헬리콥터 현금 투하 정책'이었던 것입니다. 만약 이걸 하지 않았다면 일본 경제에 스태그디플레이션(Stag Deflation, 지리한 디플레이션) 대신에 대공황(Geat Depression)이 도래했을 것입니다.

그런데 한국이 지금 4대강 공사로 사실상 이 정책을 시작한 것입니다. 일본이 대공황 대신 그나마 충격이 덜한 장기 디플레이션으로 가기 위해 택한 거대 공공사업을, 한국은 대공황 혹은 초장기 디플레이션 도래를 앞두고 그것의 도래 시점을 늦출 목적으로 4대강 공사를 벌이고 있는 것입니다.

또한 일본과 마찬가지의 저금리 등 긴급 통화 정책도 이미 시작했습니다. 모기지의 원금 상환 시기를 계속 늦추는 사실상의 비상대책도 시작되었습니다. 이것은 일본은 물론 미국도 사용하지 않은 정책입니다. 뿐만 아니라 이민 정책도 시작되었습니다. 이민 정책이 부동산 버블 붕괴를 막기 위한 응급 정책이라는 것은 일본의 사례가 증명합니다.

일본도 1990년대 부동산 버블 붕괴가 도래하자 3천만 명 규모의 이민을 검토한 적이 있습니다. 이는 인구의 20% 수준입니다. 한국도 인구의 20% 수준인 1천만 명 이민 정책을 사실상 이미 시도하고 있는 상황입니다. 그러나 그렇게 되면 일본 서민의 고통이 극심해지고 일본이 결국 후진 국가로 전락하게 될 것이라는 우익 보수 진영의 반대로 무산되고 말 았습니다.

결론적으로 한국은 최후의 치료책으로 마지막 우려먹기를 하고 있는 상황입니다. 더욱 문제는 1997년 외환위기 이후 노출된 한국 기업들의 부실 장부가 아직 완벽한 정상이 아니라는 것입니다. 10년 동안 카드 대란, 아파트 폭등으로 민간의 부를 뽑아내 대기업 부실을 많이 정리했지만 여전히 남아 있을 것이라는 것이 경제학계의 평가입니다. 그런 상황 속에서 비자금 조성 및 분식회계마저 다시 횡행하고 있습니다. 잔존 부실에 신규 부실이 추가로 형성되고 있다는 말입니다. 그리고 여기에 더해 부동산 버블 붕괴 시 최후로 사용해야 할 재정 정책, 통화 정책의 당겨 쓰기 사용, 마지막으로 절대 사용하지 말아야 할 원금상환 연장 및 이민 정책 구사까지 그 '당겨 쓰기'가 도를 넘어섰습니다.

따라서 상당수 일본 경제학자들은 현재 한국이 막장으로 치닫고 있다고 보고 있습니다. 상황이 이런데도 한국은 저임금 장시간 근로 지속, 저소득 국가의 근로자 이민 정책 구사 그리고 복지 축소 등의 극약 처방으로 대응하고 있습니다. 심지어 일부 수구 언론들은 아파트 대출 원금 상환 시기를 계속 늦추는 편법으로 가격 하락이 늦춰지고 있는 것을, 부동산 시황이 살아난 증거라는 식의 기사를 쓰고 있습니다. 1997년 외환위기로 드러난 300조 원의 은행과 기업 부실은 바로 대기업 대출의 돌려막기 과정에서 생겨난 것입니다. 그런데 그 짓을 아파트에서 또 벌이고 있는 것입니다.

그렇게 되자 우리 가계들은 원금 상환은커녕 이자 상환 능력조차 상실해 가고 있습니다. 이런 상황에서 부동산 버블은 붕괴 직전이며 마지막 처방약으로 사용되어야 할 비상약들은 소진되어 가고 있는 중입니다. 지난 김대중 · 노무현 정권의 10년 집권을 '잃어버린 10년'이라 비난했던 이명박 정권이 '진짜 잃어버린 10년'을 만들어 내고 있는 것입니다.

왕건의 감세 vs. 이명박의 감세

어떤 남자가 산기슭을 땀을 뻘뻘 흘리며 올라가고 있었습니다. 등에 업힌 여자는 연신 수건으로 그 남자의 땀을 닦아 주며 부드럽게 속삭였습니다. '힘들면 조금 쉬었다 가려무나' 그러나 남자는 별말이 없이 묵묵히 걸음을 재촉할 뿐이었습니다. 되레 그 남자는 간간히 여자에게 물었습니다. '배고프신가요. 먹을 것 좀 드릴까요' 역시 여자는 힘없이 고개를 내저었습니다. 그 남자의 정체는 자신이 등에 업은 여자의 아들이었고, 그 여자는 자신을 업은 남자의 어머니였습니다. 아들은 어머니를 산에 내다버리러 가는 길이었습니다.

바로 고려시대 벌어진 참상의 일단입니다. 고려시대 때 흉년이 지속되면 첫째 해에는 초근목피로 연명을 하고, 둘째 해에는 입 하나를 덜기 위해 늙은 부모를 산채로 산에 갖다 버리고, 셋째 해에는 이웃과 자식을 바꾸어 인육까지 먹는 참상이 벌어졌습니다.

시간을 거슬러 올라가 서기 847년 고려의 태조는 폭군이었던 궁예를 제거한 뒤 집권하자마자 특단의 개혁조치를 발표합니다. 그것은 바로 '3년간 조세 징수 정지 조치' 였습니다.

지금으로 따지면 대통령이 국세청에 '경제 상황이 어려우니 3년간 조세를 징수하지 말라' 고 긴급 명령을 내린 것이라 할 수 있습니다. 3년간 세금을 걷지 말라, 이것은 현대사회에서는 상상도 할 수 없는 조치라 할 수 있을 것입니다. 그러나 태조의 명령은 거기서 그치지 않았습니다. 지금의 국방부 및 행정안전부에 3년간 병역의무 및 노역의무를 부과하지 말 것을 긴급 명령했습니다.

그 태조의 이름은 바로 왕건이었습니다. 혹독한 조세와 병역의무에 시달리던 백성의 고통을 보다 못한 왕건은 집권하자마자 '조세와 병역의무의 긴급 정지 명령' 부터 내렸던 것입니다. 뿐만 아니라 왕건은 그 3년이 지난 후에도 GDP 대비 조세 수입 규모를 30%선에서 10%선으로 줄일 것을 지시했습니다. 당시 산업은 농·축산·어업이 거의 전부라 할 수 있는데, 농작 및 현물 수입에서 세금으로 헌납하던 부담을 획기적인 수준으로 줄여줬던 것입니다.

지금으로 따지면 바로 감세 조치라고 할 수 있습니다. 그럼 당시 왕건은 경제에 경기 후퇴 갭(Recessionary Gap)이 발생함에 따라 활력을 불어넣기 위해 감세 정책을 사용한 것일까요. 아닐 것입니다. 그는 호족 등 지배 계층과 피착취 계층 간의 빈부 격차가 너무 커져 백성들의 정부에 대한 불만이 커지고 있어서, 이를 정상화시키기 위해 극약처방을 했던 것입니다. 이렇듯 과거에는 감세가 곧 서민 정책이었습니다. 조세와 병역의 의무는 주로 백성이 짊어졌고, 그 수혜는 주로 주류 기득권들이 떠안았기 때문입니다.

그런데 이명박 대통령이 집권하자마자 꺼내든 정책도 바로 감세입니다. 감세에서 그치지 않고 그는 재벌과 부동산 부자들에게 혜택이 바로 집중되는 토건 재정 사업도 마구잡이로 남발했습니다. 그럼 그는 경제가 어렵다고 판단한 후 국민의 고통을 덜어주기 위해 감세 및 재정 확대 정책을 펼친 것일까요.

답은 전혀 그렇지 않다는 것입니다. 그가 국민의 고통을 생각했다면 4대강 같은 토건 재정 사업이 아니라 서민에 대한 승수효과가 더 큰 이전지출 정책(Transfer Payment, 복지 정책)을 사용했어야 할 것입니다. 이를 위한 재원은 국가 부채 증가, 공공기업 민영화와 요금 인상이 아닌 부자 증세로 조달했어야 할 것입니다. 고려시대 때처럼 위기는 빈부 격차의 임계점 도달에서 기인했기 때문입니다. 그러나 이명박 정권은 '일자리가 곧 복지'라며 그것을 거부했습니다. 유감스럽게도 그것이 거짓으로 밝혀지는 데는 오랜 시간이 걸리지 않았습니다.

30만 명의 일자리를 창출할 것이라고 호언장담했던 4대강 공사의 연

일자리 창출은 3천 개에도 미치지 못했기 때문입니다. 그마저도 상당부분은 외국인 노동자의 차지로 돌아갔습니다. 결국 국민은 복지 후퇴로 한번 죽고, 물가 급등 및 공공요금 인상으로 두 번 죽고, 이 과정에서 빈부 격차의 더더욱 증가로 세 번 죽는 지경에 이르게 되었습니다.

태조 왕건의 감세 조치 지시 역시 그 효과가 오래가지 못했습니다. 호족들이 백성을 수탈하는 것을 막기 위해 조세 징수 중단 조치를 내렸지만 국가에 상납하던 것만 중단되었을 뿐 지역에서의 착취는 멈추지 않았기 때문입니다.

감세하면 착취가 중단될 것이라던 왕건의 착오는, 감세하면 대기업과 부자들의 투자와 고용이 늘어날 것이라던 이명박 정권의 주장과 궤를 같이 하는 것이라 할 수 있습니다. 그러나 그 둘은 같다고 할 수 없습니다.

왕건은 빈부 격차 및 착취를 일단 줄여야 한다고 보았고 이명박 정권은 빈부 격차가 너무 벌어져 무너지려고 하는 경제를 일단 빈부 격차를 더더욱 벌리는 방법으로 버티고 봐야 한다고 보았기 때문입니다. 결국 결과를 떠나서 애초 의도 자체에서 왕건은 서민층을 살리려 들었던 것이고, 이명박 대통령은 서민층을 옥죄려 들었던 것입니다.

조선시대에 들어서도 감세를 향한 노력은 계속되었습니다. 지금으로 따지면 보유세라고 할 수 있는 밭에 대한 세금은 수확량의 5%~10% 정도였는데, 성군들이 등장할 때마다 서민들의 삶이 어려워지는 것을 우려해 나름 이를 줄여주려 노력했던 것입니다. 그러나 대부분 농민들의 삶은 극도로 궁핍한 지경을 벗어나지 못했는데, 이는 주류 기득권의 횡포를 이기지 못한 채 대부분의 농민들이 수확량의 50% 이상을 지대로 바치는 소작농으로 전락해 갔기 때문입니다. 반면 부유층과 주류 기득권은 세금은 물론 병역의무조차 면제를 받았습니다. 그러니까 세금은 서민만 내고 그렇게 낸 세금 지출의 승수효과는 지배 계층 내부에서만 일어났던 것입니다.

이는 수백 년이 지난 이명박 정부 들어서도 역시 마찬가지입니다. 이명박 정권의 주류 상당수가 병역의무를 기피했습니다. 세금도 내기 싫어합니다. 그러면서 자신들의 입으로 들어가는 4대강 공사 등의 재정 정책은 밀어붙입니다. 그리고 그 재원은 물가 폭등 및 공공요금 인상 같은 서민들의 간접세 징수로 충당하고 있습니다.

자신들은 군대도 가기 싫어하고 세금도 내기 싫어하면서, 서민들은 군대에 보내고 세금을 많이 내게 해, 그 돈으로 호의호식하려 드는 것입니다. 이때 동원되는 기술이 바로 언론 장악과 비용 편익 분석(Cost Benefit Analysis) 과장입니다. 언론 장악은 다들 아실 테고, 비용 편익 분석 과장이란 예를 들어, 'G-20 회의 한번 개최하면 경제적 이익이 무려 450조에 달한다' 거나 '수구 언론이 공중파 방송에 진출하면 인근 중국집의 짜장면 배달이 폭증할 것' 이라는 식의 재벌 부설 연구소들의 과장 보고서 남발을 말합니다.

서민이 부담해 그 혜택이 주로 지배계급에 돌아가는 GDP 대비 공공 지출을 3년간 중단하고 조세 부담을 30%에서 10%로 줄이려던 태조 왕건과 부자가 부담해 그 혜택이 주로 서민계급에 돌아가는 공공 지출을 줄이려는 이명박 정권의 행동, 이것은 감세라서 같은 조치가 아니라 정반대의 극단을 달리는 정책이라 할 수 있습니다. 태조 왕건은 그러한 간신배들을 참수하고 싶어 했기 때문입니다.

김대중과 노무현은 바로 태조 왕건처럼 서민들의 고통을 줄여주려 재임기간 내내 노력했습니다. 예전 그 노력의 형태가 서민들의 조세 부담 경감이었다면, 지금은 바로 부자들의 조세 부담 할증 및 그 재원으로 하는 복지 구축입니다. 그래서 정부 지출 대비 복지 지출 규모를 7~15%선에서 30%선으로 끌어올렸던 것입니다. 그리고 GDP 대비 정부 지출 규모를 30%선에서 50%선 이상으로 끌어올려야 한다고 그토록 강조했던 것입니다.

선진국의 복지 지출은 한국의 정부 지출 규모를 뛰어넘는 30%선에 육박합니다. GDP가 1,000조 원이라면, 한국은 세금으로 300조 원을 걷어 그중 30%만 복지에 쓰지만 선진국은 복지 지출만 300조 원 이상을 하는 것입니다. 그리고 그 돈으로 의료, 교육, 공공주택, 최저소득 보장 등에 사용하고 있습니다. 그래야만 서민들의 고통을 줄일 수 있기 때문입니다. 선진국들은 과거 봉건제도의 폐해였던 세금을 줄인 것이 아니라, 그 세금의 부과 대상을 서민에게서 부자로 바꾸고, 그 수혜 대상을 부자에게서 서민으로 바꾸어 냈습니다. 그것이 바로 조세·복지 선진화의 요체라고 할 수 있습니다.

그런데 오늘날 대한민국은 거꾸로 가고 있습니다. 세금 폭탄이면 지옥, 감세면 천당이라는 수구 기득권들의 프로퍼갠더가 지속되고 있는 것입니다. 그나마 재정 집행은 4대강 등의 부자 입으로 들어가는 정책이 대부분입니다. 독거노인 연탄비 삭감하고, 결식아동 식비 삭감해 그 돈으로 부자들 배나 불리고 앉아서는 경제 살아났다고 만세를 부르고 있는 것입니다. 고려시대처럼 입 하나를 덜기 위해 아들이 어머니를 업고 산으로 내다버리러 가는 심정을 위정자들은 과연 알기나 하는 것일까요.

태조 왕건 사후 수백 년 후 무인정권 때 또다시 한바탕 전국적인 살육이 발생했을 무렵, 웃지 못 할 참극이 벌어졌다고 합니다. 권력 난투로 마을마다 수많은 사람들이 목숨을 잃게 되면 슬퍼하기에 앞서 그 시체를 가져가 먹기 위한 쟁탈전이 벌어졌다는 것입니다. 그럼 자신의 부모나 자식을 잡아먹지 않고 버틸 시간을 벌 수 있기 때문입니다.

그러한 고통들은 조선시대에도 계속 이어졌습니다. 임꺽정 등의 도적이 출몰한 이유는 단지 재물을 탈취하기 위한 때문이 아니었습니다. 초근목피 연명도 어려워진 순간 서민들은 산적으로 전락할 수밖에 없었을 뿐입니다.

오늘날 그 고통의 형태는 극심한 실업 및 빈부 격차 증가로 나타나고 있습니다. 그러나 이 또한 위정자들에 의해 비정규직 고통 전가 및 실업률 조작, 그리고 경제 외형의 성장으로 가려지고 있습니다. 서민의 고통이 거시경제학 등 학문의 눈부신 발전이 이루어진 오늘날 더욱 은폐되고 있는 것입니다.

참으로 슬픈 현실이 아닐 수 없습니다. 세금 더 내라고 하면 덜 내는 곳으로 짐 싸들고 날아가 버리겠다고 울부짖는 수구 기득권의 모습도 그렇고, 일자리 없는 황량한 현실에서 외국 노동자의 물밀듯한 유입에 대한 부담스러운 시선을 폐쇄적 민족주의로 몰아붙이려 하는 교조적 좌파의 모습 역시도 그러합니다. 오로지 죽어 나가는 것은 언제나 힘없는 서민들뿐입니다.

상당수 학자들은 전쟁 및 지배계급 간의 갈등 그리고 착취, 빈부 격차 등 고통 지속의 근본 원인을 토지에서 찾습니다. 즉, 토지조세제도의 정의가 구현되어야 각종 사회 문제가 해결될 수 있다는 것입니다. 복지의 전제는 분배, 분배의 전제는 조세 선진화, 조세 선진화의 전제는 공정성, 그리고 공정성의 전제를 토지 정의의 실현으로 보는 것입니다. 바로 그 토지 정의 구현을 위한 노력 없이는 절대로 고려시대, 조선시대 같은 서민들의 고통은 멈출 수 없다는 것입니다.

노무현은 바로 그것을 세우려다 서거하였습니다. 종합부동산세(종부세) 다음은 아파트 보유세 2.0% 이상 부과, 그리고 그 다음은 복지 선진화였는데, 그것에 기겁한 국민이 노무현의 죽음을 외면한 것입니다. 토지란 그토록 무서운 것입니다. 집값이 올랐으면 좋겠다는 그 소박한 욕심이 온 역사를 피로 물들여 온 원흉이기 때문입니다.

역사란 바로 그것을 향한 지난한 도전이었습니다. 그럼에도 왕건은 말할 것도 없이 오늘날 노무현에 이르기까지 수없는 선각자들에 의해 멈추지 않고 시도되어 왔던 그러한 노력들은 또다시 원점에 섰습니다. 박정희, 전두환의 서슬 퍼런 독재 권력도 토지 정의를 바로 세울 수는 없었습니다. 거슬러 올라가 태조 왕건 같은 절대적 패주 역시 마찬가지였습니다. 따라서 노무현처럼 말의, 말에 의한, 말을 위한 민주주의를 주창했던 서민 대통령은 말할 나위도 없었을 것입니다.

그럼에도 우리는 그 길을 다시 걸어 나가야만 합니다. 그렇지 않으면 상당수 서민들의 고통스러운 삶을 멈출 방법이 없기 때문입니다. 그러한 고통을 가리려는 위선과 거짓을 이겨낼 수 있는 노력도 함께 병행해 나가야만 합니다. 과연 그리할 수 있겠는가. 역사는 지금 이 순간에도 그것을 쉼 없이 우리에게 준엄하게 묻고 있습니다.

노무현의 주가 2000 vs. 이명박의 주가 2000

종합주가지수 추이

출처 : 한국은행 경제통계시스템

　　　　노무현이 취임했던 2003년 2월 당시의 종합주가지수
는 600.41이었습니다. 그러던 것이 2005년 3월 1,000선을 돌파했고 급
기야 2007년 10월에는 2,000선을 돌파했습니다.

　최근 이명박 정부 출범 이후, 주가가 1,000선 밑으로 추락했다 다시
2,000선을 회복한 것을 두고 말들이 많은 모양입니다. 이것이 유지 가능
할 것인가, 한발 더 나아가 2,500, 3,000선으로의 도약이 가능할 것인
가. 정답은 어렵다는 것입니다.

　왜 그럴까요. 그 이유를 알기 위해서는 외환위기 이전 당시로 다시 되
돌아가볼 필요가 있습니다. 당시 경제 전문가들과 언론사 경제부 기자들
이 외국계 증권사 CEO들에게 가장 많이 던진 질문이 바로 '주가지수
1,000선 안착을 위해서 대체 무엇을 해야 하는 것이냐' 였습니다. 그들의

답은 한결 같았습니다. '솔직해지라' 는 것이었습니다. 한국 기업의 저평가 문제는 분식회계, 비자금 그리고 탈세 등의 불투명한 트라이앵글 지대에서 시작되는 것인데, 이것을 해결할 수 있는 유일한 길은 '남북관계 긴장 완화'와 '정치적 투명성 확보', 이 두 가지 정책을 달성해 낼 수 있는 정치 세력의 탄생뿐이라는 것입니다.

1997년 이전에도 주가가 1,000을 넘은 적은 있습니다. 그러나 그때마다 번번이 주저앉았습니다. 그런데 김대중 정부가 출범하자 상황은 급반전되었습니다.

외환위기로 은행들이 부도위기에 몰리자 그동안 은폐되어 왔던 기업들의 처참한 장부가 그 몰골을 드러내게 된 것입니다. 뇌물을 받고 대출해 주던 은행들은 자신들끼리 기업에 빌려준 대출 총액을 그제야 알고 소스라치게 놀랐습니다. 금융당국은 은행들이 차입해 오던 총 외채 액수 및 기간 금리 만기 구조에 소스라치게 놀랐습니다. 그리고 국민은 그런 그간의 기업, 은행 그리고 금융당국의 무책임함에 놀랐습니다.

어찌되었든 이렇게 장부가 노출되자 해법이 나왔습니다. 해법은 바로 'top down' 식의 정경유착 중단이었습니다. 정치권이 기업에 돈을 요구하고, 기업은 이 돈을 주는 대가로 비자금을 만들어 횡령하는 구조의 청산으로부터 기업 불투명성의 거세 작업이 시작된 것입니다.

문제는 노출된 부실의 처리 문제였습니다. 일단 급한 대로 금융 부실 수백조 원을 공적 자금 투입에 의해 국가 부채로 전가해 놓긴 했는데, 남아 있는 기업 부실 역시도 수백조 원이었기 때문입니다. 거기에 더해 그간 정부 특혜 및 부동산 개발로 만회해 온 부실한 수익 창출 구조를 어떻게 개선시켜 나가는가 하는 문제가 있었습니다.

이에 대한 해법으로 나온 것이 바로 북한입니다. '남북경협 활성화로 활로를 모색하자'라는 것이었습니다. 남한의 풍부한 자본, 북한의 풍부한 지하자원과 노동력의 결합으로 남한의 저임금 장시간 근로, 토지를 활용한 불로소득에 의존한 경제 성장 구조를 탈피해 보자는 것입니다. 그리고 그때까지 버틸 수 있는 응급 버블로 나온 것이 바로 '신용카드 대란'이었습니다.

그러나 기업들은 그것으로 만족하지 않았습니다. 은행 역시 마찬가지였습니다. 그래서 그들 토건 자본이 작당한 게 바로 아파트 버블 조성입니다. 6,000만 원이면 족한 아파트를 6억 이상으로 튀겨 팔자, 그리고 그 이익으로 숨겨진 부실을 털어내자는 것입니다. 작금의 부동산 버블 붕괴 위기는 결국 1997년 외환위기의 끝나지 않은 상흔인 것입니다.

그런 비협조 속에서 김대중 대통령이 남북관계의 긴장 완화를 통해 거두어낸 유무형의 이익은 상상을 초월했습니다. 예컨대 우리가 북한에 인도적 차원의 식량지원을 합니다. 그것은 남북관계의 위협을 감소시킵니다. 그러면 국가 신용도가 올라가고 우리가 외국에서 빌려오는 차관의 금리가 떨어집니다. 그런 스프레드(spread) 하락으로 거둔 이익이 북한에 퍼준 금액의 수백 배에 달한다는 것이 경제학자들의 합치된 분석입니다. 뿐만 아니라 이런 평화 무드를 타고 외국의 저리 장기자본이 들어오기 시작했습니다. 그 결과 우리 증시가 1,000선 안착의 원동력을 얻어낼 수 있었던 것입니다. 노무현 정부 당시 1,000선 안착의 일등공신은 바로 김대중이었던 것입니다.

그럼 왜 노무현 정부 초기 주가가 1,000선 밑으로 하락했고 그러다가 다시 2,000선으로 뛰어오를 수 있었을까요. 노무현 임기 초 최대 골칫거리는 바로 '카드대란'의 후유증이었습니다. 이것이 필요 불가결했던 것이긴 했으나 신용 불량자가 폭증하는 등 부작용이 만만치 않았던 것입니다. 노무현은 이에 대한 대응으로 '조세·복지 선진화' 카드를 빼들었습니다.

경기부양책을 써야 한다는 경제 마피아들의 주장을 묵살하고 기획재정부를 기획예산처와 재정경제부로 나눈 후 강력한 복지망을 깔도록 주문한 것입니다. 그 결과 7~15% 수준이던 재정 대비 복지 지출이 28%선까지 뛰어오르며 경제가 아래로부터 서서히 안정되기 시작했습니다. 김대중이 'top down' 방식으로 위에서부터 아래로 정경유착 구도를 끊어 나갔다면, 노무현은 'bottom up' 방식으로 사회 안정망을 경제 하부구조부터 위로 받쳐 올라가려 했던 것입니다.

'경기 부양 말고 복지 구축' 이란 시그널이 증시로 전달되기 시작하자 금융 불안이 해소되고, 증시는 다시 1,000선으로 안착하기 시작했던 것입니다. 그리고 2,000으로의 업그레이드, 이것을 가능케 했던 것이 바로 '아파트 버블 중단' 정책이었습니다.

지난 수십 년간의 정부 특혜 및 부동산 개발로 만회해 온 수익구조에 대한 미련을 못 버리고 숨겨진 부실을 털어낸다는 미명하의 APT 버블 조성이 도무지 멈출 기미를 보이지 않게 되자 종부세, 거래실명제, 과표 현실화, LTV, DTI 등으로 대응한 것입니다. "부동산 투기하다 자신도 망하고 국가도 망하게 하지 말고 저를 따라서 주식에 투자하십시오. 가계 자산 비중 83% 수준인 부동산을 금융자산으로 대체해 나갑시다"라는 메시지도 전달했습니다. "앞으로 2~3천조 원에 달하게 될 국민연금의 상당 부분도 증시에 투자될 것입니다. 그리되면 국제 금융의 수시 유출입에 따른 증시 불안 리스크도 완화 될 것입니다." 노무현은 바로 여기서 한국 경제의 미래를 찾자고 제안했던 것입니다.

더 이상 부동산에 올인 말고 금융 투자로의 포트폴리오 분배로, 비자금 횡령 말고 주식평가액으로, 투자와 부의 전환을 해나가자고 역설한 것입니다. 단순히 토건 국가에서 탈피하는 수준이 아닌 부동산 버블 붕괴로 일본식 불황에 빠지는 것을 예방하고, 펀드 활성화로 기업 투자 활성화가 도출될 수 있는 비전을 제시하고자 했던 것입니다. 노무현의 정경언 유착 단절에 이은 이러한 정치적 투명성의 확보와 경제적 방향성의 제시가 바로 주가지수 2,000 시대를 가능케 했던 근본 이유였던 것입니다.

그런데 이런 김대중과 노무현의 지난 10년간의 위대한 업적이 이명박 정부 들어서 산산조각 나고 있습니다. 북한과의 경협 중단, 남북 간의 국지전, 종부세 후퇴, 4대강 난개발, 과표 및 시가 반영 후퇴, LTV · DTI 규제 무력화, 일본식 부동산 버블 붕괴 위험 현실화, 자산의 83%가 부동산인 전 세계에서 유례를 찾을 수 없는 불균형한 자산구조의 강화, 정경언 유착의 부활, 정치적 불투명성의 증가 등 모든 것이 10년 전으로 후퇴한 것입니다. 남은 것은 달랑 하나, 국민연금으로 주가 받치기뿐입니다. 여기에 국제 투기자본의 일시적 유입 덕택으로 주가가 간신히 2,000선으로 다시 뛰어오른 것입니다.

상황이 이런데 주가가 2,000선에 안착한 후 2,500, 3,000으로 도약할 수 있을까요. 그것은 어림 반 푼어치도 없는 일일 것입니다. 어떤 분은 삼성전자 등의 재평가 부분을 이야기합니다. 영업 이익이 10조 원에 달했다 다시 3조 원으로 추락하는 등 그간 수익구조가 불안정했던 삼성전자의 이익 규모가 20조 원 수준으로 안정될 기미를 보이고 있으니 이를 바탕으로 다른 기업들도 힘을 내어 주가 업그레이드의 길로 나아가보자는 것입니다.

한마디로 말 같잖은 소리가 아닐 수 없습니다. 삼성전자가 이익을 많이 낸 것은 오로지 '환율 효과' 때문입니다. 930원대에서 700원대로 하향되었어야 할 환율이 지난 3년간 1,700원까지 폭등했다, 1,100~1,400원선을 유지했습니다. 이런 것을 바로 '땅 짚고 헤엄치기 장사'라고 합니다. 삼성전자가 얻어낸 수익은 국민 1가구당 100만 원씩 갹출해 20조 원이란 고혈을 들이부어서 만들어 낸 신기루일 뿐이지 삼성이 장사를 잘해서 번 돈이 아니라는 이야기입니다. 그 과정에서 소득세, 법인세, 부동산세 등도 감세를 해줬습니다. 고용도 제자리걸음입니다. 고환율에 따른 물가 폭등 와중에 하청업체에 대한 단가도 제대로 인상해 주지 않고 있습니다.

삼성이 신기루 실적의 환영을 만들어 내느라 기업의 두 가지 책무인 납세와 고용의무를 외면하여 국가 부채는 매년 100조 원씩 폭증하고 있습니다. 실업률은 형식적으로는 5% 이하지만 실질적으로는 15~25%로 대공황 수준의 고통이라는 것이 전문가들의 지적입니다. 다만 비정규직 눈가리기와 실질 실업자의 자발적 실업 둔갑으로 통계 마술을 부리고 있을 뿐이라는 것입니다.

기업 고용이 선진국의 2/3 수준인 상황에서 상하위 10% 가구당 소득 격차는 17배, 상하위 10% 노동자 간 소득 격차는 5배를 넘어서고 있습니다. 하위권의 20%만 못살던 구조에서 40%, 60%가 못사는 구조로 나아가고 있는 것입니다. 이런 상황에서 그나마 있던 복지마저 줄이고 쳐내고 있습니다. 그리고 그 돈으로 다시 재벌 등의 입에 깔때기를 꽂고 들이붓고 있습니다. 국민의 고혈로 그렇게 만들어 낸 가짜 실적으로 주가를 과연 2000선에 안착시킬 수 있을까요. 그것은 어림 반 푼어치도 없는 일인 것입니다.

최근, 주가 2,000뿐만 아니라 2만 달러도 3년 만에 다시 회복될 것이란 뉴스가 있습니다. 이명박 대통령이 임기 말을 맞아서 치적을 남겨놓고 물러나기 위해서 2011년과 2012년에는 더더욱 저환율 정책을 구사할 것이란 예상도 있습니다.

1995년 김영삼 김통령이 OECD에 가입하기 위해 '1만 달러 폼생폼사'를 외치다 한국 경제가 골로 간 것을 기억하실 것입니다. 2008년 이명박 대통령이 대기업에 원화 환산 이익을 퍼주기 위해 고환율 정책을 구사하다 국제 금융위기와 맞물리면서 제2 외환위기가 도래했던 사실도 기억하실 것입니다.

이런 과거력을 가진 한국이 다시 저환율 롤러코스터를 공언하고 있습니다. 이렇게 되면 삼성의 가짜 실적도 사라지게 될 것입니다. 물론, 삼성은 지난 3~4년간 국민들로부터 쥐어짜내 만들어 놓은 수십조 원으로

1~2년만 버티어 자신들에게 단물을 내어준 정권에 보답해 주면 된다는 마인드일 수 있습니다. 그러나 어쩌죠. 국제금융 환경이 그렇게 호락호 락 하지 않습니다. 이미 세계 방방곡곡에 글로벌 호구임을 표명한 한국을 다루는 것은 그들 입장에서는 일도 아닐 것입니다.

2012년에는 이명박뿐만 아니라 후진타오도 물러납니다. 후진타오의 중국 역시 부동산 버블 붕괴로 무너지기 일보직전입니다. 이런 가운데 후진타오의 후계자인 시진핑이 후진타오의 치적을 밟고 올라서려 할 가 능성도 흘러나오고 있습니다. 부동산 버블 붕괴 직전에다 더 이상 고성 장이 힘겨운 마당에 인민들의 불평불만은 폭발 직전이기 때문입니다.

일부 중국 사회학자들은 "만약 중국 정치가 민주화의 도전에 직면하게 되면 국민들로부터 1/n 분할을 요구받을 가능성마저도 있다"라고 경고 하고 있습니다. 봉기가 일어나게 되면 여태까지의 중국 경제 성장 과실 의 배분은 원천 무효이므로, 1/n로 부를 나누어 다시 시작하자라고 나올 가능성이 있다는 것입니다. 이것을 우려한 중국 사회 지도층의 해외로 재산 빼돌리기 행태가 실제로 점입가경 수준으로 일어나고 있습니다.

한국은 과연 어떻습니까. 지금 한국도 재벌들이 자식들에게 경영권을 물려주려고 하고 있습니다. 그러한 부는 재벌의 것이 아니라 고환율, 감 세, 부동산 특혜 등으로 국민 재산을 등쳐 쌓아올린 돈이고, 투자·고 용·납세를 거부한 후 만들어 낸 '고혈 더미' 입니다. 그런데 그런 부를 버젓이 유산으로 상속해 주려하고 있는 것입니다.

이명박 정권은 한술 더 떠 그나마 김대중·노무현이 만들어 놓은 복지 정책을 파탄 내는 데 혈안이 되어 있습니다. 일부 지자제장들은 아이들 밥그릇을 뺏으려 하고 있고, 수구 언론들은 연일 복지국가 무용론을 헤 드라인 기사로 내보내고 있습니다.

이런 상황 속에서 주가가 과연 2,000에 안착하고 이를 바탕으로 2,500, 3,000으로 올라설 수 있을까요. 이에 대한 대답은 김대중·노무현의 주가 1,000, 2,000이 과연 어떤 피눈물어린 고뇌와 노력의 흔적 위에서 쌓아올려진 것인지를 보면 쉽게 유추될 수 있을 것입니다.

노무현의 주가 2,000과 이명박의 주가 2,000은 하늘과 땅만큼의 차이를 가진 것입니다. 그 차이를 이해할 수 있다면 우리 증시의 미래가 여러분 마음속에 선명하게 보일 것입니다. 주가를 예측할 수는 없지만 역사를 되돌아보는 것은 가능할 것이기 때문입니다.

우리의 역사는 오늘 이 순간에도 우리에게 이렇게 말하고 있습니다. '솔직해져라. 증시를 만들어 내는 경제 펀더멘탈 그 아래에서 살아가고 있는 국민적 삶의 실질적 속내를 솔직하게 들여다보고 논할 수 없다면, 주가지수가 만들어가는 외형적 표피에 대한 담론도 더 이상 무의미하다'라고 말입니다. 이 세상 속의 질문에 대한 해답은 언제나 우리들 자신의 마음속에 이미 존재하고 있는 것입니다.

이명박이 실패한 이유

성공(success)은 오직 계승(succession)으로부터 나옵니다. 이것은 만고불변의 진리입니다.

김영삼이 실패한 이유가 무엇입니까. 계승할 것이 없었기 때문입니다. 그는 어느 날 갑자기 군사독재 정당으로 넘어가 계승자를 자처했습니다. 그러나 그곳엔 계승할 것이 거의 없었습니다. 따라서 자칭 민주 투사였던 김영삼 입장에서 할 일이라고는 자기가 모시던 전직 대통령들을 단죄하는 단절밖에는 없었습니다.

그럼에도 그는 성공을 꿈꿨습니다. 계승할 게 없어 성공할 수 없는 태생적 한계를 극복하는 길은 오직 허황된 장밋빛 공약을 내세우는 것뿐이었습니다. 이걸 도운 게 바로 경제 관료들입니다. 그들은 1만 달러 달성과 OECD 가입 치적 카드를 내밀었습니다. 이후 무리한 저환율 드라이브가 걸렸고 외채가 급증했습니다. 그러나 경제 부처는 국내의 외채 규모조차 몰랐습니다. 국외에서는 미국과 중국의 치열한 환율 전쟁이 벌어지고 있었고, 중국과 대만의 대규모 통화절하, 일본의 외자 회수 등의 긴박한 물밑 움직임이 이어지고 있었으나, 역시 까맣게 몰랐습니다.

그러니 들리는 것이라고는 오직 경제가 살아나 국운이 융성한다는 만세소리뿐이었습니다. 다가오는 위기는 외면한 채 잔칫집 분위기를 연출하느라 서울시 신청사 건설, 양재동 예술의전당 국가 상징거리 조성 등의 무리한 이벤트 계획도 이어졌습니다.

1995년 정무부시장으로 부임한 이해찬은 이런 몰골을 살펴보고 깜짝 놀랐습니다. 그는 신청사, 국가 상징거리 조성 등의 프로젝트가 어려운 시기에 건설업자들 배만 불려주고 큰 경제위기를 불러올지 모른다는 이유로 과감히 중단시켰습니다. 대신 노인복지, 여성복지, 환경복지 등 당시로서는 생소한 분야에 투자를 집중했습니다. 당연히 반발이 쏟아졌습니다. '토건 올인 중단하면 민생경제 파탄난다'는 주장은 양반이었고, 쥐꼬리만 한 복지라도 늘리면 '그 포퓰리즘으로 인해 경제 파탄, 통일 불능을 넘어 한민족 멸망 사태가 빚어지게 될 것'이라는 황당한 협박까지 쏟아졌습니다.

이거 어디서 많이 들어보던 소리 아닙니까. 그렇습니다, 오세훈 서울시장이 최근 거품을 물고 쏟아내고 있는 말들입니다. 그 결과가 1997년 제1 외환위기, 2008년 제2 외환위기, 그리고 몇 년 내 대폭발하게 될 지방정부 파산 위기, 부동산 버블 붕괴 위기 등의 도래입니다.

그럼 김영삼 정권은 5년 동안 아무 일도 안하고 오로지 놀기만 했다는 말인가요. 그것은 아닙니다. 다만 계획만 짜다 끝이 났다는 거죠. 계승할 게 있었다면 그것을 받아 성공시키고 다음 정부가 계승할 비전이라도 물려주었겠지만, 계승할 거라고는 오로지 토건 올인뿐이었으니 그것을 계승하다 경제 패망시키고, 로드맵만 남겨둔 채 허망하게 무너진 것입니다.

따라서 이후 들어선 김대중 정권이 물려받은 것은 텅 빈 나라 곳간과 로드맵뿐이었습니다. 그러나 그 로드맵을 헛되이 내버리진 않았습니다. 버릴 것은 버리고 쓸 만한 것은 건져 올리고 다듬어 시행했습니다. 만약 그러지 않는다면 김영삼 정권처럼 5년 내내 계획만 세우다 끝날 것이 뻔했기 때문입니다. 김대중 대통령은 성공이 계승으로부터 나온다는 것을 잘 알고 있었던 것입니다.

물론 이후 정부가 걸어가야 할 로드맵도 착실히 준비하는 것을 잊지 않았습니다. 이로 인해 건국 이래 최초의 계승과 상속이 발생했습니다. 많은 사람들이 김대중보다 노무현 정권 들어서 더 혁신적인 진보가 많이 일어났다고 생각하기도 하는데, 그것은 어디까지나 착각일 뿐입니다. 노무현이 한 대부분의 일은 김대중의 계승 그 연장선상이기 때문입니다.

동서 균형 발전, 남북 균형 발전, 도농 균형 발전, 수도권 지방 균형 발전, 대기업 · 중소기업 균형 발전, 숭미주의 청산, 친일주의 청산, 역사 바로 세우기, 취재 선진화 계획, 정경언 유착 청산, 비자금 탈세 횡령 청산, 환율 안정, 물가 안정, 부동산 안정, 조세 선진화, 복지 선진화, 민족 통일과 평화 번영 구축, 제왕 정치 종식, 계파 정치 종식, 참여 정치 구현, 상향식 시스템 구축, 원칙과 신뢰, 투명과 공정, 분권과 자율, 대화와 타협 등의 모든 정책과 국정 운영 원리가 김대중의 적통 계승과 계승 발전의 틀 속에서 이루어진 것입니다.

그런 노무현 정부가 물려준 유산이 바로 '비전 2030'이라는 것입니다. 이것은 단순한 로드맵이 아니라 성장과 복지를 망라한 재정 계획과 세부 정책이 담겨져 있는, 앞으로 대한민국이 나아가야 할 원대한 미래 그 자체라고 할 수 있습니다. 그러나 이명박 정부는 이것을 계승하길 거부했습니다. 그러고는 그것을 모조리 폐기하거나 뒤집는 등 일명 'Anything

But Rho' 노선을 들고 나왔습니다.

위에서 분명히 언급했습니다. 성공은 오직 계승으로부터 나온다고 말입니다. 따라서 이명박 정권은 애초부터 성공할래야 성공할 수가 없는 정권이었던 것입니다.

따라서 지난 10년간의 소중한 유산은 하나도 계승하기가 싫어 모두 폐기 처분하고 이명박 정권이 들고 나온 것은 그 10년을 건너뛴 김영삼 정권의 계승이었습니다. 1인당 국민소득 4만 달러 달성과 경제대국 7위 진입의 허황된 공약 말입니다. 예전과 극본, 연출, 방식 다 같은데 차이점이 있다면 단 하나, 저환율 정책이 고환율 정책으로 바뀐 것뿐입니다. 그러나 나머지는 다 똑같습니다. 예전의 저환율이 절대로 저환율로 가서는 안 되는 시점의 저환율이었다면, 이번의 고환율은 절대로 고환율로 가서는 안 되는 시점의 고환율인 식입니다.

그러나 두 번 다 갔습니다. 왜냐? 경제마피아의 충성 대상은 국가나 국민이 아니라 정권과 재벌이기 때문입니다. 나라야 어떻게 되든 내 알 바 아닌 것입니다. 황당한 것은 이명박 정권의 공약은 기본적인 산수조차 안 맞는다는 것입니다. 7% 성장으로 10년래 4만 달러를 가려면 환율도 극단적인 수준으로 떨어져야 합니다. 그것도 지속가능하게 말이죠. 그런데 이명박 정권은 고환율 드라이브로 그 토대를 완전히 무너뜨리고 있는 중입니다.

이쯤 되면 어차피 지키지 못 할 것이니까 막나가자는 것이라고 밖에는 설명이 안 됩니다. 더 황당한 것은 4만 달러가 되어도 7위 입성은 불가능하다는 것입니다. 어떤 경제기관의 시뮬레이션으로도 브릭스 국가들의 급성장 때문에 앞으로 10위 진입은 당분간 불가한 것입니다.

그럼에도 이런 허풍은 북한으로까지 뻗어나가고 있습니다. 쥐꼬리만한 대북 경협도 아깝다고 중지시킨 정권이, 무지막지한 퍼주기를 해도 단시일 내에 불가능한 북한의 국민소득 3천 달러 달성을 단 10년 내에 이루어주겠다고 허풍을 치고 있는 것입니다. 전 세계에서 3천 달러 달성이 가장 빨랐던 국가가 한국과 중국인데, 각각 26년, 31년이 소요되었습니다. 그런데 북한을 그것의 단 1/3기간 내에 그 수준으로 올려주겠다는 것입니다.

허풍은 남한과 북한을 넘어 전 세계 방방곡곡으로도 치달아가고 있습니다. G-20 회의 한번 열어놓고서는 경제 유발 효과가 450조 원이라고 부풀려서 국제적인 망신을 당하는가 하면, 원전 수주하는데 수십 조를 저리 장기 대출해 주는 조건에 국군 파병까지 약속해 줬다는 의혹이 일고 있는 상황입니다.

특히나 이런 김영삼과 이명박의 실패에서 주목할 점은 그들이 박정희와 전두환보다도 못하다는 점을 온 국민에게 상기시켜 주고 있다는 것입니다.

일례로 과거 전두환은 쿠데타로 집권한 정권의 태생적 한계를 늘 의식했습니다. 그래서 무엇보다도 역사적 평가를 두려워했고 그에 대한 대비로 경제 치적을 많이 쌓기를 원했습니다. 경제 참모들은 이에 대한 해법으로 '절대로 공공 부채를 늘리지 말고 가급적 공공의 자산을 많이 쌓아놓으라'고 조언했습니다. 언제 닥칠지 모를 통일 대비와 언젠가 도래할 복지 시대를 대비하려면 국가 재정의 건전화와 공공 자산의 축적이 반드시 필요하다는 이유에서였습니다.

그 결과 국가 부채는 사실상 제로 수준인 10% 이하에서 유지되었습니다. 반면 이명박 정권은 가는 곳마다 부채로 쓰러뜨리고 있습니다. 현대건설이 미수금과 부채로 망한 것을 비롯해, 서울시가 그가 무리하게 늘려놓은 공기업 부채로 인해 재정위기를 겪고 있는 중입니다. 뿐만 아니라 그가 대통령이 된 이후 국가 부채는 매년 10%씩 늘어나고 있습니다.

이 수준대로라면 그의 퇴임 후 국가 부채는 70~80% 수준에 도달할 것이고, 또 부동산 버블이라도 붕괴하는 날에는 국가 부채 200~300%의 막장 국가가 될 위험에 처한 상황입니다. 더 기가 막힌 것은 그 속에서도 공공 자산을 팔아먹는 데 혈안이 되어 있고, 회계기준을 바꿔 부채를 은닉하는 수법까지도 동원하고 있다는 점입니다.

예전에 노무현이 대통령이던 시절 한 보고회에 참석해 이런 말을 한 적이 있습니다. "공공의 자산이 많고 개인의 호주머니가 좀 얇은 나라가 선진국이다. 따라서 공공의 자산이 얼마나 크냐 하는 것이 그 사회의 진화 수준을 말해 주는 것이다. 우리가 선진국이 되려면 우리도 바로 그 공공의 자산을 축적해야 한다"

노무현은 국가 부채 축소와 공공 자산 축적이 복지국가로 가는 유일의 길이라고 보았던 것입니다. 지금 이명박 대통령은 그것을 정반대로 뒤집어 국가 부채를 폭증시키고 공공 자산을 쪽박 내 복지국가로 가는 유일의 길을 무산시키고 있는 것입니다. 서민의 등골을 우려내 한줌 재벌과 부동산 투기세력에게 퍼주는 데도 열심입니다. 결국 그의 정책은 통일과 복지의 길로 나아가지 못하겠다는 것입니다. 즉, 선진국으로 가지 못하겠다는 것입니다. 그럼에도 자신의 슬로건은 선진화이며 그런 자신이 대한민국을 선진국의 문턱까지 끌어올렸다는 자화자찬을 하고 있습니다. 나라 곳간은 10년 전처럼 비어가고 있으며, 다시 한 번 큰 국제적 경제위기가 도래하기 직전의 상황인데 말입니다.

결론적으로 이러한 실패는 계승의 거부로부터 비롯된 것입니다. 계승의 거부는 곧 실패의 예약입니다. 그 실패의 길에서 조만간 국민은 1997년 외환위기 당시 겪었던 고통보다 수십 배 더한 고통을 겪게 될 공산이 커지고 있습니다. 역사는 지겨울 정도로 반복된다는 점을 절감하지 않을 수 없는 지점입니다. 역사에서 교훈을 얻지 못하고 그 교훈을 계승하지 못한 채 스스로가 자초해 피폐해지는 국가와 국민은 정말로 더 큰 실패의 고통 속으로 빠지는 수밖에는 달리 방법이 없습니다.

역사의 낙오자들이 지금 이 순간 바로 그 값진 교훈을 우리에게 똑똑히 보여 주고 있습니다. 아주 비싼 수업료의 지불을 예고한 채 말입니다. 이명박 정권이 실패한 진정한 이유는 국민이 역사를 모르고, 따라서 역사에서 교훈을 얻어낼 수 없기 때문입니다.

반면 지난 100년간 거시경제 정책을 가장 훌륭하게 펼쳐온 국가로 칭송받고 있는 독일의 성공은 다름 아닌 뼈아픈 하이퍼인플레이션 발생과 이로 인한 경제위기로 민주주의가 위기에 처하자 흥성하게 된 나치즘 학살의 교훈을 지겹도록 국민에게 가르친 역사의 성공에서 비롯되었습니다.

그 독일의 교과서에는 이런 문구가 있습니다. "국민이 정말로 형편없는 정치인을 뽑지 않는 이상 절대로 큰 경제위기는 도래하지 않는다." 결국 이명박 정권 실패의 근원적 책임은 다름 아닌 바로 국민에게 있는 것입니다.

이상돈을 생각한다

이상돈 교수의 글을 읽을 때마다 대한민국이 정말 이상한 나라라는 것을 절감합니다. 이게 무슨 소리인지는 글 중후반부로 넘어가면서 이야기할 것입니다.

우선 그는 자칭, 타칭 보수로서 김대중·노무현을 반대합니다. 그럼 이명박은 좋아하는가. 그는 이명박 대통령 역시도 싫어합니다. 법을 잘 지키지 않고, 군대를 다녀오지 않았으며, 세금을 제대로 내지 않는 이명박을 보수 진영의 적통으로 삼기에는 창피하다고 보기 때문인 듯합니다. 그런데 외형적인 이유로는 이재오 같은 운동권 출신 변절 진보들에 대한 거부감을 들고 있습니다.

웃기는 것은 그가 이명박의 대체재로 한때 지지했던 이회창 총재 역시도 이명박 대통령과 비슷한 수준으로 보고 있는 것입니다. 이회창 하면 떠오르는 것은 차떼기와 아들의 병역 기피 사건입니다. 그러나 이상돈은 지난 2008년 총선 막판에 이런 이유 때문이 아니라, 민주당 출신 인사들의 영입을 지켜보며 정통 보수인지 의심스럽다는 이유를 들어 이회창을 버린 바 있습니다.

그런 그가 하는 수 없이 택한 사람이 바로 박근혜인 것으로 보입니다. 그러나 이것 역시 사실이라면 웃기기는 매한가지입니다. 박근혜는 자기 힘으로 고생해 돈을 벌어본 적이 없는 사람이기 때문입니다. 또한 병역, 결혼, 출산, 양육 등의 경험조차 없습니다. 그녀에게 있는 것이라고는 독재하던 아버지에 대한 사람들의 그리움과 어린 시절부터 아버지 주변을 배회하던 수많은 정치인들을 접하며 경험해 본 처세술의 일단뿐입니다.

따라서 나는 이상돈이 단지 박근혜가 좋아서 그녀에 대해 호의적이라고는 보지 않고 있습니다. 다만 김대중 · 노무현 세력이 너무나도 싫기에 그런 최악을 피하기 위한 차선으로서 그녀에게 기대 제스처를 보내고 있다고 생각합니다.

정리하면, 이상돈은 안보 보수로서 김대중 · 노무현 같은 진보좌파를 반대하지만, 그렇다고 그 대척점의 보수우파 역시도 제대로 된 세력이 없기에 선택의 딜레마에 빠져있다는 것입니다.

예전에 그런 이상돈 교수가 노무현 서거 직후 모 방송에 출현해서 이런 말을 하는 것을 본 적이 있습니다. "참 이상하다. 내가 노무현 재임 시 그를 왜 그토록 미워하고 강하게 비판했는지를 모르겠다. 아마도 그가 말을 경솔하게 막 했기 때문에 그랬던 것이 아닌가 싶다. 그러나 막상 그가 죽고 나니까 마음이 좀 그렇다. 편치 않다" 그리고 최근 칼럼에서는 "노무현 정권은 탄핵 등 집권 기간 내내 크고 작은 분란이 많았다. 즉흥적으로 개헌이니 연정이니 하는 제안을 하는가 하면 사학법 개정과 종부세 도입으로 많은 적을 만들었다. 한미 FTA, 미군 기지 이전 등으로 지지 세력과 갈등을 빚었고, 불필요한 말로 가뜩이나 많은 적을 결집시켰다.

그러는 사이에 이른바 우리나라의 영향력 있는 곳이 다른 곳으로 넘어가 버리고 말았다. 이 현상을 레임덕이라고 부른다면 노무현 대통령은 레임 덕을 의도적으로 즐긴, 거의 자학적 측면이 있지 않았나 한다"라고 썼습 니다.

저는 바로 이 지점에서 이상한 대한민국을 느낍니다. 이상돈 교수는 보 수와 진보의 정체성 이전에 원칙과 상식, 그리고 신뢰와 일관이 중요하 다는 것을 누구보다도 잘 아는 사람일 것입니다. 법률을 공부한 사람이 고 그것을 학생들에게 가르치는 사람이기 때문입니다. 법과 규칙이 일관 되게 적용되는 신뢰 위에서 세상에 원칙과 상식의 도덕률이 쌓아질 수 있고, 다시 그 위에서 보수와 진보의 분화가 이뤄질 수 있다는 것을 그가 모를 리 없다는 말입니다. 그런데 그는 그것은 외면한 채 보수, 진보 타령 만 하고 있습니다.

먼저 그의 칼럼부터 보겠습니다. 그는 노무현 정권이 탄핵 등 집권 기 간 내내 분란이 많았다고 적었는데, 사실 분란 정도가 아닙니다. 김대중 집권 5년도 견디기 힘들었던 한나라당, 굴러들어온 돌이 대통령이 된 것 을 견디지 못한 민주당, 김대중·노무현을 공격하고 둘 사이를 이간해야 집권할 수 있다고 계산했던 진보류 등이 모두 엉겨 붙어서 대통령 당선 자체부터를 인정치 않은 것입니다.

보수와 진보가 대동단결해 초기에는 탄핵으로 끌어내리려 들었고, 중 기에는 단합해 공격했으며, 후기에는 아예 대통령으로 인정조차 하지 않 았으며, 그러다 퇴임하고는 기다렸다는 듯이 바로 잡아 죽인 것입니다.

이유는 간단합니다. 보수에게 법 지키고, 군대 가고, 세금 제대로 내라 고 요구했기 때문입니다. 진보에게 보수 비판과 더불어 자기 진영 성찰 을 요구하고, 세상 토대를 어느 정도 인정하면서 진보적 가치를 추구할 것을 요구하고, 현실과 유리된 이상적인 교조 담론에만 매몰되지 말 것 을 요구했기 때문입니다. 보수, 진보 진영은 당연히 격분했습니다. 고졸

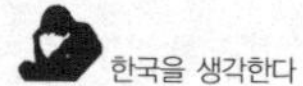

주제에, 서·연·고 엘리트 운동권 출신도 아닌 주제에 감히 가르치려 든다고 보았기 때문입니다.

대한민국 보수의 유일한 권력 기반은 부와 특권입니다. 그리고 그것은 횡령, 탈세, 뇌물 등으로 이루어져 왔습니다. 그 무법천지의 보호막을 만들기 위해 혈연, 지연, 학연 등의 카르텔을 구축하고 그것을 철옹성처럼 지켜온 것입니다. 노무현은 그 카르텔을 해체하고 불법을 중단하고 특권을 내려놓도록 요구했던 것입니다.

당연히 법이나 상식 따위는 없는 그들이기에 거부하고 격분할 수밖에는 없었습니다. 그런데 이상돈 눈에는 이런 당연한 것이 적을 만드는 것으로 밖에 안 보인다는 말입니까. 천문학적 국고가 지원되는 사학에 이사 한 명 집어넣어 투명하게 그 집행 내역을 살펴보도록 하고, 선진국의 1/5~1/10인 수준인 부동산 보유세를 아주 조금 올리도록 한 것이 모든 보수를 적으로 돌린 패착이었다는 말인가요.

한미 FTA, 미군기지 이전 문제 등에서 보인 진보의 문제도 마찬가지입니다. 한국은 교역으로 성장해 부를 쌓은 나라고, 진보의 기반은 바로 그러한 수출 재벌 산하의 노동조합입니다. 이들의 태동과 확장은 정당합니다. 다만, 재벌들이 이에 대응해 수출 기지 해외 이전, 비정규직 쥐어짜기, 이민 정책 요구, 고환율 요구, 감세 요구 등을 들고 나오기에 노무현은 종합적인 판단 하에 FTA 협상을 검토한 것입니다. 그런데 진보 진영은 수출 기지가 해외로 나가는 것은 자기들과는 상관없으며 국제적 조류에 불과하다는 식입니다. 비정규직이 파업하자 사다리를 걷어차고 사측보다 더욱 거품을 물어대며 앞장서서 파업을 중단시켰습니다. 감히 자신들 밥그릇에 손댄다고 보았기 때문입니다.

이민 정책을 앞장서 옹호하는 것은 물론이요, 고환율에는 별 말이 없고 은근히 즐기는 기색까지도 보입니다. 다만 부자 감세 부분만 반대하고 있는데, 상위 노동자를 포함한 종합적인 세제 개편에는 명시적으로 반대하고 있습니다. 한줌 부자들만 쥐어짜면 된다는 식인 것입니다. 이런 것들을 과연 진보라고 할 수 있을까요. 진보가 아니라 진보류들일 뿐인 것입니다. 그래서 노무현을 그토록 물어뜯어댄 것입니다. 자신들의 썩은 이면을 자꾸만 들춰내려드는 노무현에게 분노했기 때문입니다. 더욱 어처구니없는 것은 노무현을 진보 전체의 공적으로 몰아가기 위해 '신자유주의자', '삼성의 앞잡이' 등의 딱지까지 붙인 것입니다.

1970년대 금태환제도의 중단과 1980년대 레이건 정부 출범으로 공급 경제학이 득세한 이후 일관된 자유주의의 기조는 바로 감세, 복지 축소, 민영화, 환율 조작, 자산 버블, 빈부 격차 등입니다. 노무현은 이에 대응해 증세, 복지 증가, 민영화 중단, 저환율, 종부세, 거래실명제 도입으로 부동산 버블 억제, 그리고 빈부 격차 완화를 위한 기획예산처의 경제부처로부터의 독립과 이를 통한 복지 부서, 농업 부서 등으로의 지원 확충 등을 도모했습니다. 세상에 이런 신자유주의자도 있다는 말입니까.

또한 노무현은 삼성이 가장 바라던 금산분리 규제 완화, 수도권 규제 완화, 고환율, 부자 감세, 종부세 폐지 등의 요구도 하나도 들어주지 않았습니다. 세상에 이런 앞잡이도 있다는 말인가요. 이상은 지지 세력이었던 진보 세력과의 갈등이 아니라 자신의 잘못된 관행을 내려놓지 못하던 진보류들이 수구류들처럼 김대중 · 노무현을 물어뜯으려고 달려든 적반하장적 행태 그 이상도 이하도 아닐 뿐입니다. 신자유주의 프레임 역시 빨갱이 프레임만큼이나 악랄한 데마고기(거짓 선동)였을 뿐이었던 것입니다.

그런데도 이상돈 교수는 노무현을 보수와 싸우면서 진보에도 인심을 잃은 단수 낮은 정치가 정도로 평가하고 있는 듯합니다. 좀 더 조용하고 세련된 정치를 하지 못했다는 것입니다.

그럼 이상돈 교수에게 조용하고 세련된 정치란 무엇을 말하는 것일까요. 설마 국정원, 국세청 등을 동원해서 약점을 잡은 후 옴짝달싹 못하게 하라는 것인가요. 아니면 요정 등으로 조용히 불러서 술 한 잔 하면서 돈 봉투라도 좀 디밀고 하며 휘어잡으라는 것인가요. 그것도 아니면 법 안 지키고, 군대 안 가고, 세금 안 내는 사람들에게 상이라도 주거나 적어도 쉬쉬하라는 말인가요.

아닐 것입니다. 그럼 어떻게 해야 한다는 말인가요. 민주주의 사회에서 이 경우 오직 대화와 타협으로 해결할 수밖에는 없습니다. 그리고 그 과정은 말로 이루어집니다. 그래서 노무현이 말을 한 것입니다. 말의, 말에 의한, 말을 위한 정치를 한 것이라는 이야기입니다. 그런데 이상돈 교수는 이 부분도 "말을 너무 막 했다", "불필요한 말을 너무 많이 했다"라는 식으로 비판하고 있습니다. 그럼 대관절 어떻게 하라는 것입니까. 음성틱 환자처럼 테이프로 입이라도 가리고 있으라는 말인가요. 아니면 말 대신 텔레파시로 소통하라는 말인가요. 그것도 아니면 보수들의 방식인 조·중·동 읽고 거기 적힌 대로 하거나 그러다 모르는 거 있으면 언론사 편집국에 전화해서 물어보고 하라는 말인가요.

그것은 아닐 것입니다. 결론은 말뿐입니다. 그리고 거기에 글이 더해집니다. 그러나 글은 준비되어 가식이 더해질 수 있고 대필될 수 있어 진실성이 완벽히 보장되지 않아 말보다 효용적일 수는 없습니다. 그렇게 말에 의한 솔직함이 담보될 때 우리는 서로의 진심을 이해할 수 있고 서로 간의 차이도 인정할 수 있게 될 것입니다. 그때 비로소 진정한 대화와 타협이 가능해지고 보수와 진보의 분화도 가능해지는 것입니다.

이상돈 교수는 온 나라가 하루도 조용할 날 없이 시끄러웠다고 지적했지만, 주권자인 국민이 한마디 하는 것을 막을 수단은 그 어디에도 없습니다. 다만 그런 시끄러운 과정을 거쳐 가면서 조금 세련된 방식으로 소통하는 진화를 해나갈 수 있어야 하는데, 그 과정이 바로 분권과 자율의 요체인 것입니다. 그리고 그러한 분권과 자율이 이뤄지기 위한 토대가 투명과 공정입니다.

이 모든 것은 바로 원칙과 상식 그리고 신뢰 위에서 가능한 것입니다. 그래서 그것을 이뤄내기 위해 법과 규칙의 일관된 적용이 중요한 것입니다. 그런데 대한민국에는 그런 것들을 해줄 제대로 된 보수 세력이 없습니다. 그래서 이상한 대한민국이라는 것입니다.

이상돈 교수의 글을 읽을 때마다 이상한 대한민국을 느끼는 이유도 바로 여기에 있습니다. 만약 이상돈 교수가 보수, 더욱이 안보를 최우선하는 보수라면, 현역 복무를 했을 뿐만 아니라 국방비를 대폭 증강하여 배, 비행기, 전차 등이 낡아 국군 장병들이 애꿎은 목숨을 잃는 일이 없도록 군통수권자로서의 최선을 다했던 노무현을 애국보수우파라고 불러줄 수 있어야 하기 때문입니다.

그러나 그는 그런 일에 인색합니다. 또한 진정한 보수우파라면 앞장서서 해야 할 친일매국노 청산도 말하지 못합니다. 언론, 사학, 역사 분야 등을 모두 친일파들이 주름잡고 있는 현실 때문일 것입니다. 범죄, 병역기피, 탈세 등을 밥 먹듯이 저지르는 재벌에 대한 비판도 하지 못합니다. 문화 정체성 확립도 안 된 상태에서의 다문화 정책, 일자리가 부족한 상황에서 기득권 논리에 따라 저임금 인력이 쏟아져 들어오도록 하는 이민 정책 시행도 비판하지 못합니다. 그동안 경제개발 지상주의의 논리였던 민족주의는 결국 남북통일과 복지로 귀착되어야 합니다. 그러나 그것은 막대한 부의 분배를 소요로 합니다.

따라서 있지도 않은 폐쇄적 민족주의란 가상의 적대적 프레임을 만들어 내 국민 동의도 구하지 않은 채 무지막지한 속도전으로 이민 정책을 밀어붙이고 있는데, 이는 원래 보수우파가 그 속도를 적절히 조절해 내야 하는 것입니다. 그런데 한국은 친일 청산 염원을 희석시키기 위해 보수우파를 가장한 수구류들이 이민 정책에 적극 앞장서고 있습니다.

하여 이상돈 교수는 그런 부분을 비판할 수 없고 따라서 전혀 하지도 않고 있습니다. 결국 애국보수우파를 가장한 채 확고한 기득권을 유지하고 있는 수구들을 비판할 수 없으니, 그들이 적으로 규정한 김대중·노무현을 비판할 일 밖에는 없는 것입니다. 그 둘이 진정한 보수이면서 진정한 진보이기도 한데, 이런 부분들을 제대로 살펴 정의 내리는 일조차 마음 놓고 할 수 없는 현실인 것입니다.

그러니 무슨 제대로 된 보수적 가치에 기반을 둔 담론 전개가 가능하겠습니까. 따라서 글을 아무리 정성들여 쓴다고 해도 그 속에서 이상한 기운이 느껴질 수밖에 없고, 결과적으로 비판할 논리라고는 고작해야 북한에 굴종한다는 종북논리나 데모 때문에 짜증난다는 운동권 거부 논리 밖에는 없는 것입니다.

이상돈 교수가 이회창을 버린 이유 역시 종북좌파 정당인 민주당 출신을 받아들였다는 이유 때문이었고, 이명박을 버린 이유도 이재오 등 운동권 출신을 가까이 한다는 이유에서였지 그들이 보수우파의 적통이 아니었기 때문이란 이유는 아니었습니다. 그래서 이상돈 교수의 글이 비록 자칭 보수 정당이라는 한나라당 출신의 현직 대통령을 강력히 비판하고 있더라도 한계가 있을 수밖에는 없고 이상한 느낌까지도 들 수밖에 없는 것입니다.

더욱 이상한 것은 이러한 이상한 느낌들이 본질적으로 낯설게 느껴지지 않기 때문인데, 그 이유는 바로 진정한 보수이면서도 애국보수우파 행세를 하는 수구들에게 공격받고, 진정한 진보이면서도 애민진보좌파 행세를 하는 짝퉁 진보 얼치기 좌파들에게 공격받아 만신창이가 된 김대중·노무현을 지켜보면서 느꼈던 이상한 대한민국의 느낌과 본질적으로 비슷한 것이기 때문입니다.

부동산 버블로 이익 본 수구류들이 부동산 오른다고 입에 거품을 물고, 임금 격차로 이익 본 진보류들이 임금 격차가 너무 벌어진다고 거품 무는 모습을 지켜볼 때나, 그러면서도 정작 부동산 버블을 잡을 정책은 결사반대하는 수구류들과 같은 작업장에서 같은 일을 하면서도 차별받는 비정규직들의 투쟁을 앞장서 막아내는 진보류들을 볼 때도 마찬가지로 이상한 느낌을 느낍니다.

세금 내는 것은 싫어하면서 복지는 좋아하는 국민의 모습을 볼 때도 그러합니다. 한명숙, 유시민은 떨어뜨리고, 곽노현, 김상곤은 뽑은 그 이중성 속에서도, 이상돈의 글에서처럼 기괴하기 그지없는 이상함이 느껴지는 것입니다. 재벌, 부자 감세, 토목공사, 고환율 정책 등으로 수백 조를 퍼주면서, 고작 수백 억 드는 무상급식은 그들이 싫어할 것이라는 논리로 반대하는 이명박, 오세훈을 지켜볼 때의 느낌 역시 마찬가지입니다.

이처럼 평범한 국민이 원칙과 상식으로 대했을 때 이상한 느낌을 가지게 되는 일들이 지금 이 순간 대한민국에 이토록 빈발하고 있는 이유는, 바로 수구류들과 진보류들이 그들만의 이해관계, 진영 논리로 보았을 때는 그것이 이익이기 때문입니다. 때문에 그러한 자신들의 치부를 들추어내 자꾸만 지적하려 드는 세력들에 분노할 수밖에는 없는 것입니다. 그래서 김대중 · 노무현이 그토록 양 진영으로부터 공격받을 수밖에는 없었던 것입니다. 그런데 이상돈 교수는 이러한 고초에 자학적 측면이 있다고 주장합니다. 의도적으로 즐겼다는 것입니다.

불법, 반칙, 특혜, 몰상식, 무원칙을 지적한 후 그것을 고치자고 말하는 것이 자신에 대한 학대라고 생각한다면 더 이상 할 말이 없습니다. 그런 것을 의도적으로 즐겼다면 올곧은 정치인이라는 방증일 뿐일 것인데, 그럼에도 그런 것들이 그토록 미웠다면 그것이야말로 보수도 진보도 아닌 그냥 이상한 사람일 것이기 때문입니다.

그러나 그렇게 이상한 취급받는 사람들은 노무현 말고도 우리 주변에 많습니다. 집값 오르는데 부동산 버블은 옳지 못하다고 보고 집을 안 사는 사람, 좋은 직장에서의 안정된 직위를 박차고 나와 양심고백 한 후 쓸쓸한 거리에서 황폐하게 살아가는 사람, 생판 처음 보는 사람을 구하기 위해 지하철 선로에 몸을 던져 젊은 날의 생을 허망하게 마감하는 사람,

모든 재산을 기부하고 죽을 때까지 행상을 하며 살아가는 사람 등등. 우리는 그들을 바보라고 부릅니다. 그들은 부당한 현실을 적당한 선에서 눈감아 주고 못 본 척 해주거나, 때로는 적극 가담해 가면서 둥글둥글하게 살지 못하는 사람입니다. 그런 것은 어찌 보면 좌파의 기치인 것처럼 보일 때도 있습니다. 그러나 그것이야말로 바로 진정한 보수의 가치입니다. 다만 오늘날 대한민국의 현실에서 그런 당연한 행동들이 소수의 비애로 비춰지고 있기 때문에 좌파적이며 진보적인 것으로 비치고 있을 뿐입니다.

만약 이상돈 교수가 진정한 보수주의자라면 이런 사람들을 진보좌파라고 욕할 것이 아니라 그들이 하는 일을 대신할 수 있는 보수로서의 양식을 먼저 보여 줄 수 있어야 할 것입니다. 대한민국이 이상하다고 느끼고 그의 글속에서도 역시 이상함을 느낀다고 말하는 이유는 바로 이러한 보수 부재와 그 대체 역할을 해온 김대중 · 노무현에 대한 적반하장적 태도가 온 세상에 판을 치고 있기 때문입니다.

그렇게 본다면 결국 그 역시도 어지럽기 짝이 없는 오늘날 대한민국에서 나름의 올바른 가치판단의 확립에 애를 먹고 있다고 보아야 할 것입니다. 보수로서 내면의 가치판단조차 아직 미완인 이상돈 교수 정도가 정통 보수 그것도 희귀한 보수로 우뚝 군림할 수 있도록 하는 오늘날의 슬픈 한국의 현실, 그리고 그런 어색함이 당분간 바로잡히길 기대하기 어려울 정도로 대한민국의 정체성이 불안정한 상황이라는 것이 매우 유감스럽습니다.

이것이 그의 글을 접할 때마다 이상한 대한민국을 느끼는 기괴한 감정의 진정한 본질일 것입니다.

삼성 비판

삼성 3대 세습의 악몽

2007년 비자금 사건으로 물러났던 이건희 회장이 이재용에게 삼성을 물려주기 위해 다시 회장으로 복귀했습니다. 우스운 것은 이건희 회장은 물러난 적이 없다는 겁니다. 비자금 사건으로 물러날 때도 이사회나 주주총회 등을 통한 것이 아니라, 자신의 입으로 물러난다고 이야기했을 뿐입니다. 2007년 비자금 사건 이후에 그룹 사장단 인사는 누가 단행했나요. 이건희 회장이 했습니다. 그러다가 비자금 사건에 면죄부 판결이 내려지자 슬그머니 복귀한 것입니다.

비자금 사건 같은 경우 미국, 유럽 등 선진국이었다면 최소 무기징역이 떨어질 만한 사건이었습니다. 그러나 이건희는 떡하니 집행유예 판결을 받았습니다. 그 이유는 법치와 사회 공정성이 결여된 국가이기 때문입니다. 그런 그가 회장으로 복귀할 때도 물론 제대로 된 주주총회 등은 없었습니다. 그냥 자기 입으로 '회장으로 복귀한다' 고 했을 뿐입니다.

이건희가 회장으로 복귀한 이유는 아들 이재용에게 3대 부자 세습을 해 주기 위해서였습니다. 또 온갖 비난에도 불구하고 다소 이른 시점에 복귀한 이유는 대규모 적자가 날 수도 있었을 삼성전자가 환율 효과로 17조 원 흑자가 나는 상황의 후광을 이건희를 제외한 이윤우, 최지성 등의 경영진이 누리게 놔둘 수는 없었기 때문일 것입니다. 이건희 회장이 복귀한 덕에 직원들의 사기가 충천하고 경영이 호전되어 150-20조 클럽에 가입하게 되었다는 '홍보 작업' 소재로 꼭 활용해야만 했을 것입니다.

그럼 앞으로 무슨 일이 벌어지게 될까요. 이건희가 이재용에게 회장직을 물려주려 할 것입니다. 그러나 경영 능력이 전혀 없어 보이는 이재용에게 후계 자리를 안정적으로 물려주려면 결국 무능력해도 천문학적 이익을 지속적으로 창출해 낼 수 있는 경영 기반을 만들어 주고 떠나야 합니다.

그럼 '무능력한 경영자가 천문학적 이익을 지속적으로 창출해 낼 수 있는 경영 기반'이란 무엇을 의미합니까. 그것은 바로 국민을 주구장창 우려먹을 수 있는 구조를 말합니다. 구체적으로 말하면 각종 규제를 제거해 버리는 것입니다. 삼성에게 불리한 규제는 모조리 없애 버리고, 삼성에게 유리하고 삼성의 경쟁자에게 불리한 규제는 계속 만들어 나갈 것이란 소리입니다. 그러려면 정관계, 사법계, 학계, 언론계, 시민단체를 예전처럼 로비로 계속 좌지우지할 수 있어야 합니다.

더 자세히 살펴보겠습니다. 삼성의 사업 구조는 크게 산업과 금융, 두 가지입니다. 이중에서 산업 이익은 전적으로 '환율 효과'에서 기인하고 있습니다. 고환율이라는 것은 돈의 가치가 떨어지는 것인데, 그것에 가장 크게 기여하는 것이 바로 물가 상승입니다. 이렇게 돈의 가치가 떨어지고 물가가 상승하면 자본은 장기자산 쪽으로 이동해 부동산이 상승하게 됩니다. 고환율, 인플레이션, 부동산 폭등은 결국 강력한 빈부 격차를 유발하게 되는데, 이러한 연계 구조가 오늘날 양극화의 가장 큰 원인입니다.

그러나 이것도 결국 계속 지속하다 보면 한계에 부딪히게 됩니다. 초기 빈부 격차는 계층 간 경제력의 피라미드화를 유발해 가파른 자산 버블을 가능케 하지만, 한계에 이르면 버블이 일시에 붕괴하게 하는 요인이 되기 때문입니다. 이것이 바로 금융의 특성입니다. 왜냐하면 통상적으로 산업에서는 규모의 경제(economics of scale)라고 해서 산출이 증가할수록 단위 비용 및 리스크가 감소하게 되지만, 금융에서는 거꾸로 규모가 커지고 시장 점유율이 올라갈수록 리스크가 폭발적으로 증가하게 됩니다.

그 리스크가 폭발적으로 증가해 임계점에 다다르고, 양극화로 더 이상 착취할 금융 수요가 일시적으로 소멸하게 되면, 공황이 도래하게 되는 것입니다. 이때 필요한 것이 바로 '이익의 민영화, 손실의 사회화'입니다. 이익은 내가 다 먹고, 손실이 나면 국민들에게 1/n로 뒤집어 씌워야만 하는 것입니다. 이를 안정적으로 지속 반복하기 위해서는 결국 사회 시스템 전반을 장악해야 하는데, 이재용은 아직 경험이 적어 이건희가 좀 더 안정적으로 국가와 국민을 다뤄낼 수 있는 기반을 만들어 주고 가겠다는 소리입니다.

그 기반은 바로 '주종(主從) 역전'입니다. 주주-경영자, 국민-공무원, 유권자-정치인, 이중에서 주인(principal)은 주주, 국민, 유권자이고 대리인(agent)은 경영자, 공무원, 정치인인데, 대리인이 주인을 위해서 일하게 하는 게 아니라 바로 재벌을 위해서 일하게 만드는 구조를 고착화시켜 버리는 것입니다. 그러기 위해선 결국 언론, 교육계를 돈의 위력으로 장악해야 합니다. 불평불만을 억누르고 시스템을 왜곡시키기 위해서는 정보와 사실, 그리고 진실을 차단해야 합니다. 이것의 만연화가 바로 민주주의의 파탄입니다. 결국 삼성의 산업과 금융, 이 양 날개가 순항하려면 빈부 격차와 양극화가 끊임없이 악화되고 민주주의가 정체되어야만 하는 것입니다.

삼성이 잘 나갈수록 국민이 피곤해지는 이유가 바로 그것입니다. 어떤 한 사람이나 기업의 행동이 타인이나 타 기업에 의도하지 않은 손해를 가져다주는 경우를 외부효과(externalities)라고 합니다. 그리고 그 외부효과로 인해 나타나는 시장 실패를 예방, 시정하기 위한 것이 규제의 존재 이유입니다. 삼성은 이를 막기 위해 사회 권력과의 유착으로 경제계를 주무르고 있는 것입니다. 이것은 시장의 효율성을 무너뜨립니다. 그 경제가 효율적이란 말은 타인의 후생을 감소시키지 않고서는 더 이상 자신의 후생을 증가시킬 수 없는 상태를 말합니다. 그런데 삼성은 이 제지를 막아내는 방법으로 이익 구조를 유지하고 있는 것입니다.

효율성과 함께 미시경제의 양대 축인 공정성은 논할 가치조차 없습니다. 이건희 회장이 공정한가요. 그에 대한 사회적 잣대가 공정한가요. 천만의 말씀입니다. 이건희 회장과 삼성은 우리 사회의 불공정 그 자체라고 할 수 있습니다. 따라서 삼성은 우리 시장경제체제를 흔드는 가장 큰 요인 인 것입니다. 삼성으로 인해 가격 시스템이 무너지고, 경제 성장이 저하되고, 사유재산이 침해되고, 자유경쟁이 제한받고 있는 것입니다. 법과 규칙이 엄격히 집행되지 못하고, 경쟁이 제한되다 보니 시장의 역동성이 사라지고 있습니다. 그러다 보니 일자리가 창출되지 못하고 있습니다. 새로운 기업이 탄생하지 않고 기존 기업은 삼성에 눌려 성장하지를 못합니다. 매출이 늘어도 이익이 늘지 않고, 이익이 나면 바로 교섭(negotiation)이 들어옵니다. 따라서 해외로 이전할 수밖에 없거나 외국인 노동자를 고용할 수밖에는 없습니다. 그럴수록 내국인 고용은 악화되어 갑니다.

결론적으로 삼성은 자신의 힘으로 성장해 국가 경제와 서민 민생에 기여하는 것이 아니라, 그들을 딛고 성장하는 기업인 것입니다. 바로 이 경영 비법을 이재용에게 전수하고, 그것이 제대로 작동되는 것을 보고 물러나는 것이 이건희의 목표라고 생각합니다.

이건희 회장이 예전에 한국 경제가 일본, 중국이라는 고래에 낀 새우가 될 우려가 있다고 주장한 바 있습니다. 그러나 한국은 일본, 중국이 아니라 삼성과 이건희에 끼어 등골이 터지고 있습니다. 그런데 복귀해서 한다는 말이 "저성장이 우려되고 있고 따라서 경영 기반 악화에 대비해야 한다"는 것입니다. 이 말은 한국의 민주주의가 다시 회복되고 경제가 상생하는 구조로 나아갈 것을 우려한 말로 들립니다. 법치가 바로 서고, 시장의 효율성·공정성이 제대로 작동되고, 대리인들이 주인을 위해서 일하고, 필요한 규제는 생기고, 불필요한 규제는 없어질 수 있는 상황에 대한 공포감을 나타낸 것으로 보입니다.

이렇듯 삼성 3대 세습의 악몽은 결국 국가 기강문란, 민생 어려움을 전조하는 것이라 할 수 있습니다. 한번 시간을 내어 인터넷에서 그간 삼성이 저지른 부도덕한 행위들을 검색해 보시기 바랍니다. 그 글들을 보고 있으면 참혹하게 비명을 내지르고 있는 어느 한 소년의 모습이 연상됩니다. 그 모습은 바로 우리 자식과 손자 세대들의 미래 자화상이라고 생각합니다. 그런데도 아직 '삼성이 한국을 먹여 살리고 있다', '삼성이 대한민국의 유일한 희망이자 자랑이다'라고 착각하는 사람들이 꽤 많습니다.

틀린 이야기입니다. 삼성의 3대 부자 세습의 고리가 끊겨야만 그때 비로소 이 땅 위에 진정한 민주주의와 시장경제가 시작될 수 있고, 조세·복지 선진화와 사람 사는 세상의 서광이 비칠 수 있게 될 것입니다. 아마 이건희 회장이 유일하게 우려하는 것도 그것을 깨닫고 행동하는 의식 있는 '시민'의 증가일 것입니다. 그 우려의 현실화가 바로 지금 국민이 할 일일 것입니다.

삼성의 법치 파탄

2008년 금융위기 직전까지 이건희 회장의 삼성그룹 지분율은 1.07%였고, 고작 그 지분율로 연매출 200조 원이 넘는 회사를 장악하고 있습니다. 그럼 왜 이렇게 지분율이 적을까요. 그것은 핵심 회사인 삼성전자에 대한 지분율이 특히나 낮기 때문입니다.

그럼 삼성전자에 대한 지분율이 낮은 이유는 무엇일까요. 그것은 삼성전자의 성장성이 불확실했기 때문으로 보입니다. 지금이야 연매출 150조 원, 순이익 17조 원의 우량 회사로 성장했지만, 십수 년 전만 해도 삼성전자는 삼성의 불안거리였습니다. 즉, 투자는 대규모로 들어가는데 전망은 불확실했던 것입니다. 따라서 이건희 회장은 삼성전자 지분을 많이 확보하지 않았던 것으로 보입니다. 이것은 초창기 LG가 LG생명과학을 자회사로 편입하지 않고 뜸을 들였던 이유와 비슷합니다.

즉, 삼성전자가 이렇게 성장하고 주가가 뛰어오를 줄은 그도 예측하지 못했다는 이야기가 됩니다. 그런데 웃기는 것은 많은 언론 매체가 마치 이건희가 삼성전자 성장의 산파 역할을 하고 몸집을 키워내고 결정적인 기술 투자의 갈림길 등에서 정밀한 기술적 결단을 내려 오늘의 삼성전자가 탄생했다고 쓰고 있다는 것입니다. 이런 홍보 때문에 아직도 많은 사람들이 삼성전자는 이건희 회장 때문에 컸다는 착각 속에서 벗어나지를 못하고 있는 것입니다. 그러나 이것은 명백한 과대 뻥튀기입니다.

그것은 이건희 회장의 삼성전자 지분율이 입증합니다. 만약 그가 당시 삼성전자에 사활을 걸었거나, 성장을 확신했다면 지금보다는 비교할 수 없을 정도로 많은 지분을 확보했을 것이기 때문입니다. 그것은 주가로 보나, 기업 경영의 불투명성으로 보나, 얼마 전 들통 난 그의 은닉 자금 규모로 보나 충분히 가능했었던 시기입니다. 그러나 안했습니다. 그러다 삼성전자가 기술자의 땀과 하청 업체의 희생, 그리고 국민적 지원으로 성장했고, 주가 또한 예상 밖으로 치솟자 그는 당황했을 것입니다. 그래서 에버랜드, 삼성생명 등을 통한 지배권 확보에 혈안이 됩니다. 이후 일들은 모두 아시는 대로입니다.

이 와중에 우리가 주목해야 할 것은, 이건희 회장은 삼성전자의 성장에 생각만큼 역할을 한 것이 없으며, 처음에는 몸을 사리다가, 나중에는 뺏길까봐 몸이 달아 온갖 불법 행위를 저질렀다는 것뿐입니다. 돈 천만 원만 횡령해도 법정에 서고 구속이 됩니다. 그런데 김용철 변호사에 따르면 이건희 회장이 불법을 저지른 돈의 액수는 무려 수천억 원이 넘습니다. 그런데도 집행유예로 빠져 나왔습니다. 그 이유는 삼성전자의 성장에 대한 공헌 때문일 것입니다.

이건희는 범죄를 저질러 법정에 서면서 "지금 심정이 어떠냐"는 기자들의 질문에 "(당신 같으면) 어떻겠어요"라고 되묻는 황당한 모습을 보여 주었습니다. 돈 천만 원만 횡령하고 법정에 서서 그런 식으로 말하면 당장에 구속되고 징역을 살아야 할 것입니다. 그런데 그는 그렇게 절대 안 되죠. 그것이 바로 우리 사회의 법치와 사회 공정성이 바로 서려면 아직도 멀었다는 절대적 증거일 것입니다.

삼성의 공정성 파탄

'삼성이 대한민국을 먹여 살린다'고 주장하는 사람들이 적지 않습니다. 하지만 틀린 말입니다. 실상은 대한민국 전체가 삼성 하나를 먹여 살리기 위해 허리가 휘고 있습니다.

적하효과(Trickle Down Effect)라는 것은 양동이를 피라미드형으로 쌓아 놓고 맨 위에서 물을 부으면 아래로 넘쳐 내린다는 것입니다. 시간이 걸릴 뿐 과실은 결국 전체로 돌아간다는 논리입니다. 아랫목에 불 때면 시간이 흘러 윗목도 따뜻해진다는 논리입니다.

원래 이런 적하효과는 바로 유치산업 보호 논리입니다. 다섯 형제 중 맏이를 대학 보내기 위해 나머지 4명을 학교에 보내지 않으면 나중에 맏이가 성공해 4명 먹여 살릴 것이라는 논리로 시작된 것입니다. 그러나 실상은 어떤가요. 성공해서 부잣집에 장가가고 나면 그때부턴 몸에서 냄새 나고 말투에서 천박한 티가 흐르는 가족이 창피해집니다. 그때가 되면 도와주고 싶다기보다는 담을 쌓고 멀리하며 지내고 싶어지는 것입니다.

이건희 회장의 삼성도 그러합니다. 키워 놓으니 중소기업 상생, 정규직 고용, 납세를 외면하고, 단가 쥐어짜기, 비정규직 고용, 감세를 주장합니다. 고환율 정책, 이민 정책, 복지 지출 삭감 후 대규모 토목 지출 정책 등을 원하는 것 또한 마찬가지 개념입니다. 도와주진 않고 도와달라는 요구에만 여념이 없는 것입니다.

뿐만 아닙니다. 그는 대한민국이 진보와 복지로 나아가야 할 미래를 손상시키고 있을 뿐더러 보수와 자유의 토대마저도 뒤흔들고 있습니다. 이것은 4대강 공사를 진보뿐만 아니라 보수 진영에서 반대하는 이유와 그 기저가 같습니다.

시장경제는 가격 시스템에 의해 움직입니다. 가격 시스템이 잘 작동하기 위한 조건은 바로 사유재산권 보장과 자유경쟁의 훼손 방어입니다. 이게 잘되지 않으면 시장 실패(market failure)가 빈발하게 되고, 사회 전체의 후생이 크게 감소하게 됩니다. 따라서 법과 규칙을 엄격하게 집행하고, 경쟁을 제한하는 행위를 엄격하게 처벌하고, 화폐 가치 안정을 저해하는 행위를 엄격하게 차단해야 합니다. 그런데 이게 잘 안 되고 있는 것입니다. 바로 이건희 회장에 의해서 그렇습니다.

그는 법을 잘 안 지킵니다. 병역 면제, 탈세, 배임, 등의 범죄를 밥 먹듯이 저지르고도 제대로 처벌받지 않습니다. 고용과 납세 등 기업의 사회적 의무를 만족스럽게 이행하지 않는 것은 물론이요, 노조 설립 방해, 비정규직 대량 발생, 하도급 업체 쥐어짜기 등을 통해 도덕률을 혼탁하게 만듭니다.

이것을 지속하기 위해 이건희 회장은 시장 실패를 막아내기 위한 규제의 철폐에 혈안인 것입니다. 이를 위한 로비에 의해 정상적인 규제 작동 미비로 수많은 시장 실패가 발생하게 되고, 그로 인해 현재 수많은 사람들의 인생이 좌절되고 있는 것입니다. 결과적으로 그는 진보와 복지의 최대 장애물이기 이전에, 보수와 자유의 최대 장애물인 것입니다. 그리고 그러한 그의 참모습의 결정판이 바로 한미 FTA입니다.

한미 FTA의 본질은 과연 무엇일까요. FTA는 국제무역협정입니다. 따라서 한미 FTA의 본래 목적은 바로 이 협정을 기반으로 무역을 통한 한국 전체의 부를 향상시키는 데 있습니다. 그러나 진짜 본질은 '전체 부의 향상'이 아닙니다. 본질은 바로 국제무역의 확장을 통해 전체의 부는 증가할 수도 있겠지만 이득을 보는 사람과 손해를 보는 사람이 극명하게 나뉘게 된다는 점입니다. 부는 늘어나는데 그것을 따라잡기는커녕 되레 손해를 본다면, 손해를 보게 되는 사람의 인생은 추락하게 될 것입니다. 더욱이 그 과정의 룰 자체가 불공정하다면 더 이상 논할 가치조차 없는 것입니다. 그런데 삼성은 한미 FTA 과정에서 국민 중 상당수 인생을 벼랑 끝으로 몰아세우고 있는 것입니다.

무역을 통해 수출 산업이 확장되게 되면 수혜 산업의 생산요소에 대한 수요는 증가하고 피해를 입는 산업의 생산요소에 대한 수요는 감소하게 됩니다. 그 생산요소란 바로 노동자를 가리킵니다. 쉽게 말하면 현재 삼성전자 직원은 보너스로 흥이 나고, 외국산 수입품 등의 밀물 유입으로 인한 내수 피해 산업체 직원이나 농민들은 힘겹게 되는 것입니다.

이상을 통해서 우리는 FTA의 핵심 요체가 그 자체의 가부 찬반에 있는 것이 아니라 무역 확장의 과실을 사회적으로 공정하게 분배하고 그 확장 속에서 쓰러지는 사람들의 폐해를 확실하게 어루만져 줄 수 있느냐

하는 '무역의 정치경제' 에 달려 있다는 점을 명확하게 알아야만 합니다.

결국 FTA는 필연적으로 조세제도의 후퇴를 유발하게 될 것입니다. 복지 정책의 후퇴 및 해체 또한 불러오게 될 것입니다. 이것은 종국적으로 한미 FTA를 통해 이 땅의 빈부 격차가 더욱 가속화되게 될 것임을 의미하는 것입니다.

정리하면 4대강, 삼성의 현재 모습 그리고 한미 FTA의 공통점은 보수와 진보 진영 모두에 이로울 것이 없으며, 모두가 반대하는 것들이라는 것입니다. 이것에 찬성하는 사람들은 진짜 보수와 진보가 아니라 오류에 빠진 경우일 것입니다.

이중에서도 문제의 핵심은 삼성 이건희 회장 일가에 있습니다. 최근 그가 "삼성의 대표 사업과 제품이 10년 안에 사라질 것"이라고 말하는 것을 보고 너무나 어이가 없어 깜짝 놀랐습니다. 삼성의 대표 산업은 반도체, LCD, 휴대전화, 디지털미디어, 백색가전 제품이 아닙니다.

바로 법규 위반, 병역 기피, 분식회계, 비자금, 탈세, 로비, 비정규직 쥐어짜기, 하청업체 쥐어짜기, 인플레이션 정책, 고환율 정책 등이 삼성의 대표 사업인 것입니다. 그런데 이게 10년 안에 사라질 수 있을까요. 비자금 기술자들을 여전히 중용하고 있다는 점이 그것의 불가함을 입증합니다.

비자금 조성을 지속하려면 분식회계와 탈세는 자동으로 따라가야 하고 이 냄새를 맡고 달려드는 수구 정당, 법조인, 수구 언론, 부패 공무원 등에 대한 로비도 자동으로 지속해야 합니다. 이 과정에서 삼성은 부동산 특혜, 인플레이션 정책, 고환율 정책, 부자 감세 정책, 물가 폭등 정책 등을 다시 반대급부로 요구할 것이고, 비정규직과 하청업체 쥐어짜기 및 투자 고용 거부에 대한 눈감아주기 또한 요구할 것입니다. 이건희 일가가 사라지기 전에는 삼성의 이러한 부패한 사업 구조는 절대로 사라질 수 없는 것입니다.

그런데 그는 협력 업체 및 주주와 함께 더불어 성장하는 상생을 약속하고 있습니다. 따라서 이는 거짓말인 것입니다. 그럼에도 이건희 회장은 당당하게 상생, 발전, 인류 번영 같은 단어들을 외치고 있습니다. 사회를 따뜻하고 아름답게 변모시켜 나가자고 호소하고 있기까지 합니다. 그의 가슴 속에 일말의 양심이라도 존재한다면 결코 내뱉을 수 없는 말들일 것입니다.

정녕 이런 분통 터지는 일들을 막을 방법은 없는 것일까요. 있다면 그것은 오직 국민의 투표뿐일 것입니다. 투표를 통해 제대로 된 정치세력을 만들어 내 그들을 통해 이런 부조리들을 제거하고 삼성을 바로 세워 내는 것만이 유일한 해법이라는 말입니다.

맨커올슨이란 사람은 《집단 행동의 논리(*The Logic of Collective Action*)》라는 저서에서, "국민 전체가 투표로 이득을 보는 표결에 있어서 내가 참여하지 않아도 어차피 통과될 것이라면 참여하지 않고 무임승차를 즐기려 들 것이고, 내가 참여해도 어차피 통과되지 않을 것이라면 참여하지 않고 그 참여 비용을 절약함으로써 역시 무임승차하려 들 것"이라 비판한 바 있습니다.

그래서 사람들이 정치에 잘 참여하려 들지 않는다는 것입니다. 경제적 논리에 따른 비양심적 속성 때문입니다. 여기서 한발 더 나아가 '지겨우니까 정치 이야기 하지 말자' 라고 주장하는 사람들도 심심치 않게 볼 수 있습니다. 무임승차도 모자라 적반하장의 모습까지 연출하고 있는 것입니다. 정치 발전이라는 공공재의 보급을 위해 경제적 희생을 감수하고 노력하는 성숙한 시민들의 노고 위에서 무임승차를 즐기는 것도 모자라 그들의 노고에 찬물을 끼얹기까지 하고 있는 것입니다.

왜 이런 현상이 벌어지는 것일까요. 그것은 위에서 말한 대로 주류 기득권들의 권력 유지 속성이 바로 거짓과 폭력에 있기 때문입니다. 한편으로는 재벌이 국민을 사랑하고 사회를 아름답게 만들기 위해 노력하고 있다는 프로퍼갠더를 언론 등을 통해 지속적으로 주입시켜 정치 발전 노력의 열기에 찬물을 끼얹고, 다른 한편으로는 그래도 속아 넘어가지 않고 정치 발전이라는 공공재 보급을 위해 필사적으로 노력하는 민주 시민들에게는 고소 고발 남발, 구속 협박, 해고, 세무 조사 등의 폭력을 가하는 것입니다.

이런 과정들을 거치면서 두려움, 공포감이 유발되고, 이러다 보면 마음 한편에 본능적인 정치에 대한 거부감이 형성되게 되는 것입니다. 이것이 바로 폭력이 만들어 내는 국민들의 정치 기피 현상입니다. '정치에 신경 끄고 조용히 살아라', '정치는 정당, 법조계, 언론, 재벌 등이 알아서 할 것이다', '그렇지 않고 시끄럽게 설쳐대면 험한 꼴을 보게 될 것이다' 등의 폭력과 정치 후퇴 메커니즘의 중심에 바로 삼성 같은 재벌이 놓여 있다는 소리입니다.

그것이 바로 소수의 이해 집단이 숫자는 많지만 잘 조직되지 않은 국민들을 쉽게 농락할 수 있는 이유이며, 정치경제의 발전을 요원하게 만들고 있는 이유이기도 합니다. 그래서 이건희 일가는 그것의 지속에 사활을 걸고 있는 것입니다.

결론적으로 이건희와 삼성은 오직 환골탈태만이 정답입니다. 이를 위해 특별한 다른 조치가 필요한 것도 아닙니다. 정권이 바뀐 후 법대로만 조치하면 됩니다. 희망도 보이고 있습니다. 김용철 변호사의 양심 고백 이후 민주 진보 진영에 '이건희 일가와 삼성은 결코 쉽게 바뀌지 않을 집단'이라는 확신이 생겨나고 있기 때문입니다. 따라서 삼성의 개혁은 더 이상 비현실적인 이야기가 아닙니다.

그때가 오면 이건희는 다른 사람들의 인생을 고통스럽게 방치하면서 자신의 일가만 호의호식 할 수 없다는 세상사 간단한 이치를 뼈저리게 느끼게 될 것입니다.

삼성의 의료 민영화 시도

　　　　흔히 의료 민영화의 폐해를 들 때 가장 먼저 미국이 언급됩니다. 그럼 미국의 의료비가 높은 이유가 무엇일까요. 여러 이유를 들 수 있겠지만 그것은 기본적으로 의료 재화와 서비스의 가격 상승률이 다른 재화와 서비스의 가격 상승률보다 월등히 높게 지속되어 왔기 때문입니다.

예컨대 인플레이션율이 10년간 매년 3% 상승을 기록했다면, 이것은 평균이 그렇다는 것이지 모든 가격이 그렇게 올랐다는 것은 아닙니다. 즉, 빵 값도 3%, 이발비도 3%, 의료비도 3%, 이런 식으로 모든 재화와 서비스의 가격이 동등하게 올랐다면 그러한 물가 상승이 심각한 부의 격차를 유발하진 못할 것입니다.

그러나 실제로는 전혀 그렇지 못합니다. 현실 속에선 빵 값은 −6%, 이발비는 0%, 의료비는 15%, 이런 식으로 차등화해 오르게 되는 것입니다. 지금 미국의 의료비가 비싼 이유도 바로 '의료 재화와 서비스비의 평균 인플레이션율을 훨씬 초과한 수십 년에 걸친 상승 지속' 때문에 벌어진 현상인 것입니다.

그럼 왜 이렇게 올랐을까요. 예컨대 똑같은 재료와 크기의 단팥빵 하나를 어느 곳에서는 한 개에 500원, 다른 어느 곳에서는 5,000원에 판다고 하면 어떤 현상이 벌어지게 될까요. 제대로 된 시장경제 시스템이 작동하는 곳 혹은 분야라고 한다면 당연히 단팥빵 하나를 5,000원에 파는 곳이 가격을 내리거나 그게 싫다면 결국 장사가 안 되어 문을 닫게 될 것입니다.

그러나 제대로 된 시장경제 시스템이 작동하지 못한다면 두 곳이 담합해 가격을 끌어올리거나 가격을 내리려는 곳에 압력을 가하게 될 것입니다. 예컨대 제빵협회 같은 곳의 은밀한 개입 등을 통해서 말입니다. 허나,

이 경우에는 한계가 있습니다. 왜냐하면 단팥빵이라는 재화는 삶의 구성 요소에서 필수 재화가 아니기 때문입니다. 즉, 빵 값이 너무 높다면 안 먹고 다른 대체재를 찾으면 그만인 것입니다. 그렇기 때문에 비록 제빵사들 간에 어느 정도의 독과점과 담합이 일어난다 하더라도 빵의 판매자와 소비자는 적절한 선에서 타협해 곧 시장 균형 가격을 만들어 내게 되는 것입니다.

그러나 의료는 그렇지 못합니다. 의료는 필수 재화입니다. 예를 들어서 손을 다쳤는데 의료비가 비싸다고 치료를 안 받을 수는 없는 노릇인 것입니다. 따라서 만약 이 분야에서 독과점, 담합 등이 나타난다면 국민들은 그냥 속수무책으로 당할 수밖에 없게 됩니다. 그래서 대부분의 나라에서 의료 분야에 국가가 강력히 개입하여 의료 공공성을 유지하는 것입니다.

기본적으로 미국의 의료비가 폭등한 이유는 이렇듯 절대로 민영화해서는 안 되는 의료 분야에서 공공성을 배제한 채 민영화를 단행했기 때문에 벌어진 참사라고 할 수 있습니다. 그럼 이게 의료비 폭등 이유의 모두 일까요. 답은 그렇지 않다는 것입니다. 아무리 의료 민영화가 이루어졌다고 해도 즉각 의료비를 무한정 끌어올릴 수는 없는 노릇입니다. 강력한 사회적 반발에 부딪히기 때문입니다.

의료비 폭등의 기저에는 바로 '의료 과실 비용 전가' 및 '새로운 치료 기술 및 신약 효능에 대한 과대 포장 수법'이 도사리고 있습니다. 예를 들어서 아이가 팔이 다쳐 치료하러 갔는데 예전에는 그 비용으로 30만 원이면 족했다면 의료 민영화가 되면 의료보험 수가가 껑충 뛰게 될 것입니다. 그럼 그런 고비용 하에서 티끌만한 과실이라도 발생한다면 보호자가 그것을 용납하려 들겠습니까. 당연히 의료 과실 소송을 하려들 것입니다. 그럼 병원 측은 로펌 등에 소송 의뢰를 해야 합니다. 막대한 비용이 들게 되는 것입니다. 예컨대 재판 결과, 판사가 흉터 및 정신적 피해

보상에 대한 급부로 병원 측이 보호자에게 1억 원을 지급하라고 판결했다고 하면 어떻게 될까요. 그럼 이 1억 원과 로펌 비용은 어딘가로 전가되어야 하는데, 바로 의료비로 전가되는 것입니다. 이때 정확히 그 비용만큼만 전가될까요. 천만의 말씀입니다. 최소 수 배에서 최대 수백 배에 달하는 비용을 전가하게 되는 것입니다. 그래서 미국의 의료비가 폭등해 온 것입니다.

또 하나는 새로운 치료 기술과 신약에 대한 과대포장입니다. 흔히 신약 하나를 개발하는 데 조 단위의 비용이 든다고 합니다. 통상의 신차 개발 비용보다도 더 많이 드는 것입니다. 의료 민영화 하에서는 이런 약들과 치료 기술에 대한 무한대의 과장이 일어나게 됩니다.

예컨대 심장 수술을 받는데 기존 A라는 수술법으로 치료를 받으면 비용은 2천만 원, 5년 생존율은 85%인데, B라는 새로운 치료 기법으로 수술을 받으면 비용은 5천만 원인 대신에 5년 생존율이 88%로 3% 향상된다고 합니다. 그것이 과학적 합리성에 의해 확실하게 입증될 수 있는 것인지는 일반인들은 구체적으로 알 수 없을 것입니다. 다만 확실한 건 목숨이 왔다 갔다 하는 판국에 돈 3천만 원 따위가 문제는 아니라는 것뿐입니다.

결국 소송과 목숨을 레버리지로 무한대의 의료비 인플레이션율이 일어나게 되는 것입니다. 문제는 여기서 다가 아니라는 점입니다. 최근 일부 의료인들이 분개하고 있는 이유 중 하나는 바로 의료비와 소송비의 형평성 문제입니다. 예컨대 우리나라 의료비는 미국에 비해서 쌉니다. 그래서 재미교포들이 한국에 들어와 치료 및 수술을 받는 경우가 자주 있습니다. 그런데 그 과정에서 싼 가격은 만끽하는 반면에 미국적 권리 행사가 몸에 배어 티끌만한 의료 과실에도 과민 반응을 일으킨다고 합니다. 이런 현상들이 일부 의료인 및 의료 법인의 신경을 자극하고 있는 것입니다. 차라리 이럴 거면 미국처럼 의료비라도 폭등시켜야 형평에 맞는다는 주장입니다.

로펌은 또 어떠한가요. 예를 들어서 친일파들의 토지소송에서 가끔씩 승소가 일어나는 이유는, 거기서 100% 패소하게 만들면 소송 자체가 무의미해 지고, 시가의 적어도 30% 이상은 먹을 수 있는 그 황금 분야를 완전히 잃어버릴 우려가 있기에, 일부 법조인들이 고의적으로 친일파에게 가끔씩 승소 판결을 내려주기도 한다는 것이 정설입니다.

그런 법조 집단에게 의료 과실 분야는 결코 포기할 수 없는 황금 시장인 것입니다. 그렇다면 그들 입장에서 의료 민영화는 반드시 되어야 하는 것입니다. 최근 의료 민영화의 단초가 될 법안이 국무회의를 거쳐 국회에 상정되어 있는 상황입니다. 그리고 국회의원 중에는 법조인 숫자가 가장 많습니다.

과연 이들이 의료 민영화를 반대하려 들까요. 일부 양심적 법조인을 제외하고는 그럴 확률이 거의 없을 것입니다. 차라리 의사들 중 의료 민영화에 반대하는 비율보다 법조인 중 의료 민영화에 반대하는 비율이 더 낮을 것입니다. 왜냐하면 의사들 중 소규모의 개인 병원 의사들은 의료 민영화의 사전 구축 단계로 원격 진료, 의료 법인 합병 등이 허용될 경우 대규모 퇴출 사태를 겪을 우려가 있는 반면에, 법조인들이 피해를 입는 부분은 거의 없기 때문입니다. 물론 그들 자신도 의료비 폭등의 피해를 입겠지만 그것보다는 전체 법률 시장의 파이가 커지는 부분의 이익이 월등히 큰 것입니다.

그러나 이 모든 것보다 더욱 큰 의료 민영화 추진의 원동력은 바로 삼성입니다. 삼성이 오래 전부터 삼성의료원을 차려놓고 기다려온 것은 결코 사회봉사 차원이 아닙니다. 바로 한국을 미국 같은 의료 민영화 지옥으로 만들기 위함입니다. 단지 삼성의료원만의 문제도 아닙니다. 의료 민영화가 전면 단행되게 되면 성장 한계에 부딪힌 삼성생명에도 황금알을 낳는 신시장이 열리게 됩니다.

특히나 이 삼성생명은 '에버랜드 ⇨ 삼성생명 ⇨ 삼성전자'로 이어지는 이건희 회장 일가 그룹 지배 구조의 핵심 회사이기도 합니다. 따라서 무슨 수를 써서라도 이 삼성생명의 확실한 이익 창출 구조를 만들어 내야 하며 이를 위해서 의료 민영화는 결코 포기할 수 없는 것입니다.

김용철 변호사도 말했듯 앞으로 삼성을 먹여 살려 주는 핵심 수익은 금융 분야에서 나오게 될 것입니다. 특히나 그 금융 계열사 중에서도 삼성생명의 위치는 독보적이며, 이 독보적 위치 구축의 핵이 바로 의료 민영화인 것입니다.

정권의 향배에 관계없이 안정적인 고수익을 창출해 낼 수 있는 황금알인 의료 민영화, 따라서 이것을 어떻게 포기할 수 있겠느냔 말입니다. 의료 민영화는 삼성으로만 끝나는 게 아니고 주류 언론들 중 또한 관계되어 있습니다. 다들 알다시피 주류 언론 중 일부는 의료 사학과 연계되어 있습니다. 따라서 이들은 방송에 진출하는 것보다도 의료 민영화에 더욱 큰 관심을 보이고 있다고 봐야 합니다.

이것은 여태껏 주류 언론들이 토건 재벌들과 연계해 APT 버블을 일으킴으로써 언론사 수익 구조를 지탱해 온 구조가 무너져 가고 있는 시점이라 더욱 절실하기도 합니다.

정부에게 있어서도 의료 민영 시장의 팽창은 간접세수를 확충할 수 있는 최고의 잠재 세수 확보 카드일 수 있습니다. 부자와 서민 모두 결국 병원을 비슷한 횟수로 이용할 수밖에는 없기 때문입니다.

정리하면 정당, 의료계, 법조계, 재벌, 언론, 정부 등 핵심 주류 기득권들이 모두 의료 민영화를 강력하게 원하고 있다고 볼 수 있는 것입니다.

이러니 과연 힘없는 국민들이 의료 민영화를 막아낼 수 있을까요. 지금 대한민국은 전 세계 최저의 고용률 · 출산율, 최고의 근로시간 · 자살률 · 인플레이션율 · 주택 버블 · 사교육비 등으로 등골이 휘어가고 있습니다. 그 속에서 그나마 유일하게 그럭저럭 봐줄 만한 것이 바로 의료 분야라고 할 수 있었습니다.

그런데 이 분야마저도 주류 기득권들은 도저히 용납하지 못하겠다고 나오고 있는 것입니다. 왜냐하면 국민이 안정적이라는 것은 그만큼 기득권적 관점에 있어서는 이윤이 덜하다는 것을 의미하기 때문입니다. 주택, 교육, 근로 분야처럼 악랄하게 빨려 들어가 허리가 휘어들어가야 맞는데, 의료 분야에서 만큼은 그렇지 못하니 이처럼 분통 터지는 일이 없는 것입니다.

따라서 의료 민영화는 주택, 교육, 근로에 이어 국민의 마지막 남은 4대 관심사 중 하나가 지옥의 나락으로 떨어진다는 것을 의미할 만큼 중요한 문제라고 할 수 있습니다. 어떻게 보면 4대강 문제 등보다도 더욱 중요하다고 할 수 있습니다. 4대강의 경우 차후에 콘크리트를 걷어내면 될 수도 있는 문제이기 때문입니다. 그러나 의료 민영화 문제는 다릅니다. 이것은 주택 버블과 함께 한번 치달으면 쉽게 잡아낼 수 있는 문제가 아닌 것입니다. 그래서 경제학에서 가장 중요하게 다루는 부분이 바로 '인플레이션'인 것입니다.

의료 민영화도 결국 경제학적으로 보면 주택 버블처럼 의료 버블의 문제이고, 이런 버블에서 야기되는 문제는 결국 경제에서 일반적으로 인플레이션이 유발해 내는 악성기전인 과도한 부의 이전, 빈부 격차 확대를 유발해 내게 되기 때문입니다. 결론적으로 의료 민영화는 현 한국적 환경 하에서 부동산 버블, 사학 버블, 근로 지옥에 이어 국민의 부를 수구 기득권들에게로 대규모 이전시킬 주류 기득권들의 마지막 도구라고 할 수 있는 것입니다.

삼성전자의 환각 실적

어떤 외국인이 아래 질문을 던진다면 가차 없이 이렇게 대답할 것입니다.

"삼성전자가 훌륭한 기업인가요?"

"전혀 아닙니다"

"실적은 훌륭하지만 도덕적으로 지탄받는 경영을 하고 있기 때문인가요?"

"그게 아닙니다"

"그럼 대체 왜 삼성전자가 훌륭한 기업이 아니라는 것이죠?"

"사회적 책임을 다했느냐 여부를 따지기 이전에 실적 자체부터가 전혀 훌륭하지 않기 때문입니다"

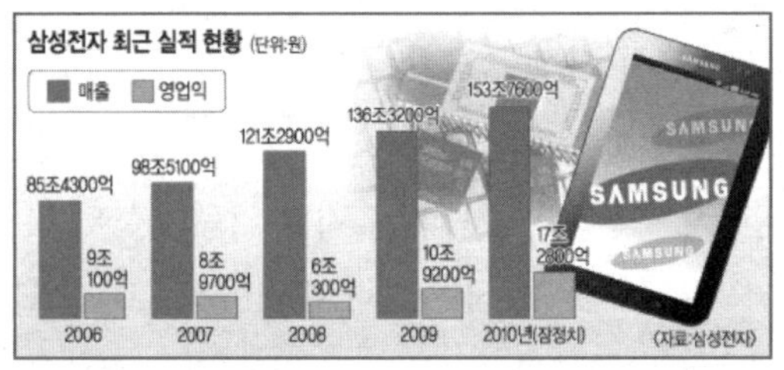

삼성전자가 좋은 기업이라고 착각하는 사람이 있습니다. 좋은 기업은 아니지만 강한 기업이라고 착각하는 사람도 있습니다. 천만의 말씀입니다. 삼성전자는 좋은 기업은 고사하고 그 이전에 강한 기업부터가 아닙니다. 그럼 강한 기업이란 대체 무엇일까요. 스스로의 힘으로 영업이익을 향상시켜 나갈 수 있는 기업이 바로 강한 기업입니다. 2010년 삼성전자는 전년 대비 54% 늘어난 영업이익을 기록했습니다. 2009년에는 무려 83% 늘어난 실적을 기록했습니다.

통상 제조업으로 매출액 대비 10% 영업이익을 내기 어렵고, 영업이익 10% 늘리기도 어렵습니다. 그렇다면 스스로의 힘으로 그런 실적을 기록할 수 있는 원동력이 삼성전자에게 있었습니까. 없었습니다. 바로 이 지점부터 문제가 되는 것입니다.

예컨대 어떤 사람이 일도 하지 않고 물려받은 유산도 없고 또 돈 빌려줄 사람도 없는데, 어느 날 갑자기 거액을 손에 들고 나타났습니다. 그럼 그 돈은 과연 어디서 난 것일까요. 볼 것도 없이 범죄를 통해 얻은 수익일 것입니다. 마찬가지로 특출한 능력도 없는 삼성전자가 거액의 이익을 냈다는 것 자체부터가 설명이 안 되는 것입니다. 그럼에도 설명이 안 되는 거액이 손에 들어왔다면 근처의 누군가가 과도하게 착취되고 있다는 이야기입니다. 바로 중소기업, 자영업, 그리고 서민들이 쓰러지고 있는 것입니다. 삼성전자는 그들의 고통 위에서 파티를 벌여온 것입니다.

2007년 환율이 927원이었습니다. 이명박이 대통령이 되고 1,077원, 1,283원, 1,162원으로, 2007년 대비 16%, 38%, 25%의 높은 수준을 유지했습니다. 이에 맞춰서 삼성전자의 글로벌 연결 기준 영업이익도 2007년 8.97조 원을 기점으로 6.03조 원, 10.92조 원, 17.28조 원 등으로, 2007년 대비 −33%, +83%, +54%의 급등세를 보였습니다.

일견 보면 환율이 전반적으로 고환율을 유지한 데 비해 영업이익은 등락을 보인 것으로 비춰집니다. 즉, 연계성이 별로 없어 보인다는 이야기입니다. 그러나 자세히 들여다보면 이야기는 전혀 달라집니다.

2007년 평균 환율 927원 대비 2008~2010년의 3년 동안의 평균 환율은 1,174원으로, 26.6% 오른 가격대를 유지했습니다. 그럼 삼성전자의 2007년 영업이익 8.97조 원 대비 2008~2010년의 3년 동안의 평균 영업이익은 얼마였을까요. 11.41조 원입니다. 놀랍게도 그 평균 영업이익 증가율은 27.2%입니다. 26.6% vs. 27.2%, 거의 완벽히 오차범위 수준 이내에서 일치하는 것입니다.

환율이 100원 오르면 영업이익이 2조 원 정도 오르는 삼성전자의 실적이, 연간 평균 환율이 250원 오르는 동안 연간 평균 2.5조 원 정도 늘어난 것입니다. 그럼 이것이 삼성이 보여준 환율 조작 환각 실적의 전부일까요. 그렇지 않습니다.

통상 환율의 가격전가(pass-through)효과란 것이 있습니다. 쉽게 말해서 환율이 변화했을 때 수출입 가격을 변화시킬 수 있는가 여부를 따져보는 것입니다. 삼성전자가 속한 IT 하드웨어 쪽은 이러한 가격전가가 쉽지 않습니다. 대신 삼성전자는 고환율로 폭등한 수입재 가격으로 물건을 만들어 납품하는 중소기업의 단가를 올려주지 않거나 오히려 후려친 것입니다. 그리고 여기서 발생한 여력으로 국제시장에서 최대한 가격 메리트를 유지했습니다.

포착하기 쉽지 않은 삼성전자의 이러한 전략 증거는 바로 환율 상승과 영업이익 증가 수준이 거의 일치한다는 데서 찾을 수 있습니다. 환율이 급등락하고 무역 환경이 악화되는 속에서 환율의 변화에 맞춰 함부로 가격을 급변동시킬 수는 없습니다. 그렇다면 결국 안정적으로 영업에 활용할 수 있는 이윤 기반이란 중소기업 쥐어짜기 밖에는 없는 것입니다. 이른바 물건은 삼성이 팔고 보조금은 중소기업이 대신 지급해 온 꼴인 것입니다. 삼성전자 관계자들은 이런 주장을 들으면 혹시 발끈할 수도 있을 것입니다. 물론 이에 대해 얼마든지 반론해 줄 수도 있습니다. 그러나 그전에 그럴 요량이 혹시라도 있거든 강만수부터 상대하고 오는 것이 옳을 것입니다. 강만수가 빼도 박도 못하게 이미 확실히 대못을 박아 놓았기 때문입니다.

삼성전자, 환율 효과 빼면 사상 최대 적자

"삼성전자나 현대자동차 모두 환율 효과가 없었다면 분기 이익이 사상 최대가 아닌 유사 이래 최대 적자를 냈을 것입니다."

강만수 국가경쟁력강화위원회 위원장은 13일 서울 신라호텔 영빈관에서 열린 전국경제인연합회 경제정책위원회 조찬 강연에서, "국내 기업들이 환율 효과가 없었다면 지금과 같은 이익을 누릴 수 없었을 것"이라며 이같이 말했습니다. 그는 "우리나라가 경제협력개발기구(OECD) 국가 중 유일하게 분기 플러스 성장을 했는데, 이는 기업 투자 때문이 아닌 환율 효과와 재정 효과에 따른 것"이라고 밝혔다.

강 위원장은 "역사는 항상 긍정적인 사고와 행동에 의해 이뤄져 왔고, 변화를 위한 시도에는 엄청난 저항과 비난이 있었습니다"면서 이명박 정부의 첫 기획재정부 장관을 맡아 자신이 집행한 정책을 옹호했습니다. 그는 이어 "장관으로 있을 때 외환보유액을 500억~600억 달러나 낭비했다는 비판이 있지만 어처구니없는 논리"라면서 "그러한 주장은 결손을 막지 말고 부도를 내라는 말과 같다"고 주장했습니다.

강 위원장은 "작년에 우리 정부는 최악의 상황을 전제로 해서 조치를 했는데, 결과적으로 최악의 시나리오가 전개됐지만 재정 집행도 세계에서 가장 빨리, 많이, 과감하게 했다"면서 "당시 내부에서 많은 비난을 받았지만 외국으로부터는 칭찬을 받았고 지금은 국내에서도 좋은 평가를 받지 않느냐"고 반문했습니다.

〈조선닷컴, 2009. 10.13〉

일전에 금융계에 종사하는 한 지인과 이런 부분에 대해 심도 있는 이야기를 나눈 적이 있습니다. 삼성이 전 세계 IT주 중에서 압도적인 실적을 거두고 일본 전자업체가 거둔 영업이익보다도 많은 이익을 낸 것 등이 자랑스러울 수 있으려면 삼성전자가 뭔가 독보적인 제품을 만들어 냈어야 했다고 말입니다.

최소한 알약 하나로 모든 암을 예방할 수 있는 획기적 신약이나 방사능 오염물질을 단번에 중화시킬 수 있는 방사성 중화제 발명 같은 위대한 업적은 아닐지라도, 적어도 구글, 윈도우, 아이패드 같은 혁신적인 제품으로 전 세계 전자업체를 선도할 수 있는 정도는 되어야지 비로소 이런 실적도 내세울 수 있는 것이 아니겠느냐는 한탄입니다.

그런데 현실은 어떠한가요. 현 정권의 고환율 조작과 하청업체 쥐어짜기의 불공정 거래 방관 정책, 그리고 고환율에 따른 전세 급등, 물가 폭등으로 국민의 부를 강제로 뜯어 얻어낸 지속 불가능한 실적이 바로 삼성이 지난 3년간 보여준 실력의 전부입니다.

게다가 이렇게 얻어낸 부를 다시 이건희 회장 일가로 이전시키기 위해서 배임, 탈세 등의 범죄까지 저지르고도 삼성 임직원들은 버젓이 승승장구하며 큰소리치고 살고 있습니다. 그것도 모자라 그렇게 얻은 이익의 극히 일부를 사회공동체가 상생하는 데 사용해보자는 제안조차 '듣도 보도 못한 공산주의 정책'이라며 강력 반발하며 거부하고 있습니다.

이런 기업을 과연 좋은 기업이라고 할 수 있을까요. 아니, 좋은 기업을 따지기에 앞서 강한 기업이라고 할 수 있을까요. 또한 무분별한 통화 발행, 환율 조작, 물가 급등, 중소기업 쥐어짜기가 아니면 생존조차 장담할 수 없는 기업이 흔들리지 않고 계속 커나가며 끝없이 국민들의 고혈을 빨아들이는 모습을 지켜보며 과연 어떤 말을 해주는 것이 옳은 것일까요.

최근 어떤 한 남자 분이 제게 삼성의 패악질에 대해 하소연을 해왔습니다. 글을 보다보니 어디선가 본 듯한 사람이었습니다. 알고 보니 그는 바로 얼마 전에 '추적60분'이라는 프로에 출연했던 사람이었습니다. 평생을 S/W 개발에만 바쳐 훌륭한 제품을 개발했는데 삼성이 뻗친 마수에 그만 패가망신하고 만 것입니다. 그 후 억울한 마음에 청와대부터 검찰, 그리고 정부기관에 이르기까지 호소하지 않은 곳이 없었지만 아무도 귀 기울여 준 곳은 없었다고 합니다(추적 60분 : 실태보고, 중소기업의 눈물, http://www.kbs.co.kr/2tv/sisa/chu60/vod/1670226_879.html). 그렇게 그는 건실한 기업가에서 폐인으로 전락하고 말았습니다. 더욱 어처구니없는 것은 국민의 힘으로 성장해 중소기업의 싹을 밟고 있는 삼성이, 조만간 지금하고 있는 사업을 모조리 접어야 할 때가 올 것이라는 점입니다.

현재 삼성의 포트폴리오는 그야말로 조잡하기 이를 데 없습니다. 반도체는 누구나 다 만들 수 있으며, LCD 또한 이미 중국조차 마음대로 과잉 공급할 수 있는 제품입니다. 휴대폰은 애플의 뒤꽁무니를 쫓아다니며 흉내 내고 있으며, 가전제품은 적자에 시달린 지 이미 오래입니다. 이렇듯 그나마 세계 속에서 당당히 경쟁할 수 있는 중소기업의 싹은 있는 대로 다 밟아 죽여 놓은 채 정작 자신은 몸집만 비대하게 커진 채로 고환율에 의한 보조금 지급으로 간신히 버텨나가면서 곧 무너져 내릴 수밖에 없는 막다른 골목으로 다가가고 있는 것입니다.

그런 삼성전자에게 비장의 카드라 할 것이 뭐가 있겠습니까. 그것은 결국, 의료 민영화, 금융 규제 완화 등으로 또 다른 방식으로 국민 보조금을 쥐어짤 카드의 요구, 그리고 삼성전자가 망하면 대한민국이 무너지는 것이나 마찬가지니 요구하는 것 다 내놓으라는 식의 대마불사 억박 카드밖에는 없을 것입니다. 이런 기업은 이미 국민에게는 기쁨이 아니라 슬픔이며 고통입니다. 착잡함을 넘어서 환멸을 들게 만드는 시장경제와 자본주의, 그리고 자유주의의 장애물이란 이야기입니다.

훌륭한 기업이란 경영혁신, 기술혁신을 통해 생산성을 향상시키고 시장을 리딩할 수 있는 새로운 제품을 만들어 낼 수 있는 기업을 말합니다. 여기서 법을 지키고 시장으로부터 지탄받지 않는 도덕의 준수는 기본입니다. 한발 더 나아가 상생과 협력을 넘어 중소기업, 서민 그리고 장애인 등 사회적 약자를 배려하고 보호할 수 있는 수준으로 나아갈 수 있어야 비로소 존경받는 기업이 될 수 있는 것입니다.

그런데 삼성전자에게는 그런 것이 전혀 없습니다. 그럼에도 이런 기업을 훌륭하다고 칭송하거나 주가가 120만 원으로 치달을 것이라 미화하는 사람들이 있습니다. 무슨 수단을 써서라도 돈만 많이 벌면 모든 것이 용서된다는 식입니다. 삼성전자의 환영이 또 다른 환영을 만들어 내고 급기야는 온 사회를 환영으로 미쳐 돌아가게 만들고 있는 것입니다. 그 미쳐 돌아가는 세상 이면에 과연 무엇이 존재하고 있을까요. 그것은 바로 성실하게 살아온 착한 사람들의 하염없는 눈물일 것입니다. 이 눈물을 대관절 언제까지 그대로 손 놓고 지켜봐야 한다는 말입니까. 대관절 언제까지.

김용철을 생각한다

2010년 한해 꽤 많은 책을 읽었는데 그중에서 가장 인상 깊었던 책을 꼽으라면 단연 김용철 변호사가 쓴 《삼성을 생각한다》를 꼽고 싶습니다. 이 책을 무려 다섯 번이나 꼼꼼하게 완독했습니다. 그 이유에는 여러 가지가 있겠지만 가장 큰 이유는 바로 그가 저서에서 여러 차례 노무현을 비판하고 넘어갔기 때문입니다. 솔직히 이 점이 매우 불쾌했습니다. 물론 그가 노무현을 비판해서는 안 된다는 것은 결코 아닙니다. 또한 그가 노무현을 비판한 부분이 있기 때문에 이 책의 가치가 떨어진다는 것도 아닙니다.

그의 책은 그럼에도 주변 사람 모두에 일독을 권유하고 싶을 정도로 여전히 훌륭합니다. 그리고 실제로도 그렇게 했습니다. 다만 그가 책속에서 노무현을 비판한 부분에는 근거가 전혀 없다는 점을 분명하게 지적하고 넘어가지 않을 수 없습니다.

먼저 "2002년 대선에서 당선된 노무현 대통령이 이후 5년 동안 삼성과 찰떡처럼 유착해 놀아났다. 그 결과로 1980~1990년대에는 그저 그런 재벌에 불과했고, 1997년 외환위기 직전까지도 서열 3위에 불과했던 삼성이 공룡으로 성장해 우리 사회 전반을 좌지우지하게 되었으며 그런 책임의 중심에 노무현이 있다"라는 김용철 변호사의 주장은 출발부터가 완벽한 거짓입니다.

1997년 외환위기 직전에 형식상 재계 서열 1위는 현대그룹, 2위는 대우그룹, 그리고 3위는 삼성그룹이었습니다. 그러나 김용철은 몰랐겠지만 당시 경제계 쪽에 조금이라도 몸담고 있었던 사람들이라면 다 아는 진실은 실제 1위는 삼성그룹, 2위는 현대그룹, 그리고 3위는 대우가 아닌 다른 그룹이었다는 것입니다.

그때 거의 모든 그룹의 장부가 분식회계 상태였는데 그나마 삼성은 분식 규모가 작은데다, 작게나마 꾸준하게 이익을 내고 있었기 때문입니다. 현대는 삼성보다 분식 규모가 컸고 이익이 크지 않은 상태였습니다. 그리고 대우는 분식 규모가 매우 컸고 이익은커녕 만성 적자 상태였습니다. 그래서 당시 경제인들이 대우가 매출 장부를 조작해 삼성을 누르고 재계 2위로 올라선 것을 두고 "장부 조작이 심해도 너무 심하다"라는 탄식을 했던 것입니다.

그 증거 중 하나가 바로 형편없던 대우그룹의 주가였습니다. 대우그룹 계열사 상당수의 주가가 심지어 액면가보다도 낮았던 이유는 심심해서 그랬던 것이 아닙니다. 바로 순이익의 몇 배로 형성되는 적정 주가 산출의 법칙상 이윤을 내지 못하는 대우 주식의 가치는 도저히 높을 수가 없었기 때문입니다.

김용철 변호사는 책에서 특수부 경제통 검사답게 기업들이 이렇듯 비자금을 만들기 위해 회계를 조작하는 방법으로 두 가지를 소개하고 있습니다. 하나는 비용을 부풀리는 것이고, 다른 하나는 매출을 누락하는 것입니다. 그러나 당시 기업들은 돈을 빼돌리기 위해 매출을 누락하기도 했지만 한편으로는 은행 대출을 끌어들이기 위해 매출을 부풀리기도 했습니다.

그럼 회계가 어떻게 되겠습니까. 고무줄처럼 줄였다 늘렸다 하면 어느 순간 헷갈려서 정신 줄을 놓게 됩니다. 즉, 어느 시점부터는 얼마가 엉터리인지 본인 자신조차도 모르게 된다는 것입니다. 그래서 대우가 해법으로 들고 나왔던 것이 바로 세계경영이었던 것입니다.

이런 행태가 바로 1997년 IMF 외환위기의 주원인 중 하나입니다. 즉, 해외자본의 유입과 이탈뿐만 아니라 국내자본의 도피 목적의 빼돌리기 투자 역시도 상당한 역할을 했다는 것입니다. 그랬기에 당시 대우가 해외 투자에 가장 열성적이었던 것입니다. 그 다음이 현대였고 마지막이 삼성이었습니다. 분식회계가 많은 순으로 해외 투자가 급격하게 일어났던 슬픈 코미디를 놓고 당시 경제인들의 탄식은 절정에 달해가고 있었다는 것을 김용철은 모르고 있는 것입니다.

결론적으로 1997년 외환위기 이전 서열 3위였던 삼성이 노무현 지원 덕에 1위로 뛰어 올랐다는 김용철 변호사의 주장은 경제에 대한 지식이 없는 데서 비롯된 오판일 뿐입니다. 삼성은 이미 1990년대 중반에 실질적으로 재계 서열 1위에 올라 있었기 때문입니다.

둘째, 김용철 변호사는 책에서 "2002년 대선 당시 삼성 구조본의 핵심 인사들 거의 전원이 이회창의 당선을 염원했는데, 노무현의 부산상고 선배였던 이학수만큼은 노무현도 나쁘지 않다고 보았다. 왜냐하면 노무현이 이전부터도 이학수를 학수 선배라고 부르며 잘 따랐기 때문이다. 말마따나 노무현 당선 이후에 참여정부 정책 중에 삼성에 불리한 것은 거의 없었다"라고 주장하고 있습니다.

이 역시도 완벽한 오류입니다. 김용철 변호사가 이런 엉터리 판단을 내릴 수 있는 이유 역시도 그의 경제 지식이 일천하기 때문입니다. 당시 재벌이 원했던 것은 크게 세 가지입니다.

첫째, 부동산 과표 현실화 및 보유세제 인상, 그리고 차명 부동산의 명실상부한 거래실명제 유도를 하지 말 것. 둘째, 달러 외환보유고를 적정분 이상 축적하지 말고 고환율 정책을 펼칠 것. 셋째, 증세, 복지를 확대하지 말고 대기업과 부자의 세금을 줄여 줄 것 등입니다.

노무현 대통령은 이런 재벌들의 3대 요구를 모조리 거절했습니다. 과표 현실화, 거래실명제, 종부세 신설을 밀어붙여 부동산에 대한 애착이 누구보다 컸던 재벌의 심장에 비수를 꽂았습니다. 그럼 수도권에 공장이라도 신설하게 해달라고 애원했던 부탁마저 '수도권 이남으로 내려가라'며 매정하게 거절했습니다. 실제로도 참여정부 시절 주요 재벌의 대부분의 설비투자는 지방에서 일어났습니다. 고환율 정책 요구에도 냉랭하게 나왔습니다. 공적자금 도움으로 살아난 기업이 해야 할 일은 '통화 약세 정책으로 땅 짚고 헤엄치기 식으로 부를 쌓는 것'이 아니라 '경쟁력 강화'라고 일갈했던 것입니다. 재벌 봐주기보다 외환위기 재발 방지와 서민 물가 안정이 더 중요하다고 보았기 때문입니다.

포퓰리즘 정책 쓰면 한국이 아르헨티나 꼴 날 것이라는 주장에 대해서도 "한국의 복지제도는 참담한 수준이며 조세제도는 대기업 재벌, 부동산 부자들이 선진국에 비해 세금을 거의 안내는 수준"이라며 국가 재정의 7~15% 수준이던 복지 지출 비중을 28%선으로 끌어올려 버렸습니다. 사색이 된 재벌 앞에서 노무현은 다음, 다다음 정권은 복지 비중을 국가 예산 대비 30%(300조 원)가 아니라 GDP 대비 30%(1천조 원)선으로 끌어올려야 할 것이라며 섬뜩한 웃음을 지어보였습니다.

이랬던 노무현을 삼성에 불리한 정책은 거의 쓰지 않았던 대통령이었다고 김용철 변호사가 평가할 수 있었던 이유는 위에서 언급한 바처럼 그가 경제에 대해서 무지했기 때문입니다.

그가 책 속에서 "노무현이 삼성에 진 빚이 너무 컸다. 때문에 임기가 끝나는 날까지 삼성의 손아귀에서 벗어나지 못했다. 참여정부의 정책 중에 삼성에 불리한 것은 거의 없었으며, 삼성이 제안한 정책을 그대로 채택한 사례가 비일비재했으며, 임기 후반으로 가면서부터는 아예 시키는 대로 하는 수준이었다"라는 독설의 바탕에는 바로 자신의 그런 무지가 존재했던 것입니다.

노무현은 재계 서열 3위였던 삼성을 1위로 키워준 것이 아니라 1위였던 삼성이 더 커지지 못하도록 임기 내내 고심했습니다. 임기 초반 전 정권 말기 때 구사했던 카드대란 정책으로 인하여 신용불량자가 양산되고 내수가 추락할 때, 재벌이 강력한 내수 진작책이 필요하다는 주장을 수없이 청와대로 올려 보냈지만 노무현은 역시 묵살했습니다.

대신 그는 "자꾸만 한약(경기부양책) 먹을 생각하지 말고 밥(경제 펀더멘탈 진작)을 잘 먹고 열심히 운동을 하자"라고 설득했습니다. 수구 정당 지자제장들이 APT 버블을 만들어 내면서 시민들에게 열심히 환상을 주입하고 있을 때도 "가격이 아닌 가치를 키워내야 하는데"라며 탄식했고, 수도권 집중과 규제 완화가 해법이 아니라며 균형 발전과 규제의 엄격한 집행으로 약자를 강자로부터 보호해 내 시장 질서를 바로 세워낼 해법을 고심했습니다.

이런 그의 설득과 탄식, 그리고 고심이 김용철 변호사의 눈에는 잘 보이지 않았는지는 모르겠습니다. 비단 김용철뿐만 아니라 당시 한나라당, 민주당, 민주노동당에 이르기까지 노무현의 진심을 이해해 주려는 무리들은 이 세상에 아무도 없었기 때문입니다. 그래서 그는 늘 외로웠고, 임기 내내 보수 진영으로부터는 삼성을 조진다는 비판에 시달렸고, 진보·진영으로부터는 삼성과 놀아난다는 비판에 시달렸던 것입니다.

그러나 그의 가슴속에 그런 세상을 향한 원망 같은 것은 없었습니다. 다만 한국 기업들이 하루빨리 스스로 노력해 분식회계 및 비자금 조성 관행을 중단하고 숨겨진 부실을 털어내기만을 바랐을 뿐입니다. 그 과정에서 경기부양책과 특혜 정책을 기대하지 말고 스스로의 힘으로 환골탈태해 국민적 사랑을 받는 기업으로 거듭나기만을 바랐던 것입니다.

노무현이 삼성과 놀아난(?) 유일한 부분은 바로 그 지점이었을 뿐입니다. 삼성이 과거를 반성하고 잘못을 반복하지 않기를 바랐던 그 진심 말입니다. 그럼에도 김용철 변호사는 이 부분을 볼 줄 모르는 것입니다.

《삼성을 생각한다》를 다섯 번이나 읽었던 이유가 바로 여기에 있습니다. 개인적으로 읽기 난해한 원서도 두 번 이상은 잘 읽지 않습니다. 그럼에도 비교적 쉽게 쓰인 그 책을 무려 다섯 번이나 읽었던 이유는 삼성과 노무현 때문이 아니라 바로 김용철을 생각해 보기 위해서였습니다.

김용철 변호사는 과연 삼성을 제대로 이해하고 있는 것인가. 일견 책 내용만 보면 그렇게 보는 것이 맞을 수도 있습니다. 그러나 삼성을 바로 세우려고 치열하게 노력했던 노무현을 판단하는 부분을 보면 그는 삼성을 전혀 모르고 있다고 할 수 있습니다. 삼성을 모르는데 그 삼성을 바로 세우려던 노무현의 혜안이 시야에 들어올 리 없었을 것입니다.

바로 그런 오판들이 노무현의 뜨겁던 심장을 멈추게 했고 오늘날 삼성의 폐해를 우리 사회가 제대로 극복해 내지 못하게 만들고 있는 근본적 원인인 것입니다. 수십억 원의 연봉과 수백만 원짜리 양복을 걷어차 버리고 서민들의 삶 속으로 들어가 4,000원짜리 백반을 먹어가며 새로운 삶의 즐거움을 알아가고 있다는 김용철 변호사에게 이런 충고를 해주고 싶습니다.

검사를 그만두고 삼성에 들어갔을 때의 초심이 호화로운 삶에 있지 않았듯이, 서민들 속으로 뛰어든 지금의 초심이 검소한 삶에 있을 수 없을 것입니다. 김용철 변호사가 진정으로 삼성의 잘못된 행태에 부역하던 과거를 반성하고 삼성을 바로 세우는 일에 남은 일생을 매진하고 싶다면, 그 삼성을 바로 세우려다 세상에 초라하게 비춰지며 사라져 갔던 어느 한 정치인의 외로웠던 인생역정부터 바로 볼 수 있어야 할 것입니다. 세상을 바로 세우는 것은 결국 사람을 바로 세우기 위함이기 때문입니다. 사람을 바로 세운다는 것은 결국 그 사람의 진심을 바로 알고 그 진심 위에 그 사람의 가치를 바로 올려 세워내는 일로부터 시작되는 것임을 언제고 그가 깨닫는 날이 오기를 진심으로 바랍니다.

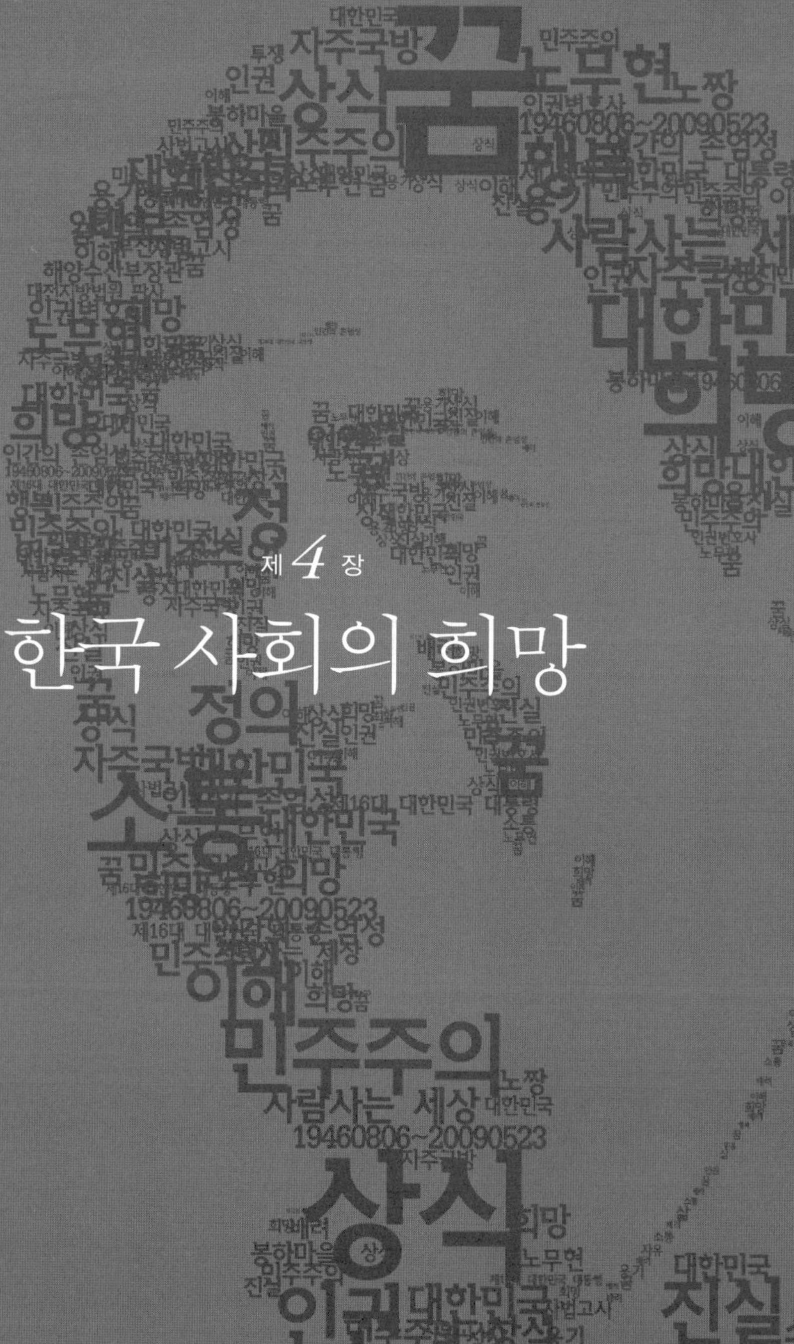

제 4 장
한국 사회의 희망

이정희의 초상

진보에 희망은 존재하는가

현 시점에서 진보적 가치가 보수적 가치보다 더 절실한가. 고리타분한 교조적 관점에서 이야기를 해보려는 것은 아닙니다. 왜냐하면 그런 식으로 이야기해 봐야 과정과 결론이 뻔하기 때문입니다. 흔히 진보는 평등, 보수는 자유를 이야기합니다. 진보는 도덕성, 보수는 정당성이라고 이야기합니다. 그게 안 되어 결국 보수는 정당성이 없는 부패로 망하고, 진보는 도덕성에 발이 묶여 분열하다 망한다고 합니다. 거꾸로 보수는 평등을 가장하지만 그것은 기득권을 갈망하는 일부를 유인하는 데 그치고, 진보는 자유를 가장하지만 그것은 인본애를 갈망하는 일부를 유인하는 데 그쳐 결국 성과와 변화를 일구어 내지 못한 채 씁쓸한 실패로 끝이 난다고들 합니다. 말마따나 주위를 보면 참 이질적인 사람들이 많습니다. 기득권인데 진보적이고, 기득권이 아닌데 보수적인 사람들 말입니다.

사회학자들은 이 성향을 끊임없이 분석합니다. 현재 일각의 주장에 따르면 보수 성향과 진보 성향은 예전의 3:4:3에서 1:8:1 정도로 변화하였다고 합니다. 쉽게 말하면 보수 손을 들어줬다, 진보 손을 들어줬다 하면서 정권 교체를 이끌어 내는 유동적인 시민들의 비율이 늘어났다고 볼 수도 있겠지만, 다른 한편으로 보면 기득권도 아니면서 기득권의 환상에 빠져 허우적대다 본연의 자리로 돌아오는 사람, 기득권이면서 인본애의 환상에 빠져 허우적대다 본연의 자리로 돌아오는 사람들이 늘어났다고 보는 것이 옳다고 봅니다.

결국 깨닫게 되는 것이죠. 역시 없는 것들은 인본애가 아니라 힘으로 밟아야 한다는 감성적 자각. 역시 있는 것들은 기득권을 나누어주려 들지 않는다는 이성적 자각. 이제야 사람들은 자기 자리를 깨닫고 본연의 모습으로 회귀합니다.

그러나 항상 거기에 머무르는 것은 아닙니다. 다시 끊임없이 그것을 반복하게 됩니다. 왜 그럴까요. 그것은 남녀가 서로를 탐하고 식욕이 억제 불가능한 것처럼, 인간 고유의 본능이기 때문입니다. 식욕, 성욕처럼 이성과 감정 그리고 기득권을 휘두르면서 느끼는 폭력감과 그것에 저항하는 사람들을 보며 느끼는 인본애는 결국 무한 교차, 반복될 뿐이고, 어느 시점의 세력의 분포와 힘의 균형에 따라 끊임없이 요동칠 뿐, 영원히 사라지거나 한쪽의 우위로 정지 종결되는 것은 아니라는 소리입니다.

그럼에도 거의 대부분의 순간을 보수가 중심에 서게 됩니다. 왜 그럴까요. 기본적으로 세상을 지배하는 것은 자유, 정당성, 기득권이기 때문입니다. 그들이 극도로 무질서해질 때만이 평등, 도덕성, 인본애가 제대로 된 힘을 발휘할 수 있기 때문입니다. 김대중, 노무현 전(前) 대통령이 죽었습니다. 문규현 신부가 생사의 기로를 넘나들었습니다. 문국현 의원은 집중 수사로 국회의원직을 상실했고, 진보적 성향의 방송인들이 수난을 당하고 있습니다.

서민들은 생활고로 찌들어 가고 있는데, 국민 1인당 60만 원씩 지원

할 수 있는 돈을 건설사들에게 퍼붓고 있습니다. 그러면서도 독거노인, 결식아동, 여성 가장에 대한 지원은 급감시키고 있습니다. 부채가 급증하고, 부정이 횡행하고, 부패가 만연하고 있습니다. 그제야 기득권이 아니면서도 기득권을 달콤하게 지향하던 일부가 정신을 차립니다. 약속과 현실이 다르다는 것을 그제야 깨닫습니다. 그런 분배의 불균형은 기득권과 비기득권에서뿐만 아니라 기득권 내부에서도 일어나는 것입니다.

반면 그렇게 깨닫는다 한들 바뀔 것은 단기간에는 적어도 없습니다. 깨닫는다고 무엇을 바로 변화시킬 수 있는 것은 아니기 때문입니다. 기득권은 여전히 보수에게 있습니다. 보수가 깨닫고 바꾸면 바로 변화하지만 진보가 깨닫고 바꾼다고 바로 변화하지는 않습니다. 그럼 진보가 보수를 진정으로 변화시킬 수 있는 방법은 무엇일까요. 바로 평등을 정당성으로 뿌리내리는 것뿐입니다. 조세·복지 선진화를 말하는 것입니다. 사실 세상의 모든 싸움은 '누가 세금을 내느냐, 누구를 위해 그 세금을 쓸 것이냐' 라고 해도 과언이 아닙니다. 바로 세율을 말하는 것입니다. 노무현 대통령 재임 시절 "1~2%만 더 늘렸으면 소원이 없겠다"라고 말한 것이 바로 세율입니다. 세율을 늘리면, 복지를 할 수 있습니다. 부의 불균형을 바로잡을 수 있습니다. 이것은 보수가 가장해 온 그간의 정당성의 위선을 정면으로 공격합니다.

그들의 힘의 뿌리는 바로 부정당하게 분배하고 부를 독점한 뒤 다시 부의 독점을 기반으로 끊임없이 빈부 격차를 악화시켜 기득권을 탄탄하게 만들어 온 소수와 이에 대한 다수의 환상 추종에서 근원하는 것이기 때문입니다. 이것이 무너지면 보수의 기반이 흔들리게 되는 것입니다. 그러나 실패했고 결국 죽음을 맞이 했습니다. 누구에 의해서? 외형적으로는 진보, 그리고 실제적으로는 보수를 지향하는 가난한 얼치기 진보, 도덕성만을 지향하는 교조 진보들에 의해서 말입니다.

월급쟁이들은 흔히 세금 때문에 못살겠다는 말들을 합니다. 대한민국의 급여생활자는 선진국에 비하면 세금 부담이 미미하다고 해도 과언이 아닐 정도입니다. 많은 부담이래야 기껏 4대 보험 정도일 것입니다. 그런데도 자신이 세금을 많이 낸다고 착각합니다. 왜? 보수의 프로퍼갠더 때문에 그렇습니다. 이들이 결국 김대중, 노무현을 죽음으로 내몰았습니다. 그리고 이명박 정부 들어 조세와 복지가 차례차례 후퇴해 갔습니다. 결국 많은 것을 변화시킬 수 없었습니다. 그나마 이루어졌던 조세 평등화는 일거에 감세, 환율 조작, 국가 부채 급증, 공공기업 매각 등으로 무너졌습니다.

이만큼 당했으니 이제 다들 제정신으로 돌아왔을까요. 아닙니다. 아직 한 무더기가 남아 있습니다. 바로 대출로 산 아파트 폭탄을 부둥켜안고 기득권이나 된 양 착각하는 이른바 아파트 투기꾼이 남아 있습니다. 2억 끼고 산 4억짜리 아파트, 잘하면 10억 될 것 같습니다. 그런데 집값의 0.25%인 세금 100만 원도 아깝다고 벌벌 떱니다. 서민들에게서 목돈 뜯어가지 말라며 거품을 뭅니다. 통화 버블? 인플레 조세? 그런 것은 모릅니다. 다만 고지서로 날아오는 세금만이 세금이고 착취일 뿐입니다.

도리어 진짜 가진 자들 중에는 인본애의 소유자들이 많습니다. 어떤 의사는 '부동산 투기는 정당하지 못하다' 고 생각해 전세를 살고, 사법연수원을 수석으로 졸업하고서도 인권 변호사의 길로 직행하는 사람들도 많습니다. 그러나 돈이 없음에도 투기질, 투기질이 안 되면 빚내서 월세라도 반드시 강남에 살아야겠다고 이를 가는 사람들 중 진정한 인본애 소유자는 적습니다. 물론, 그들은 곧 죽어도 자신은 서민이라고 말합니다. 그리고 자신들은 평등, 도덕성, 인본애를 공경한다고 주장합니다. 그러나 그들은 정승집 개일 뿐입니다. 자신과 공동체의 이익의 조화를 조금도 생각하지 못하는 불쌍한 하루살이 인생들일 뿐이죠. 결정적으로 그들은 세상을 어둡게 만듭니다. 노무현의 표적 수사에 그러면 그렇지를 외치며 돌을 던지고, 가든파이브나 4대강을 보면서 무언가 세상이 발전하는 듯한 망상에 사로잡히는 불쌍한 영혼일 따름입니다. 그런 그들에 현실의 권력과 철저하게 괴리되어 있었기에 입만 열면 도덕성을 외칠 수 있었던 얼치기 교조 진보들이 뭉쳐 노무현의 비극을 이루어 낼 수 있었던 것입니다. 물론 모든 것은 우리 사회의 수구 기득권들이 기획 실행에 옮긴 일이지만 말입니다.

어찌 되었든 세상은 점점 다수에게 힘들어지고 있습니다. 예전에 벤담이 말했던 '최대 다수의 최대 행복'이란 명제의 상실까지는 아닐지라도, 다른 사람의 후생을 감소시키지 않고서는 나의 후생을 증가시킬 수 없는 그런 상태로 접어 들어가고 있습니다. 참 우스운 이야기입니다. 그렇다면 작금의 경제는 효율성이 극에 달한 상황이어야 할 텐데 말입니다. 그러나 실은 그렇지 않습니다. 진작부터 우리 경제 시스템은 다른 사람의 후생을 감소시키면서, 즉 빈부 격차를 도모하면서 나의 후생을 도모하는 약육강식의 살육 터가 된 지 오래입니다. 빈부 격차로 인해 부동산 버블이 가능하고, 부동산 버블을 가능케 하려면 다시 빈부 격차를 가속화해야 하는 끝없는 악순환.

부동산 버블이 가속화하면 물가가 짓눌려지고, 그 짓눌림을 만회하려고 일부 독과점에서 풍선효과가 증폭되고, 그 과정 속에서 직접세 부담을 줄이고 간접세를 늘려 전 국민을 1/n로 고통 부담을 전가하려는 기득권의 노림수만 극에 달해가는 비정한 세상으로 그간 우리의 삶은 점철되어 왔던 것입니다.

이런 세상 속에서 아직도 정신 못 차린 일부는 교조주의에서 헤어 나오지 못하고, 기득권의 추종에서 헤어 나오지 못하고, 부동산 마약에서 헤어 나오지 못하고, 뜻대로 되지 않는 이 세상 모든 일들을 오로지 남의 탓으로만 돌려가며 세상의 약자들을 향해서 폭력적 성향을 표출하고 있는 중인 것입니다.

그 폭력의 난무 와중에 진보는 적어도 현시점의 우리 현실 속에서 보수보다 우월하다는 명제까지 퇴색되어가고 있습니다. 정말 그러하긴 했는가. 정말 우리는 평등을 지향하고 도덕적인 삶을 살아가고 있으며 마음 깊이 인본애를 간직하고 있었는가. 이제는 자신 있게 되물을 수조차 없게 되어 버렸다는 소리입니다. 그런 불안한 흔들림은 인본애를 소중하게 간직하고 있는 이 시대의 올곧은 그러나 얼마 되지 않는 보수 기득권의 설자리마저 위태롭게 하고 있습니다. 무엇보다 결정적으로 우리 자신이 훗날을 도모하고 기약할 수 있는 꿈과 희망의 순간들을 우리에게서 멀어지게 만들고 있습니다.

대체 언제쯤 그 꿈과 희망들이 다시 우리 삶 속에 바로 설 수 있는 날들이 도래할 수 있게 될까요. 솔직히 잘 모르겠습니다. 다만 그러한 길이 우리가 걸어가고 꿈꾸어야 할 유일의 길임은 여전히 분명해 보입니다.

이정희가 이해찬을 만났을 때

김대중은 빨갱이였습니다. 주류 신문의 눈에는 그랬습니다. 국민도 그렇게 믿었습니다. 따라서 '김대중이 대통령이 되는 순간 남한을 김정일에게 바치고 자신은 종신 국무총리의 자리에 오를 것'이라는 데마고기(demagogy)는 적어도 대한민국 땅 위에서는 철벽에 가까운 프레임이었습니다.

어느 날 한 남자가 낙담해 있던 김대중 앞에 나타났습니다. 그 남자는 '빨갱이 색깔 논쟁', 'KAL기 폭파 사건', '묻지 마 대세론' 등 수구들이 만들어 놓은 수렁 속에서 허우적거리고 있던 그에게 하나의 묘안을 제시했습니다. 그것은 바로 TV 토론이었습니다. 수구 신문에서는 허위 기제를 도저히 깨뜨릴 수 없지만 국민들이 직접 보고 판단할 수 있는 텔레비전에서 김대중의 모습은 전혀 다르게 각인될 것이라고 조언했습니다. 순간 김대중의 눈에서는 불꽃이 튀었습니다. 50년 수구 독재정권의 난공불락을 깨뜨릴 수 있는 서막이 비로소 열리는 순간이었기 때문입니다.

그 남자의 이름은 바로 이해찬이었습니다. 이해찬은 결국 TV 토론, 자민련과의 연대 등을 이끌어가며 국민의 빨갱이 집권 불안감을 누그러뜨리고 역사상 최초의 정권 교체를 만들어 내는 데 성공했습니다.

그런 이해찬에게 정작 진짜 고민이 있었습니다. 바로 '진보좌파는 무능하다' 라는 프레임이었습니다. 이것은 어느 정도 사실이었습니다. 그는 사회주의나 사민주의 서적 몇 권 주워 읽고 머리가 뜨거워져 데모하며 날뛰다 술 한 잔 거나하게 걸치고 사고치는 식의 근성이 진영 전반에 뿌리 깊게 만연해 있는 모습을 보며 한숨을 내쉬었습니다.

집권을 위해서는 진정성만큼이나 전문성이 중요했기 때문입니다. 결국 이런 식으로 가다간 얼마 못가 정권을 다시 빼앗길 게 뻔했습니다. 그 근성으로 인해 분열을 거듭하다 자멸할 것도 뻔했고, 사리사욕으로 기우는 노동운동, 시민사회운동 위에 거창한 대의나 덧씌워 나불대다 국민적 혐오감을 불러오게 될 것 같은 불길함도 머릿속을 떠나지 않았습니다.

이해찬은 '불길한 예감은 꼭 들어맞더라' 는 법칙을 깨기 위해 부단히 노력했습니다. 그러나 주위의 일을 잘하는 사람은 진정성이 부족하고 진정성이 있는 사람은 전문성이 부족한 경우가 태반이었습니다. 그것을 깨고 까다롭기 짝이 없는 그의 눈에 흡족하게 다가온 사람이 네 명 있었는데 그들이 바로 김대중, 노무현, 한명숙, 유시민이었습니다. 그러던 어느 날 다섯 번째로 이정희가 그의 시야에 들어왔습니다.

도대체 이정희가 누구기에 자신이 5선을 역임했던 관악구 지역구 입성을 웃으면서 바라볼 정도로 이해찬의 호평을 받고 있을까요. 대입 수석, 서울대 입학, 사시 패스, 인권 변호사, 민노당 대표 등의 화려한 스펙 때문인가요. 아니면 치열하게 불의에 맞서 저항하는 모습이 보여 주는 호감 때문인가요. 둘 모두 맞는 이야기일 수 있습니다. 그러나 그런 식으로 표현해서는 부족한 뭔가가 이정희에게서 느껴진다고 이해찬은 말하고 있습니다.

김대중 대통령이 보여 주었던 치열한 지성으로의 몰입은 위에서 말한 대로 ‘진보좌파는 무능하다’ 라는 프레임을 넘어서기 위한 것이었습니다. 그러나 그것은 이내 한계에 부딪혔습니다. 과학적인 논리에 기반을 둔 합리주의라는 것은 이내 권위주의적인 것으로 변질되어 인식되었기 때문입니다. 미국을 입에 물고 사는 수구들이나 유럽의 역사나 이론가들의 주류 흐름을 들여와 전도하려는 정치인들에 쉽게 피로해지는 곳이 바로 그 지점입니다. 계몽하고 권위를 세우려다 그나마 나아갔던 과학적 합리성의 토대마저 후퇴시키는 우를 범하고 마는 것입니다.

그런데 합리주의를 퍼뜨려 나가면서 동시에 그것을 뛰어넘을 수 있는 가치와 문화의 파급, 바로 그 적임의 중심에 이정희가 있다는 것입니다. 그럼 이정희 의원은 그러한 가능성을 보여 주고 있는 최초의 정치인인가요. 아닙니다. 그것의 가능성은 이미 노무현 대통령이 보여 주고 떠나갔습니다. 사람들이 생전의 노무현에게 그토록 열광했던 이유는 합리적이면서도 그것만으로는 설명할 수 없는 무언가가 있었기 때문입니다.

그 무엇인가가 바로 사람의 모습입니다. 사람이 사람답게 대우받고, 사람이 사람 노릇을 하고, 사람이 돈과 시장의 주인 노릇을 하는 그런 세상의 모습을 꿈꾸는 모습을 노무현은 국민들에게 보여 주었던 것입니다. 그 모습에 사람들은 그토록 열광했던 것입니다. 그래서 그가 떠나갔지만 그가 남겨 주고 간 ‘노무현의 정신’ 은 과연 무엇이었는가를 스스로 탐구하고 실천하며 새로운 가치와 문화를 만들어 나가기 위해 시민들이 스스로 행동에 나서고 있는 것입니다.

그렇다면 김대중은 그것을 몰랐을까요. 그것 역시 아닙니다. 다만 그에게는 시공의 제약이 있었을 뿐입니다. 만약 김대중, 노무현의 순서가 아니라 노무현, 김대중의 순서였다면 노무현의 길을 김대중이 걸어 갔을 것입니다. 다만 시간이 부족했을 뿐이고 자신이 놓인 역사적 공간의 제약을 받았을 뿐인 것입니다. 노무현은 좋은데 김대중에게서는 별로 그러한 감흥이 일어나지 않는다고 말하는 사람들의 착각은 바로 거기서 비롯되고 있는 것입니다. 이해찬은 그러한 계승의 길에 바로 이정희가 서 있다고 말합니다.

유시민이 사람들로부터 오해받는 지점도 바로 그 길의 선상입니다. 유시민은 싸가지가 없고 계산적이어서 싫다고 말하는 사람들이 있습니다. 또한 유시민이 노무현이라면 몰라도 어떻게 김대중을 계승할 수 있느냐고 항변하는 사람들도 있습니다. 이 오해는 김대중은 싫지만 노무현은 좋다는 잘못된 판단과 같은 선상에 놓여 있는 하나의 줄기에서 나온 프레임입니다. 유시민이 왜 노무현보다도 김대중의 냄새를 풍기는 행동을 자주하고 있는가 하는 의문에 대한 해답도 여기서 나올 수 있습니다. 바로 위에서 말했듯 합리주의는 결코 단시일 내에 완성되는 가치가 아니기 때문입니다. 만약 유시민이 노무현처럼 행동한다면 그것은 합리주의가 아니라 계산된 감성적인 행동으로 비춰질 수밖에는 없을 것입니다. 지금 우리에게 필요한 것은 사람 사는 세상으로 나아가야 한다는 감성적 토대의 구축이 아니라 그것을 위해 구체적으로 무엇을 해야 하는 것인가 하는 이성적 토대의 뼈대를 만들어 나가는 것입니다.

그것이 바로 유시민에게서 노무현보다는 김대중의 향기가 날 수밖에 없는 이유입니다. 새로 지을 집의 터를 구하고 그 터를 가리킬 때의 감흥은 덜합니다. 그러나 그 터 위에 오를 집의 모습을 머릿속에 떠올릴 때의 감흥은 대단합니다. 하지만 조망도를 접고 무미건조하게 다시 철골로 뼈대를 잡아갈 때의 감흥은 다시 집터인 맨땅을 바라다 볼 때처럼 삭막합니다. 그러나 모든 철골로 뼈대를 완성하고 거푸집을 만들어 시멘트가 굳어진 그 집으로 들어가 도배를 하고 가구를 들여놓을 때, 사라졌던 감흥은 다시 샘솟아 오르게 됩니다. 유시민은 바로 그 뼈대를 잡아가려는 것입니다.

유시민이 개혁당을 만들었다 접고, 열린우리당에 들어갔다 실패하고, 대구에서 출마했다 낙마하고, 다시 경기 지사 선거에 출마했다 좌절했던 과정은 바로 가치를 향한 도전입니다. 단지 국회의원이 되고 도지사가 되고 대통령으로 가는 것이 유시민의 목표는 절대 아닙니다. 유시민이 그렇게 계산적인 사람이었다면 그는 진작 자신의 목표를 단기에 성취할 수 있는 영악한 수단을 찾아냈을 것입니다. 그러나 유시민의 목표는 정당이나 입지의 구축과 완성이 아니라 바로 그것을 매개로 삼아 나아가며, 시민들이 자발적으로 '생활 정치 문화'를 구축하게 하고, 그 과정 속에서 낭만적이고 엉성한 사고를 걷어 내고 합리적이고 논리적인 사고를 향상시킬 수 있도록 하는 것입니다. 그게 어느 정도 이루어져야 다시 그 위에서 노무현식의 향기가 꽃피어 오를 수 있기 때문입니다.

김대중-노무현-유시민-이정희. 이 순서에서 왜 유시민이 김대중의 길을 걸어가려 하는지, 왜 이정희가 노무현의 길을 걸어가고 있는지를 느낄 수 있어야 합니다. 그럴 수 있다면, 이해찬은 유시민과 더 가깝지 않은가, 그럼 이해찬이 유시민에게서 노무현의 향기를 느껴야 하는 것 아닌가 같은 발언은 하지 못하게 될 것입니다.

이해찬은 김대중, 노무현으로 이어지는 진보의 정신 그 중앙에 있었던 사람입니다. 신문에서 TV, TV에서 인터넷으로 이어지는 패러다임의 대전환을 유도해 낸 사람이기도 합니다. 그럼 그 다음은 무엇일까요. 트위터, 페이스북 같은 것일까요. 그렇지 않습니다. 해답은 바로 시민 그 자체입니다. 이제 더는 어떤 기계적인 도구로 수구 세력의 농간을 극복할 수 없습니다. 저들도 TV와 인터넷을 장악해야 한다는 것을 배웠고 그것을 실천에 옮기고 있기 때문입니다. 노사모를 따라 생활 정치를 모방하고 있습니다. 그렇다면 이것을 극복할 수 있는 대안은 무엇인가요. 그것은 바로 '사람이 가장 소중하다'라는 가치를 지닌 시민들이 자발적으로 모여 함께 하는 문화운동인 것입니다. 이 가치와 문화는 저들이 절대로 모방하거나 따라올 수 없는 것이기 때문입니다.

마찬가지로 최근에 진보 진영이 대통합을 추진하고 있다고 합니다. 일부 진보류들을 수구 정당과 같은 반열의 꼴통이라고 비판하는 이유는 그들이 단지 김대중, 노무현을 힐난하고 있기 때문이 아닙니다. 그들은 '김대중, 노무현을 짓밟다 지지율이 떨어져 망할 것 같으니 그 둘과 함께 해서 지지율이 되살아난 세력들을 이용해 다시 그 둘을 쳐내려 가자'라는 식의 전략을 짠 듯합니다. 그러나 그들이 그런 식의 계산된 판단을 해서는 절대로 국민들로부터 사랑받을 수 없을 것입니다. 예컨대 이정희 의원이 국민으로부터 사랑받는 이유는 그녀가 단지 노란 옷을 입고 노무현 콘서트에 참석하거나 이해찬, 한명숙 등과 가깝게 지내고 있기 때문이 아닙니다.

그녀는 노란 옷을 입은 것이 아니라 실제로 마음속이 노랗게 물들어 가고 있기 때문에 국민으로부터 사랑받고 있는 것입니다. 김대중 정신, 노무현 정신의 정수를 깨달았기 때문에 이해찬의 뒤를 이어 관악구 출마를 결심한 것입니다.

이정희가 이해찬의 관악구로 출마하려 했던 것은 진보류들이 김대중의 정신이 깃든 노원구를 공략하고, 노무현의 계승자로 인식되는 유시민의 고양시를 공략하는 것과는 차원이 다른 것입니다. 이해찬이 자신의 지역구를 내주는 것을 감수하는 대신 이정희는 이해찬을 대통령 후보로 미는 식의 어떤 계산적 사고 위에서 이뤄진 것도 아닙니다.

바로 이정희는 이해찬의 길을 이어가려 하고 있는 것입니다. 김대중, 노무현을 만들어 냈던 그 정신 위에 올라타, 다시 진보좌파 진영이 대동단결해 민주주의와 조세 · 복지 선진화 그리고 사람 사는 세상을 만들어 내야 한다는 정신의 토대 위에서 그러한 결정을 내렸을 뿐인 것입니다.

이정희가 이해찬을 만난 것은 그를 통해 바로 김대중 정신, 노무현 정신
을 만난 것입니다.

나는 김대중에게서 시작되어 노무현으로 이어진 진보 정신의 적통이
유시민, 이정희에게서 만개될 것으로 보고 있습니다. 미처 완성되지 못
하고 있는 합리주의로의 도달과 그것을 뛰어넘을 가치와 문화 완성의 희
망이 그 둘에게서 보이고 있기 때문입니다. 무엇보다 김대중, 노무현은
비록 떠나갔지만 그 정신을 도도하게 관통하고 있는 이해찬이란 시대의
거목이 아직 우리 곁에 있다는 점이 다행스럽습니다.

이정희가 이해찬의 손을 잡았습니다. 그리고 그 잡은 손이 깍지로 변해
가고 있습니다. 이해찬은 꽉 쥔 손가락에 힘을 주고 있고, 이정희는 웃으
면서 보드랍게 그 손가락을 어루만져 주고 있는 것입니다. 그렇다면 우
리는 아름다운 여행을 떠날 준비를 해야 할 것입니다. 김대중, 노무현이
남겨 놓고 간 위대한 유산으로의 여정을 조만간 다시 시작해야 하기 때
문입니다.

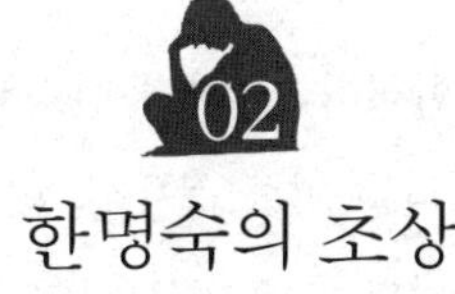

한명숙의 초상

한명숙 무죄 판결의 의미

얼마 전 한명숙이 무죄 판결을 받았습니다. 그간 한명숙 관련 글을 하나도 쓰지 않았던 이유가 바로 이것입니다. 한명숙은 무죄인데 무죄인 이유를 말해보라? 왜 그래야만 합니까. 그럴 이유가 하나도 없는 것입니다. 따라서 한명숙을 위해 해 줄 수 있는 최선의 길은 그냥 묵묵하게 믿고 기다려 주는 것뿐이었습니다. 그래서 글을 쓰지 않았습니다. 그리고 예상대로 무죄 판결을 받았습니다. 그럼 그간 한명숙의 심정은 어땠을까요. 제가 한명숙 본인이 아니니 정확하게 그녀의 마음을 표현할 길은 없습니다. 다만 그녀가 평소에 존경하던 김대중의 어록 중 하나를 옮겨보면 추론은 가능할 듯합니다.

"국민이 항상 옳다고 말할 수는 없습니다. 잘못 판단하기도 하고 흑색선전에 현혹되기도 합니다. 엉뚱한 오해를 하기도 하고 집단 심리에 이끌려 이성적이지 않은 행동을 하기도 합니다. 그럼에도 불구하고 나에게는 국민 이외에는 믿을 대상이 전혀 없습니다.

따라서 국민이 잘나야 합니다. 국민이 현명해야 합니다. 국민이 무서워야 합니다. 그래야만 우리는 민족 정통성, 민주 정통성, 정의 사회, 양심 사회를 구현할 수 있습니다. 그리고 사람이 제 값을 가지고 사는 사회를 만들 수 있습니다"

결국 그녀도 국민이 그녀를 믿었듯 국민을 믿고 조용히 어려운 시기를 견디어 냈던 것입니다. 그럴 수 있었던 것은 그녀가 정치의 힘을 믿는 사람이었기 때문입니다. 정치의 힘을 믿는다는 것은 곧 그 힘의 주인공인 국민의 힘을 믿는다는 것입니다. 그 국민의 힘을 빌려 걸어가는 것이 바로 정치입니다.

그 국민의 힘을 제대로 빌릴 수 있는 자라야만이 큰 정치를 할 수 있습니다. 따라서 그녀가 이 사안에서 가장 크게 얻어낸 것은 한명숙이라는 사람이 국민을 참여시켜 그 에너지를 집결 폭발시켜 냄으로써 정치를 바로 세워낼 수 있는 능력을 갖춘 큰 정치인이라는 것을 만천하에 알린 것일 것입니다.

예전에 노무현 대통령이 말한 적이 있습니다.

"사실 나의 꿈은 정치에 있지 않다. 어떻게 해서 정치에 발을 담그게 되었고 수도 없이 그만두리라 마음먹었다. 그 때문에 중요한 고비마다 마음을 비우고 미련 없이 오로지 정도에 입각해 정치에 임할 수 있었다.

그런데 국민들은 바로 그 점을 높이 사 내가 그만두려 할 때마다 되레 끊임없이 나를 더 높은 곳으로 끌어올렸다. 그 결과 나는 결국 정치에서 헤어 나올 수 없었고 내가 예전에 가졌던 꿈보다 결과적으로 조금 높게 될 수 있었다"

한명숙은 바로 그러한 노무현의 시대정신을 옆에서 제대로 보고 배운 정치인이기도 합니다. 이런 경험은 마치 여성이 첫 출산을 한 뒤 갓난아이를 옆에 놓고 지켜보는 순간처럼 신비로운 것입니다. '과연 이 소중한 아기는 어디에 있다 갑자기 내 곁에 나타난 것일까', 아무리 생각해도 경이롭기 그지없습니다. 그러나 그 아이는 이미 존재하고 있던 사랑의 당연한 결과물일 뿐입니다. 그 사랑이 정치에 있어서는 바로 소신과 신념이라는 것입니다. 제대로 된 소신과 신념을 갖춘 정치인은 언제나 시련의 시간을 요구받기 마련입니다. 참으로 견디기 힘이 듭니다. 그리고 대부분이 견뎌내지 못하고 결국 정권과 권력으로의 부역의 길을 걷게 됩니다. 그러나 그 시련 속에서도 신뢰와 희망의 끈을 놓지 않는 정치인은 국민적 사랑과 조우하게 되어 있습니다. 그 사랑은 가짜 사랑이 아닌 신비롭기 짝이 없는 진정한 사랑입니다.

'한명숙이 돈을 받았다', '대표적으로 깨끗한 여성 정치인인 줄 알았는데 별수 없구만' 이런 비아냥거림 속에 바닥으로 내려갔다 다시 원점으로 되돌아오는 듯 보이는 사랑은 가짜 사랑이 아닌 실은 마음속 깊은 곳에 언제나 존재하고 있었지만 지리하게 감추어졌다 극적으로 분출하는 진짜 사랑이라는 말입니다.

그 사랑은 보답할수록 무한대로 커져나가는 사랑이기도 합니다. 상대방이 준만큼만 계산해서 되돌려 주는 '소유적 사랑'이 아닌 상대방 마음속에 진정으로 존재하고 있는 원하는 것을 먼저 헤아려 대가 없이 줄 줄 아는 '존재적 사랑'이라는 이야기입니다.

인간의 사랑에 있어서도 가장 고차원적 사랑은 옆에 두고 느끼는 소유의 감정이 아닌, 사랑하는 사람이 이 세상에 있다는 사실만으로도 행복감을 느끼는 존재의 감정입니다. 받을 때 느끼는 사랑보다 줄 때 느끼는 사랑의 감정입니다. 정치도 마찬가지입니다.

모든 정치인은 국민의 마음을 얻어내길 원합니다. 그러나 지난 70년 한국 정치사에 있어서 진정으로 국민적 사랑을 받았던 정치인은 김구, 김대중, 노무현, 세 명 정도에 불과합니다. 국민이 요구하기 전에 먼저 국민의 마음을 헤아릴 줄 알고, 받는 것이 없어도 줄줄 알고, 시련을 당하더라도 국민의 힘을 신뢰하고 희망의 끈을 놓지 않았던 정치인이 바로 이

셋 이외에는 없었기 때문입니다.

이런 결과가 보여 주듯이 그것이 쉬운 듯 보이지만 결코 쉬운 것이 아닙니다. 그런데 한명숙이 지금 그것을 해내고 있는 것입니다. 그렇다면 한명숙은 향후 김구, 김대중, 노무현의 뒤를 이어 한국 정치사의 새로운 판을 열어 주는 큰 정치를 향한 도전을 해 줄 수 있을 것입니다. 부패 재벌 개혁 수구 언론과 수구 사학 개혁, 그리고 역사 바로 세우기 등의 큰 정치 말입니다. 지금 모든 국민이 가장 간절히 원하는 것은 바로 이런 것입니다. 두루뭉술하게 주변부만 건드리는 것이 아닌 핵심을 치고 들어갈 줄 아는 용기와 배포를 지닌 정치인의 출현 말입니다.

그간 야권사에 있어서 그런 정치인은 하나도 예외 없이 독재 정권, 수구 언론, 사법기관의 피비린내 나는 공격을 받아 왔습니다. 만약 수구들과 대립각을 세워온 정치인 중에 피 흘리지 않은 정치인이 있다면 그들은 하나같이 상대할 가치도 없을 정도로 무능하거나 가짜로 날을 세운 매명 정치인들일 것입니다. 그것도 아니라면 '분열용 꼭두각시'일 것입니다. 깜은 아니면서 진정한 정치인의 출현을 막으며 물러나지 않고 계속 얼쩡거리면서 반 수구 진영의 역량을 흩트려 놓을 정치꾼들은 되레 수구들에겐 보호의 대상이었기 때문입니다. 따라서 한명숙이 겪은 이번 시련은 시련이라기보다는 그녀가 수구들이 두려워하는 진정한 정치인이라는 관문을 통과한 쾌거라고 볼 수 있을 것입니다.

그렇다면 그녀는 웃고 있을 것입니다. 겉으로 짓는 온화한 미소가 아닌 마음속으로 파안대소를 하고 있을 것이란 이야기입니다. 국민의 진정한 사랑을 깨닫고 충만한 사랑을 느끼고 있을 것이며, 한 단계 성숙한 자신의 정치적 입지를 절감하고 있을 것입니다. 그리고 그 사랑에 진정으로 보답하기 위한 발걸음을 계속 이어나갈 것입니다. 그것은 바로 새로운 대한민국의 판을 짜는 작업을 말합니다. 그녀와 국민이 함께 만들어 가는 새로운 도전의 시작을 말합니다. 한명숙 무죄 판결은 이제 그 거대한 도전이 드디어 시작되었음을 말하는 것입니다.

한명숙 대통령론 1

많은 분들이 차기 대선에서 야권의 '대선후보'가 누가 될 것인지를 궁금해 합니다. 누구를 선택하는 것이 좋을 것인가도 고민합니다. 그 부분에 대해서 여러 차례 말씀 드린 적이 있습니다. 김대중, 노무현 정신을 적통 '계승'하고, 계승 '발전'시킬 수 있는 인물이 차기 대선후보가 될 것이며, 그런 사람을 선택하면 될 것이라고 말입니다. 문제는 여기서부터 시작됩니다. 그럼 과연 누가 그런 대표성을 가진 인물일까요.

예전에 손학규가 김영삼을 예방했고, 정동영은 방북을 해서 김정일을 만나겠다고 했고, 천정배는 이명박 정권을 신랄하게 공격하고 있습니다. 이런 것들이 바로 대표성을 획득하기 위한 저마다의 몸부림 중 하나일 것입니다.

여러분은 이 셋 중에서 누가 가장 나아 보입니까. 그리고 누가 올바른 길을 선택하고 있는 것일까요. 제가 보기엔 천정배입니다. 왜냐하면 유일하게 피 흘릴 수도 있는 길을 선택하고 있기 때문입니다. 어떤 시민이 천정배를 내란죄로 고발했다죠. 천정배 입장에서는 나름 고마운 일일 것입니다. 그렇잖아도 박해받는 모습의 연출이 필요한데 말입니다.

그러나 이 셋은 모두 어려운 난제들을 가지고 있습니다. 먼저 손학규의 경우는 야권 후보 되기가 쉽지 않아 보입니다. 설사 된다고 해도 대통령이 되기는 어려워 보입니다. 손학규는 김대중 정신의 요체 중 하나인 대북 평화 정책을 강력하게 비판한 적이 있습니다. 노무현의 복지 정책, 행정수도 이전 정책, 인위적인 경기부양책의 시행 거부를 가리켜서도 비록 한나라당 소속 시절이기는 하나 강력하게 비판한 적이 있습니다. 따라서 운 좋게 후보가 돼봤자 김대중, 노무현의 핵심 지지층 중 일부는 그에게 투표하지 않을 가능성이 있습니다.

정동영의 경우도 김대중, 노무현이 어려울 때마다 딛고 올라서려던 전력이 있습니다. 특히 노무현 정권은 실패한 정권이라며 국민들에게 사과까지 했습니다. 따라서 그는 김대중 계승의 반쪽 이미지만이라도 획득하고, 햇볕정책을 반대하는 손학규와의 차별성을 가지기 위해 북한을 향해서 연일 구애의 눈길을 보내고 있는 것입니다. 그러나 그래 봐야 역시 효용이 적을 것 입니다. 이유는 아래에서 언급할 것입니다.

이 두 명과 달리 천정배의 경우는 별다른 흠이 없습니다. 노무현 정권 시절 법무부 장관을 지냈으면서도 한미 FTA에 반대하면서 콩가루 집안의 모습을 연출한 적이 있기는 하나, 대선 경선 시절 곁에 아무도 없었던 노무현에게로 처음 다가섰던 과거 행적이 이를 상쇄하기에 충분합니다. 이명박 정권과 강력히 날을 세우려는 모습도 야권의 대표성을 획득하기 위한 올바른 정공법입니다. 다만 문제는 '피투성이'가 되기에는 역부족이라는 점입니다. 야권의 대공감을 얻어내기 위해서는 이명박 정권과 수구 언론의 박해로 인해 온몸이 피투성이가 되어야 하는데 현재의 모습 정도로 그것을 바라기에는 부족해 보이기 때문입니다.

한명숙의 존재감은 바로 이 지점에서 나옵니다. 이명박 정권에 의해 정치적으로 박해받은 김대중, 노무현에 이어 가장 많이 피를 흘리고 있기 때문입니다. 특히나 중요한 것은 한명숙에 대한 박해 이유가 대선 자금 수사라는 점입니다. 이 지점에서 우리는 지난 과거를 한번 되돌아볼 필요가 있습니다.

박정희 : 갑자기 피살되어 대선 자금 수사를 일절하지 못함.

전두환, 노태우 : 쿠데타 및 온갖 대선 자금 수수 혐의로 구속 수감됨.

김영삼, 김대중 : 양자 타협으로 대선 자금 수사를 비켜감.
이회창, 노무현 : 차떼기 등 대선 자금을 낱낱이 수사함.
이명박, 정동영 : 대선 자금 수사를 아직 개시하지 않고 있음.

　자, 뭐가 보이십니까. 대선 자금 수사를 하려면 한명숙이 아니라 이명박, 정동영부터 해야 한다는 것입니다. 범위를 확대하더라도 박근혜, 손학규가 우선이지 한명숙이 우선은 절대로 아닙니다. 당시 한나라당의 지지 순위는 이명박, 박근혜였고, 민주당의 지지 순위는 정동영, 손학규, 이해찬, 유시민, 한명숙 순이었기 때문입니다. 그런데 핵심적인 4명은 제외하고 가장 깨끗하고 털 것이 적은 이해찬, 유시민, 한명숙만 건드린 것입니다. 이중에서 이해찬, 유시민은 낱낱이 털었지만 나온 것이 없었고, 한명숙도 털 것이 없는데 계속 물고 늘어지며 괴롭히고 있는 것입니다. 바로 이것이 한명숙에게 야권의 '대표성'을 부여하고 있는 것입니다. 이명박 정권이 유독 한명숙, 이해찬, 유시민 등에게 집착하고 있는 이유는 그들에게 '김대중, 노무현의 적통성'이 있다고 보기 때문입니다.
　최근 손학규, 정동영, 천정배 등이 조급해 하는 이유가 여기에 있습니다. 이대로 가다간 대표성을 빼앗길지 모른다고 판단하고 있기 때문입니다. 그러나 이미 늦었다는 게 문제입니다. 위에서 정동영의 대북한 행보가 별반 소용이 없다고 말한 지점도 바로 여기입니다. 정동영이 야권의 대표성을 획득하려고 했었다면 진작 한명숙 대선 자금 수사 초기부터 '이명박 정권 이리 나와 봐. 치사하게 야권 후보 중 5위 했던 후보, 그것도 여성 후보만 건드리지 말고 우리부터 까자'라고 말했어야 합니다. 그랬다면 정동영에게 별 호감을 느끼지 못했던 야권 지지자들조차도 그에게 열화와 같은 환호를 보냈을 것입니다. 그러나 그는 그러지 못했습니다. 이회창조차도 과거 차떼기 수사 당시 대검 중수부 사무실을 박차고 걸어 들어가 "부하들만 건들지 말고 차라리 나를 처벌해라. 다 나를 위하려다 벌어진 일일 뿐이다"라며 사자후를 토해낸 적이 있습니다. 그걸 보고 전후 사정을 떠나서 많은 국민은 이게 바로 야권 후보의 참다운 모습이라 느꼈을 것입니다. 그런데 정동영은 그 기회를 놓쳤던 것입니다.

김대중, 노무현이 정치 박해를 당할 때도 지켜주지 못하고, 유시민, 이해찬, 한명숙이 야권의 적통 세력으로서 박해를 당할 때도 지켜주지 못하는 모습을 보고, 상당수 국민들은 고개를 가로저을 수밖에 없었을 것입니다.

또한 이명박 정권이나 수구 언론이 가장 두려워하는 것이 바로 '휘발성'입니다. 이회창 총재가 2008년 지자체 선거를 보고 전율을 느꼈다고 말했었죠. 2002년 같은 폭발력이 다시 부활하는 듯한 두려움을 느꼈기 때문이라는 것입니다. 그게 바로 한명숙, 유시민 같은 야권 적통 후보들의 파괴력입니다.

진보류들이 끝까지 후보 사퇴를 거부한 이유도 바로 그것입니다. 아마 다른 후보였다면 대의를 위해 양보했을 수도 있었을 것입니다. 그러나 야권의 대표성을 가진 그 둘에게 손상을 주기 위해서라도 결코 사퇴할 수 없었던 것입니다. 이것은 이명박 정권이 한명숙을 끝까지 물고 늘어지고 있는 오류와 그 기저가 같은 것입니다. 계속 물고 늘어질수록 상처가 커지는 것이 아니라 바닥에 흐르는 피에 대한 연민의 정이 깊어만 가기 때문입니다. 김대중도 바로 그러한 박해 위에서, 노무현도 바로 그러한 냉대 위에서 성장해 대통령이 될 수 있었는데, 바로 그런 실수를 되풀이하고 있는 것입니다.

'죽이고 밟으려고 할수록 커지는 역설', 이회창이 두렵다고 하던 휘발성 폭발력의 근원이 바로 그러한 피투성이에 대한 분노라는 것을 아직도 모르는 것입니다. 그런데 이미 늪에 빠져버린 정권으로서는 빼도 박도 하기 힘든 상황에 이르렀습니다. 여기서 물러나면 정치 보복이었다는 것을 인정하는 꼴이 되어 버리기 때문입니다. 그러나 계속 트집을 잡아 상처를 주려들수록 오히려 존재감만 커지는 역설이 발생하게 됩니다. 그 끝이 바로 야권의 '대표성 획득'인 것입니다. 정동영, 손학규, 천정배 등이 그토록 바라마지 않는 대표성 말입니다.

물론, 정동영, 손학규에게도 기회가 없는 것은 결코 아닙니다. 주변부만 건들지 말고 핵심부를 공략해 들어가면 아직도 기회는 충분하고도 남을 만큼 있습니다. 그러나 너무 막판에 나설 경우 효과가 적을 것 입니다. 그때는 이미 레임덕이 와서 누구나 물어뜯으려 들 것이고, 야권의 대표성도 이미 그 대세를 굳혀가고 있을 것이기 때문입니다. 그래서 지금 이 순간 한명숙의 존재감의 의미는 결코 작지 않은 것입니다. 그리고 바로 그것이 한명숙을 제치고 싶어 하는 여타 민주당 대선후보 주자들의 애간장을 극도로 태우고 있는 것입니다. 현재로선 한명숙의 차기 대통령 가능성이 점점 높아지고 있습니다.

한명숙 대통령론 2

김대중, 노무현 시절에 단행한 인사 중 가장 성공한 인사와 가장 실패한 인사가 무엇이라고 생각하십니까. 뜬금없이 인사 이야기가 왜 나오는지 뜨악해 하실 분도 계실 것입니다. 한명숙 대통령론을 이야기하는데 느닷없이 인사 이야기라니요. 그러나 이 부분을 설명해 내지 못한다면 한명숙이 왜 대선후보로 급부상하고 있는지를 전혀 이해하지 못하고 있는 것이라 할 수 있습니다.

김대중 정권 출범 당시 그가 가장 고심했던 장관 자리가 어느 자리인줄 아십니까. 김대중은 대한민국의 '대표 진보주의자'입니다. 진보하면 일단 뭐가 떠오르시나요. 아마 복지를 떠올리는 분들이 많으실 것입니다. 틀렸습니다. 진보의 가치, 철학, 노선 중에서 가장 중요한 부분은 바로

'교육'입니다. 진보 정책은 사실상 교육에서 시작해 교육에서 끝이 나는 것입니다. 그럼 진보에게 중요한 정책이 오로지 교육뿐이라는 것인가요. 물론 그것은 아닙니다. 의료, 주택, 노동, 복지, 조세 등의 정책도 중요합니다.

문제는 말입니다. 국민의 정부 초기 당시 김대중은 '피를 흘릴 것'을 주문했다는 것입니다. 당시는 외환위기로 IMF에 구제 금융을 신청했던 상황입니다. 따라서 협약에 따라 예산을 대폭 삭감할 수밖에 없는 상황이었습니다. 그중에서도 핵심은 교육 예산 삭감이었습니다. 이 말은 교사를 자르라는 것이었습니다. 또한 촌지 관행을 혁파하고 사학 비리를 척결하고, 교육 평등 정책을 강력히 구사할 것도 주문했습니다. 그러자 다 도망갔습니다. 여당 대표보다도 좋다는 장관 자리 희망자가 단 한 명도 없었던 것입니다. 김대중이 부탁이라도 할라치면 '대통령님, 저를 미워하시나요. 그게 아니라면 왜 저보고 죽으라고 하시나요'라고 말하며 거부했던 것입니다. 이 자리를 하필 이 시기에 맡으면 그 사람의 정치 생명은 끝이 날 것이 뻔했기 때문입니다. 할 수 없이 김대중은 이해찬을 불렀습니다. 이해찬의 '미래 정치 생명'이 밑바닥으로 처박히는 순간이었습니다.

국민은 개혁을 원합니다. 그러나 막상 개혁하면 그 사람을 죽입니다. 사학을 건드리면 보수가 저항하고, 교사 신분과 여타의 관행을 건드리면 교사가 저항하고, 평등을 건드리면 학원이 저항합니다. 학부모와 학생들은 사학, 교사, 학원을 개혁하길 원하지만 막상 그들이 저항하여 나라가 시끄러워지면 금세 피로감을 나타냅니다.

이 과정에서 보수, 진보 진영은 대동단결해 개혁 당사자를 처단하려 드는데, 핑계는 한결같습니다. '개혁의 방향성은 옳지만 방법이 옳지 못하다', '개혁의 주체를 객체로 전락시키는 개혁은 성공할 수 없다'라는 식입니다. 그리고 향후 있을지 모를 추가 개혁을 막기 위해 외형상 개혁 당사자를 피투성이로 만드는 데 전력을 기울입니다. 그래야 차후라도 감히 총대를 메고 개혁에 나서겠다는 인물이 없을 것이기 때문입니다.

　　김대중 : 할 수 있겠나.
　　이해찬 : 제가 하겠습니다.

　그 후, 지금 이 순간까지도 보수 진영이 이해찬을 죽이는 데 사활을 걸고 있는 이유가 바로 사학을 건드렸기 때문입니다. 진보류들이 이해찬을 죽이는 데 사활을 걸고 있는 이유는 그보다 더 추악한데, 진보의 핵심 의제인 교육 개혁의 시발이 바로 '이해찬'이라는 것을 죽어도 인정하기 싫기 때문입니다. 더욱이 진보류들의 추악한 내면인 촌지 문제 등의 내부 부패 문제를 개혁하려 들었기 때문에 더더욱 참을 수 없었던 것입니다. 그래서 지금도 보수, 진보할 것 없이 일각에서는 이해찬 하면 고개를 젓는 것입니다.

　반면 김대중, 노무현 지지자들에게 이해찬은 '정신적 지주'입니다. 개혁을 원하지만 막상 개혁하려 들면 저항으로 인한 피로감으로 금세 내동댕이칩니다. 그러나 시간이 지나 역사적 평가단계에 접어들기 시작하면 드디어 그 고충을 깨닫고 다시 찾게 되는 것입니다.

　유시민이 보건복지부 장관을 하려들 때도 마찬가지입니다. 노무현이 당시 유력 정치인 두 명에게 "둘 중에 누가 보건복지부 장관 맡아서 산적한 현안 해결하겠습니까"라고 물은 바 있습니다. 그러자 그 둘은 뒷걸음질쳤습니다. 그리고서는 피투성이는 안 되면서 폼은 있는 대로 낼 수 있는 통일부 장관 자리를 차지하기 위해 세 대결을 벌였습니다. 결국 거기서 패한 모 정치인이 보건복지부 장관을 맡았는데, 그는 장관을 하면서 그냥 특별한 성과 없이 내려왔습니다. (이때의 공직자로서의 박한 평가가 그를 결국 대선후보군에서 탈락시키게 만듭니다.)

유시민 : 제가 하겠습니다.

노무현 : 괜찮겠나.

그러나 이번에는 여권에서 강력 반발했습니다. 막상 하라고 하면 다 피하면서 유시민이 하려고 하자, '개혁하라고 하면 다 도망가니 결국 유시민이 나설 수밖에 없었습니다' 라는 훗날의 역사적 평가가 걸려 쳐내려 들었던 것입니다. 맡으라고 하면 죽을까봐 안 맡고, 이해찬, 유시민이 막상 맡으면 '개혁한 정치인 다 내쳐버리자' 라고 나옵니다. 그렇게 피투성이가 되어 사라지면 그 편해진 빈자리를 '개혁하겠다' 는 흰소리로 차지하려 듭니다.

이게 바로 개혁의 딜레마인 것입니다. 어떤 분이 예전에 "개혁이란 무엇일까요"라는 질문을 한 적이 있습니다. 저는 담담하게 대답했습니다. "개혁이란 칼로 먼저 자신의 배를 찌른 뒤에 등까지 뚫고 나간 칼로 다시 상대방을 찌르려 드는 것"이라고 말입니다.

그럼 자신도 죽잖아요. 네, 죽습니다. 그래서 김대중, 노무현은 죽었습니다. 이해찬, 유시민의 대중성도 짓밟혀서 되살아나기가 쉽지 않은 상황에 놓여 있게 된 것입니다. 일단 한번 개혁하면 '죽을 때까지 비토 당하게 되기 때문' 입니다. 그러나 대신 국민들은 그들이 피 흘리고 개혁하며 죽어간 뒤 그 위에서 펼쳐진 이전보다 조금 더 아름답고 사람 냄새 나는 세상에서 살아갈 수 있는 권리를 누리게 됩니다. 그래서 국민들은 또다시 누군가에게 개혁을 요구하는 것입니다.

자, 본론을 시작하겠습니다. 김대중은 이해찬을 가장 아꼈지만 그를 벼랑의 길로 밀어 넣었습니다. 노무현은 유시민을 가장 아꼈지만 그를 벼랑의 길로 밀어 넣었습니다.

김대중이 역시 아꼈던 노무현에겐 해양수산부 장관 자리를 맡겼습니다. 별로 빛은 안 나지만 피 흘리는 자리는 아니었습니다. 그래서 노무현은 대통령이 될 수 있었던 것입니다. 노무현이 역시 아꼈던 한명숙에겐 환경부 장관, 국무총리 자리를 맡겼습니다. 역시 별로 빛은 안 나지만 피 흘리는 자리는 아니었습니다. 그래서 한명숙이 강력한 대선후보로 부상하고 있는 것입니다. 그럼 노무현이나 한명숙은 결과적으로 어부지리를 차지하는 것 아닌가요. 네, 그렇게 볼 수도 있습니다. 그럼 싫은데요. 왜냐하면 차기 대통령은 강력한 개혁으로 피 흘리면서 투쟁할 수 있는 정치인이 되었으면 하거든요.

그게 바로 개혁의 딜레마라는 것입니다. 다만 여기서 가장 중요한 것은 무엇이냐 하면 노무현, 한명숙은 비록 피투성이가 아닌 장관 자리를 맡았던 사람이지만 가슴속에 그것의 부채 의식을 잘 간직했던 사람이라는 것입니다. 그래서 노무현은 대통령이 된 후 진정한 개혁을 위해 피 흘리면 싸우다 결국 죽은 것입니다.

마찬가지로 한명숙이 대통령이 되면 결국 그녀도 피 흘리며 싸우다 죽어갈 수 있습니다. '허헉! 한명숙이 대통령이 되는 것은 좋지만 죽게 하기는 싫어요! 무서운 말씀 하지 마세요. 한명숙만큼은 멋지게 대통령직을 수행한 후 박수 받고 내려와 행복한 여생을 보내게 만들어 드려야 합니다' 라고 반론하고 싶을지도 모르겠습니다. 그럼 대통령이 된 후 가짜로 개혁하는 척 시늉만 한 뒤 수구 보수와 진보류들과 적당히 빌붙어 놀다가 내려오면 됩니다. 그러나 그렇게 되면 더욱 비참한 신세로 전락하게 될 것입니다. 정치 생명은 건질지 몰라도 대신 역사적 평가가 시궁창에 처박히게 될 것입니다.

따라서 대통령이 되면 퇴임 후 고초를 감수 할 수 있어야 하고, 그 전에 재임 중 가까운 사람 중 누군가는 이해찬, 유시민처럼 피투성이로 만들어야 하며, 누군가는 노무현, 한명숙처럼 후일을 위한 '씨앗' 으로 뿌려 두어야 합니다.

'너무 슬프고 잔인한데요' 라고 생각하실 것입니다. 그러나 시대는 그렇게 발전해 나가는 것입니다. 더 이상 그런 피 없이도 대화와 타협으로 상생하며 나아갈 수 있는 시대가 오기 전까지는 말입니다. 그래서 김대중, 노무현이 그런 시대를 만들고자 '정치 보복'을 중단했던 것입니다. 그런 와중에 개혁을 최대한으로 밀어붙이면서 자신의 후임들은 피투성이가 되지 않도록 만들 수 있는 그런 정치 토대를 만들려다 죽어간 것이란 이야기입니다.

노무현 서거 식장에서 김대중이 뜨거운 눈물을 흘렸던 이유는 바로 그러한 슬픈 한국의 정치 현실을 너무나도 잘 알고 있었기 때문이었을 것입니다. 그러나 반대로 마지막으로 병원에서 죽어가는 순간에는 담담한 미소를 보여 주면서 서거하였습니다. 그럼 그 미소의 의미는 무엇이었을까요. 그것은 김대중 자신을 포함하여 노무현과 그 이후의 죽음들이 이 땅 위에 만들어 내고 또 만들어 낼 아름다운 인생과 역사의 발전에 대한 미소였을 것입니다. '아름다운 인생은 누군가의 피투성이 위에서 아름답게 꽃피어난다' 라는 역사의 발전에 대한 미소 말입니다.

한명숙 대통령론 3

한명숙 재판이 '현 정권의 무덤' 이 될 것이라는 이야기가 나온 적이 있습니다. 놀랍게도 이것은 외부에서 나온 소리가 아니라 내부에서 나온 소리입니다.

왜 그런 것일까요. 당초 이명박 대통령에게 김대중 · 노무현을 정치 박해할 의도는 없었던 것으로 보입니다. 그가 줄곧 중도실용을 주창했던 이유가 바로 그것입니다. '나는 성공한 대통령으로 물러나 조용히 환호받으며 살고 싶다' 라는 것이 그의 생각이었던 것입니다. 왜냐하면 보복을 하면 반드시 보복을 당하게 되는 것이 정치판의 생리라는 것을 그라고 모르지 않았을 것이기 때문입니다. 그러나 수구세력들이 가만있지 않았습니다. '중도실용 같은 소리하지 마라. 그런 것은 없다. 10년 만에 잡은 정권의 힘으로 김대중·노무현 세력을 반드시 짓밟아 놓아야 한다'

버티고 재촉하며 팽팽하게 줄다리기하던 그러한 힘의 균형을 무너뜨린 분기점이 된 사건이 바로 '미국산 쇠고기 반대시위' 였습니다. 이를 지켜보던 정권은 드디어 김대중·노무현 세력을 손볼 결심을 굳히고 행동에 옮기게 됩니다.

문제는 '처단할 방법' 이었습니다. 노무현에게 범죄 혐의가 없을 것이 자명한 이상 처단할 방법은 '여론 재판' 뿐이었기 때문입니다. 궁리 끝에 도덕적 치욕을 안겨 견딜 수 없게 만드는 방법을 택하게 됩니다. 이른바 '끌어 죽이기' 인 것입니다.

결국 노무현은 자신에 대한 박해가 김대중과 진보 진영 전체로 끝없이 이어지게 될 도덕적 흠집 내기 작업임을 깨닫고 그 멍에를 덜어주기 위해 자결을 선택합니다.

이에 정권은 크게 당황했고 김대중·노무현 세력에 대해 전 방위로 벌어지던 모든 내사는 중단됩니다. 문제는 그때부터 시작됩니다. 노무현 영결식에서 한명숙 추도사를 듣다 또다시 크게 분노한 것입니다.

처음에는 정치 보복 생각이 없었던 정권은 점차 이성을 잃기 시작했습니다. 그러나 이해찬, 유시민 등은 털 거리 자체가 없었고, 한명숙은 털어도 나오는 것이 없었습니다. 하는 수 없이 노무현을 제거한 방법으로 한명숙을 똑같이 엮어 들어가는 방식을 택한 것으로 보이는데, 이때부터 탄식이 나오기 시작한 것입니다.

원래 한명숙 내사는 대검 중수부가 진행했습니다. 대검 중수부는 예전에도 노무현, 이회창의 대선 자금을 수사한 적이 있습니다. 따라서 중수부가 한명숙을 대선 경선 자금으로 엮으려면, 이명박, 정동영부터 털어야 합니다. 확대되어도 박근혜, 손학규가 그 다음 차례이지 한명숙은 절대 차례가 아니었습니다. 그러나 이명박은 현직 대통령이고 박근혜는 차기 유력 여당 후보이며, 정동영, 손학규는 그런 상황 속에서 털기가 난감합니다.

결국 수사를 서울중앙지검 특수부로 넘깁니다. 가장 청렴한 야당 여성 꼴찌 후보 하나를 조사하는 수사를 차마 대검찰청 중앙수사부가 할 수 없어 지방검찰청으로 넘긴 것입니다. "현 정권이 이성을 잃고 체면까지도 집어던졌다"라는 탄식이 나올 수밖에 없었던 이유입니다. 오죽하면 한나라당 내부의 검찰 출신 의원들 사이에서도 체면이 안서는 일이라는 분노가 터져 나왔을까요.

문제는 거기서 그치지 않습니다. 엮은 혐의로 무죄 판결이 확실시되자 이번에는 별건으로 다시 걸고넘어진 것입니다. 물론 그 별건에 이용된 증인도 무고임을 실토한 바 있습니다. 모든 것이 애초부터 말이 안 되는 일의 연속이었던 것입니다. 그러자 수구 언론들도 할 말을 잃었습니다. 수사 초기에는 대서특필하던 언론들이 거의 보도하지 않고 있는 것입니다.

당황하기는 정권도 마찬가지입니다. 애당초 이명박 정권의 판단은 옳았습니다. '칼을 휘두르면 그 칼은 결국 자신에게 돌아온다'라는 것을 잘 알고 있었기 때문입니다. 그러나 일단 그 함정에 빠져들고 나자 벗어날 길이 없게 되었습니다. 이제 공권력을 죽도록 이용해먹고 사법기관을 만신창이로 만든 대가를 지불해야 할 때가 온 것입니다.

그런데 진짜 문제는 여기서부터 시작됩니다. 한명숙을 제외한 모두가 꿀 먹은 벙어리가 된 것입니다. 이명박, 박근혜, 정동영, 손학규, 진보 진영, 수구 언론, 진보 언론 등은 한명숙을 별로 도와주고 싶지가 않았던 것입니다. 왜냐하면 차기 대선의 구도가 '김대중·노무현 계승 세력 vs. 김대중·노무현 반대 세력의 구도'가 아닌 '반한나라 세력 vs. 한나라 세력의 구도'로 치러지길 원하기 때문입니다.

만약 한명숙을 민주당이 도와주려면 정동영, 손학규는 한명숙 죽이기 사안이 대선 자금 수사라는 것부터 지적해야 합니다. 그 말은 이명박, 박근혜, 정동영, 손학규의 대선 자금을 대검 중수부에서 본격 조사하기 시작해야 한다는 것을 의미합니다. 상상하기도 싫은 일입니다. 따라서 모른 척하고 싶습니다. 더욱이 이 사건이 커지면 커질수록 나중에 나오게 될지도 모를 극적인 무죄 판결은 한명숙을 대선후보로 완전히 자리를 굳히도록 해줄 위험이 있기 때문입니다.

박근혜 역시 마찬가지 입장입니다. 진보 진영 입장에서도 꿈에도 소원은 김대중·노무현 세력을 딛고 일어서는 것입니다. 따라서 수구 언론이 이 사건을 '대선 자금 수사'가 아닌 '개인 비리 수사'로 분칠하는 것을 지적할 이유가 없는 것입니다. 한명숙이 무죄라는 것에 분노해 줄 이유는 더더욱 없습니다.

마치 한명숙이 돈이나 받아먹은 것처럼 대서특필했던 수구 언론들은 바로 이런 더러운 카르텔 구조를 잘 알기에 마음 편하게 침묵을 선택할 수 있는 것입니다.

사법기관 또한 딜레마에 빠졌습니다. 이제 질질 끄는 것은 오히려 한명숙 도와주기가 될 우려가 있기 때문입니다. 여론 재판은 더더욱 하기 힘든 상황에 빠졌습니다. 무죄임을 널리 알려줄 우려가 있기 때문입니다. 최악의 상황은 한명숙이 대선후보가 되어 대통령에까지 당선되는 것입니다.

따라서 고민할 수밖에 없는 것입니다. 만신창이로 끝까지 밀어붙이자니 오히려 극적 드라마를 위한 사전 준비가 될 것 같고, 거기에 더해 대통령에 당선까지 되어 버리면 더욱 난감한 상황에 처할 수도 있기 때문입니다.

어찌되었건 이명박 정권의 공권력 남용은 이제 끝물을 향해 가고 있습니다. 이제 더 이상 공직 사회는 이명박의 영을 예전처럼 잘 듣지 않을 것이며 오히려 레임덕 가능성까지 있습니다. 박근혜 입장에서도 이명박 정권에 대한 국민 불만을 어느 정도 해소해 놓고 넘어가는 것이 유리할 수 있습니다. 전임자 밟고 가기란, 예의 한나라당 전통이 드디어 시작되고 있는 국면인 것입니다. 더욱이 박근혜는 이명박에게 깊은 사감까지 가지고 있습니다.

이러한 모든 상황들이 한명숙의 민주당 대선후보 가능성을 현재 끝도 없이 높여주고 있는 것입니다. 한명숙은 별다른 죄 없이 김대중 · 노무현을 적통 계승하는 정치인이라는 이유 하나만으로 피투성이가 되어가고 있기 때문입니다. 게다가 모든 기득 권력들은 이런 고초를 차갑게 외면하고 있습니다. 그러나 한명숙을 외면하고 싶은 기득 권력들의 열망이 커져나갈수록 그에 비례해 한명숙을 도와주고 싶은 국민들의 열망 또한 커져나가고 있습니다. 따라서 성냥 하나만 그으면 대폭발해 버릴 수 있는 모든 제반 여건의 구성이 완성되어 가고 있는 것입니다.

결탁, 고초, 피투성이, 외면, 무죄로 이어지는 파노라마 같은 드라마. 문제는 국민이 가장 좋아하는 극적 장면이 바로 이러한 것이라는 것입니다. 원래 야당 대선후보 탄생의 역사부터가 계속 그래 왔습니다. 끊임없이 바보처럼 개혁을 밀어붙이고, 그 과정에서 혹독하게 피 흘리며 쓰러지고, 그럼에도 죽지 않고 인동초처럼 일어서는 바로 그 삼박자 말입니다. 과거 인동초 김대중과 바보 노무현은 그렇게 탄생했었습니다.

지금 이런 역사의 반복 속에서 한명숙의 위상이 갈수록 부상하고 있습니다. 그것이 바로 보수와 진보 언론 모두가 한명숙을 차갑게 외면하고 있으면서도 한편으로는 두려움에 떨고 있는 이유인 것입니다.

누구보다도 이명박 정권이 가장 초조해져 가고 있습니다. 어떤 분이 이런 말씀을 하시더군요. 한명숙 손보기 과정에서 수구와 진보가 망라된 기득권들이 보여 준 담합과 침묵은 이 시대의 가장 슬픈 자화상이라고. 그런데 아이러니하게도 이명박 정권이 자꾸만 판을 키워내고 있습니다.

가만 놔두면 한명숙은 그저 그런 후보로서 대선을 맴돌다 주저앉을 수도 있었습니다. 그런데 현 정권이 자꾸만 이성을 잃어가며 사정기관을 닦달하고 이에 따라 사정기관 역시 무리수를 둠에 따라 오히려 그녀를 키워주고 있습니다.

그 분이 보기에 진정한 엑스맨은 정작 이명박 자신이었다는 것입니다. 애초 이명박 정권은 자신들의 뒤끝이 처참해질 것을 우려해 정치 보복을 주저했었습니다. 그러나 수구 세력에 등 떠밀려 정치 탄압의 함정에 빠져들게 되었고, 이후 벗어날 길이 없게 된 것입니다. 이후 어쩔 수 없이 이어지게 된 정치 탄압의 연속이 결국 이명박 정권을 사지로 떨어뜨리고 있고, 한명숙을 대통령의 자리의 반열로까지 밀어올리고 있다는 것입니다. 따라서 진정한 엑스맨이야말로 이명박 정권 자신이라는 것입니다.

그리고 보면 이 모든 것은 한명숙의 복이기도 합니다. 한명숙이 김대중·노무현 정신을 계승하려 들지 않았거나, 노무현 영결식장에서 그런 애절한 추도사를 낭독하지 않았거나, 정치 인생을 청렴하게 살지 않았거나 했더라면, 만약 이중 하나라도 없었다면 한명숙은 지금처럼 강력한 대통령 후보로 부상할 수 없었을 것이기 때문입니다.

어느 인생 드라마나 결정적인 화룡점정은 결국 본인 스스로가 찍어내는 것이라는 것을 우리는 한명숙의 사례에서도 잘 볼 수가 있습니다. 훌륭한 안목, 뜨거운 가슴, 정직한 정치 인생, 이 셋 모두를 갖추었기에 지금의 뜻하지 않은 위치로 올라설 수 있었던 것입니다.

제가 피투성이론과 삼고초려론, 이 두 가지를 말씀드렸습니다. 피투성이론이란 죽으려고 하면 살 것이요 살려고 하면 죽을 것이란 이치를 말합니다. 삼고초려론이란 그 피투성이의 난관을 뚫고 운 좋게 대통령의 기회가 자신에게 부여되었다 해도 적어도 그것을 두 번은 사양하는 겸손을 보일 수 있어야 한다는 것입니다. 국민, 특히 야당 유권자들은 대통령이 되려고 안달하는 자는 반드시 밀어내고 반대로 대통령이 되지 않으려고 안달하는 자는 반드시 대통령으로 밀어올리려 드는 기질을 가지고 있기 때문입니다. 그런 성향은 오랜 독재에 시달리면서 김대중만한 재목이 아니라면 결코 끈질긴 회유와 탄압을 이겨낼 수 없었던 슬픈 역사 위에서 쌓아올려진 전통입니다. 그런데 한명숙은 서울 시장, 대선을 거치면서 계속 그러한 겸손한 모습을 보여 주고 있는 것입니다. 이것은 별 것 아닌 듯 보이지만 야권 유권자들의 예리한 눈에 가장 중요하게 관찰되고 있는 덕목 중 하나인 것입니다.

결국 작금의 한명숙의 가파른 부상은 우연이 아니라 모든 것들이 갖춰져 일어난 필연이었던 것입니다. 보수 진영에서는 반드시 권력욕을 가져야 대통령이 됩니다. 그러면서 그들의 이해관계를 충실히 대변해 줄 수 있는 결탁적 요소까지 갖추어야만 합니다. 그러나 반대로 진보 진영에서는 그러한 부패한 권력욕에 대한 분노, 분노를 가슴에 안고 온몸으로 달려들어 피투성이가 될 수 있는 용기, 그럼에도 그렇게 얻어낸 기회를 겸손하게 사양할 수 있는 덕목을 모두 갖출 수 있을 때 비로소 대통령의 자리에 오를 수 있는 것입니다. 그러한 왕도(王道)의 길은 흉내 내고 싶다고 해서 가능한 길도 아니요, 가고 싶다고 해서 도달할 수 있는 길도 아닙니다. 그래서 대통령의 길을 바로 운명이라고 하는 것입니다. 한명숙에게서 바로 그러한 왕도로 가는 제왕지운(帝王之運)의 기운이 느껴지고 있습니다. 그리고 그 기운은 날이 갈수록 걷잡을 수 없이 강해져만 가고 있습니다. 가히 인생은 아름답고 역사는 발전한다고 말했던 김대중의 말이 떠오르지 않을 수 없는 대목입니다.

유시민의 초상

유시민 인물론

사람들이 흔히 노무현, 이해찬 그리고 유시민에 대해 드라이하다고들 합니다. 이게 무슨 말인가요. 그 사람들은 아침에 머리 감고 수건으로 안 말리고 바로 드라이한다는 뜻인가요. 아닙니다. 드라이함이란 '정치인, 언론인, 학자 등 우리 사회의 기득권의 평가라인에서 대단히 박약한 평가를 받고 있는' 이란 의미 정도로 이해하면 좋을 것입니다.

이해가 잘 안 되거나 헷갈리는 사람들이 의외로 많을 것입니다. 자세히 한번 이야기해 보도록 하겠습니다.

드라이(dry)함이란 기본적으로 정경언 유착 등에 알레르기 반응 강하게 일으키는 기운을 일컫습니다. 권력, 재벌 그리고 주류 언론 등이 특혜, 떡값, 안면, 인정 등으로 얽혀 그들만의 리그 속에서 서로를 챙겨주는 문화. 그 문화에 이의를 다는 정치인을 우리는 보통 드라이(dry)함을 갖춘 정치인이라고 하는 것입니다.

이렇듯 잘못된 정치 문화에 대해 '이의 있습니다' 라고 말하는 사람이 있다면, 그 사람은 바로 권력으로부터 드라이하다고 낙인찍히게 되는 것입니다. 그 대표적 정치인이 바로 노무현입니다.

노무현 하면 생각나는 게 무엇인가요. 바로 '설렁탕 한 그릇 안 사준다' 라는 불평불만입니다. 그는 논공행상을 쏟아내도 부족할 취임 초에 안면몰수로 대응했습니다. 당연히 공신들은 노무현이 '은혜를 원수로 갚는다', '가신들만 중용한다' 는 등 온갖 중상모략을 쏟아냈습니다.

그러나 노무현은 비지지세력 등에 받은 설움 때문에 그리한 것이 아닙니다. 바로 그가 역사에 정통한 인물이기 때문에 그리한 것입니다. 원래 논공행상이라는 것은 무서운 것입니다.

과거 고려 광종은 아버지 태조 왕건을 도와 혁혁한 공을 세운 호족들의 씨를 말려 버렸습니다. 호족들이 삼국 통일의 공을 내세워 국정을 농단했기 때문입니다. 그 덕에 친형들이었던 혜종, 정종은 요절해야만 했습니다. 광종은 이런 호족 숙청 없이는 국기 확립이 불가능하다고 보았고 취임 초 힘이 없을 때는 쓸개라도 내줄듯 빌빌거리다 힘을 기르자마자 죄다 쓸어버렸던 것입니다. 조선 태종도 마찬가지였습니다. 그가 공을 내세워 거들먹거리고 다니는 측근들을 쳐내지 않았더라면 세종은 대왕 칭호를 받기는커녕 제명에 못살고 요절을 했을 것이라는 게 대다수 역사학자들의 공론입니다.

노무현은 바로 이러한 역사 인식에 기반을 둔 드라이함을 제대로 발휘했던 것입니다. 이렇게 보면 원래 드라이함의 원조 큰형님은 고려 광종이라고 할 수 있을 것입니다. 그리고 원조 작은형님은 조선 태종이라고 할 수 있을 것입니다. 만약 국가 지도자가 이런 드라이함을 보여 주지 않는다면 어떻게 될까요. 1997년 외환위기 때처럼 끼리끼리 해먹다 국가가 파탄 나게 되는 것입니다.

  이런 노무현의 드라이함을 고스란히 가지고 있는 정치인이 바로 이해찬입니다. 이해찬의 드라이함은 정치권에서도 정평이 나있습니다. 한마디로 "저런 드라이한 정치인이 어떻게 5선 의원, 장관, 국무총리까지 할 수 있었는지 불가사의하다"라는 것입니다. 그러나 갸우뚱해 할 것 없습니다. 이것은 김대중, 노무현이라는 드라이함의 원조 큰형님들이 우뚝 버티고 있었기에 가능했던 것입니다.

  이해찬의 신조가 바로 정치인이나 관료는 오로지 공적 도덕률에 기반을 두어 일을 처리해야 한다는 것입니다. 그는 사적으로 안면이 있으면 설령 공적으로 잘못한 일이 있더라도 그냥 눈감고 대충 넘어가 주는 식의 행동을 잘하지 못합니다. 따라서 그와 같은 정당이라는 등의 이유만으로 청탁을 넣거나, 업무 처리에 느슨하게 임하는 정치인들은 그에게서 모욕에 가까운 낭패를 겪게 됩니다. 그 결과가 그가 도전한 3번의 공직 선거에서의 낙선이었습니다. 1996년 원내총무, 2000년 최고위원, 2004년 원내대표 등 당내 선거란 선거는 다 떨어졌던 것입니다.

  계파를 만들지 않고, 안면 인정 청탁이 통하지 않고, 무능력을 용납하지 않는 정치인에게 줄을 설 이유가 없었던 것입니다. 그러나 김대중, 노무현은 마치 기다렸다는 듯이 1996년 정책위의장, 2000년 정책위의장, 2004년 국무총리 등에 중용했습니다.

  김대중, 노무현이 정치판의 타락한 문화에 좌우되지 않고 올바른 판단을 내릴 수 있는 시야와 혜안을 가지고 있었던 큰 정치인이었기 때문입니다. 이해찬과 두 사람 사이에는 일화가 아주 많은데, 김대중은 자기가 말할 때 다른 사람이 말을 자르는 것을 아주 싫어했다고 합니다. 얼마나 싫어하는지는 다음 번 총선 때 공천 명단을 보면 알 수 있을 정도였습니다. 그런데 그 말을 종종 자른 게 바로 이해찬입니다. 그러고도 살아남은 건 이해찬이 거의 유일하다고 합니다. '말이 되는 소리로만' 잘랐기 때문입니다. 노무현 시절 국무총리 때도 이해찬은 사석에서 종종 말을 잘 잘

랐다고 합니다. 노무현이 말하는 도중 "그런 말씀 마시고"라는 말로 수시로 치고 들어간 것입니다. 주변 사람들은 어색해 했지만 노무현은 그럴 때마다 웃으면서 받아냈습니다. 역시 '말이 되는 소리라고' 동의했기 때문입니다.

이해찬을 유능하다고 인정은 하지만 드라이하기 때문에 먹을 게 없어 뽑지 않는 동료 정치인들의 행태함, 사적으로 볼 때는 다소 불쾌하긴 하지만 공적으로 볼 때는 옳은 소리이기에 이해찬을 용인하고 끝없이 발탁을 거듭한 김대중, 노무현의 행태함, 이 지점에서 그들 간의 차이를 배울 수 있어야 할 것입니다.

드라이함 하면 멀게는 고려 광종 큰형님, 조선 태종 작은형님부터 김대중, 노무현, 이해찬까지 쭉 이어지고 있지만 역시 현존하는 가장 드라이함의 대명사는 유시민이라고 할 수 있을 것입니다.

일단 유시민 하면 뭐가 떠오르나요. 그렇습니다, 드라이함입니다. 머리끝부터 발끝까지 온통 드라이로 일관하는 게 바로 유시민인 것입니다. 우선 그의 주변부부터가 온통 드라이하기 짝이 없습니다. 그가 좋아하는 노무현은 드라이함의 원조 격입니다.

그의 정계 입문 계기가 돼 준 이해찬은 말할 필요도 없이 쳐다보기만 해도 드라이합니다. 유시민의 아내인 한경혜 씨도 얼굴은 미인이지만 한편으론 참으로 드라이하기 짝이 없게 생겼습니다. 머릿속은 더 드라이하기 짝이 없습니다. 그것은 대입 예비고사 당시 제주도 수석을 차지해 서울대 수학교육과에 입학한 뒤 박사학위를 취득했다는 이력만 봐도 잘 알 수 있습니다. 그러니 어디 유시민에게 대충대충이 통하겠습니까. 그에게 가까운 정치인이 별로 없는 첫 번째 이유가 바로 그것입니다.

이해찬에게 2007년 대선 경선에서 드라이한 자신을 수행해 준 한 현역의원이 있었습니다. 먹을 게 없는 이해찬과 끝까지 함께한 것을 보면 얼마나 공적으로 이해찬을 좋게 평가했었는지 잘 알 수 있을 것입니다. 그러나 경선이 끝나자 그는 바람처럼 사라졌습니다.

유시민에게도 어려운 시절을 함께 하던 의원이 있었습니다. 그가 유시민을 좋아했던 이유도 바로 드라이함 때문이었습니다. 그러나 그도 그 드라이함을 몸소 체험한 후에는 유시민 근처에서 잘 볼 수 없게 되었습니다. 그 정도로 이해찬과 유시민의 드라이함은 지독합니다.

따라서 김대중, 노무현 정도의 내공이 없으면 옆에만 가도 얼어버릴 지경이 된다는 우스갯소리가 나올 정도입니다. 이쯤 되면 무협 영화에 나오는 장풍에 한기를 실어 보내는 무공이 부럽지 않을 수준이란 생각이 듭니다. 그러나 노무현, 이해찬은 물론 유시민과 그의 아내는 그렇게 드라이 하기만 한 사람은 아닙니다.

예전에 이해찬에 관해 어떤 분이 다음처럼 말하더군요. "최근 이해찬이 좋아지긴 했는데 사람이 좀 어려워 보이더라고요. 그런데 하루는 우연히 고속도로 휴게소에서 마주친 적이 있는데 아는 척을 했더니 소탈한 웃음을 띠고 정중하게 인사를 해주시는 모습을 보며 그런 선입견이 싹 사라졌어요"

이 분이 이해찬을 좋아하게 된 것은 바로 정치인으로서 지켜야 할 드라이한 덕목을 고수하고 있기 때문입니다. 우리가 흔히 싸움은 말리고 흥정은 붙이라고 하는데, 정치인에 있어서는 정반대의 덕목이 요구됩니다. 바로 정치인끼리는 끝없이 격론을 벌이고 투쟁해야 하는 것입니다.

가끔가다 언론에서 "제발 정치인들은 정략적 싸움을 멈추고 민생을 챙겨라"라는 주장을 하는 것을 자주 봅니다. 그러나 여기서 말하는 민생이란 대부분 기득권들의 이익과 관련된 것이지 국민의 이익과 관련된 것이 아닙니다. 그들이 요구하는 것은 바로 그들의 불로소득 창출에 브레이크를 거는 싸움을 중단하라는 것입니다. 마찬가지로 그들이 정략적으로 싸운다는 주장 또한 틀린 것입니다.

그들은 단지 카메라 앞에서만 싸우는 척할 뿐입니다. 그리고 그 싸움이 끝난 후 사석에서 만나면 죄다 혈연·지연·학연에 기반을 둔 형님 동생 간으로 변신합니다. 비록 당은 달라도 같은 직업군의 일원으로서 밥그릇을 챙기는 일만큼은 철석같이 대동단결하는 것은 물론입니다.

그들이 사석에서 자주 전화하고, 술집에서 술도 함께 마시고 하는 것을 누가 모르고 있겠습니까. 그들은 실제로는 다정하게 어울리고 다니면서도 공석에서만 서로 으르렁거일 뿐인 것입니다. 그리고 연극이 끝나면 서로의 옷매무새를 고쳐주며 함께 밥이나 술을 먹으러 갑니다. 그런데 연극이 끝났는데도 계속 드라이하게 구는 인간들이 있습니다. 그들이 바로 이해찬과 유시민입니다. 따라서 정치꾼에게 이런 정치인들이 제정신으로 보일 리 만무합니다. 그냥 편하게 좀 어울려서 같이 나눠먹으면 참 좋겠는데 사사건건 훼방을 놓으니 분통이 터지게 되는 것입니다.

이때 나서는 것이 바로 정치꾼들과 언론입니다. '이해찬은 싸가지가 없더라', '유시민은 맞는 말도 싸가지 없게 하더라'라고 말이죠. 정치인에게만 공적 도덕률을 엄하게 내세울 뿐, 실제 가정사나 국민들을 대할 때는 한없이 유머러스하고 부드러운 정치인들이 졸지에 문제 정치인으로 둔갑하게 되는 순간입니다.

국민이 바로 이런 매트릭스에서 벗어나지 못하고 살아가고 있기 때문에 맨 위에서 말했던 유의 직접 확인 후의 인식 수정 과정이 다반사로 일어나게 되는 것입니다. 국민들이 만약 정치꾼과 언론들이 농간해 만들어내는 가짜 이미지에 대한 분별력을 갖추고 있다면 어찌 수구들의 농간 따위에 올곧은 정치인이 무대 저편으로 사라지고 온통 가짜 정치인들만 활개를 치는 일이 일어날 수 있겠습니까.

이것이 바로 김대중, 노무현이라는 거목이 부재한 상황에서 국민 개개인이 직접 그들의 시야와 혜안을 배워 정치인들을 하나하나 제대로 감별

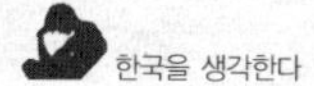

해 낼 수 있어야 하는 이유이며, 이러한 과정을 참여 정치라고 하며, 그것을 주도하고 있는 것이 바로 유시민인 것입니다.

유시민을 비판할 때 가장 흔하게 따라 다니는 것이 바로 유시민 한계론입니다. 유시민은 약삭빠르고, 약속을 잘 지키지 않으며, 노무현을 팔아 일신의 영달을 꽤하려 드는 경상도 패권주의자에 불과하다는 일명 유시민 한계론. 그중에서도 유시민은 개혁당 실패의 원흉이며, 그의 참여 정치는 실패했으며, 이 실패가 앞으로 두고두고 그의 발목을 잡게 될 것이며, 따라서 국민참여당도 당연히 실패하게 될 것이란 악담은 실로 지겹기까지 합니다.

유시민의 실패. 그게 정확히 무엇을 의미하는 것입니까. 유시민의 참여 정치가 실패했다는 것일 것입니다. 그럼 참여 정치의 주체는 누구입니까. 유시민입니까, 아니면 국민입니까. 바로 국민인 것입니다. 그럼 개혁당이 실패했다고 하지 말고 거기에 참여한 국민이 실패했다고 말하는 것이 옳을 것입니다. 그런데 죽어도 그것은 인정하지 않습니다. 오로지 모든 책임을 유시민에게만 뒤집어씌우려 혈안들을 합니다. 그것은 책임 전가 측면에 있어서는 시원한 일인지는 모르겠으나 결국엔 자신이 정당의 주인이 아닌 주인이 부리는 '종'에 불과하다는 것을 자인하는 것에 불과합니다. 그러나 정작 유시민이 원하는 것은 바로 참여 정치의 발전입니다. 그리고 그것을 가늠하기 위해 그는 국민이 손 놓고 가만히 지켜 볼 수 없는 상황을 끊임없이 유도해 내고 있습니다. 그때 평가는 국민 참여에서 나오는 것이지 유시민에게서 나오는 것이 아닙니다. 유시민은 도구일 뿐 평가의 대상은 어디까지나 국민이기 때문입니다.

헷갈리십니까. 정치는 유시민이 하는 것이 아니라 바로 여러분 자신이 참여해서 하는 것이고, 그런 정치의 주인이 참여 정치 구현으로서 주권을 회복해나가는 과정을 단지 유시민은 평가하고 있을 뿐이라는 이야기입니다. 따라서 여러분은 유시민이 아니라 본인들에 대한 평가만 하면 될 일입니다. 유시민에 관해서는 도구로서 유효한가에 관해서만 말하면 될 일입니다. 만약 폐기해야 될 정도라면 대체재를 찾아내면 될 것입니다. 그러나 상당한 사람들이 현재 유시민만한 대체재가 없기에 계속 '유시민'을 이용하고 있을 뿐인 것입니다.

만약 유시민이 싫다면 참여 정치를 포기한다고 선언하고 계속 주권을 정치꾼들에게 맡겨놓든가, 참여 정치를 계속하고 싶은데 유시민이라는 도구가 마음에 들지 않는다면 다른 도구를 찾아내서 유시민과 대체하면 될 것입니다. 전자라면 스스로 정치꾼의 종으로 전락해 살길 원하는 국민들의 개 짖는 소리이니 무시하면 될 것이고, 후자라면 다른 정치인을 대체시키거나 추가 투입하면 될 일입니다. 그런데 그러지 않고 계속 유시민에게만 목매는 사람들이 있습니다. 그것은 바로 유시민에 대해서 뒤바뀐 착각을 하고 있기 때문입니다.

예전에 유시민에 관해 글을 몇 개 썼더니 자칭 유시민 지지자라는 사람이 이런 말을 하더군요.

"글 잘 쓰시네요. 님 같은 분이 유시민을 도와주면 얼마나 좋을까란 생각을 한번 해봅니다" 이런 분들의 이런 말투는 미안하지만 유시민을 도와주는 게 아니라 되레 욕보이는 것입니다. 유권자와 지지자란 단어 구분, 참여 정치의 의미, 유시민의 진가에 대해서 아무것도 모르는 부류라고 말할 수 있습니다.

사람들이 유시민을 좋아하는 이유가 뭔가요. 위에서 말했듯 참여 정치 구현의 도구로서 아직 유효하다고 보기 때문입니다. 그럼 유시민이 자신을 좋아하는 사람들을 좋아하는 이유는 뭔가요. 바로 그런 정확한 인식을 가지고 있는 참여 주권자들이 점점 늘어나고 있는 것을 느끼고 있기 때문입니다. 유시민을 좋아하는 이유는 그가 정치판에서 자꾸 도망가려고 하기 때문입니다.

어떤 사람은 유시민이 노무현 팔아 호의호식, 개혁당 팔아 금배지, 지지자 팔아 장관 해먹었다고 비판하더군요. 만약 그가 자꾸만 뭘 팔아먹고 등쳐먹고, 그래서 호의호식하려는 인간이었다면 진작 유시민을 버렸을 것입니다. 그러나 그는 그러지 않고 오히려 자꾸만 도망가려고 합니다. 당초 유시민이 정치 6년 만 하려고 했다는 말은 거짓이 아닙니다. 그 정도면 그는 국민들에게 주권을 돌려줄 수 있다고 믿을 정도로 '국민을 신뢰' 했던 것입니다. 그런데 국민은 이런 유시민의 기대를 배신하고 정치를 놓아 버렸습니다. 그러자 언론, 재벌 등이 다시 국민들로부터 주권을 거둬가 행사하기 시작했습니다. 그 결과에서 비롯된 두 전직 대통령의 서거와 야합의 행위에 사용했던 칼은 바로 국민들이 길바닥에 아무렇게나 버린 소중한 주권을 주워 사용한 것이라는 이야기입니다.

유시민은 바로 그 점이 울화가 치밀었던 것입니다. 뺏어서 돌려주려 했더니 길바닥에 버려서 그걸 아무나 주워 사용하게 방치한 것입니다. 그래 놓고 스스로 주인에서 종으로 내려온 국민이 유시민보고 주인 노릇 똑바로 못했다고 꾸짖어댔습니다.

김대중과 노무현의 영결식 사진을 보면 유시민의 처참한 표정이 눈에 들어올 것입니다. 과연 유시민은 무슨 생각을 하고 있는 것으로 보이십니까. 수구들에 대한 원망, 복수에 대한 집념, 슬픔에 젖은 감성 등이 느껴지지십니까.

천만의 말씀입니다. '이제 보니 어른이 아니라 어린아이였습니다. 주권과 권력을 국민에게 되돌려주려 했는데 그걸 땅바닥에 집어던져 버리시는군요. 어른에게 1억짜리 수표를 주면 은행에 바로 입금을 시키거나 지갑에 잘 간수를 하고 잃어버리지 않겠지요. 그러나 아이에게 주면 딱지를 접어 가지고 놀다 버리거나 종이비행기로 만들어 베란다 밖으로 날려 버릴 것입니다.

이걸 다시 난지도까지 가서 그 쓰레기장을 절규하고 돌아다니며 찾아내 돌려주고, 그것을 그렇게 함부로 버리면 안 된다는 것을 처음부터 다시 가르쳐줘야 한다는 말인가요. 그 지겨운 짓거리를 나보고 처음부터 다시 하라는 말입니까.' 그는 분노하며 바로 이 점을 되묻고 있는 것입니다. 그 사진 속의 유시민은 바로 그런 의미의 표정을 짓고 있는 것입니다.

유시민이 경기 지사에 출마한다고 했을 때 난리를 치는 사람들이 있었습니다. 어떤 사람은 대구에서 죽으라고 하고, 어떤 사람은 반대로 대구에서 죽어야 감동을 줄 수 있다고 합니다.

둘 다 틀렸습니다. 그는 서울과 경기처럼 사람이 많은 곳에 출마했어야 했던 것이 맞습니다. 그럼 차라리 대선에 나가면 되겠군요. 천만의 말씀입니다. 그의 방점은 참여 정치에 우선해 찍혀 있습니다. 따라서 지자제, 총선 등 참여 정치 구현의 장이 더욱 중요한 것입니다. 그러지 않고 아무 힘없이 대선에 나가 당선된들 그것이 무슨 의미가 있을까요.

노무현처럼 고립당해 또 죽임이나 당하라고요. 그건 너무 서글프지 않겠습니까. 유시민이 대구에서 출마한 것은 겉으로는 참여 정치 비판에 대한 반성이라고 하지만 실제로는 정치를 계속해야 하는가 하는 고민에 대한 답을 얻기 위해서였던 것입니다. 즉, 커리어를 쌓기 위한 것도 아니고, 디딤돌로 사용하기 위한 것도 아닌, 국민 여망의 크기를 측정해 보고 싶었던 것뿐입니다. 그 저울추의 결과가 33%로 합격점으로 나왔습니다. 그것은 바로 참여 정치에 대한 국민적 열망이 지대하다는 반증입니다. 주권과 권력을 돌려주면 이번에는 지난번처럼 잃어버려 소중한 정치인이 잃게하는 일이 없도록 할 테니 사용법을 제대로 가르쳐주면서 돌려달라는 것입니다.

그 사용 설명서의 시범이 바로 경기 지사 출마 및 당선되었더라면 실전에 옮겼을 도정 구현, 그리고 정당 활동인 것입니다. 그렇다면 여러분

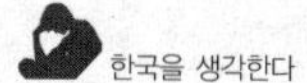

은 뛰어들어 주권과 권력을 행사하면 됩니다. 그러지 않고 또다시 유시민은 실패할 거다, 국민참여당은 결국 민주당과 통합할 거다는 등의 악담을 퍼부으려 든다면, 그것은 악담이 아니라 스스로 참여 정치와 주권 및 권력 행사를 포기하고 자신이 종으로 전락했음을 알리는 행위에 불과한 것입니다.

그 참여 정치를 통한 주권 및 권력 행사의 요체가 무엇인가요. 바로 정치인의 임명권자인 국민에게는 한없이 따뜻하고, 동료들에게는 한없이 드라이한 정치인들을 끊임없이 뽑아 밀어올려 내는 것입니다. 그리고 그런 시스템을 만들어 내 제대로 작동하게끔 관리하는 것입니다.

예전에는 이런 게 없는 대신 김대중, 노무현이라는 걸출한 정치인이 있었습니다. 그러나 그들은 시스템의 보호를 받지 못했기에 결국 자신조차 지킬 수 없었습니다. 하지만 그냥 허무하게 가지는 않았습니다. 한명숙, 이정희, 이해찬, 유시민이란 좋은 씨앗을 뿌려놓고 간 것입니다.

이들을 통해서 진정한 국민주권 정치가 도모될 수 있게 해주고 간 것입니다. 그렇다면 이것을 국민이 받아내 올곧은 정치인을 뽑아내고, 밀어 올리고, 떨어뜨리고 하는 정치 피드백 과정을 완성해 낼 수 있어야 합니다. 그러려면 국민 스스로 끝없이 참여하고 발전해 나가야만 합니다. 그것이 어느 정도 가능할 때까지만 유시민은 국민을 도와주려고 할 것입니다. 고맙게도 말입니다. 그 첫 시작이 바로 드라이함과 그렇지 못함에 대해서 제대로 이해하는 일인 것입니다. 과연 어떤 정치인이 국민을 주권자로 인정하고 그들의 주권과 권력을 강탈하려 드는 개들을 향해 제대로된 저항을 해줄 수 있을까란 올바른 시야와 혜안을 길러내는 지난한 작업, 그 시작과 어느 정도의 한 단락 맺음을 바로 유시민이 함께 해줄 수 있을 거란 이야기입니다.

지금 그만큼 드라이함을 갖춘 정치인은 찾아보기 어렵습니다. 한번 상상해 보시기 바랍니다. 정치인, 언론인, 지식인들이 유시민만큼의 드라이함을 갖춘 세상을 말입니다. 그렇다면 아마 참여 정치 따위도 필요가 없을 것입니다. 그러나 군대는 백 년 동안 단 한 번도 사용하지 않을 수 있지만 단 하루라도 갖추지 않으면 바로 국가가 위태로워지는 것처럼 참여 정치가 사라지는 순간 바로 정치 모리배들이 활개를 칠 것이 자명합니다.

정치는 오직 국민 그 수준 이하에서만 최저치로 작동하려 드는 속성을 가지고 있기 때문입니다. 그래서 유감스럽지만 국민들이 끝없이 드라이해질 수 있어야 하는 것입니다. 물론 그런 드라이한 사람들끼리는 다정하게 지낼 수 있을 것입니다. 그러나 이것은 드라이 함이 발휘되어야 할 장에서 드라이한 척하면서 실제로는 다정함을 발휘하는 인간들이 보여주는 다정함과는 전혀 다른 것입니다. 그래서 그들은 이것을 감추기 위해 끝없이 드라이함과 그 대척점을 교란시키는 것입니다.

국민이 이런 교란에 속지 않고 올곧은 시야와 혜안을 발휘할 수 있는 능력을 갖출 수 있을 때 비로소 김대중, 노무현의 유산이 이 땅위에 진정으로 구현되고 그런 그들처럼 훌륭한 정치인들을 더 이상 가슴 아프게 잃어버리는 통한의 전철을 다시 밟지 않을 수 있는 전기가 마련될 수 있게 될 것입니다.

유시민처럼 드라이한 면모를 갖추고 공직에 임하는 올곧은 사람들은 일부 있겠지만 이것을 전국적, 전 국민적으로 확산시켜 낼 수 있는 정치를 유발할 수 있는 사람은 현재로선 단연 유시민이 독보적인 것입니다. 예전 유시민은 경기 지사에 출마하여 국민들에게 과연 이 땅에 진정한 참여 정치가 꽃피울 수 있겠는가라는 화두를 던진 적이 있습니다. 이제 이에 대한 제대로 된 대답을 국민들이 할 차례인 것입니다. 그러한 질문과 대답이 국민 속에서 어느 정도 내려질 수 있을 때 유시민은 조용히 진정한 자신의 길을 고민할 수 있게 될 것입니다. 유시민이란 한 정치인의 진정한 의미는 바로 여기에 있는 것입니다.

김대중 계승자는 유시민

악화가 양화를 몰아낸다(Bad money drives out good)는 그레샴의 법칙은 은화가 금화를 몰아낸다는 식의 뜻이 아닙니다. 과거 정부가 금·은의 순도를 줄여 화폐량을 늘리면 사람들은 순도가 줄어든 신 화폐를 사용하고 순도가 그대로인 구 화폐는 녹여서 팔아버렸습니다.

순도 위조뿐만 아니라 금·은의 교환비율과 금광, 은광의 발견에 따른 시장가치 사이의 차익 발생 또한 문제를 일으켰습니다. 예컨대 은광이 발견되어 은의 시장가치가 하락했다고 칩시다. 금·은의 교환 비율은 고정된 상태이므로 은의 과대평가가 발생하게 될 것입니다. 이때 사람들은 은화는 사용하고 금은 녹여서 보관하거나 팔려 들것입니다. 이런 식으로 과대평가된 화폐가 과소평가된 화폐를 몰아내는 것을 그레샴의 법칙이라고 합니다. 역사적으로 보면 금이 은을 몰아낸 적도 있고, 반대로 은이 금을 몰아낸 적도 있습니다.

그레샴의 법칙은 경제에서뿐만 아니라 정치에서도 적용됩니다. 화폐 금융시장에서 악화가 양화를 몰아낸다면, 정치에서는 악한 정치인이 선한 정치인을 몰아내는 것입니다.(Bad politician drives out good) 박정희 시절을 한번 상기해 보도록 하겠습니다. 당시 그 밑의 2인자들이 서로를 거세하고 거세당하며 계속적으로 주류를 교체했습니다. 이것은 우연이 아니라 박정희가 그렇게 유도한 것입니다.

조선시대 때도 왕실은 당파 싸움을 유도해 관료를 제거하고, 반대로 관료는 역모를 유도해 왕실의 힘을 제거하는 힘겨루기를 벌였습니다. 그 까닭은 한정된 권력구도 하에서 왕권을 지키는 길은 오직 2인자들끼리 죽고 죽이는 주류 계급 교체를 일으키는 길뿐이었기 때문입니다. 그렇지 않았다면 집권에 대한 갈증으로 당파 싸움 정도가 아니라 왕조 붕괴가 일어났을 것입니다.

이때 2인자 싸움에서 이기는 쪽은 자연 더 악한 쪽이었습니다. 민주주의가 부재한 무법천지 속에서는 오직 힘의 과시만이 승리의 외길이었을 것이기 때문입니다. 그러나 바로 그 악함 때문에 얼마 못가 무너지고 말았습니다. 그렇게 악함이 커져감에 따라 무너지는 속도도 비례해 빨라졌고 급기야는 완전히 붕괴되는 지경에 이르고 만 것입니다. 박정희의 철권통치 종말은 사실상 예정된 붕괴였던 것입니다.

형식적 독재가 사라진 후 그 붕괴 속도는 더욱 빨라졌습니다. 전두환이 박정희를 밟고, 노태우가 전두환을 밟고, 김영삼이 노태우를 밟고, 이회창이 김영삼을 밟았는데, 전두환 때는 임기가 끝나자마자, 노태우·김영삼 때는 임기 말엽에, 이회창 때는 아예 상시적으로 치고받고 하다가 끝내 정권을 내주는 사태까지 벌어지고 만 것입니다.

여기서 알아야 할 것은 과대평가를 일으킬 수 있을 때 집권을 하고, 그 환상이 무너질 때 자리를 내준다는 것입니다. 그렇게 과대평가를 일으키는 과정이 이른바 세 규합과 이동인데, 바로 계파 정치, 정경언 유착을 일컫는 것입니다. 이 과정에서 필수적으로 뒤따르는 것이 매관매직과 부정부패입니다. 그러나 이걸 개혁하고 싶어도 태생적 한계 때문에 불가합니다. 개혁하려 들수록 과소평가될 것이기 때문입니다. 개혁당하는 세력은 새로운 외피를 쓰고 스스로를 과대평가해 대항하려 들 것입니다. 따라서 개혁하려 들수록 말로가 좋지 않게 됩니다. 그나마 가장 개혁적이었던 김영삼의 말로가 가장 좋지 않았던 이유가 바로 그것 때문입니다.

이명박 정권이 철저하게 무개혁으로 나가려 들었던 것은 이러한 학습 효과에서 기인한 것입니다. 그가 권력구조의 생리를 모를 줄 아십니까. 천만의 말씀입니다. 그는 정치 인생 내내 해방 이후의 정치사를 연구한 사람입니다. 박정희가 역사를 모를 줄 아십니까. 역시 천만의 말씀입니

다. 그는 숙종 때 서인의 남인 거세, 다시 서인의 노론과 소론 분화를 시
작으로 이후 무려 200년간 이어진 오직 너를 죽여야만 내가 사는 식의
피비린내 나는 당파 싸움, 그 역사적 흐름의 근원을 꿰뚫고 있었던 사람
입니다.

금은 양화고 은은 악화라서 은화가 금화를 몰아내는 것이 아닙니다. 금
이고 은이고를 떠나서 과대평가된 화폐가 시장에 넘쳐나고, 과소평가된
화폐가 유통에서 사라진 후 보관되거나 녹여서 팔린다는 것입니다. 그
이유는 화폐금융시장이 진정한 의미의 시장이 아니기 때문입니다. 정부
가 화폐 증가를 통해 인플레이션을 일으켜 국민들의 부를 갈취하려 드는
이러한 행위는, 한계에 도달할 때마다 공황을 불러왔습니다. 1930년 대
공황은 그래서 발생한 것입니다. 화폐가치가 지나치게 떨어지자 너 나
할 것 없이 금을 저장하려 들었기 때문입니다. 그러자 정부는 아예 교환
가치 보증을 폐지하고 휴지조각과도 같은 종이를 찍어내 이를 화폐로 받
아들이길 법으로 강요했습니다.

1971년에 벌어진 일인데 이때 미 재무부 장관은 "이것은 서양문명의
종말이다. 언제고 참혹한 대가를 치를 것"이라는 토로를 하기도 했습니
다. 정부의 강도짓을 합법으로 명문화했기 때문입니다. 이러한 금본위제
도 전환 이후 위기의 양태는 자산 버블로 나타났습니다.

화폐가 금으로 보증되지 못하자 가치 보존이 쉽지 않은 돈을 지니고 있
느니 부동산 등의 실물자산에 투자하는 쪽으로 대응 행태가 바뀐 것입니
다. 그 결과 1990년대 초반 자산 버블 붕괴로 일본이 몰락하고, 2008년
미국이 서브프라임 모기지 사태로 위기를 겪고 있습니다. 그 뒤를 이어
한국과 중국이 번호표를 뽑고 대기 중입니다. 시장경제가 종말 직전이라
는 탄식은 그래서 나오고 있는 것입니다.

정치에서도 주의할 점은 김구, 김대중, 노무현은 선한 정치인이고, 이

승만, 박정희, 전두환, 김영삼, 이명박은 악한 정치인이 아니라는 것입니다. 이승만이 김구를 몰아내고, 박정희, 전두환, 김영삼이 김대중을 몰아내고, 이명박이 김대중, 노무현을 몰아낸 것은, 바로 과대평가된 정치인이 과소평가된 정치인을 정치에서 몰아낸 것입니다. 그 이유 역시도 정치시장이 진정한 의미의 정치가 아니기 때문입니다.

그렇다면 화폐금융시장을 시장으로 되돌리고 정치시장을 시장으로 되돌릴 수 있는 길은 무엇인가. 화폐금융시장의 경우는 중앙은행의 독립성을 확보하고 부동산 등 버블이 일어날 수 있는 모든 재화와 자산을 포함시키는 물가지수를 개발해 준칙에 입각한 명시적 인플레이션 목표제를 실시하는 것입니다. 이를 통해 가격평가 시스템을 정상화시켜야 합니다. 정치시장의 경우는 언론을 개혁하고 계파 정치를 타파할 수 있는 참여 정치, 시민 주권 정치를 이뤄내는 것입니다. 이를 통해 언론이 형편없는 정치인을 과대평가해 그들과 함께 제대로 된 정치인을 과소평가해 정치에서 몰아내는 것을 막아내야 합니다. 역시 평가 시스템의 정상화가 핵심입니다.

그러나 이것이 말처럼 그리 쉬운 것이 아닙니다. 또한 구체적으로 어떻게 그것을 이뤄낼 것인지도 난제가 아닐 수 없습니다. 이와 관련해 김구가 언급한 것이 있습니다. 과거 김구는 민주주의를 가리켜. '민족마다 최선의 국가를 이루고 최선의 문화를 낳아 길러서 다른 민족과 서로 바꾸고 서로 돕는 일'이라 말한 바 있습니다.

그 진보를 위해서 가장 중요한 것으로 그는 언론의 자유를 꼽았습니다. 언론의 자유를 확보하기 위해서는 교육과 문화가 중요하다고 했습니다. 여기서 교육이란 생활의 기술만을 가르치는 것이 아니라 인생과 우주, 그리고 정치에 대한 철학을 가르치는 것입니다. 그 철학의 기초 위에서 생활의 기술을 가르쳐 내는 것이 바로 교육이라는 것입니다. 김구는 좋은 민주주의와 그 속에서의 문화는 오직 그러한 정치 양식의 건립 속에서 나온다고 보았습니다. 그러니까 핵심은 결국 문화운동이라는 것입니다. 김구의 계승자인 김대중도 이러한 김구의 가르침을 평생 마음속에서 한 번도 내려놓지 않았습니다.

이것의 실천으로서 그는 敬天愛人(경천애인, 국민을 공경하고 국민을 사랑하라)에 입각한 반발짝 문화운동론을 주창했습니다. 국민이 하늘이니 그 머리 위에 올라 권위를 세우려 말고, 국민이 현명하니 먼발치에 떨어져서 따라오라 소리치지 말고, 그 옆에서 가르치려 들지도 말라는 것입니다. 권위주의와 계몽주의를 경계한 말입니다.

한편으로는 언론을 바로 세우려 노력했습니다. 김대중이 수구 언론에 대해 세무 조사를 할 때 거의 모든 정치인이 "언론사는 성역이니 세무 조사 하지 말고 그냥 놔두라"고 했습니다. 그러나 김대중은 거부했습니다. "탄압하자는 게 아니라 성역이 있을 수 없다"는 이유에서였습니다.

김대중의 계승자인 노무현은 한발 더 나아갔습니다. 언론사의 악의적 보도에 대해 적극적인 반론 청구를 하고 취재 선진화 계획으로 중소 규모의 언론사들에게도 똑같은 취재기회를 제공하려 한 것입니다. 역시 "왜 거대 언론은 물론 진보 언론과도 싸워 상황을 어렵게 만드는가"라는 원망이 쏟아졌습니다. 말마따나, 정말로 상황은 어려워졌고 김대중, 노무현은 과소평가를 거듭한 끝에 정치적 거세의 운명을 맞이하게 되었습니다. 그렇다면 김구, 김대중, 노무현의 길은 실패할 수밖에 없는 방법을 선택한 것이었을까요.

니체는 A politician divides mankind into two classes:tools and enemies. 즉, "정치인은 오직 국민을 도구 아니면 적의 두 부류로 나뉜다"고 말한 바 있습니다.

결국 우호적인 정치인과도 대립할 수 있는 큰 정치가 시도될 때 정치문화는 한 발짝씩 진보할 수 있을 것입니다. 그러자면 정치인을 선악으로 나누지 않을 수 있어야 합니다. '반드시 박근혜여야 한다?' '반드시 손학규, 정동영, 노회찬이어야 한다'는 주장은 틀린 것입니다. 과대평가된 정치인을 내리꽂고 과소평가된 정치인을 밀어올릴 수 있어야 합니다.

예를 들면 부동산, 외환, 주식은 언제 사고 언제 팔아야 합니까. 답은 비싸면 팔고, 쌀 때 사면 된다는 것입니다. 정치 역시 마찬가지입니다. 시장이 가격으로 움직이듯이 정치는 평가로 움직일 수 있어야 합니다. 그 평가의 주도권을 국민이 가져오고 제대로 된 평가를 이끌어낼 수 있느냐가 정치 양식 건립을 위한 문화운동의 성패인 것입니다. 그러나 시장에는 가격표가 있지만 정치에는 제대로 된 수시 가변하는 평가표가 없습니다. 그럼에도 그나마 그것을 가장 쉽게 판단할 수 있는 것이 있다면 그것은 바로 정치시장에서의 고립과 열세일 것입니다.

현실 정치에서 당연히 국민의 적이 국민의 도구로 쓰일 정치인보다 판세에서 우세할 것이기 때문입니다. 위선자들은 반드시 패를 지어 세를 형성하려 들기 때문입니다. 그러나 이러한 도구의 고립과 열세는 식별의 계기가 될 수 있습니다. 과거 김대중이 빨갱이로 몰려 주류 정치 세력으로부터 고립되어 열세에 처했을 때 국민들은 그것을 통해 적아를 식별하고 대통령 당선이란 반전을 일으킨 바 있습니다. 보수, 진보를 망라한 현실 정치 세력이 노무현을 몰아붙여 탄핵하려다 역풍을 맞은 것도 마찬가지입니다.

대의명분을 가지고 싸우다 고립되어 열세에 처하는 정치인. 그럼에도 무엇이 옳으냐 그르냐는 질문을 끊임없이 던지는 정치인. 이런 과정 속에서 스스로는 과소평가되지만 국민에게는 스스로 판단하고 식별하고 행동할 수 있는 계기를 만들어 낼 수 있는 정치인. 이런 행동들이 바로 언론이며 교육이며 정치이며 문화인 것이고, 이런 행동을 해낼 수 있는 정치인이 바로 국민의 도구로 쓰일 수 있는 제대로 된 정치인의 입증인 것입니다.

이명박 대통령이 집권하면서 가장 역점을 둔 분야가 언론 장악입니다. 언론 장악은 정치에 대한 평가시스템 작동을 망가뜨려 정치 발전을 저해합니다. 따라서 그는 한국 정치의 암적 존재인 것입니다. 그러나 이런 일인독재의 폐단보다 더욱 심각한 문제가 있는데, 그것이 바로 계급독재입니다. 과거 김구가 "그 나라의 법이 일개인에서 나오는 것을 전제 또는 독재라 하고 일 계급에서 나오는 것을 계급독재 또는 파쇼라고 한다. 이러한 계급독재 중에서도 가장 무서운 것이 어떤 주의나 이데올로기 즉, 철학을 기초로 하는 계급독재다. 개인의 독재는 그 독재자만 제거하면 그만이지만 다수의 계급이 독재일 때는 이를 제거하기가 심히 어려우니 국제적 도움 같은 것이 없이는 깨뜨리기 어려울 정도다"라고 말한 바 있는데, 바로 이 점을 일컬은 것입니다.

말마따나 이명박 대통령만큼이나 문제인 것이 오늘날 진보류들의 지적 파쇼행태입니다. '모든 것의 문제는 오직 신자유주의이고, 신자유주의의 증좌는 FTA 찬성과 삼성 부역이고, 그 명단에 포함되면 평생 주홍글씨가 되어 끝내 처단되는 운명에 처하게 될 것이다' 라는 이들의 서슬 퍼런 행태는 지켜보는 것만으로도 섬뜩합니다.

수구류들이 김구를 테러리스트, 김대중을 빨갱이로 딱지 붙이려 했던 것과 마찬가지의 행태이기 때문입니다. 사민주의나 사회주의를 숭배하면 모든 문제가 일거에 해결된다는 논리는 이명박이 집권하면 무조건 경제 살아난다는 논리와 같은 연장선상에 놓여 있는 잘못된 것입니다.

김대중, 노무현이 벌인 언론과의 싸움은 그런 것이 아닌 이런 잘못된 평가시스템 훼손 행위와의 대결이었기 때문입니다. 다만 언론사라도 세금을 내고, 오보나 악의적 보도를 하면 정정을 요청하고, 거대 언론사만 특혜를 누리는 것이 아니라 중소 언론사도 공정한 취재 환경을 보장받을 수 있게 해, 국민들이 올바른 평가를 할 수 있도록 도와주려 한 것입니다. 그런데 진보류들은 엉뚱한 싸움을 했습니다. 자신들만이 지고지선이며,

평가는 그런 자신들이 하며, 그것을 받아들이지 못하는 국민은 오직 어리석기 때문이라는 것입니다. 이런 행태야말로 올바른 정치문화 양식 건립을 저지하는 최고의 장애물이라 아니할 수 없습니다.

민주당 역시도 마찬가지입니다. 현재 손학규는 정동영에게 호남 공천권을 넘겨주기 싫어하는 지역 정치인들과 연계해 대통령 후보 자리를 얻는 대신에 당권을 내주는 구도에 승부를 걸고 있습니다. 정동영은 호남 출신임을 내세워 그 자리의 탈환을 주창하고 있습니다. 그러나 진짜 문제는 그런 것이 아닙니다. 계파 정치를 그만두지 못한다는 것입니다. 손학규, 정동영에게 줄 대면 살아남고 줄 대지 못하면 살아남기 힘든 지형을 일컫는 것입니다. 기호 2만 확보하면 이길 수 있다고 보기 때문입니다. 이런 계파 정치는 매관매직, 부정부패를 부를 수밖에는 없습니다. 무엇보다 국민의 정치 평가와는 상관없기 때문에 정치 평가시스템을 망가뜨립니다.

제대로 된 언론개혁도 할 수 없습니다. 국민의 도구인 양 둔갑하는 과대평가를 유지하려면 개혁은커녕 잘 보여도 부족할 판이기 때문입니다. 김구, 김대중, 노무현 정신을 바로 세우고 사대주의 청산, 민족통일과 복지 건설로 나아갈 수 있는 길도 없습니다. 그것은 오직 제대로 된 언로 위에서만 가능하기 때문입니다. 따라서 할 수 있는 일이라고는 오직 제대로 된 정치인을 과소평가해 짓누르고 자신들에 대한 과대평가는 더욱 부풀려 정권을 잡아 관직을 나눠먹는 것뿐입니다.

이러한 행태는 김대중을 계승하기는커녕 그 정신의 정반대 극단을 걷는 것입니다. 진정으로 김대중을 계승하려거든 계보 정치 청산, 언론 개혁, 시민 주권 정치, 시민 모금 정치, 인터넷 정치에 나설 수 있어야 합니다. 그러나 난해한 일이 아닐 수 없습니다. 개혁하려 드는 순간 과소평가될 것이기 때문입니다.

정치 시스템을 망가뜨리는 중심에 서 있으면서 경제 시스템을 정상화시켜내야 살려낼 수 있는 민생 경제 또한 살려낼 수 없습니다. 결국 정치판을 떠나는 그 순간까지 정치를 망가뜨리는 역할만을 하면서 지낼 수밖에는 없는 것입니다.

김구를 김대중이 계승하고, 김대중을 노무현이 계승하고, 노무현을 유시민이 계승한다고 말할 수 있는 이유가 바로 이 지점입니다. 국민에게만 빚지고 오직 그들의 도구로서 정치할 수 있겠는가란 물음에 유시민이 가장 가까이 서 있다고 보기 때문입니다. 반면 상당수 정치인들은 끼리끼리 패짓고 누구를 밀어내면 뭘 만들어 낼 수 있다고 믿고 있습니다. 그러나 유시민은 그 길이 성공의 길이 될 수 없으며 설사 성공할 수 있다 한들 옳지 않다고 굳게 믿고 있습니다. 해답은 독재 정치, 계파정치, 패거리 정치가 아니기 때문입니다. 언론과 지식인들을 떠받들고 그들과 함께 파당 지어 세 불리기 경쟁을 하는 구태 정치도 아닙니다. 바로 국민들을 참여시켜 역으로 그 패거리즘을 쳐나가는 문화운동입니다. 그 속에서 역사, 교육, 언론, 문화 등을 논하며, 그들의 가면을 벗겨내고, 특혜를 날려버리는 것입니다. 그 과정들을 통해 정치 평가시스템을 정상화시켜 내면 되는 것입니다. 그럼 그 다음은 국민이 알아서 할 것입니다. 이 고비만 슬기롭게 이겨내면 결국 정치는 진보하게 되어 있습니다. 그러나 그 과정이 그토록 어렵습니다. 패거리에서 벗어나면 고립되어 열세에 처하기 때문입니다. 그에 대한 두려움을 도저히 이겨낼 수가 없는 것입니다.

그럴수록 대통령에 대한 미련을 버려야 합니다. 재선에 대한 집착을 버려야 합니다. 선거 기법, 선거 공학, 구도에 대한 지나친 의존을 버려야 합니다. 그리고 목표의 방점을 문화 양식의 건립에 두어야 합니다. 이기는 데 목표를 두는 게 아니라 그 길을 어떻게 걸어갈 것인가에 목표를 두라는 이야기입니다. 보상에서 만족을 얻으려 들지 말고 존재양식 자체에서 만족을 구하라는 것입니다.

　김구는 그렇게 살았습니다. 김대중도 마찬가지고 노무현도 마찬가지입니다. 유시민이 높이 평가되고 있는 이유는 바로 이 때문입니다. 그는 하나의 행동을 하고 뒤로 물러나 앉아 웃으면서 국민들이 어떻게 반응하는가를 지켜봅니다. 자신이 인정받기를 기대하는 심리에서가 아니라 그것을 통해 국민의 문화양식이 한층 공고히 발전해 나가기를 기대하는 심리에서입니다. 버스 떼기로 표를 사오는 정치인에 맞섰다 힘없이 나자빠지는 모습을 보여 주는가 하면 시민들에게 이자 쳐서 갚을 테니 돈 빌려달라고 졸라 성공해 다른 정치인들의 얼굴을 창백하게 만들기도 합니다.

　언론과의 솔직한 인터뷰 후에 그것을 악의적으로 편집해 보도하는 언론들의 모습을 보면서도 자꾸만 그 행동을 반복합니다. 솔직한 것보다 위선적인 것이 더 문제라고 굳게 믿고 있기 때문입니다. 이런 이야기를 하면 결국 유시민을 띄워주기 위해 글을 쓴 것이 아니냐고 지적하는 사람들이 있습니다. 천만의 말씀입니다. 결코 유시민을 좋아한다거나 그가 대통령이 되어야 한다는 식의 글을 쓰자는 것이 아닙니다. 다만, 그가 늘 과소평가되어 정치판에서 수세에 처해 있는 것에 호기심이 가 있을 뿐입니다. 차별화될수록 정치판에선 수세에 몰리고, 그렇게 작아질수록 국민적 지지가 커지는 역설과정이 우리 정치사의 중요한 분기점이 되고 있다고 보기 때문입니다.

　금이 양화고 은이 악화가 아니듯, 오로지 유시민만이 좋은 정치인이고 다른 이들이 모두 나쁜 정치인인 것은 아닙니다. 다만 그는 이전에도 지금도 과소평가되어 있고 그리고 이후에도 그럴 확률이 높을 뿐입니다. 그래서 유시민의 가치가 아직 우리 곁에 도구로서 유효하다고 보는 것입니다.

　그런 유시민이 하루라도 빨리 과대평가 받을 수 있는 날이 오기를 바라고 있습니다. 만약 그런 날이 온다면 그때는 유시민이 대통령이 되는 날이 도래하는 것이 아니라 지금의 유시민 정도가 가장 평범한 정치인이 되는 정치가 도래하는 날이 될 것이기 때문입니다. 제대로 된 정치가 바로 서는 날이 될 것이라는 이야기입니다. 바로 그런 관점에서 유시민이야말로 진정한 김대중의 계승자라고 보고 있으며, 그래서 그에게 걸고 있는 기대가 큰 것입니다.

유시민 vs. 장하준

얼마 전 유시민이 트위터에 진보대통합에 초대장을 못 받아 어찌해야 할지 숙고 중이라는 글을 올린 것을 보고서 먼저 장하준 교수가 떠올랐습니다.

장하준 교수는 최근 《그들이 말하지 않는 23가지》라는 화제의 책을 내고 여기저기 강연과 인터뷰를 하고 다니느라 바쁜 모양입니다. 그중에서도 인터넷보다 세탁기가 더 혁명적이다라는 구절이 화제입니다. 언론 보도를 접하고 도대체 왜 저 문구가 화제가 되고 있는지부터가 의아했습니다. 왜냐하면 '여성의 사회진출'이 20세기에 일어난 가장 괄목할만한 사회변화 중 하나라는 것은 그간 경제학계에서 광범위하게 언급되어온 기본 논제 중 하나이기 때문입니다. 뜬금없거나 기상천외한 주장이 될 수 없다는 이야기입니다.

20세기 초반 여성의 가사노동은 직업 남성의 노동 강도에 비해 결코 낮지 않았습니다. 빨래, 다림질, 요리, 청소 등을 하는 데 엄청난 시간과 노력을 필요로 했기 때문입니다. 경제학적으로 설명하자면 가사노동을 포기하고 직업을 가지는 것의 기회비용이 매우 높았던 것입니다. 예를 들면 빨래를 한번 하러가려면 냇가까지 무거운 짐을 들고 걸어서 1시간을 가야 하는 식이었습니다. 그러나 상수도 등의 인프라가 깔리고 식기세척기, 세탁기, 냉장고 등의 가전 인프라가 보급되기 시작하면서 가사

노동의 부담은 획기적으로 줄었습니다.

그러자 여성들의 사회 진출이 폭발적으로 늘기 시작했습니다. 5% 수준에 불과했던 직업 여성의 비율이 6~70%선까지 폭증한 것입니다. 문제는 여기서부터 벌어졌습니다. 그간 고임금 장시간 노동에 시달리던 남성들이 인간답게 살 수 있는 복지 구축 요구를 쏟아내기 시작한 시점과 여성의 사회 진출 폭발 시점이 서로 맞물렸기 때문입니다. 당연히 서민 남성들의 고통지수가 급격히 상승했습니다.

물론, 여성들의 고통도 심했습니다. 일자리를 찾아 나선 여성들에게 양질의 일자리 기회가 쉽사리 부여되지 않았기 때문입니다. 그럼에도 여성들의 사회 진출은 늘어갔습니다. 직업을 가지는 것의 기회비용이 드라마틱한 수준으로 떨어졌기 때문입니다.

이러한 여성의 사회 진출은 정치 참여로 연결되었습니다. 여성의 정치 참여는 민주주의의 확장으로 이어졌습니다. 민주주의 확장은 복지 확대를 가속화시켰습니다. 결국 여성의 사회 진출이 지난 100년 간의 가장 큰 경제학계의 변화 중 하나라면 여성의 정치 진출은 정치학계의 가장 큰 변화 중 하나가 된 것입니다.

상당수 나라에서 여성의 정치 참여가 허락되고, 여성에 대한 폭력 금지가 법제화되고, 여성에 대한 평등한 부의 나눔이 허락되고, 이러한 여성들의 사회 진출을 돕기 위한 복지 구축이 계속 뻗어져나가면서 정치경제학적으로 가장 큰 형식적인 발전이 도모되었던 것입니다. 그러나 실질적인 발전은 결코 수월하지 않았습니다. 아직도 상당수 나라에서 여성의 정치 참여 비율이 매우 낮으며 여성에 대한 폭력이 지속되고 있는 것이 이를 증명합니다. 여성이 차지하는 부의 비중이 매우 낮은 것도 물론이요, 서구 국가들을 제외하고는 복지 시스템이 매우 열악한 것도 현실입니다. 이러한 실질적인 발전을 지체시키는 장애물을 걷어내고 있는데, 가장 혁명적인 역할을 하고 있는 것이 바로 인터넷입니다.

바로 여기서부터 장하준 교수의 주장이 문제가 되는 것입니다. 그가 "세탁기가 혁명적이었다"고 말한 부분은 별로 문제가 되지 않습니다. 거기에 적극 동의합니다. 그러나 인터넷보다 혁명적이라는 말에는 동의할 수 없습니다.

왜냐하면 세탁기가 여성의 형식적인 사회 진출을 도왔다면, 인터넷은 실질적인 사회 진출을 돕고 있기 때문입니다. 일례로 여성의 진보에 가장 크게 기여한 것으로 평가되고 있는 김대중, 노무현 정권의 탄생부터가 인터넷의 공입니다. 만약 인터넷이 없었다면 그 둘은 대통령이 될 수 없었을 것입니다. 그랬다면 그 둘이 이뤄낸 수많은 여성 진보 업적들 또한 이뤄질 수 없었을 것입니다.

김대중, 노무현 정부 시절의 여성 진보는 실로 놀라웠습니다. 가정 폭력 등의 범죄에 관한 특별법 제정으로 남편의 가정폭력을 금지시킨 것을 시작으로, 사실상 여성 가장들을 보호하기 위한 기초생활수급제도를 시작했으며, 보육, 가족 정책 등의 여성복지정책을 본격 시작했습니다. 여성 국회의원과 여성 장관들을 대거 등용하고 최초의 여성 총리, 여성 대법관, 여성 헌법재판관도 탄생시켰습니다. 여성의 기초의회와 비례대표 진출 역시도 급증했습니다.

이러한 변화에 가장 크게 기여한 것이 바로 인터넷입니다. 김대중, 노무현을 대통령으로 탄생시키고, 여성들이 적극적으로 여성정책을 요구하게 하고, 요구하는 데서 그치지 않고 직접적으로 참여하는 것에 가장 크게 기여한 것이 인터넷이란 이야기입니다.

이것은 무엇을 의미하느냐 하면 지난 100년간 가장 중요한 정치학적 변화가 여성 정치 참여의 본격 시작이라고 볼 때, 그것에 형식적으로 가장 크게 기여한 것이 세탁기 등의 가전 혁명이라면 실질적으로 가장 크게 기여한 것은 인터넷이란 것입니다. 결국 가장 진보적인 정치 발전은 바로 여성의 정치경제로의 참여 확대였고, 세탁기와 인터넷의 기여도는 용호상박이라는 이야기입니다.

그런데 장하준 교수는 인터넷보다 세탁기가 더 혁명적이라는 다소 도발적인 주장을 하고 있습니다. 인터넷으로 일어난 정치경제적 영향이 세탁기보다 크지 않다는 것입니다. 옛것을 과소평가해서도 안 되고 새것을 과대평가해서도 안 된다고도 주장합니다. 그러나 결코 그렇지 않습니다. 오히려 그 반대로 말하고 싶습니다. 형식적인 발전을 무시하자는 것이 아니라 실질적인 발전을 무시하지 말라는 것입니다. 겉으로 보면 여성이 집에만 있다 일을 가지게 된 것이 더 큰 변화일 수도 있을 것입니다. 허나, 그 여성들이 사회로 나와 제대로 된 구성원으로서의 입지를 가지게 되는 것이 더 큰 변화일 수 있습니다.

유시민을 이야기하는 데 있어 장하준 교수의 잔영이 떠오르는 이유가 바로 이 지점입니다. 유시민은 진보 대통합에 초대장을 못 받아 난감하다고 말하고 있습니다. 그러나 자세히 살펴보면 유시민이야말로 진정한 진보입니다.

유시민은 김대중의 형식적인 정치 발전, 그러니까 대통령 직선제, 지자제, 여성 인권보장제도 시작, 여성 기초수급제도 시작, 여성의 정치 진출 시작 등의 수많은 업적을 결코 능가할 수 없습니다. 그러나 언론을 개혁하고 정당을 개혁하는 실질적인 정치 발전에 있어서는 사실상 그 시작의 트리거를 당긴 장본인이라 할 수 있습니다.

유시민이 하고자 하는 것은 김대중이 미처 못 이뤄낸 실질적인 정치 발전 즉, 언로의 상향식 민주화, 정당구조의 상향식 개혁, 독선적인 의사결정구조의 타파, 제왕 계보 정치 등의 패거리 문화 청산 등에 있기 때문입니다. 이런 작업들은 외형적으로 보기에는 별 업적이 아닐 수 있습니다. 허나, 어떤 면에서 보면 형식적인 정치 발전보다 더욱 중요한 것입니다. 용의 눈을 찍는, 정치 발전의 화룡점정이라 할 수 있기 때문입니다.

인터넷에서 가장 환호 받는 정치인 유시민이 인터넷을 통해서 이뤄내려고 하는 이러한 수평적이고 참여적인 정치 문화의 확산은 지난 100년 간 이뤄진 가장 중요한 정치경제학적 발전인 여성의 정치경제 참여 확대의 결정판인 것입니다. 따라서 유시민이야 말로 김대중의 계승 적자이며 유시민이야말로 진정한 진보인 것입니다.

반면 자신들이 진보라고 주장하고 있는 일부 진보 진영은 사실 제대로 된 진보라고 할 수 없습니다. 그들이 자유주의를 배척하고 사회주의를 내세워 가며 온 세상의 진보적 담론을 모두 자신들의 전유물인양 행세하고 있지만 국민 중 누구도 그걸 인정하지 않고 있기 때문입니다. 사실상의 자칭 진보, 그러니까 입 진보에 지나지 않는 것입니다.

내세우는 교조적 담론은 진보적일지 모르나 그들의 주요 기반인 노동조합 등의 내부 문화 면면을 살펴보면 남성 중심적이고 의사 경직적이기 그지없습니다. 그들이야말로 자유주의에 물들어 있고 정규직과 비정규직간의 차별에도 찌들어 있습니다. 부동산 버블을 즐기고, 대형마트에서 외국산 쇼핑도 즐기고 있는데 그 수입의 근원은 무지막지한 국제교역의 확장으로 거둬들인 잉여독점입니다. 비정규직, 실업자, 여성 등의 희생을 담보로 한 독점적 수혜라는 것입니다.

어쨌든 장하준 교수의 가장 큰 오류는 중국 미화에서 정점에 달하고 있습니다. 물론 장하준 교수는 자유주의 시장 본질 자체를 비판하는 점은 아니라는 것을 분명히 하고 있습니다. 다만 자유주의의 시스템이 문제라는 것입니다. 그리고 그 증거로 미국 등의 퇴조와 중국 등의 발전을 들고 있습니다. 그러나 중국의 부상이 자유주의 시스템 제한 부분을 정당화하는 논거로서 활용될 수 있는 것은 아닙니다. 중국의 부상은 부조리한 시스템의 적절한 통제에서 비롯되는 것이 아니라 수많은 숨겨진 희생에서 이뤄지고 있는 것이기 때문입니다. 이러한 희생과 고통을 과연 계량적으로 잡아낼 수 있겠습니까. 형식적인 평가라면 0~100점 만점에 적절한 점수를 매겨낼 수도 있을 것입니다. 그러나 실질적인 고통과 행복지수를 잡아내는 평가는 그럴 수 없습니다. 심지어 그 점수는 0점도 아니고 −100점도 아닌 −100만점에 달할 수도 있습니다. 0.4%가 70%의 부를 독점하고 있는 유례없는 부의 왜곡과 급작스러운 자본주의 도입으로 인한 스트레스로 국민 중 10% 이상이 정신병에 걸려있는 상황, 그리고 소득 수준에 비해 도저히 용인될 수 없는 부동산 버블 규모와 개개인에 대한 심각한 인권유린 등을 과연 어떻게 바라볼 것인가 하는 문제가 남기 때문입니다.

장하준 교수는 자유주의 시스템의 문제를 지적하면서도 중국의 그런 점은 미화하는 자기모순적인 오류를 범하고 있습니다. 미국 등의 자유시장 시스템의 문제가 많다는 그의 주장은 맞지만 중국 등이 현재 보여 주고 있는 시스템 통제가 효율적인 성과를 보여주는 일례가 될 수 있다는 주장은 틀렸다는 것입니다. 그리고 그러한 고통들이 제대로 터져 나오지 못하고 있는 이유 중의 하나가 바로 인터넷 통제입니다. 중국은 인터넷의 자유를 허락하지 않습니다. 국민, 특히 제대로 된 여성의 정치 참여도 허락하지 않습니다. 중국에서 여성에 대한 폭력은 광범위하게 이뤄지고 있으며 그들이 이러한 고통을 호소할 수 있는 길도 열려 있지 않습니다. 정치경제적인 실질적 발전의 길이 완전히 막혀 있는 것입니다. 중국 여성들에게 냉장고는 있을지 몰라도 인터넷은 없는 것입니다.

이상한 것은 그러면서도 장하준 교수는 복지 확대, 특히 여성 복지 확대를 주창하고 있다는 점입니다. 인터넷이 정치 발전의 키워드고 정치 발전은 경제 발전의 키워드인데도 이런 작동기제를 지나치게 폄하하고 있는 것입니다. 그러나 실질적인 정치경제 발전의 진보적 의제 핵심은 다름 아닌 정치 참여의 기회비용을 낮추는 데 있습니다. 특히 여성의 정치 참여를 끌어올리는 것이 핵심이라는 것을 잊어서는 안 됩니다. 바로 그 기회비용을 낮추는 데 결정적으로 기여하고 있는 것이 인터넷입니다. 그 인터넷에서의 문화 창출과 구축을 어떤 식으로 이뤄나가는가에 자유

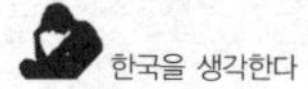

주의 시스템의 문제를 해결할 수 있는 핵심적 열쇠가 자리하고 있는 것입니다.

복지를 이끌어내는 진보적 발전의 궁극이 민주주의 문화 보급에 있고, 그것을 관통하는 핵심 열쇠가 바로 인터넷이라는 것입니다. 그리고 그 중심에 바로 유시민이 있는 것입니다.

유시민이 진보 대통합에 초대장을 못 받아 어찌해야 할지 숙고 중이라는 글을 올렸는데 그에 대한 해답 역시 인터넷에 있음을 알아야 합니다. 진보 대통합에 초대장을 못 받은 것은 유시민뿐만이 아닙니다. 국민도 마찬가지입니다. 이렇게 강단 진보, 입 진보 등이 인터뷰, 토론회, 강연회 등으로 이뤄내는 통합은 진짜 대통합이 아닙니다. 그들만의 리그일 뿐입니다.

그런데 왜 그것을 고민하고 있다는 말인가요. 작금의 모든 문제의 근원을 자유주의로 몰아가고, 따라서 자유주의자인 유시민은 진보 대통합에 참석할 자격이 없다고 말하는 그들의 주장은 일고의 가치도 없는 것이기에 역시 고민할 필요가 없습니다.

누가 진보주의자이고 무엇이 진보이며 그것을 어떻게 이뤄나갈 것인지는 결국 국민이 결정하는 것입니다. 가장 본질적인 논의는 이미 인터넷에서 이뤄지고 있습니다. 그리고 그것이 실시간으로 인터넷에서 평가되어 지지율로 나타나고 있습니다. 그러한 결과의 대표 주자가 바로 유시민인 것입니다. 진보하면 유시민, 인터넷하면 유시민, 대선 후보 지지율 역시 유시민이 1위인 것입니다.

따라서 그런 유시민을 배척하려 들수록 자신들이 진보가 아니라는 것만을 입증할 뿐입니다. 의사결정 과정 자체를 복잡하게 비틀어 유시민을 고립시키려 들수록 국민은 역시 냉담해질 뿐입니다. 그런 식으로 누구를 고립시키려는 행태 자체부터가 벌써 진보와는 거리가 먼 것이기 때문입니다.

　자유주의 페단 극복의 진정한 길은 결국 이러한 편견과 장애물의 제거에 있음을 알아야 합니다. 지난 100년간 일어난 두 차례의 세계대전, 사회주의와 민주주의의 대립, 종교의 퇴조와 과학의 부상, 정보통신과 교통의 혁명, 권력·권위의 해체와 재편성 등의 놀랄 만한 격동의 변화 역시도 바로 그러한 제거 위에서 가능했던 것입니다.

　그러나 그럴수록 보수·진보를 망라한 주류 기득권들의 새로운 장애물 설치 노력 역시도 부단하게 이루어져 왔습니다. 특히나 눈여겨볼 것은 인터넷으로 국민들이 직접 토론하고 결정하는 과정 자체를 못 견디기는 보수에 이어 진보 역시도 마찬가지였다는 점입니다. 어떻게 보면 물질적 영화보다 주로 지적 충만감으로 보상받아온 진보 진영의 박탈감이 더욱 컸을 것입니다. 그래서 그들 내부의 의사결정 과정을 거치지 않고 반대급부 피드백 없이 대통령으로 당선된 노무현에 보수보다도 진보가 더욱 반발했던 것입니다.

　진보 진영에서 노무현이 진보의 대표라는 도장을 받고, 충성 서약을 지킬 것을 맹세하고, 대통령이 되어 그 서약대로 집무수행을 해야 하는데, 국민과 직접적으로 접촉해 지지를 이끌어내고 국민에게만 빚진 충성 서약을 하고 국민들과 소통하며 그 서약을 지키는 정치를 한 것을 진보진영은 못 견디었던 것입니다. 그리고 그러한 의사결정의 주도권을 인터넷에서 자신들에게로 빼앗아오기 위해 다시 노무현의 길을 걸어가려 하는 유시민 고립시키기에 혈안이 되어 있는 것입니다.

　이것은 장하준 교수 역시도 일부 마찬가지입니다. 기존 주류 질서의 이단적인 풍운아로서의 진보적 입지를 구가하면서도 거기서 나오는 또 다른 권위주의적이고 계몽적인 냄새도 풍기고 있기 때문입니다. 장하준의 매력 상당수는 탁월한 지적 입지에서 뿜어져 나오는 것입니다. 그 지적 입지란 다름 아닌 학력과 이론으로 무장한 주류 질서의 그것과 같은 것입니다. 만약 장하준 교수가 케임브리지 교수가 아니고 젊은 나이에 박사 학위를 따낸 수재가 아니었다면 어디 그의 말을 사람들이 귀담아 주기나 하겠습니까. 무엇보다 그러한 장하준 열풍의 토대는 세탁기가 아닌 인터넷입니다. 형식적인 정치경제의 발전이 아닌 실질적인 정치경제의 발전 토대 위에서 일어나고 있는 현상인 것입니다. 그 현상을 가능케 한 것이 바로 김대중, 노무현, 유시민 등이 깔아낸 후 쌓아나가고 있는 인터넷 문화인 것입니다.

그런데 장하준 교수는 그 위에 올라 앉아 열변을 토해내고 있으면서도 정작 자신이 올라앉아 있는 그곳의 소중함을 모르고 있습니다. 주류 경제학계의 장막 제거를 가능케 해주고 국민의 그에로의 접근을 위한 편견과 장애물의 제거를 가능케 해준 인터넷의 역할을 폄하하고 있는 것입니다. 반면 그러한 장막, 편견, 장애물을 다시 강화하려는 구질서 중심인 소수집단들 만의 토론회, 주류 언론과의 인터뷰 등에는 애착을 보이고 있습니다.

과거 UN은 김대중 · 노무현 시절 이룩한 여성 발전, 진보 발전, 그리고 이것을 가능케 한 인터넷 문화를 격찬한 바 있습니다. UN뿐만 아니라 장하준 교수가 머물고 있는 선진 유럽국가들 역시 마찬가지였습니다. 그러나 당시 그들은 이런 평가를 하면서도 반동이 결코 적지 않을 것이라고 우려했습니다.

이명박의 집권, 김대중 · 노무현의 정치 살해, 진보류들이 과거의 구태한 모습에서 한 발짝도 탈피하지 못한 채 여전히 인터넷 속에서 국민과 괴리되어 있는 이후의 현상들이 이를 증명합니다.

이런 것들은 결국 세탁기 같은 구시대적 발전의 영화에서 아직도 벗어나지 못한 채 그러한 토대 위에서 이룩한 입지를 아직도 더 밀고나아가 누리려고 하는 권위주의적이고 계몽주의적인 폐단에서 비롯되고 있는 것입니다. 결국 장하준 교수는 맞는 말을 많이 하면서도 앞뒤가 맞지 않는 틀린 말도 꽤 많이 하고 있습니다. 진보 진영 역시도 자신들이 진보라고 그토록 강조하면서도 역시 앞뒤가 맞지 않는 반좌파적이고 반진보적인 행동들을 더 많이 보여 주고 있습니다.

국민들이 느끼고 있는 그 이상한 기괴함의 본질이 바로 '인터넷에 대한 본능적인 거부감' 인 것입니다. 그렇기에 인터넷이라는 인프라를 깔아 준 김대중, 그 인프라 위에서 대통령이 된 노무현 그리고 그 길을 이어 나가려고 하는 유시민 등에 대한 짝퉁 진보, 얼치기 좌파들의 인터넷에 대한 거부감이 장하준 교수의 장문의 책 중 한 문장인 "인터넷보다 세탁기가 더 혁명적이다"란 문구 하나에 본인들을 그토록 열광하게 만들고 있는 것입니다.

그 문구에서 유시민을 거부할 영감을 느껴내고 있기 때문입니다. 유시민은 바로 그러한 주류 질서 속에서 장하준교수처럼 당당하게 고립되어 맞설 수 있을 때 노무현의 계승으로 나아갈 수 있을 것입니다. 그리고 김대중이 미완으로 남겨 놓고 간 실질적인 정치경제 발전의 완성으로 나아갈 수 있을 것입니다. 진보의 가장 큰 변화는 여성 발전, 그 여성 발전의 실질을 이뤄냈고 앞으로 이뤄낼 가장 큰 원동력은 인터넷이라는 것을 결코 잊어서는 안 될 것입니다.

김대중, 노무현의 적통 계승과 계승 발전만이 진정한 진보의 역사이자 앞으로 나아갈 길입니다. 그리고 그 모든 길은 인터넷으로 통하는 것입니다. 유시민은 바로 그 길 위에 당당히 서 있으면 되는 것입니다.

유시민의 정치 자살 1

2007년 5월 8일 새벽 전남 여수의 한 가정집에서 원인 모를 불길이 치솟았습니다. 그날은 어버이날이었고 수종이는 아버지에게 선물할 카네이션을 배게 옆에 놓고 잠이 든 상태였습니다.

매캐한 연기 속에 눈을 떴을 때는 이미 집 전체가 거대한 화마 속으로 잠겨 들어간 상황. 몸을 던져 유리창을 부수고 간신히 집 밖으로 나왔지만 혼자서 가족을 구하기엔 역부족인 상황이었습니다. 수종이는 화상과 깨진 유리조각으로 피범벅이 된 몸으로 미친 듯이 뛰어다니며 도움을 요청했습니다. 그러다 다시 집으로 돌아왔을 때 이미 불길은 더욱 거세져 있었습니다. 너무나 무서운 불길. 그러나 더욱 참기 힘든 것은 그 불길 속에서 죽어가고 있는 부모님이 내지르고 있는 비명소리였습니다. '아직 살아 계시는구나' 는 판단이 든 순간 수종이는 주저 없이 불길 속으로 몸을 던졌습니다. 그리고 15살 몸으로는 부축조차 힘든 거구의 아버지를 초인적인 힘을 발휘해 어깨에 들쳐 업고 뛰쳐나왔습니다. 이번엔 어머니를 구할 차례. 그러나 수종이의 전신은 이미 호흡기 화상을 동반한 85%의 중화상으로 만신창이가 되어 있었습니다. 바닥에 쓰러지면서 수종이는 마지막으로 절규에 찬 비명을 내지르며 이웃에 한 번 더 도움을 요청했습니다.

수종이의 딱한 사연을 전해 들은 화상센터 의료진은 수종이를 살리고 싶었지만 방법이 없었습니다. 보통 전신 60% 이상의 중화상을 입으면 생존 가능성이 거의 없다고 합니다. 그런데 수종의 화상은 무려 85%. 화상 환자의 가장 큰 적은 불탄 피부로 침투하는 각종 균에 의한 패혈증인데 이것은 건강한 폐를 가진 일반인도 견뎌내기 힘든 질환입니다. 그럼에도 수종이는 기적처럼 버텨냈습니다. 그리고 쉴 새 없이 물었습니다. "아빠는요? 아빠는?" 전신 100% 중화상을 입었던 아빠는 병원에 옮겨진

지 얼마 안 되어 사망한 상태였습니다. 그러나 의료진은 수종이의 예후를 걱정해 치료를 잘 받고 있다고 거짓말을 했고, 수종이가 힘을 내야 아버지도 하루 빨리 일어설 수 있다는 말에 힘을 내며 하루하루를 힘겹게 버텨나갔습니다.

이후 수종이의 예후는 거짓말처럼 놀랍게 회복되어 나갔습니다. 드디어 일반 병실로 내려가던 날, 더 이상 아버지의 사망을 숨길 수 없었던 가족들은 사실을 털어놓고야 말았습니다. 그러자 그때부터 수종이의 예후는 다시 악화되기 시작했습니다. 그리고 얼마 못가 안타깝게도 결국 수종이마저 사망하고 맙니다.

이상은 TV 휴먼다큐 역사상 가장 큰 국민적 관심을 폭발시켰던 '소년, 불길 속의 아버지를 구하다' 편의 주요 줄거리입니다.

이 일화가 국민적 관심을 끌었던 이유는 요즘의 각박한 세태와 무관하지 않습니다. 만약 당신이 저 상황이었다면 주저없이 불길 속으로 뛰어들 수 있겠습니까. 온갖 답변이 쏟아질 수 있겠지만 수종이처럼 용감한 행동을 할 사람은 0.01%도 안 된다고 봅니다.

일례로 가족 간 신장이식 사례를 보겠습니다. 외과 전문의들에 따르면 신장을 한쪽 떼어 주어도 건강에 거의 영향이 없다고 합니다. 그런데도 이식을 하기로 수술 날짜까지 받아 놓고 막상 수술 당일 종적을 감추는 사례가 비일비재하다고 합니다. 아예 처음부터 못하겠다고 나오는 경우도 흔하다고 합니다.

예전에 유시민이 경기 지사에 출마했던 것을 놓고 끝도 없는 설왕설래가 난무하고 있습니다. 어떤 사람은 이의를 제기할지도 모르겠으나 그것을 본 순간 머릿속에 수종이가 떠올랐습니다.

수종이가 불길 속에 뛰어든 것은 화상의 무서움을 과소평가했기 때문이 아닙니다. 잘하면 살 수도 있을까 하는 계산착오 때문에 그리한 것도 아닙니다. 바로 죽으려고 뛰어든 것입니다.

아버지의 신음소리가 들려온 순간 그의 가슴 속 두려움들은 모두 사라져 버렸습니다. 머릿속도 깨끗해졌습니다. 그렇기에 주먹에 힘이 들어가고, 허벅지 근육에 힘이 들어가고, 이를 깨문 상태에서 눈을 크게 뜨고 불길 속으로 뛰어 들어갈 수 있었던 것입니다.

그 모든 것을 가능케 해줬던 것이 바로 '사랑하는 아버지의 비명소리' 였습니다. 그 외마디 비명소리 하나가 한 없이 겁 많을 어린 소년 수종이에게 무한한 용기를 낼 수 있도록 해준 것입니다.

유시민이 경기 지사에 출마하려 했던 이유도 바로 국민들의 비명소리 때문인 것입니다. 만약 그가 정치공학적인 계산을 했다면 결코 경기 지사에 출마하진 않았을 것입니다. 그보다 지지율이 훨씬 낮은 손학규, 정동영도 대선 후보에만 전념하고 있는 마당에 경기 지사라니요.

아마 유시민을 지지하는 사람들은 김진표와의 후보 단일화, 김문수와의 본선 대결에서 유시민이 각각 이길 것인가 질 것인가. 그 경우 손익 계산은 어떻게 될 것인가를 열심히 저울질했을 것입니다. 지면 망신, 이겨도 대선 후보군에서 탈락, 경기 지사에 당선된 후 중간에 뛰쳐나와 대선에 도전하면 이인제 꼴이 나지 않을 것인가, 그렇다고 경기 지사에 머물러 있으면 국민참여당은 선거를 어떻게 치룰 것인가 등 계산을 했던 것은 민주당, 진보류 쪽도 마찬가지였을 것입니다. 민주당 일부는 수도권에서 전패를 하는 한이 있더라도 유시민이 당선되는 꼴은 절대로 못보겠다는 심리를 가지고 있었을 것이고, 진보류는 국민참여당을 흠집 내지 않는 이상 다음 총선에서 진보류의 자리는 없을 거라는 절박함에 빠져 있었을 것입니다.

그러나 그들에게는 유감스럽게도 유시민은 그러한 계산을 하나도 하고 있지 않았습니다. 다만 자기가 나와야만 선거판이 그나마 달아오를 수 있기 때문에 나온 것뿐입니다.

결국 유시민이 지자제 경기 지사 선거에 나온 것은 자신을 버린 것입니다. 야권 대선 후보 1위를 지자제 선거판에 불쏘시개로 써달라며 몸을 내던진 것입니다. 이걸 민주당과 진보류가 모를 리 없습니다. 그러니 더더욱 유시민에게 울화가 치밀 수밖에 없는 것입니다. 자신들을 소인배로 전락시키고 있기 때문입니다. 따라서 이것이 매우 복잡한 정치공학이 아니냐고 반문하는 것 외에는 유시민을 공격할 방법이 달리 없는 것입니다.

유시민은 원래 계산에 밝은 사람인데 이번에는 더욱 복잡한 계산을 하고 나온 것 아니냐는 시비인 것입니다. 그런 말을 하는 사람들은 노무현 탄핵 때도 노무현이 총선에서 승리하기 위해 고의로 탄핵을 유도했다고 주장한 적이 있습니다. 노무현이 부산에서 떨어진 것도 마찬가지라고 주장합니다. 그러나 노무현은 오직 죽고자 했을 뿐입니다. 우리 내부에서 내 스스로 무언가를 끌어낼 수 있는 유일의 길, 그것은 오직 정치 자살이라고 보았던 것입니다. '생즉사 사즉생'의 논리도 아니었습니다. 죽으려고 하면 살 것이요 살려고 하면 죽을 것, 그것도 광의의 의미에서 보면 어찌되었던 계산은 계산일 것이기 때문입니다. 그걸 뛰어 넘어 노무현은 정말로 죽으려고 했습니다. 그랬기에 국민들은 여우처럼 곡예부리지 않고 우직하고 단순하게 죽으려고 했던 노무현을 살려냈던 것입니다.

유시민도 마찬가지입니다. 국민은 지금 이 순간 오직 한 가지 지점만을 바라보고 있습니다. 유시민이 정말 죽으려고 하고 있는가. 목에 칼을 가져다대고 정말로 그으려고 하는 것인가. 아니면 말려줄 것을 기다리고 있는 것인가. 말리지 않는다면 정말로 그을 것인가. 아니면 칼을 내던지고 도망을 가버릴 것인가. 유시민은 그에 대한 대답을 주저없이 내려 버렸습니다.

불리한 조건으로 김진표에게 기꺼이 단일화 합의를 해준 것입니다. 야권을 통틀어 차기 대선 후보 1위인 유시민이 김진표에게 이겨봐야 무슨 정치적 이득이 있겠습니까. 그러나 그러한 과정을 통해서라도 수구들의 국민 탄압을 중지시킬 수 있는 개혁의 동력이 창출되기를 바라는 염원으로 유시민은 기꺼이 자살의 길로 걸어 들어간 것입니다.

물론 후보 마감일 직전까지 시간을 끌면 자신이 경기 지사가 되는 길엔 유리할 것입니다. 그러나 유시민이 원했던 것은 도탄에 빠진 국민의 신음소리를 중지시키는 것이었지 경기 지사 따위가 아니었습니다. 따라서 어느 정도 극적이면 되었지 분란의 크기가 경합의 효용을 능가하는 수준으로 치달아서는 곤란하다고 판단했고, 그래서 국민참여당 협상 당사자들에게 국민이 어느 정도 납득할 만한 수준이라면 즉각 합의하라고 종용했던 것입니다.

그럼 또 어떤 분은 이렇게 말할지도 모르겠습니다. 유시민이 자신을 불쏘시개로 희생한 것은 알겠는데 그럼 경기 지사가 되었을 경우에는 도정을 대충 벌였겠군요. 경기 지사 자체보다는 반한나라 진영의 승리에 헌신하는 것이 본 목적이었을 테니 말입니다.

그러나 유감스럽게도 유시민은 경기 지사가 될 경우도 철저하게 대비하고 있었습니다. 그는 경기 지사가 되면 경기 지사를 훌륭하게 수행할 준비도 되어 있고, 후보 단일화에서 김진표가 승리하면 약속대로 그의 선대위원장으로서 경기 지역을 종횡무진 누빌 준비도 되어 있었던 것입니다.

유시민은 이미 그의 아내인 한경혜에게만큼은 이런 속내를 털어 놓았던 것으로 보입니다. 당시 유시민의 출정식을 인터넷으로 지켜보면서 다른 것은 보지 않고 오직 그녀의 표정만을 살펴보았습니다.

그녀의 얼굴은 담담했습니다. 남편이 김진표에게 이기건, 김진표에게 져서 그의 선대위원장이 되건, 김문수에게 이기건, 김문수에게 지건 그녀는 모든 결과에 순응할 각오가 되어 있었던 것입니다. 여자는 비교적 남자에 비해 감정의 수 계산에 복잡하지만 감정을 감추는 능력에서는 떨어집니다. 그런데 그녀는 정말로 평온한 얼굴이었던 것입니다.

그녀의 표정은 이기려고 나온 것도 아니고 지려고 나온 것도 아니고, 그저 어떤 결과에서든 남편을 따라 순응의 길을 함께 걸어가기 위해 나온 표정이었던 것입니다. 그것을 확인한 순간 한없이 편안해졌습니다. 유시민이 계속 커지고 있는 것을 절감했기 때문입니다.

그 유시민이 얼마만큼 더 커질 수 있는가는 이제 전적으로 유시민지지자들에게 달려 있습니다. 그들 중 일부는 지난 대선 경선에서도 유시민이 후보 자리를 이해찬에게 양보하자 사실상 선거를 포기하고 주저앉아 버린 적이 있습니다.

당시 유시민은 대선 후보가 되는 것이 목적이 아니라 김대중·노무현을 지키려는 데 후보 출마의 본 목적이 있었습니다. 그런데 유감스럽게도 그의 지지자들의 시선은 온통 유시민 대통령에만 가 있었습니다. 그 후폭풍으로 노무현이 죽고 김대중이 죽었습니다.

이해찬, 유시민, 한명숙의 목적은 대권이 아닌 다른 곳에 있었습니다. 그런데도 유시민의 지지자들은 그것을 읽지 못했던 것입니다. 이번에도 역시 그들 중 상당수는 우왕좌왕하고 있습니다.

유시민은 자신이 가진 모든 것을 버리고 진보 진영 대통합에만 전념하고 있지만 그 지지자들 중 일부는 여전히 정치 계산에만 여념이 없는 것입니다. 지금 그들에게 필요한 것은 그런 얕은 정치 계산이 아니라 15살 수종이의 아버지를 향한 우직하고 깊은 사랑입니다.

죽으려고 하는 것이 아니라 정말로 죽는 것입니다. 죽으려고 하면 살 것이요 살려고 하면 죽을 것이다가 아니라, 정말로 죽는 것입니다. 지금 이 순간 유시민은 자신의 몸을 불타고 있는 한국, 그리고 그 속에서 절규하며 죽어가고 있는 국민을 향해 거침없이 내던져 뛰어 들어가고 싶어할 것입니다.

그렇다면 이제 유시민 지지자들이 그 뒤를 이어 뛰어 들어갈 차례인 것입니다. 그들이 나를 던져 내 스스로 무언가를 끌어낼 수 있는 유일의 길로 기꺼이 들어가려 들 때 국민들이 살아날 수 있을 것이고, 그 후에야 유시민도 자신만을 위한 진정한 길을 고민할 수 있을 것이기 때문입니다.

수종이는 아버지를 구하기 위해 불길 속으로 몸을 던졌고, 노무현은 민주주의를 구하기 위해 부엉이바위 아래로 몸을 던졌고, 유시민은 국민을 구하기 위해 정치적 자살을 선택했습니다. 이제 유시민의 지지자들이 대답할 차례인 것입니다. 그들 이외에는 몸을 던질 사람들이 별로 없기 때문입니다. 수종이와 노무현의 명복을 다시 한 번 빕니다.

유시민의 정치 자살 2

1961년 5월 16일 박정희가 이끌던 해병대가 한강 북단에서 헌병대의 강력한 저항에 부딪혔습니다. 차에서 내린 박정희는 허리를 숙이기는커녕 고개조차 숙이지 않았습니다.

"총알이 사람을 피하는 것이지, 사람이 총알을 피할 수는 없다" 이 카리스마 한 장면이 이후 박정희 18년 군사독재 철권통치의 기반이 되었습니다. 그 18년 동안 박정희가 입에 물고 다닌 말은 "가난은 내 스승이자 은인"이라는 말이었습니다.

말마따나 그의 재임 기간 중 결국 가난은 잡혔습니다. 대다수 국민이 하루 밥 세 번을 못 먹던 나라에서, 대다수 국민이 하루 밥 세 번을 먹는 나라로 변모한 것입니다. 그 대가는 18년의 장기 집권이었습니다. 박정희 유산의 늪에서 나라 전체가 헤어 나오지 못한 결과였습니다.

그러다가 1997년 IMF로 국가 경제가 파탄 나고서야 정권 교체가 될 수 있었습니다. 왜 정권 교체가 될 수 있었는가. '민주 없는 경제는 가능해도, 경제 없는 민주는 불가능하다' 라는 말이 틀렸기 때문입니다.

어느 정도의 경제 발전까지는 독재로도 가능합니다. 그러나 이후의 경제 발전은 오직 민주주의로만 가능합니다. 분배 없는 성장은 가능하지도 않을 뿐더러 국민이 용납하지도 않습니다. 따라서 정권이 바뀐 것입니다. 그리고 그 집권이 10년을 가다 결국 멈췄습니다.

왜 멈추었는가. '경제 발전은 전 국민이 이룬 것이지만 민주 발전은 일부가 목숨 건 투쟁을 해서 이룬 것이다' 라는 말이 틀렸기 때문입니다.

경제 발전도 전 국민이 이룬 것이고, 민주 발전도 전 국민이 이룬 것입니다. 물론, 광주와 김대중의 역할, 그리고 민주당의 민주주의에 대한 공헌은 지대했습니다. 그러나 오직 그들만이 민주주의에 기여한 것은 아니었습니다. 심지어 독재에 수반한 경제 발전도 그 과정에서의 부조리 학습이 민주주의 발전의 한 과정이라 할 수 있는 것이며 따라서 결국 전 국민이 민주주의를 함께 만들어 온 것이라 할 수 있는 것입니다. 그러나 그것의 인정을 거부한 오만과 독선이 결국 정권 교체의 재앙을 만들어 냈던 것입니다. 그 재앙적 결과물인 현 정권은 그럼 얼마나 갈 수 있을 것인가.

답은 '이제 공은 민주진보개혁 진영에 넘어 갔다' 는 것입니다. 정권 교체가 되려면 상대의 실패와 나의 성공이 동시에 수반되어야 가능합니다. 상대의 실패만 있고 나의 성공이 없으면 그것은 어부지리를 노리는 것에 불과해 실패할 공산이 큽니다. 상대의 성공과 나의 성공이 양립되어도 집권하는 쪽이 유리합니다.

이명박 정권은 명백히 실패했습니다. 그는 선글라스를 끼고 박정희 흉내를 내며 돌아다니고 있지만 아무도 그에게서 박정희의 향기를 느끼지 못합니다. 여기에 박정희의 자식인 박근혜를 핍박하고 있는 정치적 과오까지 겹치면서 그는 원성이란 원성은 있는 대로 다 받고 있는 중입니다.

가장 큰 실수는 역시 김대중, 노무현을 정치적으로 탄압한 것입니다. 그는 왜 그랬을까요. 거추장스러울 것 같아 그랬을 것입니다. 그러나 그는 착각을 한 것입니다.

독재자가 죽으면 그의 정치가 끝나지만 순교자가 죽으면 그의 정치가 시작되기 때문입니다. 그 스스로 김대중, 노무현을 순교자의 반열에 올려놓는 패착을 저지르고 만 것입니다. 박정희의 정치가 아직 지속되고 있는 이유는 그가 독재자가 아니어서가 아닙니다. 어느 정도 공도 세운 독재자이기 때문입니다. 그런데 이명박 대통령은 김대중, 노무현을 향해서 똑같은 실수를 했습니다. 그들을 향해 '민주주의에 대한 공이 없으면서 과실만 취한 정치인' 취급을 시도한 것입니다. 따라서 그는 명백히 실패했습니다.

그렇다면 이제 남은 것은 민주 진영의 성공입니다. 그 성공을 위해 필요한 것이 무엇일까요. 그것은 바로 '정치적 자살'입니다. 박정희가 사후 18년 동안 위력을 발휘할 수 있었던 이유는 무엇보다도 재임 기간이 길었기 때문입니다.

만약 박정희가 5~7년을 집권한 뒤 물러났다면 지금까지 이토록 위력을 발휘할 수 있었겠습니까. 거꾸로 김대중, 노무현도 각각 18년씩 집권했다면 박정희가 그들보다 평가우위에 설 수 있는 부분이 과연 몇 개나 나왔겠습니까.

그러나 그것이 다는 아닙니다. 바로 그가 비극적으로 죽었기 때문입니다. 그는 재임 중 아내를 잃었습니다. 연설 도중 아내가 총에 맞은 것입니다. 다리에 힘이 풀려 잠시 주저앉았던 박정희는 2분 만에 다시 일어나 연설을 끝까지 마무리 지었습니다.

1979년 죽음도 비극적이었습니다. 부하에게 총을 맞아 죽으면서 그가 내뱉었던 마지막 말은 "나는 괜찮아"라는 숙명적 체념의 말이었습니다. 이 말 한마디와 비극적 가족사가 많은 사람들에게서 그의 독재과오에 대한 용서를 불러왔습니다.

많은 사람들이 아직도 죽은 박정희를 끊임없이 부관참시하려고 시도하고 있지만 성공은커녕 오히려 역풍을 맞고 마는, 그 기저에는 바로 아무리 흉악한 사람이라도 일단 죽으면 용서해 주고 좋은 추억만 간직하려 드는 '한국적 정서'가 도사리고 있기 때문입니다.

그런데 이명박 정권은 이런 국민정서를 얕보고 무시하고 있는 것입니다. 따라서 이것은 거대한 역풍을 불러오고 있는 중입니다. 그러나 말했듯 이것만으로는 결코 이길 수 없습니다. 또 죽어야 하는 것입니다.

박정희의 집권 18년이 박정희의 비극적 죽음으로 뒤덮여졌습니다. 김대중·노무현의 집권 10년이 그 둘의 연이은 비극적 죽음으로 뒤덮여졌습니다. 그럼에도 아직 8년이 모자란 것입니다. 두 번의 집권자의 죽음을 더 필요로 하고 있는 것입니다. 어떤 사람은 이걸 무섭다고 생각할지 모르겠습니다. 그러나 민주주의는 원래 피를 먹고 삽니다. 피를 먹은 만큼 자라나는 것입니다. 어찌 보면 사는 것 자체가 피를 흘려가는 과정이라 할 수 있습니다. 그냥 죽지 않고, 집권해서 좋은 정치하면 안 될까요. 안됩니다. 안 될 뿐더러 불가능합니다. 예를 들어서 차기에 한명숙이나 유시민 둘 중 하나가 대통령이 된다면 수구 정당이 가만있겠습니까. 수구 언론이 가만있겠습니까. 재벌이 가만있겠습니까. 하다못해 진보 진영이 가만있겠습니까. 다 죽이려고 덤벼들 것입니다.

그걸 이겨내는 유일한 방법은 정말로 죽는 것뿐입니다. 그래서 노무현이 마지막 죽는 순간 "운명이다"라고 한 것입니다. 김대중이 노무현 장례식장에서 하염없이 눈물을 흘린 이유는 그의 죽음이 숙명임을 알았기 때문입니다. 그리고 유시민이 봉하에서 눈물을 흘린 이유 역시 마찬가지입니다.

제대로 된 진짜 정치를 계속 하려면 결국 죽어야 합니다. 수구들을 척결해 내고 우리 사회의 부조리한 면모를 잡아내려면 죽어야 합니다. 죽는 '시늉'만 하고 본질을 공격하지 않으면 국민을 설득할 수 없습니다.

우리나라 국민의 정치 수준이 매우 낮은 것 같아 보여도 실은 그렇지 않습니다. 모든 걸 다 버려야 인정해 줍니다. 위선과 거짓 없이 진심으로 나와야 그때 받아줍니다. 다만 그런 정치인이 김대중·노무현 이후로 아직 없기에 조용히 지켜보고 있을 따름일 뿐입니다.

그 답답한 와중에 드디어 유시민이 깃발을 들고 국민 속으로 뛰어들었습니다. 민주노동당도 뛰어들었고, 민주당은 당원들이 그 뜻을 헤아려 줬습니다. 이제 남은 것은 아직 자살할 생각이 없어 보이는 자들입니다. 아직도 죽지 않고 이길 수 있다고 믿고 있는 자들입니다.

그러나 죽지 않고 이길 수 있는 길은 현재로서 없습니다. 있다고 말한다면 그것은 거짓과 위선일 것입니다. 아직도 자신의 영달만을 꿈꾸고 있다는 증좌이자 국민적 고통이 아직 극한에 도달하지 않았다고 오판하고 있는 증좌이기도 합니다.

그렇다면 정권이 바뀔 이유도 없고, 이명박이 선거에서 져야 할 이유도 없다는 이야기가 됩니다. 그리고 그걸 바란들 가능하지도 않다는 이야기가 됩니다.

김대중 대통령은 생전 "국민을 믿고 그 반 발짝만 앞서 가야 한다"는 말을 자주 했습니다. 걸어가다가 뒤를 돌아보았는데 국민이 냉랭한 눈길로 쳐다보며 가만히 멈춰 선다는 것은 결국 정치에 문제가 발생했다는 신호라고 본 것입니다. 그러나 대다수 정치인들은 그것을 낮은 국민 수준으로만 폄하하려 듭니다. 그러나 그는 결코 그렇게 보지 않았습니다.

문제의 근원을 오직 나에게서 찾으려 든 것입니다. 이제 유시민이 그걸 읽어낼 줄 아는 경지로 나아가고 있습니다. 국민이 원하는 것은 바로 '정치적 자살'이라는 것을 말입니다.

그것이 그 지겹고도 험난한 박정희의 사후 정치를 종식시켜 낸 뒤 김대중·노무현의 계승을 이루어낼 수 있는 유일의 길이라는 것을 이제 그는 마음으로 깨닫고 몸으로 실천하고 있는 중입니다. 그 정치적 자살이 끝없이 이어지고 그것을 지켜보던 국민이 수긍할 수 있을 때 끊겼던 '사람 사는 세상'을 향한 꿈은 다시 이어져 나갈 수 있게 될 것입니다.

지금 이 순간 죽지 않으려는 모든 정치는 위선과 거짓입니다. 남은 길
은 그들이 스스로 정치적으로 자살하거나, 그럴 용기를 내지 못한다면 그
런 위선자들을 국민이 직접 죽여 없애 버리는 길뿐입니다.

어느 쪽이든 이미 승부는 시작되었습니다. 그리고 만약 이 승부에서 진
다면 우리는 죽은 박정희의 사후 정치를 18년간 더 받아야 합니다. 김대
중·노무현의 정치는 언젠가 반드시 부활하겠지만 그들의 정치가 다시
재개되기 전까지 끊임없는 부관참시를 당해야만 할 것이라는 이야기입
니다. 그리고 그때까지 우리 정치는 지금보다 더한 대가를 치러야 할 것
입니다. 유시민은 지금 이 순간 무엇을 꿈꾸고 있는가. 그는 다만 슬퍼하
고 분노하고 있는 것으로 보입니다.

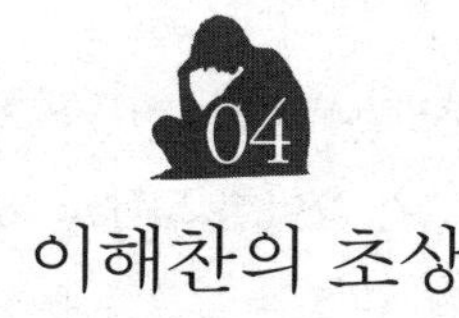

이해찬의 초상

이해찬이 움직이고 있습니다

현 정부가 민생경제를 파탄 내고 있고, 와중에 한나라 당은 2% 특권층만을 위한 정책을 펴고 있는데도 민주당의 지지율은 여전히 바닥을 면하지 못하고 있습니다.

당연하지요. 불임정당이기 때문입니다. 현재 민주당에는 차기 대선에서 한나라당의 대권주자로 나설 게 유력시되는 박근혜를 꺾을 만한 인물이 없습니다. 따라서 국민적 관심사는 박근혜가 과연 차기 대통령이 될 것인지에만 쏠려 있는 것입니다.

민주당에는 정동영, 손학규, 정세균 등이 있지 않습니까. 그들 중 하나가 다시 나서질 않을까요? 나서려고 하겠지요. 아니 분명히 나설 겁니다. 특히나 정동영은 대통령 출마에 의욕이 많기 때문에 꼭 나설 겁니다. 그러나 선언 시기와 확률을 가지고 고민 중일 겁니다. 일단 자신 뒤에는 손학규가 있고 무엇보다 한명숙, 이해찬, 유시민이 신경 쓰이기 때문입니다.

그러나 자신이 선언한 뒤에도 민주당이 대선에서 실패할 확률을 가장 두려워하고 있을 겁니다. 그가 출마한 뒤에도 여전히 민심이 민주당으로 다가오지 못하게 되면 대권 자격을 의심받게 될 테니까요. 그러지 않기 위해서는 김심과 노심의 지지세를 업고 판을 새로 짤 수 있는 능력이 있어야 하는데, 그에게는 그런 것은 고사하고 파탄 난 민생경제를 살릴 역량조차도 부족해 보입니다.

김심과 노심을 업을 수 있어야 하고, 판을 새로 짤 능력이 있어야 하고, 경제를 살릴 자질이 있어야 하는, 이 세 가지가 결국 대운을 잡을 수 있는 키포인트란 이야기입니다.

그러나 이것은 어디까지나 기본 중의 기본일 뿐입니다. 더욱 중요한 것은 먼 발치에서 한국적 상황에 대한 틀을 명확히 분석해 낸 뒤 그 판을 새롭게 규정해 서민들의 민심을 하나의 방향으로 모아낼 수 있는 능력입니다.

한국은 미국과 마찬가지로 전통적 양당구조를 가지고 있습니다만 그 실제 양상은 확연히 다릅니다. 미국의 경우 재벌 등 특권층이 공화, 민주 어느 한쪽으로만 일방적으로 쏠려 있지 않습니다. 그러나 한국은 다릅니다. 거의 대부분의 인적·물적 네트워크가 한나라당에 집중되어 있고 그들은 혈연·학연·지연의 네트워크로 거미망처럼 엉켜 그들만의 기득권층을 단단하게 형성하고 있습니다.

따라서 이런 구조적 프레임을 뒤집고 깨뜨려 버릴 수 있는 허점을 제대로 보고 진정으로 공격해 들어갈 수 있는 역량과 자질을 지닌 정치인만이 서민들에게 간청할 수 있고, 그 어필이 국민적 소통과 공명으로 제대로 감응될 때만이 새판을 만들어 낼 수 있는 것입니다.

일부 네티즌들은 지금의 상황을 한·일전으로 규정하고 있습니다. 실제로 한 때 미네르바신드롬이 일면서 '노란 토끼'가 화두가 되었고, 현 정권이 민생경제를 말아먹은 뒤 뻔뻔하게도 그 해결책으로 국제자본에 의한 한국의 경제 종속을 대안으로 제시하고 있습니다. 결국, 2008년 두 번째 환란의 원인을 수구 세력에 대한 개혁 실패로 규정하고 분노하고 있는 넷심의 설정이 과연 올바른 접근 방향이라고 보느냐가 관건입니다. 그리고 이것이 성공할 수 있을지가 중요합니다.

일단 올바른 접근 방향이라고 봅니다. 그러나 그것이 성공하기 위해서는 정치와의 융합이 필요합니다. 그리고 제대로 된 융합이어야 합니다.

지금 민심의 아래에서 끓어오르고 있는 국민적 분노의 에너지는 엄청나 보이지만 쉽게 점화하지는 못하고 있습니다. 정치와 융합하지 못하고 있기 때문입니다. 따라서 정치와 융합해 제대로 타들어갈 수 있게 해야 합니다. 그러나 제대로 점화하지 못하고 타버리고 나면 재이용이 쉽지가 않습니다. 결국, 정치, 정확히 말하자면 정치인의 역할이 중요합니다.

넷심의 끓어오르는 분노의 에너지를 하나로 끌어 모아 융합시켜 낼 수 있는 정치인이 누가 있을까요? 일각에서 유시민 적임론이 일고 있습니다. 어느 정도 공감합니다. 전에 《딴지일보》의 김어준 대표가 유시민에 대해 "자신을 객관화하여 스스로를 역사 속에서 통시적으로 바라보는 것이 놀랍도록 자연스러워 그에 따른 전략전술을 자신의 이익보다 먼저 따져내는 것이 거의 비인간적인 수준에 도달한 당대의 돌쇠다"라고 평가한 적이 있습니다.

그 정도로 유시민은 역사의 흐름을 도도하게 바라보고 있다가, 필요한 때가 도래하면 주저 없이 그 물결 위에 자신의 가치를 내던져, 그 파고로 기존의 정치 틀 위에 엄청난 평지풍파를 이끌어 낼 역량을 가지고 있는 정치인입니다.

그런 그의 자질은 서울대 재학 시절 그가 써내려갔던 항소이유서와 '화염병을 들고 바리케이드로 돌진하는 심정'으로라는 감동적인 운으로 분연히 일어나 순식간에 수만 명의 진성당원을 만들어 냈던 개혁당 열풍으로도 입증됩니다. 무엇보다도 그는 넷상에서 노무현에 비견될 만한 인기를 가진 거의 유일한 현역 정치인입니다. 게다가 노심도 등에 업고 있습니다. 경제를 살릴 자질을 갖춘 정치인이기도 하구요.

유시민은 노무현 대통령 당선의 가장 중요한 동력이었습니다. 그리고 노무현은 온갖 반대를 무릅쓰고(하나같이 이유 없는 반대였지만) 유시민을 차세대 리더로 키우기 위해 보건복지부 장관으로 임명했었습니다.

그건 단순히 유시민이 경제를 전공했기 때문이 아닙니다. 유시민이 관심을 가진 분야가 특히 서민경제, 복지경제, 즉 경제의 공공성에 있었기 때문입니다. 언젠가도 100분 토론에 나와서 본인도 이야기한 적이 있지만, 우리나라 일자리의 70% 정도가 열악한 비정규직과 서비스업종에 몰려 있는 상황입니다.

사실 이런 상황의 해결책은 오직 둘뿐입니다. 상위계층의 조세 부담을 늘려 하위계층의 복지를 강화하든가, 상위계층과 하위계층의 일자리 구조를 다시 뒤흔들고 재정립해 불평등과 격차를 줄여내든가 하는 것입니다. 그리고 이 과정에 도달할 때까지 사회안정망을 획기적으로 정비해내야 합니다.

실은 내수 기반이라는 게 별것 아닙니다. 안정된 소득, 즉 연금생활자가 많을수록 내수는 안정되는 것이죠. 돈이 많은 사람은 민간보험으로 덧칠하고, 다수는 공공보험으로 해결하고, 하위계층은 안정망으로 해결해줘야 합니다. 그런데 이 출발부터 마무리까지가 모두 안 되고 있습니다. 2% 기득권층은 오히려 부자 감세를 요구하고, 일부 노조계층은 비정규 하위직들과의 격차 확대 해소 문제를 쉽사리 양보하려 들지 않고 있죠.

이런 양극화 문제 해소를 위해서 노무현은 경제팀을 기획예산처와 재정경제부로 분리하였고, 유시민은 보건복지부 장관직을 기꺼이 원했던 것으로 보입니다. 문제를 피해가지 않고 정치적 대가를 계산하지 않는다는 점에서 둘 다 탁월한 정치인들입니다.

　문제는 오로지 유시민만이 대안이냐입니다. 유시민 혼자서 모든 것을 해낼 수 있겠느냐 하는 것입니다. 그 점이 다소 걱정입니다. 왜냐하면, 판을 깨뜨리고, 판을 만들고, 판 위에 올라타고, 그 판 위에서 최종적으로 승리하는 과정에는 너무나도 많은 난관이 도사리고 있고, 협력해 나가야 할 지혜가 필요하기 때문입니다. 그 점에서 이해찬을 언급하고 넘어가지 않을 수가 없습니다.

　아직도 사람들은 이해찬에 대해서 잘 모릅니다. 그저 지난 두 번의 대선에서 승리에 결정적으로 기여했던 사람, 일 잘하고 무뚝뚝한 사람, 수구 교육계 인사들에 의해 공격받아 장관직에서 낙마하고, 수구 언론에 의해 공격받아 총리직에서 물러났던 정치인 정도로만 기억하는 사람이 아직도 꽤 있습니다. 그러나 그는 좀 과장되게 말하면 지난 60년간 있었던 단 두 번의 수구 진영의 패배를 실질적으로 이끌어 낸 유일한 진보개혁 진영의 브레인입니다.

　글쎄요. 이해찬의 역할이 컸다는 점은 누구나가 인정하지만, 모두를 제치고 오로지 이해찬만이 독야청청했다는 것은 좀 과장된 이야기가 아닐까요. 그러나 결코 그렇지가 않습니다. 김대중이 대통령에 당선될 때를 한번 살펴보죠. 그때도 지금의 '유시민 불가론' 처럼 근거 없는 '김대중 불가론' 이 사람들의 뇌를 지배하고 있었습니다.

　그 이유가 무엇이었나요? 바로 독재정권과 수구 신문이 만들어놓은 매트릭스(matrix) 때문이었죠. 이 매트릭스의 틀 안에서 사람들은 내가 보고 듣는 것들이 실은 누군가가 만들어 낸 가상현실에 불과한 것인지 아닌지를 알 수도 없었고 알려고도 하지 않았습니다.

　그저 김대중은 빨갱이니 나라를 붉게 물들일 것이고, 개혁 진영은 데모나 하는 무식쟁이들이니 정권을 맡기기엔 너무 위험하고, 그에게는 비토 세력이 너무 많아 우리 사회 기득권층의 협조가 전혀 없을 것이란 정권과 언론의 거짓에 놀아나고 있었습니다.

결국, 김대중 불가론이 득세하고 주위의 반대세력들은 이제나저제나 그의 등에 비수를 꽂을 기회만을 노렸습니다. 3번의 실패를 넘어 4번의 실패로 다다를 암울했던 그 무렵, 이해찬이 나서면서 전세가 완전히 뒤집혔습니다. 그는 일반 사람들이 생각하고 사고하는 틀 자체를 완전히 넘어설 방안을 제시했습니다.

그게 뭘까요. DJP 연합을 말하는 건가요. 보수의 전형격인 JP와의 제휴로 수구의 빨갱이 프레임을 깰 전기를 마련했다는 점을 말씀하시는 건가요? 그게 아닙니다. 물론 김대중의 당선에는 IMF 환란과 이인제에 의한 영남표 분열 등 여러 가지 요인들이 뒤따랐습니다. 그리고 이해찬은 DJ 불가론을 깨뜨릴 DJP 연합론을 주창함으로써 50년 만의 정권교체에 가장 큰 기여를 했습니다.

그러나 핵심은 그게 아니었죠. 바로 TV 토론이었습니다. 그 이전까지 투표는 주로 신문과 거리 유세를 보고 이루어졌습니다. 그러나 이길 수가 없었죠. 신문들은 여론을 끊임없이 조작하고 통제하며 뜻대로 좌지우지하려 들었고, 정권은 막대한 금권 부정 선거로 압박했기 때문입니다. 또한, 그 어떤 기업도 목숨을 걸고 드러내놓고 야권을 지원하려 들지 않았습니다. 그런 상황에서 거리 유세전에서 승기를 잡기란 어려웠습니다.

이해찬은 이에 TV에 승부를 걸었습니다. TV 토론은 선거 비용을 획기적으로 낮추어줌으로써 금권 대결구도를 와해시켰을 뿐만 아니라, 이성적인 설명과 합리적인 대안 제시를 해나가는 김대중의 모습을 일거에 전 국민에게 확산시킴으로써 대세를 뒤집는 결정적인 구실을 했습니다. 이해찬은 기존의 선거전략 패러다임의 틀을 완전히 뒤바꿔 버렸던 것입니다.

김대중 당선의 시대적 의미가 금권 선거, 거리 유세에서 TV 토론으로의 전환에 있다는 것입니다. 그 중심에 이해찬이 있었습니다. 노무현의 등장 과정에는 인터넷이라는 쌍방향 소통으로의 보다 진일보한 진전이 있었는데, 이것 역시 이해찬이 그 중심에 있었습니다. 노하우부터 시작해 넷(Net) 공간 전반으로 이어진 인터넷 직접 민주주의의 구현이 결국 노무현의 등장과 당선으로 이어지는 전 과정을 관통하는 것을 이해찬은 훤히 내려다보았습니다. 하이라이트는 정몽준과의 후보 단일화 결단을 내리는 순간이었습니다.

당시 노무현 본인뿐 아니라 진보개혁 진영의 거의 대부분이 반대했습니다. 너무 위험했죠. 명분도 승산도 적었다고 보았습니다. 반대 기류는 네 번째 출마를 강행했던 때의 '김대중 불가론' 만큼이나 거셌습니다. 그러나 이해찬이 뒤집었습니다. 그는 이길 가능성이 높다가 아니라 무조건 이긴다고 주장했습니다. 직관적 감과 여론조사 결과가 아닌 바로 인터넷의 힘과 폭발력을 믿었던 겁니다.

단기간의 승부에서 자금력을 앞세운 언론 도배와 지명도가 아닌 인터넷상에서 일어나는 엄청난 조회와 댓글, 그 속에서 이루어지는 쌍방향 소통과 피드백 과정에서의 신뢰망 구축, 그 구축 과정에서 파도처럼 일어나는 이성적 신뢰와 감성적 공명의 물결, 결국 그 인터넷의 힘이 전통적 커뮤니케이션 수단을 압도할 것이라 이해찬은 확신했던 것입니다. 그렇다면 적어도 판을 짤 능력에 있어서는 이해찬만한 인물이 없다고 보아야겠습니다. 게다가 능력도 출중하고 말입니다. 그러나 대중적 인기가 부족하다는 점이 약점 아니겠습니까?

그곳이 바로 대중의 한계가 찍히는 방점입니다. 사실 이해찬은 TV나 인터넷의 기계적 힘을 믿은 것이 아니라 그를 통해 작동되는 대중의 기제를 믿었던 것입니다. 그러나 대중은 그 기제를 통해 기존의 수구 언론이 만들어 놓은 매트릭스를 탈출할 수 있다는 가능성도 보여 주었지만 이내 다시 갇혀 지배되는 한계 또한 보여 주었습니다. 그 극명한 방증이 바로 이해찬에 관한 오해입니다.

일례로 이해찬은 성질이 더럽다라고 합니다. 물론 그는 강직합니다.

연으로 청탁하는 지인에게 그는 늘 차갑게 안면몰수로 대응합니다. 그가 일하는 주위엔 원칙에 따라 적재적소로 뽑혀온 인사들만이 가득합니다. 아무리 줄을 서도, 아무리 일을 같이 해도, 떨어지는 것 혹은 보장되는 것이라고는 눈곱만큼도 없습니다. 오로지 일하는 방법과 거기서 모색되는 이성과 합리만이 그와 함께하며 얻어낼 수 있는 거의 전부입니다.

이렇게 공적 도덕률을 드라이하게 밀어붙이다 보니 이해찬 주위에는 언제나 사람이 없습니다. 오로지 그를 제대로 알아보는 사람만이 있을 뿐이죠. 그 단 세 사람이 바로 김대중, 노무현, 유시민입니다.

이해찬의 대중성? 물론 강력한 한계라고 말할 수 있습니다. 그러나 그런 기표의 이면에는 수구 언론과 수구 세력의 교묘한 부풀리기와 농간이 자리하고 있습니다. 그것은 김대중, 노무현 죽이기, 유시민 한계론과 마찬가지로 하나같이 근거 없고, 논리 없는 데마고기일 뿐입니다. 그런데 인터넷 시대에 대중들이 그런 데마고기에 속아 넘어가 여전히 허위의 기제를 작동시킵니다. 만약 그렇다면 그건 대중의 실패, 그것도 매우 슬픈 실패를 가리키는 것입니다.

결국 이해찬의 실패란 역설적으로 대중의 한계를 극명하게 반증하는 적나라한 치부라는 말입니다. 그렇다면 유시민과 이해찬이라는 두 사람은 각각의 장점과 단점을 극명하게 가지고 있는 정치인이라고 할 수 있는데 어떤 식으로 이를 극복해야 하겠습니까. 유기적 결합에 의한 시너지와 독립적 발현 후 집산 중 어느 쪽이 더 효과적일까요?

예전에 봉하마을을 찾은 이해찬에게 노무현은 "저는 대통령을 다시는 할 수 있는 자격이 없는 사람인데, 이 사람은 아직까지 자격이 있어요"라며 덕담 같은 소개를 했고 방문객들은 큰소리와 박수로 이 전 총리를 반겼던 적이 있습니다.

노무현은 직설적인 화법을 구사하지만, 겉치레 말을 함부로 하는 사람이 절대 아닙니다. 그것만 보더라도 이해찬에 대한 노무현의 애정을 잘 알 수가 있습니다.

사실 식견, 지성, 경력, 자존심, 철학, 인품, 정책, 가치, 노선, 이성, 합리성 등 모든 면을 종합해 놓고 봤을 때 유시민, 이해찬만한 현역 정치인은 찾아볼 수가 없습니다. 앞으로도 나오기 힘들 것 같습니다. 왜냐하면 이런 정치인들은 결코 하루아침에 만들어지지 않기 때문입니다.

그렇다면 결국 둘의 나아갈 방향인데, 저는 최선의 방법이 당분간 그냥 놔두는 것이라고 생각합니다. 이래라저래라 하지 말고 말입니다. 그 둘은 누가 결정하면 네, 하고 그냥 따라가는 사람들이 아닙니다. 그 누가 누구와 모여 패거리를 이룬 뒤 무얼 요구해도 마찬가지입니다. 이해찬은 제왕, 정치 계보 정치를 혐오하는 사람이고, 유시민은 기성 정치의 틀을 뒤흔들어온 인물입니다. 그렇다고 그 둘의 성격이 괴팍하다거나 그런 의미는 전혀 아닙니다. 다만 기꺼이 소수가 되고 기꺼이 홀로서기를 해야 할 때 할 수 있는 독립적 정치인들이라는 겁니다. 그렇다면 때가 오면 기꺼이 움직이겠죠. 그건 연대가 될 수도 있고, 통합이 될 수도 있고, 기치를 새롭게 들어올린 새로운 판의 모색이 될 수도 있습니다. 이해찬, 유시민은 그걸 해낼 수 있는 역량을 가진 유일한 정치인들입니다. 따라서 믿고 맡기고 기다리면 좋은 결과가 있을 거라고 생각합니다.

그렇다면 이해찬, 유시민이 언제쯤 그리고 어떻게 움직일까요. 언제, 어떻게 움직이는 것이 바람직할까요. 그리고 그때가 오면 완전히 새로운 판이 펼쳐질까요?

전 정치의 힘을 믿는 사람입니다. 정치의 힘을 믿는다는 것은 곧 그 주인공인 국민의 힘을 믿는다는 것이지요. 그 국민이 힘으로 써내려가는 것이 바로 역사입니다.

지난 60년 중 50년간을 집권하며 국민으로부터 그 힘을 빼앗아 돌려주지 않은 채 갖은 매국질로 나라에 우환을 불러온 집단에 대해 조만간 준엄한 심판이 있어야 한다고 생각합니다. 그 점에서 앞으로 우리에게

다가올 시대정신의 핵심은 '역사 바로 세우기'라고 생각합니다.

사실 우리나라처럼 이 정도의 경제 규모와 수준의 나라에서 좌우 이념 대립이 없었던 나라가 드뭅니다. 어떤 이는 '아니 왜 없었다는 것인가? 그간 지겹도록 있지 않았는가?' 라고 말할지 모르겠지만, 그것은 틀린 이야기입니다. 일방에 의한, 겉으로의 대립만 있었을 뿐 진정한 의미의 이념 대립은 없었던 것입니다. 그게 진정으로 있었다면 진작 수구 세력은 청산되었어야 하고, 기득권층은 다양한 이념의 스펙트럼으로 나뉘어 공존의 길을 모색하고 있어야 합니다. 따라서 '이념은 이제 그만, 오로지 경제와 서민에만 매진!' 은 수구들이나 무지한 국민에게서 나올 소리지, 지성과 공동체 의식을 겸비한 깨어있는 국민이 할 소리는 절대 아닌 것입니다. 그런데 문제는 이것에 대한 국민적 에너지는 임계점에 이를 정도로 충천하고 있는데 과연 어떻게 점화해 폭발시킬 것이냐 하는 것입니다.

거기에는 앞서 언급했듯 정치, 정확히 말해 정치인이 필요합니다. 그 정치인은 바로 정치 기획 능력, 즉 국민을 참여시켜 정치를 바로 세워 낼 수 있는 능력을 갖춘 사람을 말합니다. 작금의 화두가 역사 바로 세우기이니 바꿔 말하면 역시 기획 능력이 있는 사람을 가리키는 것이 될 것입니다.

그 새로운 판을 짜는 전반적인 작업을 이해찬이 시작해 줄 수 있을 거라 믿습니다. 물론 위에서 말했듯 판을 깨뜨리고 판을 만들고, 판 위에 올라타고, 그 판 위에서 최종적으로 승리하기 위해서는 많은 난관을 거쳐야하고 또 수많은 사람의 도움을 필요로 하는 것입니다. 그리고 그 중심에서 진정으로 그 작업 전반을 꿰뚫고 기획하고 실행에 옮기고 완성해 낼 사람은 이해찬뿐이라고 생각합니다.

그 과정에서 김심, 노심, 유시민, 이해찬, 네 사람이 어떠한 역할과 모습을 보여 줄지는 알 수 없겠지만, 그리고 국민들이 어떻게 변모되고 발전된 모습으로 이에 호응해 줄지는 알 수 없겠지만, 적어도 무언가 필요로 하고 요구받고 있는 상황임은 분명해 보입니다. 그렇다면 조만간 무슨 일이 일어날 겁니다. 내가 느끼고 있다면 사람들이 느끼고 있는 것이고, 사람들이 느끼고 있다는 것은 국민 모두가 느끼고 있다는 것이기 때문입니다. 그 과정에서 이해찬이 지난 두 번에 이어 세 번째이자 마지막으로 우리에게 새로운 판을 열어 보여 줄 것으로 기대합니다. 물론 그 위에서의 주인공이 누가 될지는 아직 알 수 없습니다. 이해찬이 될 수도, 유시민이 될 수도, 내가 아니면 당신이 혹은 우리 모두가 될 수도 있습니다. 그 주인공이 누가 될지는 알 수 없지만 새로운 판을 향한 도전은 곧 시작될 것입니다. 그 누군가에 의해 말입니다.

이해찬의 교육 개혁

이해찬의 교육 개혁은 성공했는가 아니면 실패했는가? 이것은 우문일 수밖에 없습니다. 왜냐하면 교육부 관계자, 교총, 전교조, 학부모, 학생, 사학재단, 대학 등의 교육 주체들이나, 언론과 민간의 정책 관련자 등 평가 주체들에게서 흡족한 점수를 받는다는 것은 교육에 대한 국민적 관심의 치열성이나 개혁에 대한 수구 언론의 배타성 등을 감안할 때 결코 쉬운 일이 아니기 때문입니다. 그러나 객관적 사실 위주로 조금씩 따져 볼까 합니다.

최악의 환경 속에서 개혁 시작

이해찬은 IMF 국가 부도 사태 직후인 1998년 3월 김대중-김종필 공동 정권의 초대 교육부 장관으로 내각에 입각했습니다. 알다시피 그 당시의 아비규환은 이루 말할 수 없는 참상 그 자체였습니다. 실업과 해고,

연도	예산 총액(억원)	증감(%)	연도	예산 총액(억원)	증감(%)
1990	61,690	20.58% 증가	1999	179,030	2.38% 증가
1991	76,186	23.49% 증가	2000	197,256	10.18% 증가
1992	89,470	17.43% 증가	2001	215,984	9.49% 증가
1993	101,446	13.38% 증가	2002	225,436	4.37% 증가
1994	110,682	9.10% 증가	2003	249,194	10.53% 증가
1995	130,018	17.46% 증가	2004	265,823	6.67% 증가
1996	157,527	21.15% 증가	2005	279,820	5.26% 증가
1997	181,710	15.35% 증가	2006	291,273	4.09% 증가
1998	174,861	3.77% 감소	2007	310,447	6.58% 증가

출처 : 교육인적자원부 기획총괄팀

개인 파산과 기업 부도가 판을 치고 있었고, 친척 간의 융자나 빚보증 등으로 써보지도 못한 돈 갚기에 급급하다 자식의 학비조차 대주지 못한 채 끝내 자괴감으로 자살하는 가장들이 줄을 이었습니다. 따라서 김대중 대통령이 선거 기간 내내 만나본 유권자들이 바라는 교육 정책의 방향은 오로지 사교육비 경감 하나뿐이었고 나라를 이 지경으로 만든 기득권층에 대한 개혁 요구는 거세게 휘몰아쳤습니다.

그러나 여건은 최악이었습니다. 대한민국 정부 수립 이후 처음이자 마지막으로 교육 예산이 대폭 삭감됨으로써 대규모 교직원 감원 사태가 예고되어 있었기 때문입니다. 게다가 국가 재정을 파탄 내며 IMF를 불러온 한나라당은 철저하게 국정 운영에 비협조적으로 나왔습니다. 예산 삭감 법안 등의 조율에 순순히 응하지 않으면서 그 책임은 모조리 여당에 떠넘기는 식으로 나온 것입니다.

이런 상황 속에서 교육부 장관이 쉽게 구해질 리가 없었습니다. 평상시라도 교육부 장관 자리는 걸핏하면 관에 실려 나오는 자리였는데 하물며 그때는 손에 피를 묻혀야 하는 비상시국이었습니다. 정말 쉽지 않은 선택이었을 것입니다. 결국 김대중은 마지막 카드인 이해찬을 투입하였습니다.

　여기서 정치인들의 영악함을 또 한 번 들여다 볼 수 있습니다. 교육계 내부에서조차 응하길 거부하는 교육부 장관 자리가 정치인 중에서 구해질 리 만무했을 것이고, 영악한 정치인들 누구나가 그 자리를 맡으면 다음에 뱃지는 없다는 사실 정도는 잘 알고 있었을 것이기 때문입니다.

그럼에도 역대 4위의 재임 기록

	역대	성명	취임	퇴임	재임 기간
문민정부	33대 장관	오병문	1993.02.26	1993.12.21	9개월
	34대 장관	김숙희	1993.12.22	1995.05.12	1년 4개월
	35대 장관	박영식	1995.05.16	1995.12.20	7개월
	36대 장관	안병영	1995.12.21	1997.08.05	1년 7개월
	37대 장관	이명헌	1997.08.06	1998.03.02	6개월
국민의 정부	38대 장관	이해찬	1998.03.03	1999.05.24	1년 2개월
	39대 장관	김덕중	1999.05.24	2000.01.14	7개월
	40대 장관	문용린	2000.01.14	2000.08.07	7개월
	41대 장관	송 자	2000.08.07	2000.08.31	25일
	42대 장관	이돈희	2000.08.31	2001.01.29	5개월
	1대 부총리	한완상	2001.1.29	2002.01.29	1년
	2대 부총리	이상주	2002.1.29	2003.03.03	1년 1개월
참여정부	3대 부총리	윤덕홍	2003.3.7	2003.12.24	9개월
	4대 부총리	안병영	2003.12.24	2005.01.04	1년 1개월
	5대 부총리	이기준	2005.1.5	2005.01.10	5일
	6대 부총리	김진표	2005.1.28	2006.07.21	1년 7개월
	7대 부총리	김병준	2006.7.21	2006.08.07	17일
	8대 부총리	김신일	2006.9.20	2007~	

출처 : 교육인적자원부 홈페이지

　1999년 5월 열심히 교육개혁을 벌이고 있던 15개월간의 이해찬 교육부 장관의 임기가 끝내 막을 내리고 말았습니다. 당시 신문의 기사 제목 몇 개만 살펴보겠습니다.

　1. 김 대통령 "장관들 왜 이러나"

　2. 국민연금 물의 복지 장관 질책

　3. 실세 총리 JP 위상 높아졌다

당시는 김대중-김종필 공동 정권이었고 자민련 쪽에서는 항상 비중 있는 자리를 요구했습니다. 문제는 그 자리들이 하나같이 개혁이 시급히 요구되는 자리들이란 것이었습니다. 그러나 추천되는 자민련 인사들은 하나같이 능력 없고 반개혁적 성향의 인물들 뿐이었습니다. 어느 곳 하나 제대로 된 개혁은커녕 되레 문제가 터져 나오지 않는 곳이 없었습니다. 김대중은 연금 개혁 실패의 책임을 물어 보건복지부 장관을 경질시키려 했는데, 자민련은 안 된다고 나왔습니다. 그렇게 되면 자민련이 너무 무능하게 비쳐질 수 있다는 이유에서였습니다. 하려면 대폭 개각을 하든지 아니면 아예 부분 개각도 하지 말라는 식으로 나온 것입니다.

결국 1년 뒤 총선을 대비한다는 명목으로 국회의원 겸직 장관들을 대거 포함해 11명의 장관을 대폭 교체하는 5.24 개각이 이루어졌고, 교육 개혁을 잘하고 있던 이해찬도 거기에 포함되고 말았습니다.

개혁의 첫발, 교육부 마피아들의 극복

문민정부 출범 이후 역대 교육부 장관과 부총리는 총 18명입니다. 그 중 3명은 임기를 채 한 달도 채우지 못했으며, 1년 넘게 재임한 장관도 6명에 불과합니다. 이해찬 전 교육부 장관은 역대 4번째 장수 기록을 가지고 있습니다. 게다가 이해찬 퇴임 이후 그보다 오래 근무한 교육 부총리는 거의 나오지 않고 있습니다. 도대체 이유가 뭘까요.

일단 모 언론에 실린 '대한민국 교육부 장관 불쌍하다' 란 제하의 이 기사부터 살펴보겠습니다. 그 기사의 중간쯤에 보면 이런 기사가 나옵니다. "몇몇 장관들은 이런 관료들의 폐단을 막기 위해 과감한 인사를 시도했다. 그러나 그 효과를 본 것은 김대중 정권 때의 이해찬 전 장관(열린우리당 의원)뿐이었다. 교육부 관계자는 '이 전 장관은 취임 3개월 뒤 과감한 발탁 인사로 교육부 관료들을 제압했고, 그 결과 재임 기간 동안 안정적으로 장관직을 수행할 수 있었다' 고 말했다. 그러나 이 전 장관도 이른

바 '교육부 마피아'들은 솎아내지 못했기 때문에 퇴임 뒤 온갖 폄하에 시달려야 했다." 그 기사의 또 다른 부분을 인용해 보겠습니다.

장관이 취임하면 장관 길들이기를 위해 교육부 관료들이 파놓은 세 가지 함정에 빠지게 된다.

첫 번째 스케줄 함정. 아침부터 저녁까지 장관의 스케줄을 관리하며 뺑뺑이 돌린다. 정책 사안에 대해 제대로 숙고할 시간을 주지 않는 것이다. 이렇게 정신없는 상황에서 관료들은 자신들의 손에서 1~2주 동안 붙잡고 있던 정책을 갑자기 내밀며 결제를 요구한다. 청와대 보고 시간이 촉박하다는 말과 함께. 이렇게 두 달을 보내고 나면 장관의 입에서는 '가만 있어보자. 내일 스케줄이 어떻게 되지?'라는 말이 절로 나오게 된다. 이때가 바로 첫 번째 함정에 빠지는 순간이다. 장관이 스스로 할일을 챙기지 못하고 관료들에게 의존하게 되는 것이다. 이 때문에 외부 자문이나 충분한 여론을 청취할 시간을 갖지 못하고 정책을 발표했다가 언론이나 다른 장관들에게 난타를 당하기도 한다.

두 번째 방문객 함정. 장관실에는 숱한 방문객이 찾아온다. 물론 장관이 필요에 의해 부르는 방문객도 있지만 예고 없이 찾아오는 경우가 대부분이다. 방문객 대다수는 교총을 비롯하여 관변 교육단체의 장, 관변 학자, 정당 관계자 등이다. 이들은 대개가 장관의 단점이나 정책상의 문제점을 지적하기보다는 듣기 좋은 미사여구만 늘어놓는다. 반면 쓴소리를 해줄 방문객은 부르기 전에는 절대 찾아오지 않는 법이다. 결국 찾아오는 방문객들의 면담에 쫓기다 보면 한쪽 얘기만 듣게 되고 어느새 두 번째 함정에 빠지게 된다.

세 번째 함정은 자기도취 함정. 바쁜 스케줄에다 쉴 새 없이 찾아오는 방문객들을 맞이하다 보면 장관은 스스로 열심히 잘하고 있다고 생각하게 된다. 그리고 자신에 대해 비판적인 사람들에 대해서는 자기도 모르게 적대감을 가진다. '이거 해보니 별것 아냐' 하는 자만심도 싹트게 된다. 세 번째 함정에 빠진 것이다.

교육부 한 관계자는 입각할 때는 장관들이 누구나 호기를 부리지만 떠날 때가 되서야 함정에 빠진 것을 알고 후회하게 된다고 말했다.

출처 : 〈한겨레 21〉 1998. 7. 2.

그러나 함정에 빠진 것은 이해찬이 아니라 관료들이었습니다. 총리 시절 1년에 수백 회가 넘는 회의를 진행한 적도 있는 이해찬이었습니다. 이해찬에게 자기가 모르는 내용을 건성으로 결재한다는 것은 있을 수도 없는 일이었습니다. 토론 자료집이나 정책집이 있으면 달달 외울 때까지 보고 또 보기를 반복하고 일정을 다 소화하면서도 토론회나 회의는 절대로 빠뜨리지 않는 그였습니다. 게다가 이해찬은 거꾸로 관료들을 서로 토론시키며 자기가 핵심을 파악할 때까지 그것을 지켜보기를 즐겨했습니다. 와중에 죽어나는 것은 이해찬이 아니라 교육부 관료들이었습니다. 또한 자기한테 거짓말을 하며 숨기는 직원은 끝까지 추궁해 파악해 낸 뒤 발각되면 다시는 돌아오지 못할 정도의 오지로 한방에 좌천시켜 버렸습니다. 시간이 지나가자 직원들은 서서히 이해찬에게 빨려 들어가기 시작했습니다. 결국 그런 식으로 이해찬은 역대 교육부 장관 어느 누구보다도 교육부 공무원들의 관료주의 폐단을 훌륭하게 극복해 낼 수 있었습니다.

공급자(교총, 전교조, 사학재단, 대학) 위주에서 수요자 위주(학부모, 학생)로 전환

국제교육성취평가협회(IEA) 소속 38개 회원국 대상 조사(4년 주기 조사)

1995년 중학교 2학년	전 세계 수학 3위, 과학 4위 성취도
1999년 중학교 2학년	전 세계 수학 2위, 과학 5위 성취도
2003년 중학교 2학년	전 세계 수학 2위, 과학 3위 성취도(지속 상승)

경제협력개발기구(OECD)의 학업 성취도 국제 비교 연구(PISA) 결과(3년 주기 조사)

2000년 고교 1학년	전 세계 수학 2위, 과학 1위, 읽기 6위
2003년 고교 1학년	전 세계 수학 3위, 과학 4위, 읽기 1위, 문제 풀이 능력 1위(최초 조사 1위)

중·고등학생 학업 성취도 선진국 1위, 학부모들의 교육열 선진국 1위, 그러나 사학재단 대학 운영 불투명성 선진국 최하위, 대학 평가 선진국 최하위, 교사들의 자기 발전 노력 세계 최하위(한국 교사 평가도 OECD 가입국 중 꼴찌). 상황이 이렇다면 도대체 누가 노력을 해야 한다는 것일까요.

한 언론사의 사설을 보겠습니다.

우리나라 고교 1학년의 학업 성취도가 세계 최상위권인 것으로 조사됐다. 모든 항목에서 우리나라 학생들의 우수성이 입증된 것이다. 지난 2001년에도 상위권이었지만 이번에 더 향상된 것으로 나타났으니 갈수록 고무적이다. 특히 창의력 발휘가 핵심인 문제 해결력에서 1위를 차지한 것은 시사하는 바가 크다.

그러나 이 같은 조사 결과에 마냥 흐뭇해 할 일만은 아닌 것 같다. 고교생의 경쟁력은 이렇듯 세계 최상위권인 반면 세계 100위권에 드는 대학이 하나도 없다는 참담한 현실은 어떻게 설명할 것인가. 지난달 영국의 〈더 타임스〉가 발표한 세계 200대 대학 명단에 우리나라는 단 3개 대학만 올랐으며, 가장 높은 평가를 받은 서울대조차도 119위에 불과했다. 근본 원인은 고교 때의 학업 능력이 대학으로 이어지지 못하게 되는 기형적 교육시스템과 학벌 위주의 사회 풍토에서 찾을 수밖에 없다. 학부모의 교육열과 지원, 학생들의 성취 욕구가 대학입시에 집중되고 일단 대학에 진학하면 모든 열정과 투자가 사그라지기 때문이다. '간판'이 정해진 상황에서 고교 때와 같은 동기부여가 안 되는 것이다.」

출처 : 〈문화일보〉, 2004. 12. 8.

그럼 마지막으로 PISA 2003을 주관한 교육국 베르나르 위고니에 부국장의 말을 들어보겠습니다.

"PISA 2003 결과 한국보다 성취도가 높은 나라는 핀란드뿐이지만 학교 간 격차가 상대적으로 큰 것으로 나타나 이를 줄이는 노력이 필요하다. 핀란드와 같이 학교 간 성취도 격차가 작은 나라는 한 학교에 학습 부진아나 장애인 등 다양한 학생을 모아서 가르친다."면서 통합교육이 성적 향상에 도움이 된다고 통합 교육의 중요성을 강조했다.

위고니에 부국장은 한국의 학업 성취도가 높은 것은 사교육 영향 때문이 아니냐는 질문에 사교육은 세계적인 현상이라고 일축하면서 성취도와 형평성이 모두 높은 데도 유독 일본과 함께 걱정하는 수준이 높다는 것이 문제라고 말했다. 그러면서 OECD는 이전부터 한국 교육의 개선 방향에 대해 '사학의 투명성 제고' '교육 기회의 불균형성 제고' '대학 운영의 불투명성 제고' 등을 권고하면서 우리는 한국교육의 문제점은 수요자(학부모 학생)가 아니라 공급자(대학 사학 교수 교사 등)에 있음을 누차 지적해 왔다고 강조했다.

이해찬은 이러한 제반 상황들을 파악한 뒤 학부모들의 사교육비 경감과 학생들의 입시 지옥 해방을 기조에 깔고 '말만 많고 실천은 절대 없는' 교육부 관리들을 개조해 가면서 대대적인 교육 개혁에 나섰습니다. 또한 전교조를 합법화시키고, 학부모와 시민 단체를 양성해 교육 주체로 참여시켰으며, 교사들의 촌지와 대학 사학의 비리 근절에 나서는 한편, 교육부 관료들의 온갖 혈세 낭비 세태에도 철퇴를 가했습니다. 지금도 전교조 게시판을 가보면 가끔씩 나오는 이해찬 비판 글에 어김없이 "이해찬은 극렬한 반대를 뚫고 전교조를 합법화시켜준 정치인 아니냐? 허구한 날 반대와 비난만 하는 전교조가 지긋지긋하다"는 노조원들의 댓글이 달리는 것을 심심찮게 볼 수 있습니다.

　이해찬을 비판하는 이유 중 하나인 '교직원 정년 단축 문제(65세 ⇨ 60세)'는 이해찬이 단행한 것이 아니라 범정부 차원의 결정(IMF 체제로 인해 불가피)이었고 오히려 이해찬은 정부의 강경한 '60세' 안을 협의를 통해 62세로 끌어 올린 사람입니다. 또한 교직원 정년 단축 문제는 당시 젊은 교사들(자신들도 학부모 입장)로부터 많은 공감을 끌어내기도 한 사안이었습니다. 이런 것을 잘 아는 교사들은 이해찬 비판의 근원이 오히려 당시 교육부가 벌인 '촌지 추방 운동'에 있었음을 지적하며, 이런 이유로 공식적 반대를 표명하는 것 자체가 망신스러운 일이라고 지탄합니다. 교육은 예전이나 지금이나 가장 중요한 가치입니다. 교육 앞에서는 경제·외교·국방뿐 아니라 복지·문화조차도 후순위로 밀려날 수밖에는 없습니다. 그런 교육을 제대로 만들기 위해선 개혁이 필요합니다. 이것 또한 정치 개혁 등 다른 개혁 아젠다들보다 그 순위에서 우선합니다. 헌데 교육 개혁이 안 되는 이유를 잘 살펴보다 보면 또 다시 수구 언론이 가로막고 있음을 알게 됩니다. 정치 개혁, 정당 개혁이 번번이 실패로 돌아가는 이유와 똑같은 것입니다.

　언론 기사를 검색하다 보면 수구 언론들에게서 교육 개혁에 관한 심도 있는 문제 제기를 한 흔적 자체를 발견도 못하겠거니와 오히려 가끔씩 보이는 교육 여건 등에 대한 객관적 비판 자료나 기사들은 어김없이 삭제 처리가 되어 있음을 발견하게 됩니다. 따라서 정치 개혁, 정당 개혁, 교육 개혁 하겠다면 먼저 언론 개혁부터 선행되어야 함을 절감합니다. 그 적임자는 어느 순간 '짠' 하고 나타나는 것이 결코 아닙니다. 지난 수십 년간의 정치 역정에서 그러한 자질과 도덕성이 먼저 입증이 되어야만 가능한 것입니다. 그럼 이해찬의 교육개혁은 성공했을까요. 처음에 말했듯 이것은 우문일 수밖에는 없습니다. 그러나 적어도 교육 개혁에 관한 한 역사적으로 이해찬 이상의 적임자를 결코 찾아내기 힘들다는 것은 확실해 보입니다.

이해찬의 초상 1

이해찬의 인상에 대한 평은 대략 후하진 않습니다. 좋게 말하면 샤프해 보인다고 하고, 나쁘게 말하면 좀 날카롭게 보인다고 합니다. 본인은 그걸 약시와 난시 탓으로 돌립니다. 멀리 바라보면 자연스레 얼굴이 찡그려진다는 거죠. 그러나 나이 사십이 넘으면 자기 얼굴에 책임을 지라는 말이 있듯이 그건 핑계는 될 수는 있어도 이유가 될 수는 없다고 말하는 사람도 있습니다. 자신의 얼굴은 마음을 닦은 만큼 나타나는 것이고, 그것의 핵심은 결국 대중 정치를 꿈꾸는 사람이라면 결코 피해갈 수 없는 이미지 관리의 요체이기도 하다는 것입니다.

흔히 이미지 관리의 실천 방안으로 자주 웃고, 인사하고, 칭찬하라고 합니다. 그럼 이해찬이 그런 것들을 통 안하고 사는 것일까요. 그렇진 않은 것 같습니다. 사적으로 그를 만나본 사람들은 그만큼 따뜻하고 유머러스한 사람은 드물다고 이구동성으로 이야기합니다.

그럼 그에게선 왜 유독 남들보다 좀 더 냉정한 평가가 나오는 것일까요. 저는 그것이 그의 외모나 사적 영역에서의 품행이 아닌, 공적영역에서의 업무 태도에서 주로 기인한다고 생각합니다. 그는 기본적으로 개인적으로 잘해 주면 설령 공적으로 잘못한 일이 있더라도 그냥 눈감고 대충 넘어가 주는 식의 행동을 잘 하지 못합니다. 일단 업무의 의사 결정과 판단 과정에 돌입하게 되면 사적인 안면을 철저히 몰수하고 오로지 공적인 도덕률에만 좌우되어 일을 처리하는 것입니다. 그래서 그와의 사적 친분만을 믿고 느슨하게 업무를 논의하는 정치인이나 관료들은 종종 낭패를 겪게 되어 그를 못마땅하게 여기는 사람들이 있습니다. 그래서 업무 처리에는 매우 유능하고 합리적이지만 사적으로 어울리거나 무리 짓고 내밀한 논의를 함께하기는 어렵겠다고 그런 선입견은 정치인과 정치인, 정치인과 기자로 이어지는 우리 사회 기득권의 평가 라인에서 대단히 인색한 평가를 불러오게 만드는 데 일조를 하고 있습니다. 한마디로 이해찬은 너무 드라이하다는 것입니다. 그리고 그에 대한 일각에서의 그런 냉랭한 평가는 그가 정치 인생에서 마음먹고 도전한 세 번의 국회 선출직 선거에서 모조리 낙선하게끔 만드는 결정적 이유가 되었습니다. 1996년 원내총무, 2000년 최고위원, 2004년 원내대표 선거 등 그러나 세 번의 실패 직후마다 이해찬에게는 그에 버금가는 직책들이 주어졌습니다. 1996년에는 정책위의장, 2000년에 다시 정책위의장, 그리고 2004년에는 국무총리에 기용이 된 것입니다.

그것이 어떻게 가능했을까요. 바로 이해찬의 주위에는 공사를 구분 못하고 인정과 사적 안면에 좌우되는 인간들이 많았지만, 그 위로는 인재를 적재적소에 등용할 줄 아는 김대중과, 이해찬보다 더욱 드라이한 노무현이라는 인물이 우뚝 버티고 있었기 때문입니다. 그 둘은 이해찬이 동료들에 의해 바닥으로 내리꽂혀 꼬꾸라질 때마다 올바른 평가에 기반을 두어 일으켜 세워 제자리로 돌려놓았고, 고비처마다 그를 불러 중용하였습니다.

현실적으로는 가능성이 적은 이해찬식 스타일의 성공 그 이면에는, 옳고 그름에 대한 평가가 공정하게 이루어지지 못하는 우리 사회의 척박한 풍토에도 개의치 않고 무모할 정도로 공익적이고 올곧은 한 정치인과 시대를 한발 앞서가는 시야와 혜안을 가진 두 정치인의 올바른 평가가 공존하고 있었던 것입니다.

그러나 한 나라의 대통령이 되는 길엔 전적으로 공적 마인드에 기반을 둔 정치를 펼치고서 동료 정치인들에게 후한 평판을 얻어내는 것 그 몇 배 이상의 어려움이 도사리고 있습니다. 따라서 그가 김대중 · 노무현이란 확실한 저울이 작동하지 않는 국민 평가의 영역 속으로 자신을 내맡기기까지 얼마나 고심을 했을지는 그의 성격과 기질로 미루어보아 짐작키 어렵지 않을 것입니다.

그중에서도 그에게 가장 커다랗게 다가왔을 장벽은 아이러니컬하게도 노무현의 성공 전례 그 자체라고 할 수 있을 것입니다. 그의 성공을 가능하게끔 만든 외양적 조건과 지지 기반은 예의 드라이한 행태의 고스란한 답습을 강하게 요구하고 있지만, 현실적인 사회의 토양은 그것을 되풀이하기에는 매우 척박해져 있기 때문입니다. 적어도 민주진보 진영 쪽이 처한 상황 입지 하에서는 국민의 가슴에 공명할 수 있는 능력 혹은 쇼맨십에 기반을 둔 정치적 슬로건 구호의 제창만으로 확실한 돌파구를 보장받을 수 있는 처지가 아니란 이야기입니다.

정치 참여 전문 집단의 점증으로 인한 사회적 다원화와 이에 따른 세분화된 정책적 실현 욕구의 분출, 이것이 즉각적으로 반영되지 못하게 만들고 있는 기득권적 장벽의 여전한 견고함과 정체 현상의 누적들로 인한 피로감, 이를 극복하기 위해 시도된 정당 체계의 판 갈이 시도의 실패와 거기에 자발적으로 참여했던 국민 사이에서 광범위하게 유발되었던 좌절과 은둔. 거기에 다시 새로이 신뢰와 희망을 불어 넣을 수 있는 작업의 형태와 방법이 구체적으로 정확히 무엇인지 국민에게 이해를 구하는 과정은 매우 지난할 수밖에는 없습니다. 민주진보 진영 내부에서조차 그에 대한 합의를 도출하는 과정에 지나칠 정도의 에너지를 소진하고 있을 정도이기 때문입니다.

그러나 지금 이 시점에서 분명한 것 하나는 모호하고 불투명한 제 세력의 이해관계 간에 합의와 연대를 모색해 내는 역할은 주변부에서 맴도는 것이 아닌 오직 그 중심 속으로 뛰어들었을 경우에만 설정 가능한 것이며, 현 정치 역학 속에서 이해찬이 차지하는 비중에는 그것을 중재하고 정리해 내는 역할을 뛰어넘어 이니셔티브를 거머쥘 수 있을 정도의 역사적 적통성이 무게감 있게 부여되고 있다는 사실입니다.

이해찬은 과거 이 부분에 대해 여러 차례 부연한 적이 있습니다. "자신은 호감 가는 인상도 아니며 대중적 인기가 부족하다는 걸 잘 알고 있다.

하지만 국민과 역사의 힘을 믿고 용기를 내서 여러분 앞에 나서게 됐다. 시대가 지금 요구하고 있는 인물상이 무엇이냐. 다양한 목소리가 섞여 나오는 요구들을 제대로 된 사실 관계로 엮어내 합리적인 대안으로 매듭지어 달라는 것 아니냐. 나는 언제나 부단한 노력으로 지적 통찰력을 쌓으려 노력해 왔으며, 그 위에서 모든 제반 사안들의 핵심을 정확히 파악해 내 언제나 합리적인 해결점을 도출해 왔다고 자부한다"고 말입니다.

다름 아닌 이 부분에 그의 역사적 적통성의 본 모습이 담겨 있다고 봅니다. 이제 단순히 김대중, 노무현 정부에서 핵심 요직을 맡은 과거 전력이나, 그들의 심중에 차기를 이어갈 최적의 인물로 각인되고 있다는 사실이 적통성으로 운위되는 시대는 아닐 것입니다.

저는 그것이 누가 시대적으로 요청받고 있는 과제들을 합리적인 리더십으로 처리해 낼 수 있느냐에 달려 있는 것이라 보며, 이해찬 후보가 총리 시절 보여 주었던 원전 방폐장 문제, 공공기관 지방 이전 문제 해결 과정 등에서 그것은 너무나도 잘 증빙되었다고 판단합니다.

물론 그런 그에게 국민이 최종적으로 어떠한 판단을 내리고 가치 부여를 해줄지에 대한 확신은 현재로서는 아무것도 없습니다. 그러나 적어도 이해찬이 갖는 초상에 대하여서는 몇 마디 논할 수 있을 것입니다. 그것은 이제 일은 잘하는데 특정 정치 세력과 언론의 고의적 외면에서 기인한 대중적 성향의 부족으로 선택의 오류에 놓이게 되는 정치인들에 대한 국민적 성찰이 갈수록 광범위하게 일어나고 있다는 사실입니다.

이런 관점에서 이해찬의 부상이 그러한 국민적 역량의 성숙 여부에 대해 도전적 질문을 던지고 있는 것이라고 봅니다. 또한 적어도 정당 정치에서는 정체되고 후퇴된 모습을 보여 주고 있고, 또 그럴 수밖에 없는 한계를 내재하고 있는 우리 정치지만 앞으로 또 다시 국정의 수반을 합리적인 인물로 선택해 냄으로써 우리 정치가 처한 기득권적 질서의 모순을 다시 한 번 극한으로 끌어올려 보여 줄 수만 있다면, 그 괴리의 역설로서

거기에서 개혁 의제에 대한 또 하나의 담론과 희망을 이끌어 낼 수도 있
다고 생각합니다.

　때로는 정체성이 이기적이고 때로는 방향성이 흔들리기도 하지만, 역
사의 긴 흐름 한 가운데에서는 늘 정의로운 선택을 해온 국민에 대한 이
해찬의 믿음이 헛되지 않은 것이라면 앞으로 좀 더 진일보한 결과물이
나올 수 있을 것이라고 확신합니다. 그 최종적 결과물이 이해찬일지 아
니면 다른 누구일지는 좀 더 지켜봐야 하겠지만 많은 사람들이 예견했던
것처럼 그가 폭풍의 핵으로 진입하고 있는 것만은 분명해 보입니다. 그
렇다면 이제 남은 것은 국민적 선택의 몫입니다. 앞으로 환하게 웃고 있
을 이해찬의 모습을 보고 싶습니다.

이해찬의 초상 2

개인적으로 이해찬을 잘 모릅니다. 만나본 적도 없고 편지나 이메일로 대화해 본 적도 없습니다. 그에 대해서는 어느 날 문득 관심이 생겨 그에 관한 저서를 한 권 찾아 읽어본 게 전부입니다. 그러나 책을 본 후 그에 대한 호감은 그다지 늘어나지 않았습니다. 그 속에는 그가 민주화 운동으로 두 번 투옥을 경험한 후, 비교적 연소한 나이에 정치에 뛰어들어 별 어려움 없이 내리 다섯 번 국회의원에 당선되고 그 와중에 정책위의장, 교육부 장관, 국무총리 등의 요직을 두루 경험했던 화려한 이력만 무미건조하게 나열되어 있었기 때문입니다.

일단 그런 화려한 경력과 책에서 강조한 드라이한 그의 내면과 행보가 잘 매치되지를 않았습니다. 여느 유명인의 자서전에서 흔히 보이는 적당한 정도의 분칠 이상의 느낌이 적어도 저에게는 들지 않았던 것입니다.

그는 학생 시절 목숨을 던져 독재에 항거하다 두 번이나 목숨을 잃을 뻔했던 이력을 매우 소중하게 생각하는 듯합니다. 그러나 그런 경력을 가진 정치인은 주위에 그 말고도 많습니다. 김대중만 하더라도 그보다는 훨씬 굴곡이 질펀했던 정치 행보를 걸어왔습니다. 또한 목숨을 건 민주화 운동을 하고도 형장의 이슬로 허망하게 사라지거나 아무 대가나 보답 없이 은둔된 황폐한 삶을 살다 말없이 이 땅을 떠나간 이름 모를 사람들의 수가 훨씬 많을 것입니다.

그는 유능하다는 평가를 많이 받습니다. 말 그대로 그는 여태껏 직책을 맡을 때마다 늘 공부하고 늘 연구해가며 언제나 기대 이상의 발전적 성과를 보여 주어 왔습니다. 그러나 이 역시 건국 이래 임명직이나 선출직을 수행하면서 훌륭한 모습을 보여 주었던 수많은 인사들을 넘어서는 그 무언가는 절대 아닙니다.

기득권의 패거리 문화를 단호히 거부하고, 상황에 따라 본심과는 다른 거짓을 밥 먹듯 쏟아내는 위선을 견딜 수 없어 하는 드라이한 정치인을 찾는다면 그는 그 점에서도 노무현 그 이상은 결코 아닙니다. 그럼 그만을 좋아하고 지지해야 할 그 무언가를 어디서 찾아야 한단 말일까요.

그 계기가 된 지점은 이후 그에 관한 자료들을 여기저기서 하나씩 스크랩해 가면서 찾은 그에 대한 한 가지 중요한 발견 때문입니다. 그는 언제나 드라이하게 자존심과 철학을 고수했지만 중요한 결정적 고비에선 의외로 쉽게 지고 들어갔습니다. 그리고 이것은 승산은 없지만 국민의 날선 시선을 의식해 명분에 집착하는 척 소득 없는 투쟁만을 밀어붙이던 동료 의원들로부터 원성을 사는 계기가 됐고, 이해찬은 지나치게 현실 순응적이라는 비판을 받았습니다. 그러나 이해찬이 고민한 것은 타이밍이었을 뿐입니다. 그는 수로 승산이 없을 때 일단 중단한 뒤 후일 덜 중요한 법안으로 거래를 해 미리 우군을 확보해 놓은 뒤, 투쟁 중단 이후 모두가 방심하고 있는 절묘한 타이밍을 잡아 허를 찌르며 중요 법안을 통과시켜 냈습니다.

수구 신문이 이 모습을 조용히 지켜보다 이해찬은 정책 방향은 절대로 굽히지 않되 그 시기는 조절할 줄 아는 사람이라고 찬사를 할 정도로 발군의 능력을 보여줬습니다. 이런 이해찬에 대한 그들의 호평이 힐난으로 돌변한 이유는 그가 후에 이런 식으로 관철시켰던 법안들이 복수노조, 전교조 설립 등 하나같이 그들에게 당장뿐 아니라 두고두고 후환을 가져올 우환 법안들이었기 때문입니다.

전교조 설립 같은 경우, 이해찬이 단순히 재야의 숙원을 정책 공조 차원에서 풀어주는 의미로 통과시킨 법안이 아닙니다. 우리 사회를 장악하고 있는 수구 기득권의 뿌리가 가짜 지식인들의 소굴인 학원과 신문이며, 이들과 맞설 견고한 대항 조직의 설립 없이는 그들과의 대결이 궁극적으로 불가능하다고 보았기 때문에 밀어붙인 것이며, 복수노조 또한 유령 노조의 설립으로 노조 활동을 방해해 온 재벌의 횡포에서 노동자들의 권익을 바로 세워내기 위한 유일한 길임을 꿰뚫고 있었기 때문입니다.

동료 의원들이 그런 본질적 법안들은 수구 세력의 저항이 심하다는 이유로 외면한 채 다른 껍데기 민주 법안들의 발의 숫자에만 열을 올리고 있을 때, 이해찬만은 좀 더 먼 미래를 내다보고 있었던 것입니다. 국회에서 국가유공자 중 친일 혐의자를 색출, 퇴출하는 법안을 발의할 때도 마찬가지였습니다. 이해찬은 이 법안의 방향이 옳지만, 타이밍은 좋지 않다고 보았습니다. 그러나 일단 얼마 못가 수구 신문의 등쌀에 못 견디고 도망갈 게 눈에 훤히 보이는 동료들의 요청에 조용히 응했습니다. 결국, 수구 신문이 발끈하자 동료 의원들은 모조리 도망쳤고 그만 덩그러니 남아 몰매를 맞았습니다.

그 후 이해찬은 이번에는 모두가 꺼려하는 교육부 장관직을 맡았습니다. 모두가 꺼려했던 이유는 재정 위기로 교사를 자르고, 교육 예산을 줄이고, 사학 비리를 혁파하라는 개혁 지시가 내려졌기 때문입니다. (IMF의 요구로 교원 구조조정은 불가피했습니다.) 한마디로 손에 피를 묻힌 뒤 정치적 자살을 하란 소리였습니다. 그러나 이해찬은 말없이 묵묵히 교육부에 들어갔습니다. 그리고 찬찬히 왜곡 교과서를 뜯어고치며 친일사관에 물들어 있던 공직 사회를 조용히 뒤집어 버렸습니다. 그러나 사학은 건들지 않았습니다. 대신 사학의 부당한 횡포를 묶는 법안들을 만들어 계속 국회로 날렸습니다. 이번에도 동료 국회의원들은 법안 통과는 미적거린 채 사학(특히 서원대 사건)을 처리하지 않는 이해찬의 우유부단함을 맹공했습니다. 그러나 이해찬은 이번에도 아직은 때가 아니라며 덩그러니 혼자서 몰매를 얻어맞았습니다.

결국, 얼마 못가 촌지 개혁 작업을 벌이다 교총과 수구 신문의 총공세를 받고 장관직에서 물러났습니다. 그러나 그가 남긴 유산은 그 이후로도 지속됐습니다. 그가 설립을 주도했던 전교조가 교총에 대항할 정도로

커져 잘못된 친일 역사를 바로 세우고 수구 신문의 해악을 학생들에게
가르쳐낼 정도로 성장한 것입니다. 또한, 수구 시민단체들이 이해찬이
교육부 장관으로 있을 때 교육받은 아이들 때문에 친일사관으로의 교육
과정 개선 작업이 어렵다며 이를 박박 갈 정도로 그는 여기저기 대못을
박고 나왔습니다.

　이런 식으로 이해찬이 심어놓은 수구 진영의 근간을 뒤흔들 만한 위력
의 씨앗들이 지금 이 순간 사회 곳곳에서 자라나 영글고 있고, 아이러니
하게도 경제 파탄 세력이 나라를 절단 내는 와중에 이해찬의 정치적 위
상은 민심의 물밑에서 급속도로 확산되고 있는 중입니다. 이런 시류와
현상을 지켜보면서 저는 이해찬, 그만이 가지고 있는 놀라울 정도의 웅
대한 정치적 심혼을 느끼게 됩니다.

　적어도 이해찬이라는 인간을 단순히 일 잘하는 정치인 정도로 바라보
는 것이 그의 진면목을 잘 알지 못하는 데서 나오는 단견이라는 점은 분
명합니다. 그는 일반적으로 정치인에 요구되는 식견 · 경력 · 지성은 물
론이요, 눈 높은 국민들에게 요구되는 자존심과 철학, 그리고 위선과 싸
울 줄 아는 강직한 인품도 두루 갖춘 신뢰감 있는 정치인입니다. 무엇보
다 그에 대한 여러 자료들을 스크랩해 보면서 느낀 점은 그만큼 강직하
게 수구 세력과 맞서 싸워낼 만한 현역 정치인은 절대 없다는 것입니다.
그간 수구 신문은 야권의 분열을 최우선 전략으로 삼아왔고 그 첫 번째
작업이 죽일 정치인과 살릴 정치인의 분류였습니다. 이에 따라 근래 야
권사 중 유능하면서 수구 신문과 날을 세우고도 피 흘리지 않은 정치인
은 단 한 명도 존재하지 않습니다. 수구 신문과 날을 세우고도 피를 흘리
지 않은 정치인은 상대할 가치가 없을 정도로 무능하거나, 가짜로 날을
세운 매명 정치인들 뿐이었습니다. 예외적으로 매명질과 계보질에 도취
되어 보스 대신 수구 신문과 대결하는 정치꾼도 있기는 합니다. 그러나
수구 신문에 있어 그런 정치인들은 깜이 아니거나 살릴 정치인입니다.

왜냐하면 그런 정치인들은 분열의 최적 작업 대상이기 때문입니다. 그들은 이후 수구의 염원대로 김대중, 노무현, 이해찬의 등에 차례로 비수를 꽂았습니다.

이러한 수구 언론의 농간에 가장 심한 고초를 당했던 정치인이 바로 김대중과 노무현입니다. 그리고 현역 정치인 중엔 드물게 이해찬만이 남아 있습니다. 이 사실 하나만으로도 그의 존재가치는 이 시점에 찬란한 빛을 발합니다. 왜냐하면, 우리 사회가 아직도 조국을 팔아 매국하고 환란을 불러일으켜 경제를 파탄 낸 세력들이 책임을 지기는커녕 그 자리를 꿋꿋이 지키고 앉아 있고, 이런 세력을 비호하는 재벌·수구 신문들과 함께 특권과 반칙을 무자비하게 휘두르는 세상이기 때문입니다.

이제는 이런 세력에 한마디 일갈 할 수 있는 정치인의 존재조차 씨가 마른 세상이 되었습니다. 그리고 안하무인이 된 수구들에 의해 공안정권, 경찰국가, 독재정부로 되돌아가려는 광기가 사회 전반을 온통 뒤덮어가는 암울한 시국입니다. 이것은 결코 우연이 아닙니다. 수구들의 오랜 작업의 산물인 것입니다. 허니 그 속에서 당당하게 정면 대결을 펼치고도 살아남은 이해찬의 존재감이 이런 난국에서 어찌 빛을 발휘하지 않을 수 있겠는가 말입니다.

지금은 제대로 된 정치인이 나서고 용감한 국민이 합세해 60년에 걸쳐 나라를 거덜내온 경제 파탄의 주범인 수구 매국노들을 척결해야 할 시점입니다. 이를 향한 사회적 분노의 에너지도 충천해지고 있습니다. 이제 본격적인 행동에 나서야 할 시점입니다. 이 위난에 처한 나라를 누가 구할 것인가요. 그럴 능력은 물론이요, 자격까지 겸비한 정치인은 현재로선 이해찬뿐으로 보입니다. 그것이 지금 이 시점에 제 눈에 비친 이해찬의 진정한 초상입니다.

이해찬의 꿈은 이루어진다

이해찬에 대한 첫 글을 쓴 게 2007년경 대선 무렵이었습니다. 김대중, 노무현 이외의 정치인에 대한 글은 거의 써본 적이 없던 제가 그에게 관심을 가졌던 이유는 그가 너무나 저평가된 정치인이라는 아쉬움 때문보다도, 김대중·노무현 이후 야권 전반을 이끌어 낼 수 있는 역량을 가진 유일한 사람이 이해찬뿐이라는 확신 때문이었습니다. 그러나 그는 대중성이 떨어졌습니다. 그 때문에 이해찬은 과연 대선을 위한 당내 경선에 본인이 직접 출마해야 하는지에 대해 한참을 고민했습니다.

그 이해찬을 자극하기 위해 '남자 이해찬 대선에 나오라' 라는 글을 인터넷에 써 올렸는데, 그것이 바로 이해찬에 관한 첫 글입니다. 얼마 후 이해찬은 고민 끝에 경선에 출마했습니다. 이후 이해찬 팬 카페가 인터넷에 처음으로 생겨났습니다. 그는 대선 경선 출정식에서 팬 카페의 한 회원으로부터 꽃다발을 받았는데, 그때 이해찬이 지었던 밝은 표정이 제가 생각하는 그의 생애 가장 환한 모습입니다. 허나 이해찬의 출마 그 일차 목적은 어디까지나 당선이 아닌 '김대중·노무현 정신의 계승과 그 둘의 보호' 에 있었습니다. 이명박의 당선이 확실해지고 있는 상황, 당선되면 정치 보복을 할 게 확실한 상황 속에서 그 둘은 정치적 보호 그 병풍 밖에서 무방비상태로 외롭게 내동댕이쳐져 있는 상황이었기 때문입니다.

불행히도 이해찬은 대선 경선에서 3위로 떨어졌고 김대중, 노무현은 안타깝게도 생을 마감하게 되었습니다. 이후 그는 반성의 의미로 국회의 원직을 내려놓고 정치에서 멀어졌다 일전 지자제 선거를 계기로 다시 복귀했습니다. 그런 그가 복귀하면서 내놓은 일성이 바로 '시민 주권 정치' 입니다. 시민 주권이란 시민이 지도자를 만들고 스스로 지도자가 되는

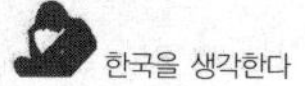

것을 일컫습니다.

예전 제왕 정치 시절에는 보스가 직접 후계자를 지명했습니다. 전두환이 노태우를 지명했고, 노태우는 김영삼을 지명한 것입니다. 그리고 이 후계자들이 '공천권'을 쥐고 흔들며 계파 정치를 만끽했습니다. 따라서 시민에게 아무리 사랑받는 정치인이라 할지라도 권력자에게 줄을 서지 않으면 미래가 보장되질 않았습니다. 그러나 노무현이 당선되면서 이 프레임이 깨져버렸습니다. 시민이 직접 대통령을 선출한 것입니다. 그리고 이후에도 시민들은 계속 정치에 관여하려 들었습니다. 이것이 바로 시민 주권 정치고 이해찬은 여기에 김대중·노무현 계승의 길(道)이 있다고 본 것입니다.

민주진보 진영이 차기 대선에서 승리할 수 있는 유일의 길 또한 오직 여기에 있습니다. 최근 박근혜 대세론이 한창입니다. 박근혜가 차기 대통령이 될게 확실하고 이를 막을 방법이 없다는 것입니다. 천만의 말씀입니다. 박근혜가 대통령이 될 가능성은 갈수록 떨어져 가고 있습니다. 예전에 이번 지자체 선거에서 만의 하나 한명숙이 떨어지면 가장 큰 타격은 박근혜가 입게 될 것이라고 말한 바 있습니다. 우리 사회에는 아직도 '여자에겐 절대로 큰일을 맡겨서는 안 된다'는 남존여비 사상이 지대하게 자리잡고 있기 때문입니다. 남자를 욕할 것 없습니다. 여자 중에서 이런 사상에 절어 지내는 수구들 또한 득실득실 거리기 때문입니다. 여자의 적은 여자라는 말이 사라지지 않고 있는 데는 아무런 근거가 없는 것이 절대로 아닙니다.

그 지자체 선거를 치르면서 주위에서 "한명숙은 여자라 안 된다, 나는 여자는 절대 안 찍는다, 한명숙은 돈을 먹어서 안 된다, 나는 부패한 인물은 절대 안 찍는다"라고 말하는 여자들을 숱하게 보았습니다. 그들은 집에서 TV가 보여주는 것만을 보며, 잘못된 과거의 교육 잔재의 잣대로만 판단합니다. 그리고 이것이 단기간에 시정될 가능성은 전혀 없습니다. 오직 죽어야 끝이 나는 것입니다. 수구 여성들은 지난번에 이런 구역질나는 행태를 유감없이 보여 주었습니다. 그런데 이런 그들이 불과 2년 뒤에 자신의 행동과 정면으로 배치되는 선택을 할 수 있을까요. 말로는 할 수 있다고 할지 모릅니다. 그러나 가치체계의 혼란을 결국엔 극복할 길이 없을 것입니다. 한명숙이 여자라 떨어뜨렸는데 박근혜는 여자긴 하지만… 하지만 그 다음의 논리를 절대로 개발해 낼 수 없는 것입니다. 정치에서 논리란 지극히 간단해야 합니다. 진리가 간단해야 하는 이유는 최대한의 사람을 관통해야 하기 때문입니다. 여자는 절대 안 됩니다. 하지만, ‘하’에서부터 사람들은 귀찮아서 절대 들으려 하지 않는 것입니다. 또한 듣더라도 그 이율배반의 부도덕성을 다른 사람들이 용납하지 않을 것입니다. 대표적으로 경기도 선거에서 유시민은 떨어뜨리고, 김상곤은 뽑은 경기 시민들의 이중성을 한번 보도록 하겠습니다.

‘아파트 가격은 올랐으면 좋겠고 세금은 많이 내기 싫다, 그러나 복지는 좋다’ 이 이중성이 바로 그러한 구역질나는 조합으로 나타난 것입니다. 복지의 전제는 분배입니다. 분배의 전제는 조세 선진화입니다. 조세 선진화의 전제는 시장 공정성입니다. 시장 공정성의 전제는 바로 토지 정의입니다. 그런데 토지 정의, 조세 선진화, 분배는 싫은데 복지·부동산 투기는 좋습니다. 따라서 유시민은 버리고 김상곤만 취한 것입니다. 이런 그들이 추가적 경제 복지, 교육 복지의 가치를 창출해 낼 수 있을까요. 그런 그들이 자기 자식의 행복한 미래를 꿈꾸고 교육의 미래상을 논한다는 것 자체가 코미디인 것입니다. 그럼에도 경기도의 교육은 발전해 나갈 것입니다. 언젠가는 자신의 이중성을 스스로가 깨닫게 될 것이고 그렇다면 그것을 적어도 최저치 정도는 은밀하게 교정해 나가려 들 것이기 때문입니다. 결국 박근혜가 대통령이 되려면 ‘이제부터, 즉 박근혜부터 여자에게도 큰일을 맡기자’ 라는 논리의 개발 밖에는 없는데, 그것은 결코 달성될 수 없는 목표인 것입니다. 한명숙을 떨어뜨린 주제이기 때문에 안 되는 것이 아니라, 가치체계 전반이 회생불가능 수준으로 썩어 있기 때문에 안 되는 것입니다.

지금 이해찬은 이러한 썩은 가치체계 전반을 완전히 탈바꿈 시켜내려는 시도를 하고 있습니다. 그는 박근혜를 이길 수 있는 정치 전략을 이야기하지 않습니다. 박근혜 지지층을 능가할 수 있는 세력을 만들자고 이야기 하지도 않습니다.

바로 다음 세대를 이끌어가고 다음 세기를 지배해 나갈 수 있는 가치체계가 중요하다고 말합니다. 사람이 가장 소중하다는 가치를 최우선적으로 인식하는 진보적 사상과 시민을 만들어 내자, 시민 속으로 들어가자, 시민과 함께 행동하자, 그리고 시민이 지도자를 만들고 스스로 지도자가 되는 시민 주권을 실현하자라고 말합니다. 결국 박근혜를 이길 수 있는 해법은 오직 사람, 시민, 국민에게 있다는 것입니다. 그래서 이해찬이 특유의 수줍음을 버리고 용기를 내서 시민들 속으로 뛰어들어가고 있는 것입니다. 그는 예전에 "나는 대통령이 될 생각이 없습니다. 정치적 욕심도 없습니다. 욕심을 부린다고 될 일도 아니며 설사 부린다 한들 국민들이 나 같은 사람을 좋아해 주겠는가"라며 스스로의 한계점을 명확히 그은 적이 있습니다.

유권자들 중 상당수도 "이해찬이 대통령 되면 참 일을 잘할 사람인 것은 맞는데, 대중성이 부족한 게 흠이라 참 안타깝다"라는 말을 자주합니다. 그것을 깰 수 있는 것이 바로 시민 주권 정치의 요체입니다. 국민들이 원하는 것을 목표로 올려놓고 그것을 되도록 만들어가는 과정이 시민 주권의 핵심이란 이야기입니다.

정당이 어느 당이어야만 하고, 거물 정치인의 지지를 얻어 내야 하고, 국회의원, 시민단체, 진보 언론의 세를 최대한 많이 이끌어 내는 자가 대권에 다가서는 것이 아니라 국민적 지지를 가장 많이 받는 자가, 그 순간 정치의 정점으로 올라설 수 있는 정치, 그리고 그 정치인이 시민과 함께 움직이며 호흡할 수 있는 정치, 그 정치가 바로 이해찬이 걸어가고 만들어 가려 하는 최종 목적지라는 이야기입니다. 이해찬이 대통령이 되어야 한다는 이야기를 하고자 하는 것이 절대 아닙니다. 다만 이해찬, 한명숙, 유시민, 이정희, 강기갑 등이 앞으로도 국민과 함께 어우러져 나가야 한다는 말을 하고자 하는 것뿐입니다. 그렇게 될 수 있다면 그 과정에서 박근혜를 이길 수 있는 인물, 전략, 그리고 세력 따위는 자연스럽게 뒤따라오고 만들어질 수 있게 될 것입니다.

투표조차 안 하는 정치, 선거 때만 참여하는 정치, 구도와 인물에만 집착하는 정치, 주종이 뒤바뀐 정치가 아닌 스스로 주인이 되는 유쾌한 정치를 상시적으로 구현해 나가야 합니다. 그것이 삶의 자연스러운 일부가 되고 우리의 생활 그 자체가 될 수 있을 때, 우리는 또 다른 꿈을 만들어 낼 수 있게 될 것입니다. 미래는 나와 여러분, 결국 우리 자신에게 달려 있는 것입니다.

노무현의 초상

노무현 신자유주의론에 대한 단상

1980년대 초 미국 레이건 대통령은 훗날 레이건노믹스(Reaganomics)의 핵심으로 자리잡게 되는 공급경제학(supply side economics)에 기반한 경제 정책을 강력하게 추진하게 됩니다. 신자유주의 노선 경제 정책의 이론 토대인 공급경제학의 핵심은 바로 조세 감면 정책입니다. 이 부분을 잘 기억해 두어야 합니다. 신자유주의 노선의 이론토대는 공급경제학이며, 공급경제학의 핵심은 조세 감면 정책이라는 것을 말입니다.

진보류 일각에서 노무현 정권을 신자유주의자로 몰기 위해 온갖 노력을 다하는데 그러기 위해서는 노무현 대통령이 감세, 복지 축소에 혈안을 부렸다는 증거를 들이대야만 합니다. 그러나 없습니다. 그래서 그들이 그토록 목을 매는 것이 바로 삼성 유착설, FTA 신자유주의론인 것입니다.

한국의 대표적인 신자유주의 집단은 삼성인데 노무현이 그들과 밀착

하였으니 그도 신자유주의자, FTA는 신자유주의 정책의 핵심인데 노무
현이 한미 FTA 추진했으므로 그도 신자유주의자라는 논리지만, 둘 다
사실과 다른 이야기입니다.

신자유주의의 핵심은 조세 감면, 복지 축소입니다. 노무현은 부자, 대
기업 감세를 해준 적이 없었고, 복지는 재정 대비 7~15%에서 28%로
끌어 올렸습니다. 임기 5년 동안 복지비를 100조 원 이상 늘린 것입니
다. 따라서 노무현은 신자유주의자가 아니라 신자유주의 혐오론자인 것
입니다.

그렇다면 레이건이 공급경제학을 신봉한 이유는 뭘까요. 레이건 이전
에 세계 경제를 주름잡았던 경제학자가 바로 케인즈입니다. 이 사람은
총수요경제학의 거두였습니다. 수요 측면과 공공 부분의 역할을 강조했
으며 구체적으로 말하면, 첫째 경제지표들의 총력 관리, 둘째 재정(fiscal
policy)과 통화(monetary policy) 정책의 동원, 셋째 희망 효과, 이 세 가지
에 역점을 둔 것입니다. 간략히 설명하면, 케인즈는 먼저 통계를 잘 관리
하자고 주장했습니다. 예컨대 GDP, 경제성장률, 물가성장률, 산업생산
등을 정기적으로 조사해 관리하자고 주장한 것입니다. 이것이 발전한 것
이 바로 거시경제학입니다. 따라서 케인즈는 거시경제학의 시조라고 할
수 있습니다.

다음으로 케인즈는 재정과 통화 정책을 구사하자고 했습니다. 여기서
케인즈는 재정 정책 우선, 통화주의자들은 통화 정책, 특히 금리 정책 우
선이 아닙니다. 그것도 맞는 이야기일 수 있지만 중요한 것은 바로 인플
레이션입니다. 통화주의자들은 무조건적 재정 정책의 효과에 대해 회의
적이었습니다. 왜냐하면 재정 정책을 해봤자 그것은 한시적인 것이고 그
것이 만약 본질적인 경제의 어려움을 타개해 내지 못한다면 역폭풍에 시
달릴 것이라고 보았기 때문입니다. 그럼 통화주의자들이 통화 정책에는
무조건 호의적이었냐, 그것도 아닙니다. 통화량 확대는 심리적 효과로

이어질 수 있기는 하지만 매번 성공하거나 영구적일 수 없습니다. 본원 통화를 늘려 대출을 자극한다 해도, 신용화폐가 늘어나지 않을 수 있을 뿐더러 한번 늘어난 본원통화를 적기에 회수하지 못하면 역으로 인플레이션의 후폭풍만 얻어맞게 될 확률만 높아지기 때문입니다.

따라서 통화주의자들은 '재량적' 재정 정책과 통화 정책의 남발은 결국 그 정책에 대한 신뢰도 저하, 예상치와 기대치 증가 등을 불러일으켜 성장률은 끌어올리지 못한 채 인플레이션만 높이게 되는 부작용을 가져온다고 주장했습니다. 이것을 두고 '재량정책'의 동태적 비일관성 문제(time inconsistency problem)라고 합니다.

반대로 케인지안들은 통화 팽창이 반드시 물가 상승(인플레이션)으로 연결되는 것은 아니라고 주장했습니다. 이것은 통화 정책의 효용을 긍정한 것도 부정한 것도 아니지만, 경제가 완전고용 상태에 있는 경우와 불완전고용 상태에 있는 경우를 분리해서 바라본 것입니다.

불완전고용 상태 :

통화 팽창 ⇨ 이자율 인하 ⇨ 투자 자극 ⇨ 고용 증가 ⇨ 소득 증가

완전고용 상태 :

통화 팽창 ⇨ 물가 상승 ⇨ 임금 상승 ⇨ 고용 감소 ⇨ 소득 감소

즉, 불완전고용 상태에서만 통화 정책의 효용을 인정한 것입니다. 그리고 불완전고용 상태에서의 통화 정책이 실패하고 경제가 유동성 함정으로 빠져 들어갈 때에는 재정 정책을 함께 구사하라고 충고했습니다. 땅을 그냥 팠다 묻고 건물을 다 부순 뒤 1cm씩 옆으로 옮겨 다시 짓는 무의미한 작업도 경제에 도움이 될 것이라고 했습니다. 그러나 완전고용 상태라면 통화 팽창은 인플레이션으로만 이어진다고 봤습니다. 뿐만 아니라 재정 정책 또한 인플레이션을 유발할 수 있다고 했습니다. 결론적

으로 통화·재정 정책의 가용성은 고용·소득 상황과 밀접한 것이라 본 것입니다.

케인즈가 주창한 정책 효과가 주효한 것이 바로 대공황 시절이고 이후 이 효용은 그가 주도적으로 관여해 만들어 낸 브레턴우즈 체제(세계은행, IMF 신설)가 대 위기를 맞이하는 1970년경까지 이어지게 됩니다. 그러나 그것은 외형적으로 그랬을 뿐입니다.

대공황을 극복한 요인은 케인즈 정책 때문이 아니라 바로 2차대전이었습니다. 다 때려 부수자 수요가 늘고, 그에 따른 기저효과 폭풍이 수십 년 간 이어진 것입니다. 오히려 그 동안 전 세계 주요국들은 갖가지 이유 아래 무차별적 통화 버블 경쟁을 벌였습니다.

경제 규모가 커지자 이를 뒷받침한다는 명목 하에 과도한 화폐 증발이 일어난 것입니다. 화폐 증발과 인플레이션이 유발하는 제일의 효과는 '부의 이전'입니다. 양극화, 빈부 격차를 일킨는 것입니다. 그러자 국가 간 국내 간 빈부 격차가 급증해 속이 썩어 들어가고 고용에 브레이크가 걸리기 시작합니다.

아무리 요란을 떨어도 고용이 창출되지 않았던 것입니다. 그러면서 과잉유동성은 과잉유동성 대로 속을 썩였습니다. 드디어 이 두 가지가 석유라는 발화점을 만나 두 차례 폭발했는데, 그것이 바로 1970년대 전 세계 경제를 경악 속으로 몰아넣은 석유 파동입니다.

석유파동은 경제에 스태그플레이션이라는 악성기전을 만들어 냈습니다. 물가를 잡으려들면 고용이 지나치게 죽고, 고용을 잡으려면 물가가 대폭등하는데, 이를 제어할 방법이 전혀 없었던 것입니다. 더욱이 고용을 잡기 위해 물가를 폭등시켜도 고용은 별반 늘지 않았습니다. 결국 해법은 분배 즉 조세·복지 선진화 밖에는 없었습니다. 그러나 미국은 이 길로 갈 수 없었습니다. 왜냐하면 그것은 대외적으로는 미국이 패권을 내려놓고 유럽을 추종하란 이야기였고, 대내적으로는 부자들이 서민에게 부를 나누어주라는 말이었기 때문입니다. 또한 미국이 조세·복지 선진화로 가게 되면 저 세금을 노린 국제 유동성의 집중으로 인한 금융산업의 우월적 지위 또한 손상을 입을 게 자명했습니다. 따라서 미국은 당시의 위기가 지나친 수요 진작책 남발과 공공 부분의 비대화로 일어난 것이라 규정한 후, 생산 활동을 촉진시키는 데 중점을 둔다는 명분하에 각종 민영화, 규제 완화, 그리고 조세 감면 정책을 남발하게 됩니다. 이것이 공급경제학 경제 정책의 신자유주의 노선인데 여기서 핵심은 바로 조세 감면입니다.

그렇다면 이것이 케인즈의 실패일까요. 케인즈의 실패라기보다는 케인즈 정책 중 취하고 싶은 효용만 취하고 그 부작용 경계는 거부한 위정자들의 실패라고 보는 것이 옳습니다. 케인즈는 약을 줬을 뿐 그 약을 사탕처럼 물고 다니라고 한 적은 없었기 때문입니다. 그런데 약의 오남용으로 인한 폐해를 온통 약 그 자체를 처방해 준 의사에게만 묻는 것은 부당하다는 것입니다. 물론 케인즈에게도 실패가 있었는데 그것은 바로 중앙은행 부분에서 일어난 것이었습니다. 대공황 과정, 그리고 그 직후 전 세계 주요국들은 앞다투어 중앙은행을 설립했습니다.

은행 공황에 의한 금융위기를 방어하기 위해서는 예금보험공사 설립, 중앙은행 설립 등 국가적 기구의 설립이 필요했던 것이었습니다. 그리고 이것은 진보좌파 세력의 핵심 정책이었습니다. 반대로 주요국 보수우파들은 중앙은행 설립에 반대했습니다. 화폐를 시장이 아닌 중앙은행이 가지면 결국엔 재량 정책의 남발로 인한 모럴헤저드 피해가 급증할 것이라는 우려 때문이었습니다. 그러나 대공황에 아무것도 안하면 이상하다는 해괴한 주장에 밀려 결국 진보좌파 진영의 논리대로 중앙은행들이 대거 설립되고 이후 각국 정부는 이 손에 틀어쥔 발권력으로 통화 발행을 남발하게 됩니다.

이것의 부작용 누적이 석유 파동, 스태그플레이션, 일본 부동산 버블 붕괴(스태그디플레이션), 동아시아 외환위기, 서브프라임, PIGS 사태 등으로 연달아 이어지고 있는 것입니다.

여러분들은 통상적으로 민영화에 반대할 것입니다. 동감하는 바지만, '그럼 중앙은행도 당연히 민영화 반대가 옳은 것 아닐까요' 라고 말한다면 그건 결코 그렇지 않습니다. 발권력에 의한 시뇨리지라는 것은 민간은행이 가져야 맞습니다. 대신 책임을 지고 망하게도 해야 합니다. 그래야 모럴헤저드가 사라집니다. 반대로 그것을 정부가 뺏어가게 되면 정부는 세금 징수, 국채 발행 대신 통화 발행을 선호하게 될 것입니다.

그리고 시뇨리지를 뺏어간 대신에 은행을 무조건 보호해 줍니다. 반면 시뇨리지를 뺏긴 은행은 모럴헤저드 운용을 합니다. 그러다 사고가 나면 공적 자금을 투입 받아 혈세로 손실을 보전합니다. 일명 이익의 민영화, 손실의 사회화, 대마불사, 연계불사, 복잡불사 등이 나오게 된 연유가 바로 중앙은행의 탄생이고, 이것의 붐이 일어난 시기가 바로 케인즈가 활동하던 시기였던 것입니다.

전력, 수도, 가스 등에서도 공영화의 폐해는 존재하지만, 민영화의 폐해가 더 심각합니다. 반대로 화폐 분야에서는 공영화의 폐해가 민영화의 폐해를 압도하게 됩니다. 이것은 선진국의 진보좌파 화폐금융론 학자들도 인정하고 있는 사실입니다. 중앙은행의 설립은 결정적 패착이었다는 것입니다. 그래서 지금 EU가 유로화로 진행하고 있는 최종 목표 귀착 지점이 바로 각국 중앙은행에 대한 통제입니다. 그렇다면 민간 은행이 발권력을 쥐고 거대해지면 폐해가 없을까요. 그래서 쪼개라는 것입니다. 메가뱅크를 저지하라는 것입니다. 정부의 특혜를 없애고 규제를 강화하는 작업도 뒷받침되어야 합니다. 민간의 선택도 중요합니다. 사회 · 윤리적 선택으로 은행의 모럴헤저드를 예방해야 하니까요.

그래야 금융위기 도래를 막을 수 있고 중앙은행의 화폐 발행 남발에 따른 빈부 격차를 막아낼 수 있습니다. 중앙은행 폐지의 핵심은 국유화냐 민영화냐로 따져보는 진보, 보수의 구분이 아니라, 바로 화폐 증발, 남발 방어에 따른 '빈부 격차 방어'로 따져보는 진보, 보수의 구분에 있는 것입니다. 한국에는 이러한 담론 형성이 아예 부재합니다. 이러한 담론을 아는 보수우파들은 담론 형성 자체를 막고 있고, 얼치기 진보들은 그저 '국유화 = 지고지선의 선'이라는 공식에만 매몰되어 있기 때문입니다. 자, 이런 내용들의 핵심이 무엇입니까. 신자유주의자라는 경제학적 규정은 빈부 격차를 막아내는 데 관심이 있느냐 없느냐로 나누어지는 것이지, 단순히 어떤 정책의 시행에 있는 것은 아니라는 이야기입니다.

현재 한국에서 가장 큰 빈부 격차를 유발하고 있는 것이 부동산입니다. 그렇다면 부동산 급등을 막아야 하고, 그러려면 과표를 현실화하고 보유세를 강화해야 합니다. 노무현이 그렇게 했습니다. 따라서 노무현은 신자유주의자가 아닙니다.

두 번째로 빈부 격차를 유발하는 것은 환율입니다. 환율이 폭등하면 수출 기업이 달러로 수출해 벌어들이는 원화 환산액이 커지게 됩니다. 이것은 그 자체로 내부의 유동성 증가의 요인이 됩니다. 그럼 여기서 화폐 비율의 증가만큼 부의 이전이 유발되게 됩니다. 예를 들어서 연 수출액이 800억 달러에 달하는 삼성이 지난 2년 반 동안 이렇게 챙긴 금액이 수십조 원이 넘습니다.

반면 노무현 정권에서는 환율을 930원으로 찍어 눌렀습니다. 왜 그랬을까. 이는 환율 폭등으로 인한 재벌 특혜를 막고 환율 폭등으로 인한 1차 빈부 격차, 환율 폭등이 물가 폭등을 유발하며 만들어 내는 2차 빈부 격차, 그 과정에서 중소기업 몰락으로 유발되는 3차 빈부 격차를 저지하기 위해서였습니다. 그런 면에서 다시 한 번 노무현은 신자유주의자가 아닙니다.

당시 이것 때문에 시중에서는 이건희가 '진대제, 홍석현'을 노무현 정권에 내줬는데 얻은 것은 고작 저환율과 부동산 증세뿐이었는다는 우스갯소리까지 있었습니다. 또한 홍석현은 주미대사에서 UN 사무총장을 거쳐 대권을 노리려다 낙마하고 말았습니다. 노무현은 똑같이 고건, 정운찬 등을 낙마시켰습니다. 재목이 아니라고 보았기 때문입니다.

이렇듯 한국적 현실 속에서 신자유주의를 혐오하는 정치인이 있다면 반드시 해야 할 일이 세 가지가 있는데, 그것이 바로 복지 강화, 부동산세제 증액, 그리고 환율 억제입니다. 노무현은 이것을 어려운 환경 속에서 최대한으로 추진했습니다.

따라서 그의 신자유주의자 혐오도는 100점 만점에 100점인 것입니다. 그의 신자유주의자로서의 합격도는 100점 만점에 0점입니다. 따라서 그를 신자유주의자로 몰아야 하는 사람들이 걸고넘어질 것은 삼성과의 유착설 밖에는 없는데, 노무현은 같이 어울린 적은 있어도 준 것은 없으니 이것도 말이 되지 않는 트집에 불과한 것입니다.

대통령이 한 나라의 규모 1위 기업의 인사들과 만나지 못할 이유는 없습니다. 보고서나 건의서를 볼 수도 있습니다. 단순히 그런 것을 가지고 흥분하면서 시비 거는 이들은 애당초 목적이 다른 곳에 있다고 보아야 할 것입니다. 당연히 그 목적이란 정치적 공격을 통한 '반사이익의 취득'일 것입니다.

거꾸로 이명박 정권은 취임하자마자 부자·대기업 감세 130조 원, 대운하 등 건설공사 120조 원을 퍼부었습니다. 무역 규모 4천억 달러 국가의 환율을 단기간에 500원 이상 폭등시켰습니다. 여기서 2년 반 동안 유발된 빈부 격차만 수백조 원이 넘습니다. 그 돈이 서민·중소기업에서 부자·대기업으로 이동된 것입니다. 우리나라 국부가 총 6조 달러 정도 되니까 임기 반 동안 10% 수준의 부의 이전을 일으킨 셈입니다.

그것도 모자라 무차별적으로 국가 부채 증가를 감행하고 있지만, 노무현 정권 때는 민영화 작업을 중단시켰고 국가 부채를 줄일 수 있는 장기 전략 안까지 마련해 임기 끝나는 날까지 인위적 경기부양 없이 시행해 나갔습니다.

결론적으로 노무현 대통령은 어떤 면으로 봐도 신자유주의자라고 할 수 없습니다. 반대로 현 정부는 총수요 경제학자들과 공급 경제학자들의 이론 중 자신들에게 유리한 것만 뽑아 쓰고 있음을 알 수 있습니다. 현 정부는 케인즈의 정책을 구사하는 것도 아니고 공급경제학의 정책을 구사하는 것도 아닙니다. 오로지 부자, 대기업을 위한 것들만 취하고 있습니다. 통화·재정 정책을 남발하고 있고 부자 감세, 복지 축소, 규제 완화도 남발하고 있는 것입니다. 원래 케인지언이나 통화주의자들은 모두 합리적인 사람들입니다.

그리고 각각의 정책들에 대한 부작용에 대해서도 엄중하게 경고를 한 바 있습니다. 그런데 그 약 두 가지를 다 가져다 쓰면서 부작용은 양쪽 모두 겁 없이 무시하고 있는 것입니다. 통계지표의 본질적 개선 대신 단기적 관리, 내일 없는 통화·재정 정책 남발, 언론매체 장악이 정책의 본질인 것입니다.

따라서 현 정권 경제팀은 신자유주의자들도 아니고 케인지언들도 아닙니다. 신자유주의자들을 무조건 좋지 않게 평가하는 분들이 있는데 그들이 그렇게 개념 없는 것만은 아닙니다. 분명 조세 감면이 유발하는 본래의 효용이 있기 때문입니다. 조세 래퍼곡선(Laffer curve, 세수와 세율 사이의 역설적 관계를 나타내는 곡선으로, 세율이 일정 수준(최적조세율)을 넘으면 반대로 세수가 줄어드는 현상이 나타난다)에 따르자면 세율이 올라갈수록 조세 수입이 증가하다 변곡점에 도달하면 역 U자형으로 급강하하게 됩니다.

이 변곡점에서는 분명 일시적이든 중기적이든 간에 감세 정책의 효용이 있을 수 있습니다. 문제는 대개의 신자유주의자들이 원하는 것은 everyday tax reduction이라는 것입니다. 그리고 지금은 감세가 아니라 증세가 필요할 때라는 것도 문제입니다. 그것도 절실하게 말입니다. 언젠가 민주당 쪽 경제학자와 진보진영 쪽 의원이 대화하는 장면이 TV 토론에 잡힌 적이 있습니다.

진보 의원 : "이명박이 어떤 경제 정책을 하자는 것이죠?"
민주당 의원 : "케인즈식 정책을 쓰자는 것이겠죠."
진보 의원 : "이명박은 신자유주의자 아닌가?
민주당 의원 : "지금 급박하니까 다 가져다 쓰겠다는 것이겠죠."

이 대화에서 맞는 구절은 하나도 없습니다. 유일하게 맞는 단어가 바로 '다 가져다' 라는 부분입니다. 현 정부는 지금 전 세계 위기의 근원인 통화 버블, 빈부 격차의 문제 해소는 거부한 채 그것을 유발한 감세, 통화 버블, 빈부 격차 강화 정책만을 모조리 가져다 쓰고 있는 것입니다. 케인즈고 신자유주의고 뭐고 간에 말입니다.

반면 노무현은 신자유주의 정책을 일부 받아들이되 진보적 정책의 극대화로 이 부작용을 막아내고, 성장과 분배의 두 마리 토끼를 다 잡아보자고 나온 것입니다. 그러나 이것도 정확한 표현이 아닙니다.

그는 신자유주의자도 아니지만 노무현 지지 진영의 저런 변호도 사실 틀린 것입니다. 왜냐하면, 노무현은 신자유주의를 끝없이 혐오하고 막아내려 들었을 뿐 신자유주의 정책을 일부 받아들여 성장을 도모하고 진보 분배 정책으로 효용을 극대화하자고 한 적이 없기 때문입니다.

FTA, 이것이 신자유주의 정책의 전형일까요? 노무현은 FTA로 제조업의 해외 기지를 국내로 환류시키려 했습니다. '반도체 등은 관세가 낮지 않나요?' 라고 하는 분도 있겠지만, 관세는 상시 가변할 수 있습니다. 그 나라 정책이 어떻게 변할지는 하느님도 모른다는 이야기입니다. 따라서 FTA는 투자 불안 요인을 제거시키는 효과를 가져 올 수 있습니다. 그것으로 국내 일자리 창출 및 세수 확보를 도모할 수가 있습니다. 이것은 빈부 격차를 약화시킵니다. 그럴 수 있다면 이것은 신자유주의 노선에 반하는 정책이 됩니다.

반대로 FTA가 누구 말대로 이런 효과 없이 의료 민영화, 서비스업 잠식 등으로만 연결된다면 FTA는 신자유주의 노선에 준하는 정책이 됩니다. 이렇듯 FTA는 국내의 정치철학, 가치와 제도 등의 영향을 받는 하위 정책일 뿐 그 자체가 신자유주의의 상징이 될 수는 없습니다. 마치 금리가 진보, 보수의 갈림 잣대가 될 수 없는 것과 마찬가지입니다. 앞서 다른 책에서 이런 차이를 GDP와 GNP의 차이로 말씀 드린 적이 있었습니다.

해외 생산기지가 많은 나라는 FTA 체결 후 생산기지 환류를 하면 손실보다 이익이 커질 가능성이 높습니다. 대표적인 나라가 바로 일본, 한국 등입니다. 반면 생산기지 유치를 많이 한 나라는 FTA 체결 후 손실이 이익보다 커질 가능성이 높습니다. 대표적인 나라가 중국, 아이슬란드 등 입니다. 전자는 'GDP 〈 GNP' 이고, 후자는 'GDP 〉 GNP' 인 것입니다.

예전에 외국인 지인이 이런 말을 한 적이 있습니다. "미친 거 아닌가. 선진국은 고용률 70%, 자영업 비율 10%로 100명 중 63명 꼴로 고용이 되어 있는 반면, 한국은 실질적인 고용률 55%, 자영업 비율 30%로 100명 중 40명이 고용되어 있는 상황이다. 그런데 전자, 조선, 자동차부터 섬유, 완구에 이르기까지 해외로 생산기지가 대거 나가 있는 반면 국내 일자리 창출은 물론 북한과의 경협도 도외시하고 있다. 이게 미친 것이 아니면 뭐란 말인가. 그렇다고 내수 강화, 즉 조세·복지 선진화 작업을 가속화하는 것도 아니고 말이지."

할 말이 없었습니다. 할 말이라고는 "미친 거 맞다. 온 나라가 미쳐 있다"라고 동의하는 것뿐이었습니다. 보수뿐만 아니라 진보류도 미쳐 있습니다. 이들 정치 세력의 주 정치 기반은 삼성·현대 등 재벌기업 정규직이고, 이들은 부동산 상승, 환율 상승 등 빈부 격차 강화의 수혜를 입는 집단입니다. 그런데도 노무현이 양극화 정책한다고 난리를 칩니다. 이것은 마치 부동산 정당 한나라당이 노무현 때문에 부동산 상승했다고 거품 물며 화내는 것처럼 이상한 장면입니다.

상·하위 10% 노동자 간 임금 격차가 4.74배로 전 세계 1위이고, 진보류의 지지계층은 당연히 상위 10%쯤입니다. 그런데도 그들은 단기적으로 양극화의 후유증을 도외시하는 파업을 남발하면서도 하위 10% 임금도 함께 올리라고 주장합니다. 일단 임금 상승을 잠깐만 멈추고 비정규직 문제부터 해결하자고 하면 그것은 거부합니다.

정규직마저 임금이 오르지 않으면 비정규직은 더욱 힘들다는 이른바 적하효과(Trickle Down Effects)를 말하는 것인데, 이것이 바로 신자유주의의 핵심 메커니즘입니다. 그 반대는 중소기업의 독립 경쟁력 강화처럼 종속 탈피를 수반하는 복지 타깃팅 정책 같은 것입니다. 따라서 그들이야말로 어찌보면 신자유주의자들이자 그 노선의 핵심 정책인 양극화 정책의 한솥밥 수혜 계층이기도 한 것입니다.

더욱 어이가 없는 것은 자신들이 투쟁해 월급이 올랐으니 너희 비정규직들도 우리가 도와줄 테니 투쟁하라는 논리입니다. 그들의 월급이 오른 것은 투쟁의 대가가 아닌 재벌들의 농간입니다. 그들의 노동자 상대 전략은 바로 양극화와 이를 통한 분열 전략입니다. 올려달라고 해서 무릎 꿇고 올려준 것이 아니라 선별 전략에 따라 올려준 것이라는 이야기입니다.

김대중, 노무현도 위협하는 수구 기득권들이 고작 진보류 하나 해결 못해서 임금과 고용을 건드리지 않을까요. 바로 양극화와 분열 전략 때문입니다. 수구들은 진보류의 조직만 건드리고 있지 임금은 건드리지 않고 있습니다. 오히려 조직을 깨면 임금을 더 올려 주겠다고 꼬드기고 있습니다.

그리고 실제로 대다수가 백기투항하고 있습니다. 그럴수록 그들의 명분은 더욱 사라져 갑니다. 진보를 주창할 명목, 비정규직을 위한다는 구호를 주창할 명목이 사라지게 되는 것입니다. 약자로부터의 부의 이전과 그 약자를 위한다는 도덕적 기쁨을 함께 누리고 싶은 진보류 입장에서는 난감한 일일 것입니다. 그래서 그들은 더욱 김대중, 노무현을 신자유주의로 몰아가는 데 혈안인 것입니다. 그래야만 자신들의 위선과 기만이 드러나지 않을 수 있기 때문입니다.

그럼에도 유감스럽지만 그들의 지지율은 항상 제자리입니다. 오로지 정규직 노동자 중 열혈 계층만큼만 나옵니다. 국민들이 속아 넘어가지 않고 있다는 반증입니다. 그들이 조만간 자멸하게 될 것의 암시입니다. 진보류들은 현재로서 이익단체이지 정당이 아닙니다. 그럼에도 그들이 외연 확장을 도모하려는 이유는 한나라당이 부자, 대기업 정당임에도 40%의 기본 지지율을 가지고 있는 것을 지향하기 위해서일 것입니다.

그러나 한나라당의 기본 지지율은 부자 환상에 대한 추종 심리보다도 경상도라는 지역 기반에서 나오고 있는 측면이 더 강합니다. 따라서 진보류의 외연 확대는 오직 정규직 확대의 길밖에는 없습니다. 그러나 재벌 등의 전략은 딱 절반 이하에서만큼만 정규직의 길을 열어주겠다는 것입니다. 모두가 정규직화되면 그것은 조세 · 복지 선진화이자, 자신들의 특혜 박탈을 의미하는 것이기 때문입니다. 진보류 또한 마찬가지로 4.74배란 노동자 간 빈부 격차를 조속히 시정할 의사가 없습니다. 겉과 속이 다른 이율배반적인 행동이 지속될 수 없는 이유입니다.

무엇보다 그들에게는 힘이 없습니다. 지금 대한민국을 좌우하고, 양극화를 만들어 낸 것도 수구 기득권들이지 진보류의 투쟁의 성과물은 아니라는 이야기입니다. 단지 그들이 올려낸 성과물은 임금 상승과 노동권 보장이 아니라 바로 일자리 창출 정지, 양극화, 부동산 버블 등에 대한 일부 기여일 뿐입니다. 결국 그들은 진보가 아니라 진보류(類)에 불과한 것입니다. 속으로는 소유와 차별을 추종하면서도 겉으로만 존재와 공존을 외치는 위선자들인 것입니다.

마지막으로 불법과 탈법으로 사유재산, 자유 경쟁, 가격시스템을 훼손시키고 있는 수구들의 실체, 이로 인해 일어나고 있는 독과점과 일자리 창출 시스템 붕괴에 대해서도 바로 볼 수 있어야 합니다. 진보류들은 수구류가 무한 경쟁을 유도하고 있고 노무현도 마찬가지라고 뒤집어씌웁니다. 그러나 수구류가 원하는 것은 무한 경쟁이 아니라 경쟁 제로입니다. 자신들은 경쟁하지 않고 독과점으로 불멸 소득을 올리고 하위 구조만 무한 경쟁시키는 것입니다. 일자리란 원래 경쟁과 성장을 해나가는 역동성에서 창출되는 것이지 기업의 존재로서 창출되는 것이 아닙니다. 진보류들은 바로 이 무한 경쟁에서의 열외를 즐기고 있습니다. 수구류와 한 울타리 안에서 말입니다. 따라서 이 지각판을 일시적으로라도 뒤집지 않고서는 조세·복지 발전을 해나갈 수 없습니다.

일자리 고정은 기업 고정, 기업 고정은 독과점, 독과점은 일자리 창출 마비, 일자리 창출 마비는 세수 확충 불가, 세수 확충 불가는 복지 확충 불가로 이어지기 때문입니다. 진정한 조세·복지 선진화는 시장이 정상화되고 그 속에서의 탈락자가 복지로 보호되는 가운데에서만 가능합니다. 북유럽의 분배는 성장 속에서, 안정은 경쟁 확대 속에서, 조세·복지 선진화는 독과점과 철밥통 동시 철폐 속에서 이루어진 것임을 수구류는 물론이고 진보류 또한 완강하게 거부하고 있습니다. 그 둘은 한통속이며, 한솥밥이며, 동반자이기 때문입니다. 독재와 독과점이 만연한 국가에서는 권위주의가 만연합니다. 지금 진보류도 권위주의적이기 짝이 없습니다. 그리고 그것은 우연이 아닌 것입니다. 지킬 것이 많을수록, 탐욕과 위선에 절어 있을수록 사람은 누구나 독선적으로 변하기 때문입니다.

그리고 그 순간 발전이 멈추고 철학이 실종하게 됩니다. 수구꼴통으로 전락하게 되는 것입니다. 그래서 극좌와 극우는 수구에서 만난다는 말이 나오는 것입니다. 그리고 극우꼴통보다 극좌꼴통을 상대하기가 훨씬 더 어렵습니다. 보수 가면보다 진보 가면을 벗겨내기가 더욱 힘들기 때문입니다.

노무현의 FTA는 옳다

많은 사람들이 경제학을 어려워합니다. 특히나 신자유주의, 한미 FTA 등에 관한 담론을 접할 때 혼란스러워 하는 것 같습니다. 이는 짝퉁진보 얼치기 좌파류의 선동 탓도 큽니다. 이들의 '정치적 제1 목표'는 바로 노무현 세력의 제거에 있습니다. 그리고 이를 위해 동원되어온 어젠다(Agenda)가 '노무현은 진보가 아니다' 라는 주장입니다. 그 담론을 뒷받침하는 논리는 '노무현은 삼성에 부역했고 신자유주의의 핵심인 한미 FTA를 밀어붙여 양극화 심화와 빈부 격차 악화를 초래했으므로 진보가 아니라 되레 진보를 말아먹은 원흉이다' 라는 것입니다.

따라서 무릎 꿇고 사과하라고 합니다. 악의적 선동으로 노무현의 지지도를 떨어뜨려 죽음에 이르게 한 것도 모자라 그의 지지자들이 노무현의 무덤에 침을 뱉은 후 네 발로 진보류들의 다리 밑으로 기어가며 진보를 말아먹은 점에 대해 사과하라고 요구합니다.

그러나 정작 그렇게 말하는 그들은 진보가 아닙니다. 이 땅의 진보계보는 그들이 아니라 바로 '김구 – 김대중 – 노무현' 의 계보입니다.

진보류들은 오직 입으로만 진보를 외칠 뿐 몸으로는 진보를 갉아먹는 진보류에 불과합니다. 진보는 말과 글로 보여 주는 것이 아니라 행동과 결과로 보여 주는 것이기 때문입니다. 그들이 1987년 이후 지난 25년간 노동운동으로 대한민국에 과연 무슨 진보적 성과를 가져왔습니까. 그들이 보여 준 성과는 상·하위 빈부 격차 급증, 부동산 폭등, 일자리 창출정지 및 해외 이탈, 이민자의 급증밖에는 없습니다. 그 진보류들이 입만열면 떠들어대는 것이 "대한민국에서의 진보 척도는 삼성과 싸우느냐 삼성에 부역하느냐. 빈부 격차와 양극화의 원흉이자 신자유주의의 핵심 정책인 한미 FTA에 찬성하느냐 반대하느냐이다. 그런데 노무현은 삼성에 부역했고 한미 FTA의 비단길을 깔아주었으므로 진보의 최대 적이다"라는 것입니다.

앞서 노무현이 삼성에 부역한 적이 없다고 설명했습니다. 삼성이 노무현에게 원했던 것의 핵심은 '고환율 정책, 부자 감세, 복지 축소, 부동산 개발 특혜, 금산 분리 폐지' 의 5가지입니다. 그러나 노무현은 '환율 안정정책, 부자 증세, 복지 증가, 부동산 특혜 중단, 금산 분리 공고화' 등으로 모두 거절했습니다.

여기서 이야기할 신자유주의, 한미 FTA 부분도 마찬가지입니다. 진보류들이 한미 FTA가 신자유주의의 핵심이라고 주장합니다. 그것도 그냥진보류가 아니라 경제학 교수들이 나와서 그렇게 주장합니다. 이는100% 틀린 이야기입니다. 신자유주의의 핵심은 무역 확장 등의 시장자유주의가 아니라 바로 '감세' 입니다. 감세를 하면 정부 지출이 줄고 복지안정망이 축소됩니다. 이 경우 공공부채가 늘어나고 이를 만회하기 위해공공기업이 민영화되고 이 과정에서 공공요금이 올라 서민경제에 부담이 될 수 있습니다.

한미 FTA를 걱정하는 많은 분들이 가장 우려하는 점이 바로 이것입니다. 가뜩이나 처참한 사회안정망 수준에 복지가 더욱 줄고 공공기업이민영화되어 요금까지 폭증하면 대체 어떻게 살라냐는 것입니다. 그리고슬그머니 노무현이 왜 재임 중에 삼성의 주구 노릇을 하면서 서민을 못

잡아먹어 안달이었는지 모르겠다고 뒤집어씌웁니다.

사실과 다른 말입니다. 노무현은 한미 FTA는 추진했지만 증세를 했습니다. 그것도 종부세 등 부자 위주의 증세를 추진했습니다. 그러면서 재정 지출 대비 복지를 7~15%에서 28% 수준으로 끌어올렸습니다. 공공부채도 늘리지 않았습니다. 노무현 시절에 늘어난 부채는 노무현이 늘린 게 아니라 한나라당 때문에 벌어진 1997년 외환위기를 극복하느라 투입된 공적 자금 중 미회수분이 국채로 전환 처리되면서 늘어난 것이지 순수하게 증분된 것이 거의 없습니다. 유일하게 늘어난 부분이 환율을 안정시키는 과정에서 발행된 통화안정증권 부분인데, 이 부분은 부채만큼 자산이 비례해 늘어나는 성격이 있어 순수 부채인 적자국채 발행과는 성격이 판이하게 다른 것입니다. 공공기업도 민영화시키지 않고 완전히 중단시켰습니다. 규제 완화 안하고 공무원 수를 늘렸으며 처우도 꾸준하게 개선시켰습니다. 공공요금 또한 최대한 안정시켰습니다.

자, 이것이 신자유주의 정책일까요. 감세로부터 시작되는 양극화, 빈부 격차 증가 메커니즘이 작동되었습니까. 정작 문제는 진보류들 때문에 일어났습니다. 그들이 노동운동 하는 와중에 노동자 간 상·하위 임금 격차가 5배를 넘어 세계 최고 수준이 되었습니다. 대기업은 이에 맞서 정규직을 뽑지 않고 비정규직을 활용했습니다. 비정규직을 쓰던 하청업체에는 외국인 노동자를 쓰도록 했습니다. 한줌 대기업 노조는 이렇게 차이 나게 받은 돈으로 아파트 투기를 했습니다. 임금 격차에 이어 자산 격차까지 벌어지며 양극화는 더욱 극심해졌습니다.

이것이 노무현의 책임일까요? 이것은 수구류와 진보류들의 책임입니다. 그런데 그들끼리 치고받고, 그들끼리 나눠먹고, 그들끼리 APT 짓고 분양 받아 차익 챙기는 등 그들만의 잔치를 벌이면서 그 양극화의 산물만 고스란히 노무현과 그를 지지하는 서민들에게 뒤집어씌웠습니다.

노무현이 지은 죄라고는 예전처럼 재벌들에게 특혜 안 주고, 숨겨진 부실 스스로의 힘으로 정리하도록 하고, 그러면서 조세·복지 선진화 하려든 죄밖에는 없습니다. 그리고 딱 하나, 강성 노조와 재벌 간의 갈등 와중에 해외 방방곡곡으로 빠져나간 공장들을 한국으로 다시 되불러 들이기 위해 관세를 없애는 무역협정에 나선 것뿐입니다.

노무현 FTA의 주 목적 중 하나는 국내 생산량보다 더 늘어난 해외 생산량을 보이는 자동차 부문, 특히 미국 진출 공장을 되돌리기 위한 것이었습니다. 이것이 무엇이 잘못된 것인지 이것을 잘 아는 진보류들은 독소조항들만 들고 나와 노무현이 매국 짓을 한다며 규탄했습니다.

정작 진보류들이 보여 줘야 할 성의인 비정규직 차별 철폐, APT 보유세 2% 이상 부과, 고환율 저지 등의 행동에는 나서지 않고 있습니다. 다만 상위 노동자들의 이해관계를 비교적 덜 침해하는 4대강 반대, 금산분리 유지 주장 등에만 전력을 기울이고 있습니다. 늘어난 상·하위 노동자 간 소득 격차, 고소득 부부와 저소득 부부 간 소득 격차, 아파트 급등으로 인한 자산 격차 등은 놔둔 채 무조건 2% 부자만 쥐어짜자고 선동하고 있습니다.

그게 틀린 말은 아니나 그것만으로 해결될 수 있는 경제 상황이 아닙니다. 그래서 노무현이 FTA 추진, 노인연금, 종부세, 해외 진출 공장 회귀 등 수많은 복합적인 처방을 고려했던 것입니다. 그런데 그것이 무슨 신자유주의 정책이고, 양극화 조장, 빈부 격차 조장 정책이라는 말인지, 외환보유고를 계속 늘리고, 금융 관련 규제를 강화하고, LTV, DTI 등 대출 규제를 만들어 내고, 세금을 늘리고, 정부 지출을 증가시키고, 부채를 줄이고, 복지제도를 확대해 나갔는데, 이것이 무슨 사회불안 조장 정책이라는 말인지 모르겠습니다.

반대로 이명박 정권의 FTA는 전혀 다릅니다. 개중에 FTA는 무조건

악이므로 노무현의 FTA와 이명박의 FTA는 같다고 주장하는 사람들이 있습니다. 앞서 감세로 출발해 양극화로 귀결되는 신자유주의의 메커니즘을 설명했습니다.

이명박 정권처럼 감세, 복지 축소, 고환율, 금융 규제 완화, 부동산 버블 조성, 공공기업 민영화, 국가 부채 증가와 한미 FTA를 함께 추진하면 서민경제가 초토화됩니다. 특히 하위계층으로 내려갈수록 더더욱 그렇습니다. 뿐만 아니라 한미 FTA의 주 목적 중 하나였던 해외 대기업 생산기지의 국내 회귀 및 해외 중소기업 생산기지의 북한 유도 등이 없다면 한미 FTA의 추진은 더더욱 무의미해집니다. 따라서 그런 이명박 정권의 FTA와 노무현 정권의 FTA는 절대로 같을 수가 없습니다.

FTA는 관세무역협정의 일종으로서 그 자체가 결과적으로 고용 및 복지 증가에 기여한다면 신자유주의가 상징하는 빈부 격차 및 양극화에 반하는 정책이 되는 것이고, 결과적으로 고용 및 복지 감소에 기여한다면, 신자유주의에 준하는 정책이 되는, 미래를 알 수 없는 하나의 '하위 정책'에 불과할 뿐이라는 이야기인 것입니다.

그럼에도 이것을 잘 아는 진보류들이 무조건 '노무현이 진보를 말아먹었다', '한미 FTA 같은 신자유주의 정책을 펼치면 서민들 모두가 끝장난다', '아파트 베란다나 다리 위에서 줄줄이 뛰어내려야 할 것'이라고 독설을 퍼붓는 이유는 서두에 언급했듯이 노무현이라는 정통 진보세력을 제거하지 않고서는 진보류의 앞날이 보장되지 않기 때문일 것입니다.

또 하나 이유는 귀족노조에 대한 불화살이 날아오는 것을 막아낼 수 없기 때문입니다. 양극화, 빈부 격차 증가, 비정규직 증가, 아파트 버블, 일자리 창출 정지, 청년 실업, 일자리 해외 이탈 등에 짝퉁 진보와 얼치기 좌파들이 크게 방조했는데, 그런 정치적 불만을 노무현 세력에게 모두 뒤집어씌우지 않았다간 국민의 분노로 자기들이 불리해지게 생겼기 때문에 그 방법밖에는 없는 것입니다.

요새 일부 재벌의 정규직 노조가 비정규직 노조들의 "형님들, 같이 먹고 살아요"라는 구호에 몸서리를 치고 있다고 합니다. 솔직히 화장실, 주차장, 식당도 같이 쓰기 싫은 비정규직 노동자들이 '같이 먹고 살자'니 온몸에 소름이 돋을 것입니다. 따라서 할 말은 "니들이 노무현이 싸질러 놓은 xx 때문에 고생이 많구나"란 헛소리밖에는 없는 것입니다.

요약하면 독일, 스웨덴, 네덜란드 같은 서유럽, 북유럽 국가들의 복지는 경쟁과 복지 확대를 동시에 해나가는 역동성 위에서 창출된 것이지, 무역 확장 중단, 경쟁 제로 같은 철밥통 위에서만 창출된 것이 아닙니다. 일자리 고정은 기업 고정, 기업 고정은 독과점, 독과점은 세수 확충 불가, 세수 확충 불가는 복지 창출 불가로 연결될 뿐입니다. 진정한 조세·복지 선진화는 시장자유주의의 진정한 구가 속에서 실패자가 재기 회를 부여받고, 탈락자가 복지로 보호받는 가운데에서만 가능합니다. 유럽의 분배는 성장 속에서, 안정은 경쟁 확대 속에서, 조세·복지 선진화는 재벌의 독과점과 상위 노동자의 동반 조정 및 양보 속에서 가능했던 것입니다.

따라서 노무현 정권의 FTA와 현 정권의 FTA조차 구분 못하고, FTA와 신자유주의의 개념 정립도 제대로 안 되어 있는 상황 속에서 그저 막연한 논리로만 호도해서는 곤란합니다. 노무현이 삼성에 부역하고 신자유주의 정책의 핵심인 FTA에 빠져 들었던 후과로 지금의 대한민국호(號)가 신음하고 있는 것이 아니라, 수구류들과 진보류들이 손을 맞잡고 노무현을 내몰았던 탓에 현재의 정치 상황이 이렇게 되었다는 말입니다.

해법은 '김구 – 김대중 – 노무현'의 계승으로 이 땅의 진정한 진보의 정치를 계속 구현시켜 나가는 것이지 노무현 계승 세력이 진보를 말아먹은 점을 사과한 후 진보류들과 손을 잡는 것이 아닙니다. 노무현은 이 땅의 진정한 보수이자 진정한 진보였으며, 김구와 김대중의 진보적 정신을 누구보다도 정통 이해하고 적통 계승해 왔던, 이 시대의 최고의 정치인입니다. 그 노무현이 실패한 유일한 지점이라면 바로 수구류들과 진보류들에게 희망을 놓지 않고 그들이 언젠가는 상대방에 대한 근거 없는 모략을 멈추고 대화와 타협으로 대한민국 경제를 다시 손잡고 회생시켜내는 길로 함께 나아갈 것이란 믿음을 내려놓지 않았던 부분일 것입니다.

노무현의 한미 FTA의 취지는 옳았습니다. 그러나 현 정권의 한미 FTA의 취지는 완전히 잘못 되었으며 따라서 최근의 재협상 안은 국회에서 반드시 무산되어야 합니다. 예전에 어리고 철이 없던 어린아이였던 진보류들은 이제 나이가 7살(2004년 첫 원내 진출 이후)이 넘어가 초등학교에 입학할 때가 되었습니다. 이제 좀 성숙해질 나이가 되었다는 이야기입니다. 노무현 때문이 아니라 노무현의 조세·복지 선진화 정신이 이 땅 위에 진정으로 뿌리내리고 대한민국이 사람 사는 국가로 발돋움하는 것을 반드시 달성하기 위해서라도 말입니다.

노무현의 분양 원가 미공개

노무현의 분양 원가 미공개 부분을 이야기하려면 진보류 진영이 좋아하는 박노자 교수라는 논객을 걸고 넘어갈 수밖에 없습니다. 박노자 교수는 한국의 문제점 중 가장 큰 두 가지가 삼성이라는 '문제적 대자본'과 부동산 과열 토건 집중 등 '부동산 마피아'에 의한 착취라고 말합니다. 그런데 노무현은 이를 개혁하기는커녕 개혁할 수도 없는 보수 자유주의 세력의 선봉에 있었으므로, 결과적으로 개혁 시늉만 하다가 한계만 드러낸 채 대한민국을 바로 세워 낼 수 없었다고 주장합니다.

사실과 다른 부분을 언급하기에 앞서, 박노자 교수는 그런 교조 원리주의적인 이야기를 말하기 전에 가까운 부동산 중개업소라도 좀 방문해서 현장 근로자들과 차 한 잔 들어가며 이야기부터 해보았으면 하는 바램입니다.

어떤 분이 얼마 전에 이런 말씀을 한 적이 있습니다. "주택 현장의 전문가들과 이야기를 나눠보니 노무현 정부 시절의 조치가 가장 파격적이고 충격적이었다라고 실토하더라. 지난 60년간 어느 정부가 추진했던 정책보다도 노무현 정부가 추진했던 정책이 그 어느 때보다도 큰 충격과 여운을 남겼다"고 말입니다.

박노자 교수는 이것이 무슨 소리인지 과연 이해를 하고 있을까요. 노무현은 분명 부동산의 '부' 한 자도 건들 수 없는 태생적 보수 자유주의자인데 어떻게 큰 충격과 여운을 줬을까요. 노무현이 도대체 무슨 상황 판단과 그에 따른 진단, 그리고 해법을 내놓았기에 현장에서 그런 경탄을 하는 것일까요.

첫째, 노무현은 대한민국 부동산 자산 보유자의 상위 5%가 전체 부동산의 65%를 점하고 있다는 사실부터 꿰뚫어 보았습니다. 이 부분에서 벌써 '아하! 결국 서민들과는 관계없이 극히 일부 계층의 이익을 위해 그간 대한민국 전체가 휘둘려 온 것이구나' 하는 결론을 내릴 수 있었습니다. 그래서 거래실명제부터 바로 잡았던 것입니다.

김용철의 저서를 보면 이런 문구가 나옵니다. "삼성에서 차명으로 관리된 부동산도 많다. 이런 경우 상속이 발생하면 문제가 생긴다. (퇴직한 삼성 임원인) 노인 명의로 부동산을 관리했는데 갑자기 노인이 죽으면 자식이 해당 부동산에 대해 소유권을 주장하는 일이 생겼다. 이런 경우 삼성이 부동산을 빼앗기는 쪽으로 결론이 날 때가 많았다"

박노자 교수에게 말하지만, 이것이 바로 거래실명제 위반입니다. 다운계약서 작성했다가 장·차관 청문회 때 곤욕을 치렀던 수많은 공직자들도 보셨을 것입니다. 실재 거래 내역을 등기부에 그대로 등재하지 않고 부동산 투기 과정에서 세금을 탈루하기 위해 다운해 거래가격을 작성했던 탈세 행위 역시도 마찬가지로 거래실명제 위반이었습니다.

이것 하나만 바로잡았는데도 벌써부터 부패 재벌, 고위 공직자들은 오금을 저리기 시작했습니다. 이게 과연 박노자 교수 주장대로 보수 세력에 충성하는 보수 자유주의자인 노무현이 감히 할 수 있는 일일까요.

둘째, 노무현은 부동산 보유세 제도를 확실하게 선진화해나가면 된다고 보았습니다. 한국의 명목보유세 수준은 0.2~3% 수준이고, 미국, 유럽, 일본 등은 1.4~3.0%에 달합니다. 따라서 이것만 올리면 하늘이 무너지고 땅이 꺼져도 부동산 버블이나 부동산 특혜는 결단코 일어날 수 없습니다. 다만 하위계층의 고단함을 이해해 상류층부터 중산층으로 단계적으로 내려가는 종부세부터 실시했던 것입니다.

박노자 교수가 진짜 진보라면 종부세만 하지 말고 아파트 1채 가진 중산층도 보유세 2.0% 이상 내게 하라고 주장해야 옳을 것입니다. 그러나 박노자 교수나 진보류들은 그런 주장을 강하게 내놓지 못했습니다. 왜냐, 그들의 주 지지 기반이 아파트 1채 가진 감성적 진보 원리주의자들이기 때문입니다.

불평등을 줄이고 신자유주의 세력을 처단하자고 하면 만세를 부르지만 중산층도 보유세 더 내자고 하면 지지를 거두려들고 나올 게 자명하기 때문에 할 수 없는 것입니다. 따라서 할 수 있는 일이라고는 종부세 칭송이 아닌 "왜 분양 원가 공개 안 하느냐"라는 트집뿐이었던 것입니다. 분양 원가 공개 안 하는 것은 곧 재벌에 부역을 하는 것이요, 결국 재벌의 으뜸은 삼성물산의 삼성이니 삼성에 대한 부역을 위해 노무현이 분양 원가 공개 안 한 것이라는 프로퍼갠더로 치고 나간 것입니다. 그러나 그것은 트집일 뿐입니다. 거래실명제하고 보유세 올리면 아파트 버블은 잡히니까요. 다만 문제는 아파트 버블이 잡히면서 수도권 30평 기준 6,600만

원이면 충분해야 할 아파트 1채 가격이 6억 원을 넘어선 것에 대한 분노의 전가 문제뿐이었습니다.

아파트 버블을 잡는 것이 중요한가, 아니면 그 책임 소재까지 가려내야 옳은 것인가. 노무현은 전자라면 족하다고 본 것입니다. 왜냐하면 외환 위기 직전까지 전 국민이 그럭저럭 누렸던 거품 경제의 수혜자는 전 국민이었기 때문입니다.

이후, 그 거품 붕괴 충격을 국가 부채로 수백조 전가하고, 고용 거부 및 비정규직화, 그리고 외국인 노동자 유입으로 손상된 이익 구조를 재건하고, 카드 대란 및 아파트 버블로 다시 잔량 분식을 제거하는 메커니즘 와중에서 조세·복지 선진화로 도약하기 위해서는 지나친 과거사 투쟁은 별 도움이 안 될 것이라고 보았던 것입니다. 중요한 것은 미래지 과거가 아니니까요. 그래서 노무현이 분양가 원가 공개를 고민했던 것입니다. '부동산 특혜와 버블은 잡되 처단은 하지 말자', '그러기엔 너무 늦었다', '충격과 후유증이 지대할 것이다' 라고 판단했던 것입니다.

삼성 등 재벌의 충격이 아니라 꿈과 희망에 부풀어 평생 모은 돈으로 아파트를 장만해 온 중산층과 성실 서민층의 충격 말입니다. 대신 '부동산 투기하면 패망하게 될 것' 이라는 우회 조언과 함께 분양가 상한제, 공공주택 보급 확대, LTV·DTI 규제, 과표현실화, 건설 회사에 부과되고 있는 100가지가 넘는 분담금을 대폭 줄이고 보유세로 일원화 추진, 금융 유동성의 조절 등의 정책들을 선보였던 것입니다.

박노자 교수의 주장대로 보수자유주의자가 아닌 대한민국의 진정한 애국보수이자 진보좌파였던 노무현은 부동산 버블을 잡을 수 있는 거래 실명제, 종부세부터 시작해 수구 재벌과 소수 부동산 부자, 그리고 이와 연계되어 불로소득을 향유하던 관료, 사법부, 입법부, 언론, 종교계, 시민단체 등의 잘못된 버릇을 바로 세워 낼 수 있는 부동산 대책을 모두 실행했습니다. 다만 분양 원가 공개만 안 했을 뿐입니다. 인지부조화에서 깨어나면서 대한민국이 겪게 될 정신적 충격을 걱정했고, 또한 민간자산의 83% 가까이가 부동산 자산인 상황에서의 포트폴리오 전환 과정시의 충격 완화를 염두에 두었기 때문입니다.

박노자 교수의 말대로 노무현이 보수자유주의자였기 때문에 삼성에 충성할 수밖에 없는 내재적 한계를 가지고 있었기 때문이 아니라는 말입니다. 오히려 그런 그에게 쓸데없는 모략이 아닌 아파트 보유세 2.0% 운동이나 펼치기를 권고하고 싶습니다. 노무현이 토건자본에 충성해서 나라가 망했다란 선전선동 대신에 말입니다.

경제 정책을 평가할 때 가장 중요한 것은 그것의 선택이 그 순간에 과연 올바른 결정이었느냐 하는 역사적 가치판단입니다. 그렇지 않고 단순하게 단기적인 결과로서만 가려낼 수 있는 문제가 아닙니다.

경제 정책, 특히 효용 파급에 장시간의 시간을 필요로 하는 부동산 정책의 경우는 더욱 그렇습니다. 따라서 효율적인 대책에 화들짝 놀라 시장이 일시적으로 반발 상승한 것에만 포커스를 맞춘 채 비판하는 태도는 학자로서의 양식에 부합하는 것이 아닐 것입니다. 부동산 정책을 비판하기 위해서는 수많은 대한민국의 추악한 이면 요소들을 들추어내야만 합니다. 거의 모든 정치, 경제, 사회적인 문제들을 다뤄야내야 할 그런 문제 취급에 있어서 가장 중요한 것은 과연 부끄럽지 않게 임했느냐 하는 자세일 것입니다. 노무현은 그런 면에서 볼 때 임기 5년 내내 단 한 치의 부끄러움도 없이 최선의 노력을 다했다라는 생각입니다.

노무현의 유산 1

하로동선 시절 中 노무현
출처 : 노무현 재단

"가끔 황량한 벌판에 홀로 외롭게 버려져 있는 느낌이
들 때가 있다. 내가 얼마나 무섭고 냉혹한 세계에 몸담고 있는가를 뼈저
리게 느끼게 되는 그런 순간들.

아내는 대체로 내가 하는 일이 옳다는 점을 인정하는 것 같다. 특히
1990년 3당 합당을 반대할 때 그랬다. 그렇지만 내가 한국 정치에 꼭 필
요한 사람이라고는 아직 생각하지 않는 것 같다. 내가 정치를 하거나 말
거나 한국 정치가 달라질 것이 없는데, 왜 그 고생을 하느냐는 것이다. 아
직도 나와 한참을 더 싸워야 할 것 같다.

여보 나 좀 도와줘! 나는 꿈이 있어!! 나는 꼭 그 꿈을 실현하고 싶어.
정치를 하려면 미쳐야 된대. 여보, 양숙씨! 우리 같이 한번 미쳐보자 응?"

미친 꿈이란 무엇일까요.

한나라당 입장에서 보면 대통령이 부당한 권력을 행사하지 않는 것이
그런 것일 수 있고 지역주의를 타파하자는 것일 수도 있습니다. 생전 노
대통령의 정치 역정은 적어도 이런 것들에 대한 정면도전의 연속이었습
니다. 그들이 그토록 거부했던 '노무현' 의 키워드는 이제는 이런 것들이
미친 짓으로 치부되도록 한국 정치를 발전시켜 달라는 것에 있었을 겁니
다. 그러나 그들은 거부했죠…….

어느 어린이날을 맞아 노 대통령이 이런 말을 한 적이 있습니다.

"꿈이 있었는데 꿈보다 조금 높게 되어 버렸다."

노 대통령은 나의 꿈은 사실 정치에 있지 않았고, 수도 없이 정치를 그만두리라 마음먹었었는데 어쩌다 보니 계속 끌려 들어가 헤어 나오지 못하게 되었다고 솔직하게 이야기 한 적이 여러 번 있었습니다. 바로 그랬기에 그는 목표했던 것보다 조금 더 높은 것을 이뤄낼 수 있었을지도 모릅니다. 배지를 달았으나 그 배지를 욕심내지 않았고, 대통령의 자리에 올랐으나 그 자리를 탐욕하지 않았습니다. 그는 살아생전 그 자리들이 어떻게 해야 국민의 의사대로 움직이도록 시스템화될 수 있는가만을 고민했었고, 아마 지금도 하늘에서 그것을 고민하고 있을 것입니다.

출처 : 노무현 재단

지금 미친 꿈을 꾸는 사람은 누구일까요.

누군가는 4년 혹은 5년간 어느 정치인의 개 줄에 묶여 살 것인가 하는 선택만을 편하게 고민하지 말고 상처받고 아픔도 겪으며 당당히 참여해 주권을 행사하라고 국민에게 거침없이 요구한 바 있습니다. 인터넷 속에서 속칭 먹고사니즘을 훼방하지 않는 범위 내에서의 자발적 참여 세력이 증대하고 있는 것은 이러한 시대적 주문에 대한 화답일 수 있습니다.

대통령은 국민의 지시에 따라, 국회의원들은 당원의 지시에 따라 정치하고 각 정당들은 국가와 국민을 위한 정책만을 입법해 나아가는 것. 보수는 조금 더 가깝게, 진보는 그보다 조금 더 멀리 볼 수도 있겠지만 그러한 시차의 차이 이외에는 하나의 목적으로만 균일 되는 정치를 말입니다. 그런데 이런 바람들이 또 다시 미친 꿈으로 치부되어 가고 있습니다.

한나라당은 제왕 정치, 지역주의를 포기 못하겠다고 합니다. 자유선진당 등도 보스 정치는 몰라도 지역주의는 버리지 못하겠다고 합니다. 차라리 민주주의 아예 못하겠다고 버티는 한나라당이 솔직할지도 모르겠습니다. 권력을 국민에게 쥐어주면 나라가 하루도 조용할 날이 없다는 것이 증명됐다고 그들은 대놓고 이야기하고 있으니까요. 상위 2%가 부와 권력을 장악한 나라에서 어느 것이 정상일는지는 알아서들 판단하겠지요.

그에 반해 민주당의 정체성은 도대체 뭔지 의문입니다. 한나라당은 총론, 각론 모두 민주주의 못하겠다고 선언한 집단인데 반해 민주당은 총론에서는 하겠는데 각론으로 들어가면 못하겠다고 버티는 집단으로 보이기 때문입니다.

노무현 대통령이 생전에 결혼식 축사에서 즐겨 사용하던 표현이 있습니다. "너무 큰 기와집을 짓지 마십시오! 그렇다고 불안해 하지도 마십시오. 30년쯤 지난 선배로서 제게 결혼이 뭐냐고 묻는다면 그냥 '신비'하다고 말하고 싶습니다."

언젠가 저 말이 과연 무슨 의미일까 한참을 생각해 본 적이 있는데, 현 시점에 딱 적합한 말인 듯싶습니다. 소신과 신념은 언제나 시련의 시간을 요구하기 마련입니다. 그러나 그 시련 속에서도 희망과 열정의 끈을 놓지 않는다면 언젠가 사랑과 다시 조우하게 되어 있습니다.

최근 노무현에 대한 국민적 사랑이 다시 커지고 있습니다. 그것은 그가 대통령 재임 시절 임기 내내 자신의 소신과 신념에서 벗어난 정치적 행위를 하지 않았기 때문일 것입니다. 대가로 그는 5년 내내 거친 시련에 시달렸습니다만 그 시련 속에서도 국민에 대한 희망과 내일에 대한 뜨거운 열정을 놓지 않았기에 결국 반전되고 있는 것입니다. 그러나 바닥으로 내려갔다 다시 원점으로 되돌려지고 있는 것처럼 보이는 그 국민적 사랑의 실체는 실상 우리 마음 속 깊은 곳에 언제나 존재하고 있었던 것일 뿐인지도 모릅니다.

정치도 인생과 마찬가지로 희망과 열정의 끈만 놓지 않는다면 사랑과 지지는 결국 다시 돌아오며, 그것은 회귀하는 것이 아니라 항상 존재하고 있는 것이었음을 결국 깨닫게 되는 것입니다.

노무현은 2%의 수구 기득권 때문에 임기 내내 미친놈 소리를 들어야만 했습니다. 그러나 98%의 국민을 바라보고 묵묵히 이겨냈습니다. 그의 임기는 끝이 났고 정반대 극단에 서 있는 인물이 대통령으로 당선되었습니다.

그 다음 대통령은 누가 되어야 할까요? 아무도 알 수는 없습니다. 다만 분명한 것은 국가의 운영권을 진정으로 국민에게 돌려줄 수 있는 개혁의 적임자가 다시 전면에 나서야만 한다는 것입니다. 그런 인물이라면 지금쯤 동료 의원들 또는 수구 기득권들에게 미친놈 소리를 듣고 있을지도 모르지요. 아니 그렇게 확실합니다. 그러나 그 정도 시련쯤은 능히 이겨내며 국민들에게 선물을 안겨줄 수 있는 정치인이 분명 어딘가에는 존재하고 있을 거라 기대합니다. 만약 그러한 정치인이 대선에 출마한다면 그는 분명 생전 노무현 대통령처럼 어느 어린이날에 아이들을 청와대에 불러놓고 "꿈이 있었는데 그 꿈보다 조금 높게 되어 버렸다"라는 말을 할 수 있게 될지도 모릅니다. 지금 변화를 열망하고 있는 국민적 에너지는 그토록 거대한 것입니다.

그 거대한 국민적 에너지를 어디로 모아 내야 할까요. 현재로선 이명박 대통령 다음으로 박근혜가 대통령이 될 확률이 높아 보입니다. 그녀는 이명박만큼이나, 아니 그 이상의 배금주의자입니다. '돈을 최고의 가치로 여기고 숭배하며 오로지 돈 모으기를 국가와 국민의 목적으로 지향하는' 배금주의 말입니다. 그들은 선전합니다. "지금 우리의 문제는 오직 돈이 없는 것이다. 따라서 수단과 방법을 가리지 않고 부패해도 좋으니 돈을 모아야 한다. 그러면 누구나가 부자가 될 수 있고 행복해질 수 있다"라고 말입니다. 그러나 이것은 거짓에 불과합니다.

지난 세월 전 세계는 오로지 통화 버블에 의한 힘으로 부국이 빈국을, 부자가 서민을, 대기업이 중소기업을, 도시가 농촌을 착취하는 식으로만 성장해 왔습니다. 이 수법의 특징은 오로지 하나입니다. 모든 사람을 돈만 아는 배금주의자로 전락시키고, 이를 위해 그들 머릿속에서 철학적 사상을 말끔히 지워버리는 것입니다. 이 과정을 통해 투기꾼으로 전락한 사람들은 수구들이 만들어 놓은 거대한 투기판 위에서 아무 생각 없이 서로가 가진 것을 뺏기 위해 처절한 이전투구만을 벌이며 살아가게 됩니다. 이 과정에서 인간의 존엄성이나 인간다움은 심각하게 훼손되어 버렸습니다. 그 결과 이제 누구도 거의 모든 사람이 투기꾼으로 전락한 매트릭스 같은 현실을 지적하려 들지 않는 처참한 세상이 되어 버린 것입니다.

설사 지적하고 싶어도 지적할 수 없게 되었습니다. 왜냐하면 철학적 빈곤에 빠져 버렸기 때문입니다. 하여 고민 끝에 일부에 의해 '너희들은 부패한 투기꾼 놈들'이라는 인신공격만이 동원되고 있습니다. 그러나 이것은 생각 없는 감정적 대응입니다. 이러한 철학 없는 비판은 이내 한계에 부딪혀 버리게 됩니다.

국민으로부터 이내 '그래서 어쩌란 말이냐? 나만 손을 놓고 뒤쳐지란 말이냐. 아니면 머리 깎고 중이라도 되라는 말이냐?' 라는 볼멘소리를 듣게 됩니다.

한쪽에서 수구 기득권들은 '좋아, 그런 너희들은 털어서 먼지 안 나오나 보자. 만약 먼지가 한 올이라도 나오면 죽여주마' 라며 표독하게 이를 박박 갈아댑니다. 이것은 생각 없는 감정적 대응이 아닙니다. 지난 수천 년간 배금주의를 역사적으로 유지시켜온 그들 나름의 지고지순한 삶의 방정식이기 때문입니다. 그렇다면 이에 대응하는 수천 년간의 대응이 있었을 것입니다. 그것이 바로 인본주의입니다. 우리는 지금 감정적 대응이 아닌 바로 그것을 꺼내 들어야만 하는 것입니다. 인본주의를 역사적으로 말하면 여러 가지 이야기를 할 수 있겠지만 지금 이 순간 필요한 것으로 대체하라고 한다면 오직 하나 '조세·복지 선진화' 라고 말하고 싶습니다. 왜 지금 이 순간 휴머니즘이 곧 '조세·복지 선진화일까요.

조세·복지 선진화는 나만 손을 놓고 뒤쳐지란 말이냐는 국민적 두려움도 없애 줄 수 있고, 너희는 털어서 먼지 안 나오나 보자라는 국가적 폭력도 없애 줄 수 있고, 무엇을 위해서 어떻게 고민해가며 살아가야 하는 것인가라는 철학적 빈곤으로부터의 탈피도 이끌어내 줄 수 있기 때문입니다. 무엇보다도 오로지 투기판으로 전락한 작금의 자본주의와 시장경제를 정상적으로 되돌릴 수 있는 '유일의 길' 이기도 합니다.

'보이지 않는 손의 작용', 그것은 시장경제의 효율성을 설명하는 미시이론의 핵심 화두입니다. '경기가 어려워지면 무지막지하게 돈을 찍고 국채를 찍어 시장에 퍼부어라' 가 최근까지 거시이론의 만병통치약처럼 남발되어 왔습니다. 그러나 이것들은 다 지속 불가능한 이야기일 뿐입니다.

공정성이 부재된 효율성, 내일의 기약이 없는 오늘만을 위한 정책, 이런 발전적이기는커녕 후퇴적이고, 정확한 사용을 통한 구제가 아닌 오용과 남용을 통한 면피적 수법으로는 경제 발전을 통해 사람들의 행복을 도모해 낼 수 없을 뿐더러 오로지 부패하고 삭막한 결과만이 초래될 뿐이기 때문입니다. 조세·복지 선진화는 바로 이런 사막화된 정글 자본주의와 카지노 시장경제를 향한 오아시스와도 같은 도구인 것입니다.

노무현의 유산은 바로 모든 국민이 이런 꿈을 꾸어달라는 것입니다.

어찌 보면 꿈도 아닌 당연한 것이 미친 꿈으로 치부되는 정신 나간 세상을 '원칙과 상식'이 바로 서는 세상으로 되돌리고 그 세상 위에 사람들의 소박한 꿈이 바로 설 수 있는 '사람 사는 세상'을 만들어 달라는 것입니다. 그래서 그는 부엉이바위 아래로 초연히 몸을 던진 것입니다. 노무현을 죽인 것은 누구입니까. '투기판 속에서 나만 손을 놓고 뒤쳐지란 말이냐'라고 말했던 국민입니다. '너희는 털어서 먼지 안 나오나 보자'라고 말했던 수구 기득권들입니다. 노무현 살해의 공범은 바로 철학 없이 세상을 살아가던 우리 모두였던 것입니다.

그 죄를 씻는 길은 노무현의 유산을 이어받아 우리 모두가 또다시 미친 꿈을 꾸는 것입니다. 미친 꿈을 꾸는 정치인을 밀어올리는 것만이 아니라 우리 모두가 미친 꿈을 꾸어 그 미친 꿈을 꿈, 그리고 꿈이 아닌 우리 삶속의 자연스런 현실의 일부로 되돌리는 것입니다. 그럼 사람 사는 세상이 기적적으로 활짝 열리게 될 수 있을 것이라 믿습니다. 지금 이 순간 여러분에게 나지막하게 묻고 싶습니다.

"또 다시 미칠 준비가 되었는가."

그 질문에 우리가 자신 있게 답할 수 있다면 훗날 어느 어린이날을 맞아 자식들에게 "꿈이 있었는데 그 꿈보다 조금 높게 되어 버렸다"라는 말을 인생의 황혼에서 말할 수 있게 될 날이 도래하게 될 것입니다.

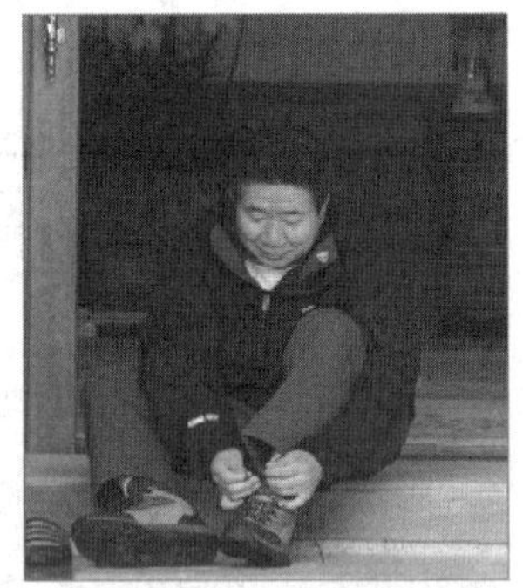

출처 : 노무현 재단

노무현의 유산 2

노제
출처 : 노무현 재단

어린 시절 어머니는 제게 늘 자비로운 분이었습니다. 옛날에는 서울에도 어느 집에나 벌레가 많았습니다. 귀뚜라미, 집게벌레, 쥐며느리, 거미, 돈벌레 등. 그러나 어머니는 한 번도 그것을 죽인 적이 없었습니다. 마당을 걸어가다 흙 위를 걸어가는 벌레를 발견하면 피해서 걸어가셨고 집안에 들어오면 빗자루로 쓰레받기에 곱게 쓸어 받아 바깥에다 놓아주셨습니다. 난 그게 답답해 견딜 수가 없었습니다. 심지어 어머니가 바보같이 보이기까지 했습니다.

"어머니 그렇게 놓아주면 다시 방안으로 들어올 텐데 그냥 죽여 버려요."

"생명이 있는 것은 그 어느 것이든 절대로 함부로 죽여선 안 된단다. 지들도 얼마나 살고 싶겠니."

어머니의 이해할 수 없는 행동은 그것뿐만이 아니었습니다. 오래 전에는 밥을 하루에 세 번 배부르게 먹을 수 있는 집이 그다지 많지 않았습니다. 나 역시 아침에 눈을 뜨자마자 늘 배가 고팠지만 배부르게 먹을 수 있는 날은 흔하지 않았습니다.

어머니는 아버지의 밥그릇에 언제나 먼저 밥을 한가득 꾹꾹 눌러서 주셨고 자식들에게는 남은 밥을 나누어 담아주셨습니다. 어쩌다가 아버지가 밥을 남긴 날은 조금 더 먹을 수 있었는데, 그런 날은 흔치 않았습니다. 아버지는 언제나 밥을 한 톨도 남기지 않고 다 드셨기 때문입니다. 그런 아버지가 어쩌다 밥을 남기는 날은 바쁜 날이어서 빨리 출근해야 하는 날뿐이었습니다. 그럴 때면 나는 마치 큰 행운을 얻은 것처럼 기뻐하면서 그 남은 밥을 앞으로 가져다 놓고 재빨리 먹어치우곤 했습니다. 그때 어머니는 아버지와 자식들에게 퍼주고 남은 밥과 누룽지를 섞어서 맨 마지막에 드시곤 했습니다. 따라서 집안 식구 중 가장 배가 고픈 사람은 어머니였을 것입니다. 그런데 그런 어머니는 늘 거지에게 밥을 퍼주셨습니다.

요즘 분들은 잘 모르겠지만 예전에는 집집마다 바가지나 비닐봉지 같은 것을 들고 다니며 밥이나 반찬을 구걸하는 거지가 많았습니다. 거기서 그치지 않고 열린 문으로 살금살금 들어와 부엌으로 가서 몰래 밥과 반찬을 꺼내 먹다 걸리는 일도 흔했습니다. 그때마다 어머니는 모자라는 살림에도 밥과 반찬을 조금이라도 더 나눠주시려고 했던 것입니다. 나는 어린 마음에 어머니가 답답해서 견딜 수 없었습니다.

"어머니 제발 거지에게 밥 주지 마세요. 우리 먹을 것도 모자라잖아요."

"그러지 마렴, 사람은 누구나 존귀하단다. 얼마나 배가 고프면 남의 집에 돌아다니며 저렇게 구걸을 하겠니."

어머니는 거기서 그치지 않고 동네의 가난한 몇 분에게 정기적으로 쌀을 주셨습니다. 예전에는 쌀도 빌렸다 갚는 일이 흔했습니다. 그러나 갚기 벅찬 집이 많았는데 그런 집에는 조금이나마 그냥 가져다 주었던 것입니다. 이것도 아마 이해하기 힘든 분이 많을 것입니다. 식구가 밥을 배불리 먹을 형편도 아닌데 거지에게도 밥을 나눠주고 어려운 이웃에게도 나눠주고, 그럼 밥이 더 모자랄 것 아닌가. 아니 그래서 밥이 모자랐던 거 아닌가. 그러나 예전에는 다 그렇게 살았습니다.

어려우면 어려운대로 형편이 조금 더 나으면 나은 대로 서로 도와가며 살았던 것입니다. 전 그때 어머니에게서 어려운 사람들을 돕는 것은 형편과 무관하게 늘 양립할 수 있어야 한다는 것과 생명과 인간의 존엄성에 대한 존중은 시기와 대상을 망라해 보편적으로 관통해야 할 가치임을 배울 수 있었습니다. 한때는 어린마음에 한없이 바보같이 보였던 어머니가 커가면서 한없이 그립고 정겨워진 이유가 바로 그것이었습니다.

2009년 5월 23일 노무현 대통령이 죽었습니다. 그 사실을 알았던 것은 잠을 자다가 쉴 새 없이 울려대는 휴대폰 문자 메시지를 통해서였습니다. 그러나 자리에서 일어나지 않았습니다. 전날 과음을 해서 일어나기 힘든 상황이었지만 고작 그것 때문에 일어나지 않은 것은 아니었습니다. 제게 그런 문자를 보낸 사람들은 그런 것 가지고 허언을 할 사람이 아니었기 때문입니다. 따라서 TV를 켜고 확인을 해본들 무슨 의미가 있었겠습니까. 할 수 있는 일이라곤 그저 자리에 누워 지그시 눈을 감고 노무현이 그럴 수밖에 없었던 이유를 되새겨 보는 것뿐이었습니다.

그가 부엉이바위 아래로 몸을 던진 이유는 그가 죽어주길 원하는 사람들이 너무 많았기 때문이고, 그가 죽음으로써 지켜주고 싶은 것들이 많았기 때문입니다. 언론, 재벌들은 너 나 할 것 없이 노무현이 죽어 사라지길 바랐습니다. 언론이 정권으로부터 반대급부를 얻는 대신 사실 정보를 차단하고, 사정기관이 정권의 입맛대로 칼을 휘둘러 가며 실체적 진실을 난도질해 주는 대신 권력을 구가하고, 재벌이 기여하는 바 이상으로 늘 얻어가려 하는 행태를 노무현이 용납하지 않았기 때문입니다.

따라서 국민에게 그 대가를 분명히 보여 줄 필요가 있었고 대가로 원하는 것이 바로 전직 대통령의 목숨이었던 것입니다. 노무현은 이것을 분명히 알고 있었기에, 측근 가족 자신을 거쳐 김대중에게로도 끝없이 이어질 것을 알고 있었기에, 피할 방법이 없다는 것을 알고 있었기에, 자신의 몸을 부엉이바위 아래로 던졌던 것입니다.

그는 그렇게 바보였습니다. 재임 중에도 그는 대통령으로서의 권력을 휘둘러 그냥 지시하면 될 것을 그러지 않고 평검사와 토론을 하고, 신문에 중재신청을 하고, 선관위에 자문을 요청했습니다.

대통령이란 옥상옥의 지시를 받아 국민을 깔아뭉개던 권력기관들은 당황했습니다. 노무현이 자신들을 자꾸만 국민 아래로 내려놓으려 했기 때문입니다. 사람이 아닌 절차로, 위치가 아닌 법규로, 관례가 아닌 상식 속으로 자신들을 밀어넣으려 들었기 때문입니다.

'복지비 올해까지 30%, 내년까지 40%로 올려', 이렇게 그냥 색연필 들고 쫙 그어버렸어야 했는데, 그냥 앉아서 '이거 몇 프로 올랐어요', '저거 몇 프로 올랐어요' 하며 물어봤으니. 무식하게 할 걸 바보같이 해서.

그는 복지를 국가재정의 7~15%에서 28% 수준까지 끌어 올렸지만, 지시하지 않았습니다. 경제부처에서 예산부처를 따로 떼어낸 뒤 그곳에서 합리적으로 조정해 달라고 '부탁' 했습니다. 덕분에 경제부처는 복지부처를 깔아뭉개고 재벌은 경제부처와 결탁하던 구조가 흔들렸습니다.

보건복지부, 농림부 등 경제부처에 눌려 지내던 힘이 약하던 부처는 신바람이 나서 기획예산처로 달려가 사회적 약자 지원의 당위성을 설명해 가면서 예산을 따냈습니다. 고환율 정책 요구도 먹히지 않았고, 종부세 신설 중단 요청도 먹히지 않았습니다. 환율은 시장이 결정하고, 세금은 부자가 더 많이 내는 상식이 요구되었습니다.

당연히 경제관료들과 이들을 떡값으로 조정하던 재벌은 당황했습니다. 권력으로부터 유리된 수구들의 분노는 도를 더해 갔습니다. 계획된 것이 아닌 이상 노무현이 벌이는 일마다 철저하게 자신들의 앞길을 가로막을 수는 없었다고 보았기에 그들은 노무현의 바보스러움에 위선과 기만, 그리고 치밀한 계산이 도사리고 있다고 확신했습니다.

결국 이런 오해와 분노들이 모여 노무현을 죽음으로 내몬 담론 도출로 연결된 것입니다. 그러나 노무현의 바보스러움, 그 이면에 그런 것은 없었으며, 다만 그의 재임 기간 전반에는 수구들이 부당하게 누리는 특혜와 반칙 때문에 다른 사람의 생명과 인간으로서의 존엄성이 훼손되고 늘 외면 받고 포기되는 상황에 대한 윤리적 성찰이 존재했을 뿐입니다.

외할머니의 임종 때였습니다. 어린 나를 끔찍이 귀여워해 주셨던 분인데 어느 날 자리에 누워 일어나지를 못하게 되셨습니다. 가족과 친척이 모두 모였고 어머니와 나는 할머니 곁에서 잠을 자며 지켰습니다.

어머니는 할머니 곁에서 늘 손발과 얼굴을 어루만지며 가끔씩 실을 코에 가져다대 미세하게 흔들리는 것으로 살아 계신 것을 확인하곤 했습니다.

그러던 어느 날 밤 어머니가 갑자기 잠을 자던 나를 급하게 흔들어 깨웠습니다. 울면서 몹시 떨고 계셨는데 손이 떨려서 확인할 수 없으니 나보고 실을 대보라는 것이었습니다. 실은 더 이상 흔들리지 않았습니다. 잠을 자던 도중 며칠 째 손끝하나 미동 못하던 할머니가 갑자기 어머니의 손을 꽉 움켜잡았고, 그것에 놀라 깬 어머니가 할머니와 누운 채로 한참을 눈을 맞대 응시하다 다시 할머니의 눈이 감겼던 것입니다. 어머니는 장례식 내내 그리고 그 이후에도 틈만 나면 그 찰나의 순간에 '어머니를 사랑한다' 는 말을 못한 것을 뼈저리게 후회한다는 말씀을 하셨습니다. 할머니가 손을 잡는 순간 눈을 떴지만 가위에 눌린 것처럼 몸을 움직일 수가 없었습니다. 그래서 그저 하염없이 눈물만 흘렸다고 합니다. 그런 눈물 흘리는 딸의 모습을 보면서 할머니는 입가에 엷은 미소를 띠며 희미하게 머리를 한 번 끄떡이고는 임종을 하신 것입니다.

노무현 대통령이 서거했을 때 그때를 떠올리며 죽는 순간 '사랑한다' 라는 말을 해줄 수 있는 것도 큰 행복이란 생각을 했었습니다. 어머니가 벌레조차 죽이지 않았던 것도 모두 할머니의 가르침 때문이었습니다.

할머니는 어머니에게 늘 "내가 죽어 미물이 되어 다시 태어날 수도 있으니 살아 있는 것을 함부로 죽이지 마라. 그게 아니라도 생명을 함부로 죽여서는 절대로 안 된다"라는 말씀을 하셨다고 합니다. "어려운 사람들을 외면하지 마라. 쌀 한 톨이라도 나눠 먹으며 살아라. 그리고 절대로 남과 원수 지으며 살지 말라"라는 말씀도 하셨다고 합니다. 어머니는 평생 할머니의 그런 가르침을 소중히 받드는 삶을 사셨습니다.

그것은 논리적인 것도 아니고 과학적인 것도 아닌 것처럼 들릴지 모르지만 적어도 어머니에게는 그런 것을 초월하는 삶의 철학이자 윤리였습니다. 세상을 살아나가기 위해 필요한 합리적인 사고 이전에, 사람 그 자체를 의미 있게 만드는 가치이기도 했습니다.

이런 윤리적 성찰 없이는 훌륭한 삶뿐 아니라 훌륭한 정치 역시 시작될 수조차 없습니다. 노무현을 죽음의 그 마지막 순간까지 고민하게 만들었던 것은 바로 이러한 가치 사이의 고민이었을 것입니다. 그의 눈으로 세상을 바라보면 너무나 큰 고통과 슬픔이 존재합니다. 세상을 사랑하는 그에게 이러한 고통과 슬픔은 크나 큰 분노로 연결되었을 것입니다.

그러나 그 분노를 표출하려 든 순간부터 너무나 많은 척을 지게 됩니다. 노무현은 인생의 말년에 주위의 가까운 사람들에게 "정치 하지 마라. 뒤끝이 너무 좋지 않다. 많은 가까운 사람들에게 감당할 수 없는 고통을 안겨주게 된다"라는 회한을 남겼다고 합니다.

그러나 이것이 그가 걸어온 일생을 후회한다는 뜻은 아니었을 것입니다. 다만 기득권에 집착하는 자들이 자신이 가진 것을 양보하지 않기 위해 만들어 내는 광기가 선량한 사람들에게 끼치는 해악 정도가 너무나 지대했기에 속도와 방법론을 놓고 고민했던 것뿐입니다. 결국 노무현도 양식의 번뇌를 벗어날 수 없었던 것입니다.

좋은 삶과 정치란 결코 한 순간에 이루어지지 않습니다. 물과 공기처럼 긴 시간 늘 옆에 있어야 하며 온몸으로 배어들어야 합니다. 그러기 위해

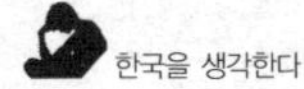

서는 결국 그런 것들이 국민의 삶 속에 문화와 가치, 그리고 철학으로 녹아들어갈 지난한 시간을 필요로 하게 되는 것입니다.

쾌도난마식은 독재와 보수의 양식이지 민주와 진보의 양식은 결코 아니기 때문입니다. 진보는 결국 토론과 논리, 합의와 연대, 그리고 문화와 일체의 힘으로 성장합니다.

"새시대의 첫차가 되고 싶었지만 구시대의 막차가 되어 버렸다." 노무현의 이런 인식은 집권 후반기와 퇴임 이후를 지나가면서 계속 커져나갔습니다. 국가와 국민 전체가 일순간에 구시대의 첫차 수준으로 회귀해 버렸기 때문입니다.

우리가 아직 박정희를 극복하지 못하고 있는 이유도 마찬가지입니다. 그의 정치적 지배에 대한 평이 어떠하든 간에 그의 통치는 18년간이나 국민적 삶을 지배했습니다. 따라서 정치적 극복은 적어도 단기간에는 어떠한 논리와 합리로도 불가능합니다. 이것에 대한 섣부른 공격은 상당수 국민에게 있어 단지 정치가 아닌 그 정치에 숱하게 얽혀 들어가 있는 당시 자신들의 수많은 삶의 유산들 역시 부정되는 것으로 받아들여지기 때문입니다.

이런 곤혹스러움은 수구 세력들에게 있어서도 역시 마찬가지입니다. 지난 김대중, 노무현 정부 십년 집권은 이제 그들에게서 우월적 여지를 앗아갔습니다. 그동안은 진보가 집권하면 나라 망한다는 논리로 국민을 제압해 왔습니다. 그러나 나라는 망하지 않았고 그런 논리가 먹힐 여지가 사라져 버린 것입니다. 대신 김대중, 노무현을 그리워하는 국민적 그리움의 유산이 온 사회 곳곳을 짙게 드리우고 있습니다. 이것 역시 정치로서 단기간에 없애 버릴 수 있는 것이 아닙니다. 부동산 부양, 부자 특혜 등의 삶의 질을 좌우하는 정책 변화로서 없애 버릴 수 있는 것도 아닙니다. 이것도 역시 시간과의 싸움인 것입니다. 결국 논리와 합리, 삶과 정치를 초월하는 가치에 관계된 문제이기 때문입니다.

노무현이 지난 삶 동안 우리에게 보여 주고 남기고 간 유산은 바로 가끔씩 그리워하고 떠올리는 추억의 소재로서가 아니라, 우리 곁에 늘 존재하는 물과 공기, 흙과 나무, 그리고 비와 바람처럼 언제나 민주주의를 삶과 유리시키지 않고 결부시켜 나아갈 수 있는 국민들의 민주적 역량일 것입니다. 그래야 결국 우리의 삶이 아름다워질 수 있기 때문입니다.

그는 생전에 늘 국민들에게 요구했습니다. "살짝 미치면 인생이 즐겁다. 이 세상의 고통과 슬픔을 완전히 외면하지 말아 달라. 그럼 지나치게 세상이 각박해진다. 그렇다고 지나치게 분노하지도 말아 달라. 그럼 지나치게 자신과 사랑하는 주변 사람들의 삶이 각박해진다. 살짝만 미쳐 달라. 그리고 그 길을 유쾌한 마음으로 포기하지 말고 걸어나가 달라. 그래야 우리의 인생이 즐거워질 수 있기 때문이다"라고 말입니다.

그렇게 몸에 배인 윤리적 성찰이 국민적 문화로 승화될 수 있을 때, 세상은 우리가 느끼지 못하고 인식하지 못하는 어느 순간부터 아름답고 즐거운 삶으로 변화될 수 있을 것이라 그는 본 것입니다. 그것이 노무현이 세상을 떠나가면서 국민과 세상에 바랐던 진정한 꿈과 희망일 거라고 생각합니다.

김대중의 초상

국민과 함께하는 길

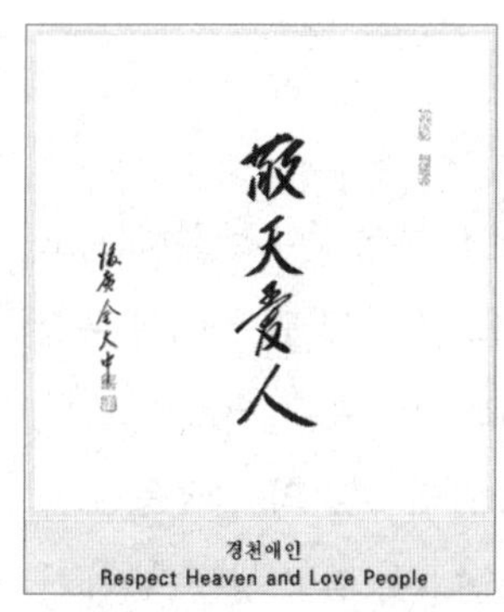

국민이 언제나 승리하는 것은 아닙니다.

그러나 마지막 승리자는 국민입니다.

그렇기 때문에

하늘을 따른 자는 흥하고

하늘을 거역한 자는 망한다고 했는데
하늘이 바로 국민인 것입니다.

유일하게 현명하고
유일하게 승리할 수 있는

국민에게서 배우고
국민과 같이 가는 사람에게는
오판도 패배도 없습니다.

김대중, 《다시 새로운 시작을 위하여》 중, 1993

김대중 대통령을 그리는 글

예전에 집 근처에서 김대중 전 대통령이 연설하는 모습을 본 적이 있습니다. 그때 많은 사람들이 버스를 타고 먼 곳에서 운집해 빈 공터를 에워싸고 그분의 연설을 듣더군요. 어떤 분은 제가 살고 있는 집 옥상에 올라와 함부로 장독대까지 밟고 올라 그분의 얼굴을 조금이라도 자세히 보기 위해 안간힘을 쓰기도 했습니다. 결국 장독 몇 개가 깨졌습니다. 그분이 이렇게 말씀하시더군요. "물어드릴게요. 죄송합니다. 그러나 연설이 끝날 때까지만 기다려주세요. 끝나고 사과드린 뒤 물어드리겠습니다." 연설이 끝나고 물었습니다. "뭐가 그렇게도 저분의 연설이 당신을 사로잡는 것입니까. 저 연설을 듣기 위해 회사까지 빠지고 (당시만 해도 그런 게 어렵던 시절입니다) 남의 집을 밀고 들어와 장독까지 깨면서 봐야 합니까"

그분이 그러시더군요. "희망입니다." "네?" "희망이라구요. 제게 유일한 희망. 하루에 18시간을 일하고 한 달에 두 번밖에 쉬지 못하는 희망 없고 낙 없는 고단한 노동자의 삶이지만 저분을 보면 언젠가는 우리 같은 노동자에게도 사람답게 살 수 있는 희망의 서광이 비칠 날이 혹시 올지도 모른다는 생각을 합니다. 국민을 진정으로 사랑하고 국민을 위한 정치가 정말로 도래할지도 모른다는 희망 말입니다. 그래서 모든 것을 제쳐놓고 달려 왔습니다."

"과연 정권이 교체되고, 언론이 진실을 말할 수 있고, 국민을 위하고 국민을 사랑하는 대통령이 정치하는 시대라, 그런 날이 과연 올까요." "올 거라 믿습니다. 믿고 희망을 놓지 않으면 이 땅에도 반드시 민주주의가 도래 할거라 믿습니다. 여기 구름처럼 운집한 수십만 명의 존재가 그 가능성을 입증한다고 봅니다."

그 후로 많은 세월이 흘렀지만 아직도 그때 그분의 기름때 절은 옷과 연설 내내 그분의 목을 타고 흘러내리던 눈물을 잊지 못합니다. 그때 정확히는 기억이 안 나지만 그분의 나이가 40~50대 후반 정도 되었던 것으로 기억하니 아마도 지금쯤은 돌아가셨을지도 모르겠습니다. 그러나 그러한 희망과 열망은 헛되지 않았고 대한민국은 위대한 진전을 이룰 수 있었습니다. 그 영광과 희열의 위대한 순간 한복판에 바로 고 김대중 전 대통령이 있었던 것입니다. 그리고 마침내 하늘의 품으로 돌아가셨네요.

잊지 않겠습니다. 당신이 생전에 이 땅위에 뿌리고 간 위대한 노력과 사랑, 그리고 열정을 말입니다. 그 모든 것들을 남은 자가 이어받아 행하고, 또 우리 후손들에게 물려줌으로서 사람 사는 세상, 인간이 중심이 되는 세상을 만들어 갈 수 있도록 한 알의 밀알이 되도록 모두가 노력해야 겠습니다.

김대중의 눈물 1

김대중 자필
출처 : 김대중 평화센터

김대중 대통령의 마지막 일기
– 인생은 생각할수록 아름답고 역사는 앞으로 발전한다.

천안함 침몰에서 김대중의 눈물을 보았습니다.

가려진 진실과 그 진실 이면의 고통이 비수처럼 온 나라를 난도질 하던 과거 시절로 다시 회귀해 가고 있음이 느껴졌기 때문입니다. 김대중은 도합 네 번의 도전만에 대통령이 될 수 있었습니다. 그럴 수밖에 없었던 이유의 한복판에 바로 수구 언론과 국민의 대결이 있었습니다.

- 김대중 – 박정희 : 수구 언론은 '빨갱이 색깔논쟁' 을 부추겼습니다.
- 김대중 – 노태우 : 수구 언론은 KAL기 폭파 사건으로 '북풍' 을 일으켰습니다.
- 김대중 – 김영삼 : 수구 언론은 인물 검증을 거부한 채 '묻지마 대세론' 을 일으켰습니다.
- 김대중 – 이회창 : 그리고 마지막 네 번째의 도전……

　김대중은 도저히 대통령이 될 수 없음을 절감했습니다. 수구 언론들이 만들어 놓은 '빨갱이 프레임'에서 국민이 빠져 나올 생각을 하고 있지 않았기 때문입니다. 이른바 김대중 불가론입니다. 김대중은 빨갱이니 나라를 붉게 물들일 것이고 개혁 진영은 데모나 하는 무식쟁이들이니 나라를 맡기기에는 너무 위험하고 그런 그들에게는 비토 세력이 너무 많아 우리 사회 기득권층의 협조가 전혀 없을 것이라는 수구 언론의 선동. 국민은 수구언론이 만들어 놓은 그 매트릭스 속에 빠져 의식을 지배당한 채 허우적대며 아무리 진실을 말해 주어도 내가 보고 듣는 것들이 실은 누군가가 만들어 놓은 가상현실에 불과한 것인지 아닌지를 알려고조차 하지 않았던 것입니다.

　그렇게 김대중 불가론이 득세하고 3번의 실패를 넘어 4번의 실패로 가고 있던 암울했던 그 무렵, 전세를 완전히 뒤집어 엎을 수 있는 극적인 기사회생의 반전 계기가 도래하게 됩니다. 그것은 바로 'TV 토론'과 '휴대폰의 등장'이었습니다.

　그 이전까지 투표는 주로 신문과 거리유세를 보고 이루어졌습니다. 그러니 이길 수가 없었습니다. 수구 언론들은 끊임없이 팩트(fact)를 조작하고 통제하며 뜻대로 좌지우지하려 들었고, 정권은 막대한 금권 부정 선거를 자행했기 때문입니다.

　그 속에서 어떤 기업도 목숨을 걸고 김대중을 지원하려 들지 않았습니다. 그런 상황에서 신문 여론전과 거리유세전으로 승기를 잡기란 어려웠습니다. 바로 그걸 TV 토론이 일거에 뒤집어 주었던 것입니다.

　김대중이 대통령에 당선되기 전에 조순이 어떻게 서울 시장에 당선될 수 있었습니까. 당시 서울 시장은 누가 봐도 돈과 조직력의 집권여당 후보 정원식과 대통령 후보급 인물 박찬종의 2파전 양상이었습니다. 그러나 TV 토론이 시작되자마자 대반전이 일어나게 됩니다. 어눌한 언변의 정원식과 이미지 정치의 대가 박찬종이 논리의 대가 조순 앞에서 쩔쩔매기 시작한 것입니다. 그러자 조순의 지지율이 급상승하기 시작합니다. 이것을 지켜보던 김대중은 전율했습니다. 수구 언론이 뒤집어씌어 놓은 빨갱이 딱지를 떼어버릴 수도 있다는 희망을 거기에서 보았던 것입니다. 결국 선거 막판 박찬종의 유신 발언록 파문이 터지고 박찬종은 이를 부인했으나 조순이 즉각 들이민 증거에 도덕성 치명타까지 입으며 침몰하고 말게 됩니다.

'한 자릿수 지지율 ⇨ 2위 부상 ⇨ 1위와 대접전 ⇨ 극적 역전'. 이 파노라마 같은 극적 반전이 TV 토론에 의해 한순간에 노도처럼 일어나는 것을 보고 김대중은 '드디어 국민이 수구 언론을 극복할 수도 있겠구나'라는 희망을 찾아낼 수 있었던 것입니다.

결국 김대중은 여기에서 얻은 자신감을 바탕으로 대선에서 TV 토론에 승부를 걸었습니다. 탁월한 학식과 논리력으로 정책에 대한 이성적인 비판과 합리적인 대안 제시를 해나가는 모습을 TV를 통해 일거에 전 국민에게 확산시킴으로써 수구 언론들이 만들어 놓은 빨갱이 프레임과 이회창 대세론을 뒤집고 대통령에 당선될 수 있었던 것입니다.

그리고 이 여파는 정확히 5년 뒤 도구만 'TV'에서 '인터넷'으로 바뀌고 이어져 노무현이라는 희대의 풍운아를 대통령으로 당선시키는 기적적 드라마로 재연되게 됩니다.

다시 처음으로 돌아가서, 천안함 침몰의 진실이 무엇입니까. 그것은 바로 수구 언론들의 시대착오적인 과거로의 회귀입니다. 수구 언론들은 지금 대중들을 데마고기(demagogy)에 속아 넘어가도록 하는 허위의 기제를 발동시키고, 잃어버린 과거의 영광을 되찾으려고 종말적 행태를 부리고 있습니다. 이것은 KBS가 정권의 하녀로 전락한 이유와도 일맥상통합니다.

이 지점에서 우리가 한 가지 중대한 착각을 하고 있는 것이 있습니다. 노무현 때처럼 팩트(fact)를 만천하에 공개하면 언론인들이 과연 좋아할까요, 아니면 정권이 은밀히 수작으로 대중들에게 정보 제공을 차단하고, 언론은 이 과정에서 그 정보 차단의 반대급부로 정권으로부터 이권을 얻어내고, 정권의 관변단체는 차단된 팩트를 추정하여 유포하는 자를 검경에 고발하고, 검경은 다시 이들을 잡아들이고 하는 것들을 더 좋아할까요.

당연히 후자를 더 좋아할 것입니다. 그들은 인터넷상에서 전 방위적 국민 참여로 인해 엄청난 조회 수와 댓글이 일어나고, 그 쌍방향 소통과 피드백 과정에서의 신뢰 구축이 일어나고, 그 소통과 신뢰 구축 과정에서 감성적 공명의 물결이 일어나고, 결국 그런 인터넷의 힘이 전통적 커뮤니케이션, 즉 수구 언론들을 압도하는 것을 혐오하고 있습니다. 조작된 팩트, 편집의 힘에 의한 여론 설정, 통계 조작에 의한 여론조사 결과가 아닌 진실과 신뢰에 기반을 둔 인터넷의 힘과 폭발력을 두려워하고 있기 때문입니다. 따라서 이런 것들을 차단하기 위해 끊임없는 농간을 부리고 있는 것입니다. 그것이 바로 수구 언론들이 천안함 이슈를 최대한 활용하려고 했던 이유의 근원인 것입니다. 그리고 이것은 김대중의 눈물과도 일맥상통한 것입니다.

아무 죄 없이 수구 언론이 만들어 놓은 '빨갱이 프레임'으로 인해 두 번의 죽을 고비, 세 번의 대선 실패 끝에 대통령이 되었으나 결국 정치 보복으로 눈물을 흘리며 이 땅에서 사라져간 김대중. 아무 죄 없이 바다 속에 갇힌 채 죽어간 천안함의 선원들이 흘리고 있는 눈물. 이 두 눈물의 의미는 결국 동일한 것인 것입니다.

수구 언론들이 노무현을 못 죽여 안달한 이유와 끝내 죽음으로 내몬 이유도 마찬가지입니다. 살려 두었다간 결국 수구 언론, 수구 사정기관들의 부당한 권력 행사에 장애물이 될 것을 저어했기 때문입니다. 그냥 국민들이 수구 기득권이 깔아 놓은 매트릭스 위에서 우왕좌왕하거나, 깨어나지 못하고 착취와 핍박을 받으며 조용히 살아가거나 하면 참 좋은데

1. 사랑과 관용 그러나 법과 질서를 엄수해야 한다.

2. 인사정책이 성공의 길이다. 아첨한 자와 무능한 자를 배제해야 한다.

3. 규칙적인 생활, 적당한 운동, 충분한 휴식으로 건강을 유지하자.

4. 현안파악을 충분히 하고 관련 정보를 숙지해야 한다.

5. 대통령부터 국법준수의 모범을 보여야 한다.

6. 불행한 일도 감수해야 한다. 다만 최선을 다하도록 하자.

7. 국민의 애국심과 양심을 믿어야 한다. 이해 안 될 때는 설명방식을 재고해야 한다.

8. 국회와 야당의 비판을 경청하자. 그러나 정부 짓밟는 것 용서하지 말아야 한다.

9. 청와대 이외의 일반시민과의 접촉에 힘써야 한다.

10. 언론의 보도를 중시하되 부당한 비판 앞에 소신을 바꾸지 말아야 한다.

11. 정신적 건강과 건전한 판단력을 견지해야 한다.

12. 양서를 매일 읽고, 명상으로 사상과 정책을 심화해야 한다.

13. 21세기의 준비를 하자. 나라와 국민의 미래를 명심하자.

14. 적극적인 사고와 성공의 상(像)을 마음에 간직하자.

15. 나는 할 수 있다. 하느님과 같이 계시다.

김대중의 15가지 수칙, 출처 : 김대중 평화센터

그러지 않고 깨어나 끊임없이 부당한 권력을 바로잡으려 들고, 원칙과 상식을 따지려 들고, 불법과 불의를 바로 세우려 들었기 때문에 결국 그리 되었던 것입니다. 그러나 김대중, 노무현은 죽었지만 그 위대한 유산은 남았습니다. 이제 수구 언론들이 무슨 수작를 부려도 잘 통하지 않는 것입니다.

이제 통할 수도 없게 되었습니다. TV, 휴대폰, 인터넷, 트위터, 그리고 국내외 각 분야별 네티즌들 간의 끊임없는 소통과 피드백 속에서 결국 팩트 날조와 진실 조작은 대부분 실패하고 있기 때문입니다. 무엇이 생기는 것도 아닌데 언제나 네티즌들은 악착같이 달려들어 수구 언론들의 본질을 드춰내고 있는 것입니다. 김대중, 노무현을 죽이면 끝날 줄 알았던 악몽이 끝없는 지속되고 있는 것입니다. 그렇다면 수구 언론들은 더더욱 교활하게 변모하려 들 것입니다. 그러나 그러면 그럴수록 자신들이 가진 사회적 영향력의 종말만 앞당겨질 뿐입니다. 그 시기에 대한 답은 오직 국민들에게 달려 있을 것입니다.

김대중의 눈물 2

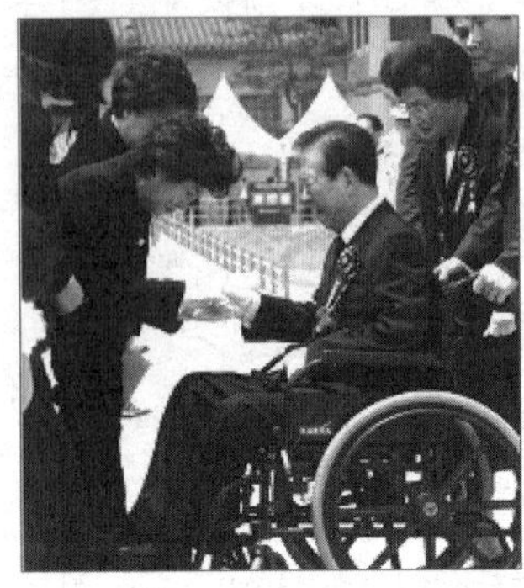

노무현 국민장 영결식
출처 : 노무현 재단

어렸을 때 가장 많이 들었던 말 중의 하나가 "전라도는 절대 안 된다"는 말이었습니다. 예전에는 지금과 달리 집안 어른들의 반대를 무릅쓰고 결혼하는 일이 쉽지 않았습니다. 그 금기 중의 하나가 바로 전라도였던 것입니다. 전라도뿐만 아니라 충남에 대한 거부감 또한 상당했습니다. 충북은 몰라도 충남 쪽은 전라도 출신이 많다는 이유에서였습니다.

전라도 외에 금기가 두 개 더 있었는데, 그중 하나가 바로 데모였습니다. 데모하지 마라. 그것은 곧 국가 권력에 대항하는 것이고, 빨갱이라는 증좌니까요. 저 같은 경우에는 데모를 하는 것 자체가 거의 불가능했습니다. 왜냐하면 집안에 검찰, 경찰부터 군인에 이르기까지 사정기관 근무자가 너무 많았기 때문입니다. 따라서 어렸을 적 가끔가다 집안 어른들의 모임이 있을 때면 거의 국가안보회의 비슷한 분위기가 되기 일쑤였고, 그 자리에서 "너 커서 데모하면 호적에서 지워 버린 뒤에 총으로 쏴 죽여 버릴 것이다"란 우스갯소리라 할 수 없는 반 협박성 농담 또한 자주 들어야만 했습니다. 그리고 그것은 일종의 족쇄과도 같은 프레임처럼 어릴 적 제 머릿속을 지배했습니다.

1년에 열 차례 가까이 지내는 제사도 부담이었습니다. 그중 대부분은

6.25전쟁 도중 죽은 친척들의 제사였기 때문입니다.

마지막 금기는 바로 여자였습니다. 지금이야 여성이 존중받는 사회이지만, 옛날엔 어디 그랬습니까. 아버지와 아들, 어머니와 딸이 겸상을 하지 않는 집안도 많았고 남편이 아내에게 폭력을 휘두르는 것이 일종의 권한에 속하던 시절이 있었습니다. 물론 처벌도 받지 않았습니다. 처벌은커녕 경찰이 출동조차 하지 않았습니다. 남편이 아내를 매로 다스리는 것은 폭력이 아니라 집안기강을 바로 세우는 것으로 인정하려 드는 잘못된 관습 때문이었습니다.

그게 사그라지기 시작한 게 불과 십몇 년도 되지 않습니다. 이 전라도, 데모, 여성에 대한 금기에 도전하는 것이 한국에서는 바로 '민주주의의 역사'라고 할 수 있습니다. '진보의 역사'라고도 할 수 있습니다. 그리고 그 중심에 '광주 정신'이 있고, 광주 정신의 중심에 바로 김대중이 있습니다.

김대중은 무려 50년의 세월을 이것과 싸우는 데 보내야만 했습니다. '전라도 사람도 인간이다.' '국가의 주인은 정권이 아니라 국민이다.' '여자도 인간이다.' 어처구니 없는 일입니다. 저런 당연한 명제 입증을 위해 목숨까지 바쳐가며 싸워야 했고, 결국 목숨을 잃어야만 했으니 말입니다. 어찌되었건 결국 그는 전라도 사람으로서 최초로 정권을 잡았고, 정당한 의견 개진과 집회에 관한 국민적 권리를 확립했고, 여성의 권리 향상을 위해 여성가족부 설립, 가족폭력방지법 등 획기적 법 제정을 이룩했습니다. 그러나 이것은 당연히 수구들에게 지대한 거부감을 나았습니다. 전라도, 민주주의, 그리고 여성에 대한 본능적 혐오감과 경멸감을 억누를 길이 애당초 그들에겐 없었기 때문입니다. 그렇다고 막무가내로 표출할 수도 없습니다. 시대가 바뀌었기 때문입니다.

이제 그들도 전라도 사위와 며느리를 많이 보고 있고, 자식들의 연애와 결혼을 막을 수 있는 시대도 아니며, 자신들도 촛불을 들고 집회를 하며, 딸이나 손녀를 아들처럼 아끼며 살아가고 있기 때문입니다. 또한 그런 분노를 대놓고 표출하려 들다간 사람으로 취급받을 수 있는 시대도 아닙니다.

하지만 이런 상황 도래가 혐오감과 경멸감의 완전한 소멸을 의미하는 것은 아닙니다. 따라서 이것이 잠재되어 있다 분출되는 곳은 바로 북한입니다. 그들은 피를 토하면서 북한 인권을 외치고, 이런 북한 인권을 억압하는 김정일에게 퍼주기를 한 김대중, 노무현을 결코 용서할 수 없다고 말하는 것으로 해방구를 대신하고 있는 것입니다.

이것이 과연 북한에 대한 혐오감에서만 기인하는 것일까요. 결코 아닙니다. 그들에게 여전히 전라도, 자유로운 말과 집회, 그리고 여성에 대한 본능적이고 본질적인 혐오감이 지대하게 남아 있다고 봐야합니다.

김대중은 이것을 깨기 위해 늘 고민했습니다. 김대중뿐만 아니라 광주도 고민했습니다. 그 결과가 바로 노무현의 선택입니다. 충청, 대구, 경북을 껴안고 다시 부산을 껴안았던 것입니다. 이것은 단순히 호남과 영남의 만남을 의미하지 않습니다. 그 속에는 바로 호남, 참여 민주주의, 여성에 관한 비토와 배제론을 깨나가기 위한 고심이 담겨져 있었던 것입니다. 그러나 이것은 예기치 못한 두 개의 반기류를 나았는데, 하나는 호남 지역주의자들의 반발이었고 다른 하나는 짝퉁 진보주의자들의 반발이었습니다.

성역은 부패를 낳기 마련이고, 권리 향상은 방종을 낳기 마련입니다. 광주 정신이 민주화의 성지로 부상되는 동안 그 뒤에 숨어 편하게 권력을 호가호위하던 지역 토호들이 김대중의 이런 고심을 경상도 패권주의로 폄하하고 나선 것입니다. 그 결과 '전라도는 절대 안 된다' 라는 지상 명제와 싸워오던 인간들에게서 '경상도는 절대 안 된다' 라는 잘못된 프레임이 만들어지는 용납될 수 없는 일이 벌어졌습니다. 왜냐하면, 그래야만 광주 정신의 그늘 아래서 편하게 누려오던 기득권이 지켜질 수 있기 때문입니다.

다른 한쪽에선 노동운동을 기반으로 성장 모멘텀을 도모해 오던 진보류의 저항이 일어났습니다. 김대중, 노무현을 비토하고 배제하지 않고서는 성장의 길이 막막했기 때문입니다. 이들을 진보의 원류로 인정하고서는 그 무엇도 이룰 수 없었던 것이고, 그래서 그간 둘을 싸잡아 신자유주의자, 진보를 말아먹은 원흉으로 비난하는 데 혈안이 된 것입니다. 이것은 수구들의 빨갱이 프레임만큼이나 악랄한 것으로 결국 김대중, 노무현은 전라도, 참여 민주주의, 여성에 관한 혐오와 경멸을 완전히 깨기 전에, 경상도 패권주의의 끝나지 않은 상흔과 짝퉁 진보주의 프레임의 올가미에 걸려들어 허우적거려야만 했고, 그 결과 연이은 죽음으로까지 이어졌습니다.

전통 수구, 호남지역 토호, 가면 진보들의 3중주 5박자 합창에 결국 진보의 원류가 초토화되고 말았던 것입니다. 그러나 이 죽음은 역풍을 불러왔습니다. 그간 김대중, 노무현을 비토하고 혹은 이들 양자를 이간하여 왔던 것이 시대적 양심과 지성으로 들여다 볼 때 과연 정당했는가 하는 자성인 것입니다. 그런데 그 반성의 구도를 수구들은 '반노 대 친노'로 몰고 가고 싶은 모양입니다. 그러나 지금의 구도는 '반노 대 친노'가 아닌, 전라도, 참여 민주주의, 여성에 대한 사랑과 그것들에 대한 혐오감의 구도입니다. 수구들은 전라도를 혐오하고, 정당한 의견 개진과 집회 등 국민의 정치 참여를 혐오하고, 여성을 혐오하고 있으며, 이것을 천안함 등 대북문제 쪽으로 몰아 분출을 유도하고 있습니다.

여기에 민주주의의 주류 구도를 마뜩치 않게 여기고 있는 호남 토호들과 짝퉁 진보들이 경상도 패권주의, 민주진보 기득권에 대한 성토를 내세워 마지막 시비를 걸고 있습니다.

작금의 이러한 구도는 바로 '김대중 · 노무현 계승 발전 대 김대중 · 노무현 청산'의 구도인 것입니다. 국민은 과연 어느 쪽에 설 것인가. 전자를 포기한다면 동서간의 통합을 포기해야 하고, 민주주의를 포기해야 하고, 여성을 버려야 합니다. 또 남북 간의 통합을 포기해야 하고, 그러면 이 땅의 민주평화개혁 세력의 태동과 규합을 처음부터 다시 시작해야 합니다. 그러나 국민 대다수는 이미 전자의 길로 나아가고 있습니다. 잠시 중단했던 김대중·노무현 정신을 이어나가 계승 발전시켜 나가기로 결정한 것입니다.

이것은 반노 대 친노의 구도도 아니지만 한나라 대 반한나라의 구도라 부르는 것도 정확한 것이 아닙니다. 바로 '김대중·노무현 계승 발전 대 독재로의 회귀' 구도인 것입니다. 수구들은 빨갱이 프레임을 재개한 상황이지만, 이것이 생각만큼 위력을 발휘하지 못하고 있는 이유는 전라도, 민주주의, 여성에 대한 혐오감이 생각만큼 거대하게 일어나지 못하고 있기 때문입니다.

김대중·노무현 계승 발전 세력 내부에서 일어나고 있는 경상도 패권 혐오론자, 짝퉁 진보주의자들에 대한 공격도 그들의 역량 강화를 실추시키고 있습니다. 선제적 내부 비판은 외부 비판을 방어하는 최적의 수단이기 때문입니다. 그렇다고 대놓고 전라도, 민주주의, 여성 혐오를 선동할 수도 없습니다. 더욱이 차기 수구 진영의 후보는 여성이 될 가능성이 커지고 있습니다. 이런 상황 속에서 결국 대북 혐오감의 극대화는 여러 모로 한계가 있을 수밖에는 없는 것입니다. 전라도, 촛불, 여성, 여기에 빨갱이, 신자유주의자라는 시비. 수구들과 지역 토호, 그리고 짝퉁 진보주의자들이 이렇듯 김대중·노무현을 걸고 넘어질수록 역설적으로 김대중·노무현 정신은 더욱 공고해져만 가고 있습니다. 그럴수록 그들이 그간 쌓아오고 걸어온 길들이 옳았다는 것이 선명하게 입증되어가고 있기 때문입니다. 뼈에 살이 붙는 것이지, 살에 뼈가 붙는 것이 아니며, 위선과 가면을 벗어내는 것이 먼저지 진보와 보수를 논하는 것이 먼저가 될 수 없습니다.

김대중 · 노무현 정신을 훼손하는 것이 불가능한 지점이 바로 거기고 지역 토호들과 짝퉁 진보주의자들이 설 자리가 없어지는 지점도 바로 거기입니다. 수구들이 김대중 · 노무현 정신을 진정으로 훼손하고 싶다면 먼저 자신들의 실체를 적나라하게 드러내야만 합니다.

전라도를 혐오하고, 민주주의를 혐오하고, 여성을 혐오하고, 북한을 혐오하고, 지역주의 청산을 혐오하고, 김대중 · 노무현 정신이라는 거대한 물줄기를 시기하고 있음을 분명히 드러내야만 합니다. 그러나 노골적으로 드러내면 정치적으로 곤란해질 수밖에 없습니다. 바로 국민으로부터 외면 받게 되는 것입니다. 따라서 할 수 없이 고작 북한을 활용할 수밖에는 없는 것입니다.

원래 경상도는 전라도를 좋아하고 전라도는 경상도를 좋아합니다. 그러나 수십 년에 걸친 지역주의와 사회현실 구도가 이것을 훼방하여 왔지만, 드라마틱하게 잡혀나가고 있고, 잡히게 될 것입니다. 북한을 혐오하고 있는 부류들이 있지만 남북화해는 동서화해처럼 결국엔 피할 수 없는 시대정신입니다.

남녀평등은 논할 가치조차 없습니다. 김대중 · 노무현 정신의 비토와 이간도 불가능해지고 있습니다. 사자(死者)가 된 그 둘은 죽어서 굳건한 하나가 되었기 때문입니다. 결국 김대중 · 노무현 정신이 부활할 수 있었던 이유는 그들이 옳은 길만을 선택하여 왔기 때문입니다.

민주주의, 균형 발전, 남북통일, 남녀평등, 사람 사는 세상 구현, 조세 · 복지 선진화는 결국 가야 하는 길이며, 전라도는 노무현을 사랑하고 경상도는 김대중을 사랑하게 되어 있으며, 국민들은 민주주의의 소중함을 깨닫게 되어 있고, 남녀는 서로를 사랑하게 되어 있습니다.

수구들은 사람 사는 세상의 이 기본적 이치를 역행하려고 들기 때문에,

좋은 정치를 구현할 수 없는 것입니다. 솔직하지 못하다면, 사람을 존중하지 못한다면, 그리고 위선과 가면의 탈을 벗고 서로 사랑할 수 없다면 좋은 정치는 시작조차 될 수 없습니다. 합리의 구현도 불가능하고 그것을 넘어서는 화해와 포용도 불가능합니다. 김대중 · 노무현 정신의 계승 발전은 바로 이것의 끊임없는 인식과 확인인 것입니다.

그러나 언로와 집회의 자유는 다시 예전처럼 막혀가고 있으며, 북한에 대한 혐오감은 다시 강화되고 있습니다. 천문학적 비자금을 만들지는 않고 있지만 재벌, 부동산 토호들에 대한 천문학적 퍼주기와 특혜 남발은 예전보다 더욱 강화되고 있습니다. 심지어 죄 없는 민간인을 군부대를 투입해 총으로 쏴 죽였던 전두환도 대놓고 환율 조작, 물가 폭등, 부동산 투기, 복지정책 감소, 조세 정책 후퇴를 벌이진 못했었습니다.

사람들은 전두환이 사람을 죽인 일만 기억할 뿐 부동산 보유세 인상을 강행하려다 수구들의 반발로 결국 장관까지 잘라야만 했던 일은 기억 못할 것입니다. 결국 지금 민주주의, 남북평화, 서민민생 수준은 1980년대도 아닌 1960~70년대 수준으로까지 후퇴한 것입니다.

무려 40~50년의 후퇴, 수백조의 환율 조작, 수천 조의 부동산 거품, 그리고 수백조의 국가재정과 지방재정 부채의 급증과 서민 · 중소기업에서 부자 · 대기업으로의 물밀듯한 부의 이전, 그리고 이로 인한 민생파탄. 그것을 원상 회복할 수 있는 보루와 희망마저 송두리째 무너져가고 있는 상황인 것입니다.

이런 상황에서 여전히 수구들은 전라도, 민주주의, 여성, 북한에 대한 혐오감을 부추기고, 세종 신도시, 북한과의 경협 등을 파탄 내며 동서 간 남북 간 균형 발전을 무너뜨리는 데 혈안입니다. 여기에 천안함 정국을 활용해 대북 혐오감을 극대화하는 데 안간힘을 쓰고 있습니다. 그러나 천안함 사태의 본질은 노무현의 국방 증강 계획, 특히 해 · 공군 현대화

계획을 현 정권이 무려 22조 원이나 삭감하고 4대강 공사 등으로 돌린 데서 비롯된 인재형 참사입니다. 최근의 뉴스를 보니 이 삭감 계획을 다시 재검토할 수 있다는 뉘앙스를 풍긴 모양입니다. 그럼 셋 중 하나여야 합니다. 삭감 계획 재검토가 거짓말이든지, 아니면 4대강 공사를 중단하든지, 그것도 아니면 국가부채가 더욱 폭증하든지 말입니다.

이런 한심한 독재 회귀와 경제 파탄을 두고 우리는 무엇을 느끼고 깨달을 수 있어야 할까요. 저는 그 대답과 선택이 이미 국민적 마음속에 자리 잡고 있다고 봅니다. 이미 김대중·노무현 정신은 확고하게 부활했기 때문입니다.

어느 화창한 날, 광주 정신과 김대중·노무현 정신을 다시금 경건한 마음으로 되돌아봅니다. 그 마음이 국민의 민주주의에 대한 아름답고 눈부신 사랑으로 확인되길 바라면서 말입니다.

제 **5** 장

글을 맺으며

답답한 어느 날 오후의 산책

요즘 정말로 가슴이 답답합니다. 주위를 보면 온통 힘들다는 사람뿐입니다. 힘든 정도가 아니라 심각하게 불안해 합니다. 병적으로 불안한 상태를 보이고 있는 것입니다. 이때가 되면 정신과 치료를 받아야만 한다고 합니다. 뉴스를 보니 국민 10명 중 1명이 이런 병적 불안장애 증세를 보이고 있다고 합니다. 취직도 안 되고, 사업도 안 되고, 일자리는 위태위태하고, 부동산도 떨어지고, 매출이나 월급도 떨어지니 사람들이 살아갈 의욕이 도저히 나지 않는 모양입니다. 그러나 그럴수록 기운을 내야만 합니다. 저도 세상의 어려움이란 어려움을 나름 겪으며 살아왔지만, 시간이 지나서 문득 돌이켜 보면 별로 행복하지 않은 것 같았던 지나온 삶들이 그래도 꽤나 의미 있고 행복했던 순간이 아니었나 하는 점을 절실하게 느낍니다.

그런 저도 요즘 힘들어 하는 많은 사람들을 지켜보면서 끝없는 가슴앓이를 합니다. 그들에게 그저 힘내라는 이야기만 해주기도 뭐하고, 계속 묵묵하게 노력하다 보면 결국엔 잘될 수 있을 거란 말을 해주기도 뭐한 세상입니다. 세상은 너무나 빨리 변하고 갈수록 경쟁은 치열해지고 있는 것 같습니다. 최근의 금융위기도 그런 치열한 경쟁 속에서 남보다 한발 빨리, 조금 더 많은 돈을 벌기 위해 앞과 뒤를 돌아보지 않은 채 온 세상이 내달리다 벌어진 일들이 아닐까요.

오로지 돈이 최고인 세상, 그 대열에서 한순간만 뒤처지면 끝도 없이 낙오되는 세상, 한 번 낙오되면 모든 게 끝나 버리는 세상이 되었습니다. 따라서 모든 사람들이 땀 흘려 돈을 버는 노동의 본연가치를 망각하게 되고, 좀 더 쉽고 편하게만 돈 벌 궁리를 합니다. 이러니 그 과정에서 한 번의 실패나 한 번의 어려움만 일어나게 되도 너무나 큰 절망감에 빠져 일어나지 못하게 되는 것 같습니다.

그런 그들에게 저는 자신만 힘들다는 생각에서 벗어나라고 말해 주고 싶습니다. 다른 사람의 성공과 행복이 자신의 것보다 한없이 커 보이는 열등감 속에서도 벗어나라고 말해 주고 싶습니다.

많은 성공한 사람들도 지금 자신이 겪고 있는 그 어려움들을 똑같이 극복해 가면서 그 자리에 서게 되었으며, 여전히 많은 사람들이 조그마한 행복조차도 누리지 못한 채 살아가고 있음을 한번쯤 찬찬히 생각해 보고 느낄 수 있다면, 지금의 어려움을 이겨낼 작은 용기를 가지게 될 수 있지 않을까요. 사는 게 어려울수록 다시 처음으로 돌아가 작은 것부터 충실해야 한다는 게 저의 지론입니다.

건강에 충실해야 하고 가족의 소중함을 느낄 수 있어야 합니다. 남을 비판하기에 앞서 지식을 먼저 쌓고, 재산을 늘리는 법을 배워 나가기에 앞서 재산을 지키는 법을 먼저 확실하게 깨우칠 수 있어야만 합니다.

글을 쓰다 보면 때때로 다른 사람의 글과 말을 보고 들으려 하기보다는 보고 듣고 배운 것들을 먼저 타인에게 쏟아내고 싶은 충동을 느낄 때가 많습니다. 겸손해지려면 아직도 한참 멀었다는 이야기겠죠.

결국 인간은 누구나 끝없이 겸손해져야 한다는 것을 절감합니다. 그러다 보면 작은 것을 소중하게 여길 줄 알게 되고, 자신과 가까운 것부터 챙길 줄 아는 지혜를 얻을 수 있게 되고, 어느덧 조급한 마음은 사라지고 마음의 평정을 유지할 줄 아는 사람이 될 수 있을 것입니다.

그런데 이렇게 말은 하면서도 가슴이 답답하네요. 다들 어려운 때일수록 기운을 내셨으면 좋겠습니다. 세상엔 여러분보다 이룬 것도 적고 살아갈 날도 적지만 매 순간 순간의 삶을 소중하게 생각하고 고마워하며 살아가고 있는 사람들이 아직도 많을 것이기 때문입니다.

그것 하나만으로도 오늘 이 순간 세상을 향해 고마워해야 옳지 않을까요.

소유 vs. 존재

심리학자 에리히 프롬(Erich Fromm)은 행복은 소유가 아니라 존재에 있다고 말했습니다. 지나치게 소유에 집착하는 사람은 행복한 삶을 살아갈 수 없고 다른 사람을 진정으로 사랑할 수 없다고 합니다. 결국 그런 사람들은 자신의 삶을 황폐화시키는 것은 물론 다른 사람과 세상까지도 병들게 하기 때문입니다.

반면 존재양식으로 사는 사람들은 순수한 삶의 기쁨을 알고 베풀고 나누는 행위를 통해 다른 사람과 세상을 밝게 만들어 준다고 합니다. 에리히 프롬은 이러한 삶의 철학으로 '참여민주주의'와 '휴머니즘'을 제시한 바 있습니다.

작금의 경제위기의 본질을 자본이 노동을 압도한 데서 비롯된 것이라고 말하는 사람도 있고, 사람들이 지나친 성장과 소유욕에만 매몰되어 철학 없는 삶을 살아가고 있기 때문이라고 말하는 사람도 있습니다. 그러나 제가 생각하기에 소유에 집착하는 사람이 나눔을 실천하는 사람을 압도하고 있은 상황을 지적하기에 앞서 소유에 집착하는 사람의 부를 달성하고 늘려가는 과정이 부당하기 때문에 벌어진 위기라는 점부터 지적해야 할 것입니다.

지금 대부분의 나라는 사유재산권이 잘 보장되지 않고, 자유 경쟁이 심각하게 훼손되고, 가격시스템이 정상 작동하지 않는 상황입니다. 한국의 경우를 놓고 보면 첫 번째 증거는 용산 참사, 아파트 투기 등의 난개발, 두 번째 증거는 삼성의 불법과 독과점, 그리고 법적 처벌 회피, 세 번째 증거는 정부의 무분별한 통화 버블 조장과 이로 인한 끝없는 화폐가치 추락일 것입니다.

나눔을 실천하는 사람들도 나름 열심히는 삽니다. 그러나 열심히 살아도 최소한의 소유도 달성할 수 없는 경우가 많습니다. 소유에 집착한 사람들이 불법과 탈법으로 사유재산, 자유 경쟁, 가격시스템을 훼손시키고 있기 때문입니다.

세상은 그럭저럭 잘 돌아가고 있다? 천만의 말씀입니다. 자본이 노동을 압도하고 있다? 맞는 말이지만 자본 형성과 대물림 자체부터가 정당하지 않습니다. 이런 문제를 놔두고 노동핍박 거론으로 넘어갈 수가 없을 정도입니다.

사람들이 지나친 성장과 소유욕에만 매몰되어 철학 없는 삶을 살아가고 있습니다. 절대적인 성장보다도 상대적인 성장과 소유에 특히나 광적으로 집착하고 있습니다. 지금 세계의 문제는 부의 성장 문제가 아니라 부의 분배 문제입니다. 소유에 집착하는 자들은 바로 이런 문제 제기를 회피하기 위해 광적인 성장론을 내세우고 있지만 그럴수록 상대적인 빈부 격차는 오히려 극한으로 벌어지고 있습니다. 그 극한의 상대적 소유 편차가 다시 사유재산, 자유경쟁, 가격시스템의 훼손을 강화시키고 있는 것입니다. 이제는 그런 인간들에 의한 지배의 지속으로 철학적인 삶을 살아가는 사람은 도저히 설자리가 없는 세상이 되어가고 있습니다.

더욱 문제는 성장과 소유에 광적으로 집착해 온 사람들 상당수가 이미 실질적인 마음의 환자로 전락했다는 데 있습니다. 그 사람들은 절대로 자신의 마음이 병들었다는 사실을 모릅니다. 그것을 진단해 낼 수 있는 철학이 없기 때문입니다.

철학이 적은 것이 아니라 거의 전무합니다. 따라서 자신의 삶이 올바른 것인지 아닌지를 판별할 능력 자체가 없는 상태로 이 세상을 살아가고 있는 것입니다. 마음의 평화라는 것은 값진 것인데 참으로 불쌍한 사람들이라 하지 않을 수 없습니다. 이런 암울한 세상이 과연 좋은 세상으로 탈바꿈할 희망이 있을까요. 그에 대한 해답은 그 어느 곳도 아닌 바로 우리들 자신의 마음속에 있다고 생각합니다.

단 한 번 짧게 살다 영원히 사라져 가는 삶.
이 세상의 희망으로 기억되느냐,
아니면 절망으로 기억되느냐.

이것을 떠나 적어도 생의 마지막 순간, 세상을 향해 부끄럽지 않은 마지막 한 마디를 던지고 갈 수 있는 삶을 살 수 있도록 노력은 해야 할 것입니다.

대안은 행동하는 양심과 지성

대안은 남에게 묻기 전에 스스로 답하는 것입니다.

수년 전 부동산 가격이 폭등할 때 TV의 한 프로에 어떤 사람이 나와서 이런 말을 했습니다.

"나는 대출 없이 현금으로만 집 살 능력이 된다. 하지만 월세를 산다. 왜냐하면 부동산 버블이 옳지 않다고 믿기 때문이다. 처음엔 아내도 결사반대했다. 남들이 집을 사 돈을 버는데 애간장이 탄다고 했다. 그러나 나는 태연했다. 그리고 아내를 끊임없이 설득했다.

여보, 집 사서 그 집 가격이 오르는 것도 좋지만 우리 자식세대들을 생각합시다. 우리가 집을 물려주면 부동산 버블 속에서 우리 아이가 잘살 수 있을지 모르겠지만 결국엔 남에게 피해를 주는 것이고, 그리되면 내 자식도 잘될 수 없는 것이라오.

처음엔 닭 보듯 했던 아내도 결국 포기했고 그 다음부터 우리는 평온해져 손을 잡고 산책을 다니며 부동산에 일희일비하지 않고 허허로운 생활을 할 수 있게 되었다. 그 정신적 기쁨이 부동산 폭등으로 얻을 수 있는 물질적 이익, 그리고 부동산 폭등에 연연하다 잃을 수 있는 정신적 갈등에 의한 손해보다도 훨씬 크다고 굳게 믿는다. 따라서 난 후회하지 않는다. 그러다 보면 부동산 문제도 결국에는 바로잡히리라 확신한다."

이런 사람이 많은 사회를 우리는 '선진 사회'라고 합니다.

이런 사람처럼 자신의 양심과 지성에 따라 행동하는 사람이 많은 사회를 우리는 '민주주의 사회'라고 합니다. 선진 사회와 민주주의 사회란 결국 공동체 정신의 발휘입니다. 그 발휘로 약자를 배려하고 자신과 가족도 그 보호막의 울타리 속에서 언젠가 그리고 언제고 평온할 수 있는 사회를 우리는 꿈꾸어야만 합니다.

그 꿈이 이루어지려면 남에게 묻지 말고 스스로 행동해야 합니다. 자신의 양심과 지성의 공명에 따라 행동해야 합니다. 그러기 위해선 그 양심과 지성을 끊임없이 갈고 닦아야 합니다. 언제나 진실만을 말하고 언제나 책을 읽고 언제나 소통해야 합니다.

양심이 진실로 통하고 지성이 책으로 통하고 소통이 대중으로 전이되기 시작하면, 결국 진보가 일어나고 새로운 길이 열리게 됩니다. 원래 민주주의란 것이 아주 어려운 것입니다. 사람들이 진실하려 들지 않고 사람들이 공부하려 들지 않고 사람들이 소통하려 들지 않기 때문에 민주주의가 어렵습니다. 그러나 그 어려운 민주주의에 실패하면 선진국으로 갈 수 없고, 선진국으로 가지 못한다면 공동체 사회를 안정적으로 유지해 나갈 수 없음을 알아야만 합니다. 나 혼자만 잘살고 다른 사람은 불행하길 바라는 사회는 이미 죽은 사회입니다.

현재의 빈부 격차와 부동산 버블은 밀접한 상호관계가 있습니다. 빈부 격차가 커져야 부동산 버블이 가능해집니다. 부동산 버블이 커지면 빈부 격차가 가능해집니다. 그 빈부 격차로 다시 부동산 버블이 가능해집니다. 그러다 빈부 격차가 극에 달해 더 이상 도모하기 힘들게 되면 망하게 되는 것입니다. 로마가 그렇게 망했고 미국이 지금 그렇게 위기를 겪고 있습니다.

결국 신자유주의의 종말입니다.

통화 버블의 종말입니다.

부동산 버블의 종말입니다.

빈부 격차 외면의 종말입니다.

그것은 선진 사회 꿈의 종말이고

민주주의 꿈의 종말이고

공동체 사회 구현 꿈의 종말인 것입니다.

스스로에게 묻고 자발적으로 행동하세요. 남에게 묻지 말고 스스로의 양심과 지성에 물어보세요. 그리고 그 결과에 따라 소신 있게 행동하세요. 그런 사람이 많아져야 다른 사람에게도 전이가 일어나고, 꿈만 같아 보였던 민주주의가 드디어 가능해지게 됩니다. 민주주의가 가능해지면 조세 · 복지 선진화가 가능해지고, 공동체 사회 속에서 서로 행복하게 어우러져 살 수 있는 위대한 길이 열리게 됩니다. 그 길의 초입부에 우리 모두가 지금 서 있습니다.

그 길의 첫발도 내딛기 전에 다른 사람을 쳐다보며 주저앉지 마시고, 초연하고 당당하게 그 길을 계속 걸어가 보세요. 그러면 어느 순간부터 점점 많은 사람들이 함께하게 될 것입니다. 그것에 성공하면 공동체 사회의 문이 활짝 열리게 될 것입니다. 지금 이 순간의 대안은 바로 행동하는 양심과 지성입니다. 착한 사람을 바보로 만들지 않는 사회 말입니다.

더 이상 노무현 같은 사람을 바보로 전락시켜 죽여선 안 됩니다. 그렇게 되면 그런 죽음이 결국엔 자신과 자식의 미래에 똑같이 도래하게 될 것이기 때문입니다. 그런 세상을 원하지 않는다면 남에게 묻지 않고 스스로 꿋꿋하게 행동해야 할 것입니다. 오직 양심과 지성의 공명에 따라 말입니다.

그것만이 지금 이 순간 우리 사회의 유일한 대안입니다.

한 표의 힘이 온 우주를 바꾼다

안동 하회마을 전경
출처: 청빈남님 제공

거창하면 지치고 지치면 변절합니다. 이해찬이 한 말입니다. 노무현이 한 말입니다. 그리고 김대중이 한 말입니다. 진보의 가치는 거창한 게 아니라 작고 소소한 것에서 출발합니다. 그리고 그것에서 끝납니다. 작고 소소하면 시시하다고 생각하는 사람이 있습니다. 그 순간 진보의 가치는 무너집니다. 한 번에 쉽게 이룰 수 있다고 생각하는 사람 역시도 진보의 가치를 무너뜨립니다. 거창하고 급해지면 과격해지고 분열하다 결국엔 포기하거나 변절합니다. 진보의 가장 큰 적이 바로 지치고 포기하는 것입니다. .

천안함 정국 조성의 목적은 지치게 하고 포기시키려는 것입니다. 핵심은 '스트레스' 입니다. 사람이 스트레스를 받으면 아무것도 할 수 없게 됩니다. 정권이 원한 '아무것도 할 수 없는 상황' 이란 바로 투표를 포기하는 것입니다. 고 김대중 대통령은 서거하기 전 이러한 간계를 명확히 꿰뚫어 보고 있었습니다. 생전 김대중 대통령이 노무현 대통령을 사랑했던 이유는 그가 국민들의 참여를 끊임없이 유도해 냈기 때문입니다.

진보는 시민들의 자발적 참여로서만 강해질 수 있습니다. 그런 시민과 함께 행동할 때 정치도 강해질 수 있습니다. 그 정치를 수행해 낼 지도자를 시민이 직접 만들어 내고 한발 더 나아가 시민 스스로가 지도자가 되는 시민 주권, 그 진보의 출발점에 바로 노무현이 서 있었던 것입니다. 그래서 김대중은 노무현을 사랑했던 것입니다.

김대중 대통령은 생전 한 명의 국민도 낙오시키지 않고 함께 손잡고 나아갈 수 있는 정치에 진보의 미래가 있다는 말을 자주했습니다. 정치인은 언제나 국민보다 반 발짝만 앞서 나아가야 한다고도 했습니다. 노무현 대통령은 그 반 발짝조차 뒤로 물렸습니다. 그리고 함께 나아가고자 했습니다. 정치인이 국민의 주인이 아니라 국민이 정치인의 주인이기 때문입니다. 종은 주인 앞에서 뒷머리를 보여서는 안 됩니다. 사극 속에서 신하가 왕의 면전에서 물러갈 때 뒷걸음질 치는 것은 그런 연유에서 입니다.

시대는 바뀌었고 주종은 역전되었습니다. 국민이 국가의 주인이고, 정치인은 그 주인에서 동반자로, 동반자에서 안내자로 변모하는 시대로 접어 들어가고 있는 것입니다. 그것을 참여정치, 시민주권정치라고 하며 이제 그 중심에 유시민이 있습니다. 유시민은 국민의 반 발짝 앞에서 동일선상으로, 동일선상에서 반 발짝 뒤로 정치인의 지위를 격하시키려고 노력해 왔습니다.

이것은 그간 '가짜 진보'들에게는 용납할 수 없는 대역죄로 각인되어 왔습니다. 먼발치를 앞서가며 계몽하고 훈시하며 우매한 군중들을 이끌어 나가야 하는 진보의 소명을 거역했다는 이유에서였습니다. 그러나 그것은 진보의 소명이 아닙니다. 국민을 낙오시키고 한참을 앞서 내달리는 정치, 그것은 진보도 극좌도 아닌 수구 파쇼정치에 불과한 것일 뿐입니다. 그렇게 국민을 버리고 내달리면 결국 수구류와 만나게 됩니다.

국민은 보이지도 않는 먼 앞에 앉아 국민의 피와 살로 잔치를 벌이고 있는 수구들과 만나게 되는 것입니다. 그 순간 자신의 위치를 고민하게 됩니다. 변절할 것인가, 아니면 다시 되돌아가 국민들과 함께할 것인가.

지난 지방선거에서 민주당, 민주노동당, 국민참여당, 창조한국당은 결국 힘을 합쳐서 국민과 함께하는 길을 선택했습니다. 그것은 결국 김대중, 노무현의 유산을 따른 것입니다. 그리고 국민의 길로 회귀한 것입니다. 그 국민의 길이란 결국 사람의 길입니다.

한 인간이 온 우주보다 소중하다란 진보의 가치로 다시 거슬러 올라간 것입니다. 진보의 가치는 교육, 경제를 망라하고 결국 한 인간이 쓰러졌을 때 그 사람을 포기하지 않고 일으켜 세워내는 데 있습니다. 그것은 그 한 개인을 살리는 것이 아니라 공동체 사회 전체를 살리는 것이고 온 우주를 살리는 것이기도 합니다. 내가 지쳐 쓰러졌을 때 누군가에게 도움을 받을 수 있을 것이란 믿음이 확고할 수 있을 때 비로소 공동체 전체와 온 우주가 사람 사는 온기로 가득할 수 있기 때문입니다. 현재 그러한 온기가 없더라도 최소한 앞으로 세상이 그렇게 변모될 수 있으리란 희망은 있어야 합니다. 그 신뢰와 희망이 바로 진보의 유일한 가치입니다. 그리고 그 가치를 실현할 수 있는 유일한 정책이 바로 복지입니다. 교육 복지, 의료 복지, 주택 복지, 그리고 일자리 복지. 이 복지들을 구현시키기 위해 필요한 정책이 바로 조세 선진화고, 이 선진화가 구가될 수 있을 때 비로소 사람 사는 세상의 꿈은 열릴 수 있는 것입니다. 그 꿈을 만들기 위해 절실하게 필요한 것이 바로 ‘1표’입니다. 그 한 표는 물론 아주 작지만, 그 한 표를 작다고 생각하지 않고 소중하게 생각할 수 있을 때 진보정치가 시작될 수 있습니다.

‘1표’는 작지만 그 한 표가 모이면 작은 공동체가 되고, 그 작은 공동체가 다시 모이면 온 우주가 되기 때문입니다. 따라서 한 표의 행사가 시작되는 순간 온 우주를 밝게 하기 위한 진보의 위대한 가치는 사실상 시작되고 완성되는 것이라 할 수 있습니다. 그러므로 결코 한 표의 소중한 행사를 포기해서는 안 됩니다.

1993년 김대중은 대한민국 역사에 길이 남을 명언을 남겼습니다. “국민에게서 배우고 국민과 함께 하는 정치에 결국 정치의 모든 것이 있다.”
국민을 계몽하고 훈시하는 것이 아니라 국민에게서 배우고, 국민을 이끌
고 나아가는 정치가 아니라 국민과 함께 나아가는 정치에 결국 정치의
길(道)이 있다고 본 것입니다. 그 길은 바로 국민의 길이며 진보의 길이며
민주주의의 길입니다.

지금 경제가 아주 어려운 국면에 접어들고 있습니다. 이명박 정부 임기
말로 갈수록 환란, 부동산 폭락, 물가 폭등의 리스크가 커질 것이고, 그럴
수록 양극화, 빈부 격차는 더욱 극심해지게 될 것입니다.

그 해법은 오직 민주주의이며 진보입니다. 지금 이 시점에서 오직 민주
주의만이 파탄 난 민생경제를 정상화시키고, 가치는 정체된 채 가격이
흔들리고 있는 부동산 시장을 정상화시킬 수 있으며, 물가 폭등을 막고
형평성 있는 조세로 부의 불균형을 바로잡아낼 수 있습니다. 지금 이 시
점에서 오직 진보만이 자연이 파괴되고 문화가 훼손되고 인간다운 삶이
파멸되어 가고 있는 황량하고 삭막한 국민적 현실을 정상화시켜 낼 수
있습니다. 그리고 그 민주주의와 진보의 기치는 오직 국민만이 바로 세
워낼 수 있습니다. 정치란 국민의, 국민에 의한, 국민을 위한 것이며, 그
핵심은 언제나 국민이기 때문입니다.

지금 이 순간 국민들에게 말하고 싶습니다. “당신의 소중한 한 표의 힘
이 온 우주를 바꿀 수 있다. 그러므로 이 작고 소소해 보이는 듯하지만 실
은 가장 위대한 가치를 언제나 당신의 삶 속에서 결코 포기하지 말아 달
라”고 말입니다. 그리고 요구하고 싶습니다. “김대중과 노무현의 생전 국
민에 대한 사랑과 믿음을 저버리지 말아 달라”고 말입니다. 그 두 사람은
지금 이 순간 하늘에서 손을 꼭 맞잡은 채 밝은 표정으로 국민을 내려다
보고 있을 것입니다. 그 두 사람의 소중한 유산을 가슴속 깊이 되새기면
서 절대로 지치거나 포기하지 않을 수 있다면 우리 앞에 아름다운 삶이
펼쳐지는 그 날이 반드시 도래할 수 있을 것이라 감히 확신합니다.

부록

나의 소원

김 구

1. 민족국가

네 소원(所願)이 무엇이냐 하고 하느님이 내게 물으시면, 나는 서슴지 않고 "내 소원은 대한 독립(大韓獨立)이오" 하고 대답할 것이다. 그 다음 소원은 무엇이냐 하면, 나는 또 "우리나라의 독립이오" 할 것이요, 또 그 다음 소원이 무엇이냐 하는 세 번째 물음에도, 나는 더욱 소리를 높여서 "나의 소원은 우리나라 대한의 완전한 자주 독립(自主獨立)이오" 하고 대답할 것이다.

동포(同胞) 여러분! 나 김구의 소원은 이것 하나 밖에는 없다. 내 과거의 칠십 평생을 이 소원을 위하여 살아왔고, 현재에도 이 소원 때문에 살고 있고, 미래에도 나는 이 소원을 달(達)하려고 살 것이다.

독립이 없는 백성으로 칠십 평생에 설움과 부끄러움과 애탐을 받은 나에게는, 세상에 가장 좋은 것이, 완전하게 자주 독립한 나라의 백성으로 살아 보다가 죽는 일이다. 나는 일찍이 우리 독립 정부의 문지기가 되기를 원하였거니와, 그것은 우리나라가 독립국만 되면 나는 그 나라의 가장 미천(微賤)한 자가 되어도 좋다는 뜻이다. 왜 그런 고하면, 독립한 제 나라의 빈천(貧賤)이 남의 밑에 사는 부귀(富貴)보다 기쁘고 영광스럽고 희망이 많기 때문이다.

옛날, 일본에 갔던 박제상(朴堤上)이 "내 차라리 계림(鷄林)의 개, 돼지가 될지언정 왜왕의 신하로 부귀를 누리지 않겠다." 한 것이 그의 진정이었던 것을 나는 안다. 제상은 왜왕이 높은 벼슬과 많은 재물을 준다는 것을 물리치고 달게 죽음을 받았으니, 그것은 "차라리 내 나라의 귀신이 되리라." 함이었다.

근래에 우리 동포 중에는 우리나라를 어느 큰 이웃 나라의 연방(聯邦)에 편입(編入)하기를 소원하는 자가 있다 하니, 나는 그 말을 차마 믿으려 아니 하거니와, 만일 진실로 그러한 자가 있다 하면, 그는 제정신을 잃은 미친놈이라 밖에 볼 길이 없다.

나는 공자(孔子), 석가(釋迦), 예수의 도(道)를 배웠고, 그들을 성인(聖人)으로 숭배(崇拜)하거니와, 그들이 합하여서 세운 천당(天堂), 극락(極樂)이 있다 하더라도, 그것이 우리 민족이 세운 나라가 아닐진대 우리 민족을 그 나라로 끌고 들어가지 아니할 것이다.

왜 그런 고 하면, 피와 역사(歷史)를 같이하는 민족이란 완연히 있는 것이어서, 내 몸이 남의 몸이 못 됨과 같이 이 민족이 저 민족이 될 수는 없는 것이, 마치 형제도 한집에서 살기 어려움과 같은 것이다. 둘 이상이 합하여서 하나가 되자면 하나는 높고 하나는 낮아서, 하나는 위에 있어 명령(命令)하고, 하나는 밑에 있어서 복종(服從)하는 것이 근본 문제가 되는 것이다.

이에 대하여 일부 소위 좌익(左翼)의 무리는 혈통(血統)의 조국(祖國)을 부인(否認)하고 소위 사상(思想)의 조국을 운운(云云)하며, 혈족의 동포를 무시하고 소위 사상의 동무와 프롤레타리아트의 국제적(國際的) 계급(階級)을 주장하여, 민족주의(民族主義)라면 마치 이미 진리권(眞理圈) 외에 떨어진 생각인 것같이 말하고 있다. 심히 어리석은 생각이다.

철학(哲學)도 변하고 정치(政治), 경제(經齊)의 학설(學說)도 일시적이거니와, 민족의 혈통은 영구적이다. 일찍이 어느 민족 내에서나 혹은 종교로, 혹은 학설로, 혹은 경제적·정치적 이해의 충돌로 하여 두 파, 세 파로 갈려서 피로써 싸운 일이 없는 민족이 없거니와, 지내놓고 보면 그것은 바람과 같이 지나가는 일시적인 것이요, 민족은 필경 바람 잔 뒤에 초목 모양으로 뿌리와 가지를 서로 걸고 한 수풀을 이루어 살고 있다. 오늘날 소위 좌우익(左右翼)이란 것도 결국 영원한 혈통의 바다에 일어나는 일시적인 풍파(風波)에 불과하다는 것을 잊어서는 아니 된다.

이 모양으로 모든 사상도 가고 신앙(信仰)도 변한다. 그러나 혈통적인 민족만은 영원히 흥망성쇠(興亡盛衰)의 공동 운명의 인연에 얽힌 한 몸으로 이 땅 위에 사는[生] 것이다.

세계 인류가 네오 내오 없이 한 집이 되어 사는 것은 좋은 일이요, 인류의 최고요 최후인 희망(希望)이요 이상(理想)이다. 그러나 이것은 멀고 먼 장래에 바랄 것이요, 현실의 일은 아니다. 사해동포(四海同胞)의 크고 아름다운 목표를 향하여 인류가 향상하고 전진하는 노력을 하는 것은 좋은 일이요 마땅히 할 일이나, 이것도 현실을 떠나서는 안 되는 일이니, 현실의 진리는 민족마다 최선(最善)의 국가(國家)를 이루고 최선의 문화(文化)를 낳아 길러서, 다른 민족과 서로 바꾸고 서로 돕는 일이다. 이것이 내가 믿고 있는 민주주의(民主主義)요, 이것이 인류의 현 단계에서는 가장 확실한 진리다.

그러므로 우리 민족으로서 하여야 할 최고의 임무(任務)는, 첫째로 남의 절제(節制)도 아니 받고 남에게 의뢰(依賴)도 아니 하는, 완전한 자주 독립의 나라를 세우는 일이다. 이것이 없이는 우리 민족의 생활을 보장할 수 없을 뿐더러, 우리 민족의 정신력(精神力)을 자유로 발휘(發揮)하여 빛나는 문화를 세울 수가 없기 때문이다. 이렇게 완전한 자주 독립의 나라를 세운 뒤에는, 둘째로 이 지구상의 인류가 진정한 평화(平和)와 복락(福樂)을 누릴 수 있는 사상을 낳아, 그것을 먼저 우리나라에 실현하는 것이다.

나는 오늘날의 인류의 문화가 불완전함을 안다. 나라마다 안으로는 정치상,

경제상, 사회상으로 불평등, 불합리가 있고, 밖으로 국제적으로는 나라와 나라의, 민족과 민족의 시기(猜忌), 알력(軋轢), 침략(侵略), 그리고 그 침략에 대한 보복(報復)으로 작고 큰 전쟁이 끊일 사이가 없어서 많은 생명과 재물을 희생하고도, 좋은 일이 오는 것이 아니라 인심(人心)의 불안(不安)과 도덕(道德)의 타락(墮落)은 갈수록 더하니, 이래 가지고는 전쟁이 끊일 날이 없어, 인류는 마침내 멸망하고 말 것이다.

그러므로 인류 세계에는 새로운 생활 원리(生活原理)의 발견(發見)과 실천(實踐)이 필요하게 되었다. 이야말로 우리 민족이 담당한 천직(天職)이라고 믿는다. 이러하므로 우리 민족의 독립이란 결코 삼천 리 삼천만만의 일이 아니라, 진실로 세계 전체의 운명에 관한 일이요, 그러므로 우리나라의 독립을 위하여 일하는 것이 곧 인류를 위하여 일하는 것이다.

만일, 우리의 오늘날 형편이 초라한 것을 보고 자굴지심(自屈之心)을 발하여, 우리가 세우는 나라가 그처럼 위대한 일을 할 것을 의심한다면, 그것은 스스로 모욕(侮辱)하는 일이다. 우리 민족의 지나간 역사가 빛나지 아니함이 아니나, 그것은 아직 서곡(序曲)이었다. 우리가 주연 배우(主演俳優)로 세계 역사의 무대(舞臺)에 나서는 것은 오늘 이후다. 삼천만의 우리 민족이 옛날의 그리스 민족이나 로마 민족이 한 일을 못 한다고 생각할 수 있겠는가!

내가 원하는 우리 민족의 사업은 결코 세계를 무력(武力)으로 정복(征服)하거나 경제력(經濟力)으로 지배(支配)하려는 것이 아니다. 오직 사랑의 문화, 평화의 문화로 우리 스스로 잘 살고 인류 전체가 의좋게, 즐겁게 살도록 하는 일을 하자는 것이다. 어느 민족도 일찍이 그러한 일을 한 이가 없으니 그것은 공상(空想)이라고 하지 마라. 일찍이 아무도 한 자가 없기에 우리가 하자는 것이다. 이 큰일은 하늘이 우리를 위하여 남겨 놓으신 것임을 깨달을 때에 우리 민족은 비로소 제 길을 찾고 제 일을 알아본 것이다.

나는 우리나라의 청년 남녀(靑年男女)가 모두 과거의 조그맣고 좁다란 생각을 버리고, 우리 민족의 큰 사명(使命)에 눈을 떠서, 제 마음을 닦고 제 힘을 기르기로 낙(樂)을 삼기를 바란다. 젊은 사람들이 모두 이 정신을 가지고 이 방향으로 힘을 쓸진댄 30년이 못하여 우리 민족은 괄목상대(刮目相對)하게 될 것을 나는 확신(確信)하는 바다.

2. 정치이념

나의 정치 이념은 한마디로 표시하면 자유다. 우리가 세우는 나라는 자유의 나라라야 한다.

자유란 무엇인가? 절대로 각 개인이 제멋대로 사는 것을 자유라 하면 이것은 나라가 생기기 전이나, 저 레닌의 말 모양으로 나라가 소멸된 뒤에나 있는 일이다. 국가 생활을 하는 인류에게는 이러한 무조건의 자유는 없다. 왜 그런고 하면, 국가란 일종의 규범의 속박이기 때문이다. 국가 생활을 하는 우리를 속박하는 것은 법이다.

개인의 생활이 국법에 속박되는 것은 자유 있는 나라나 자유 없는 나라나 마찬가지다. 자유와 자유 아님이 갈리는 것은 개인의 자유를 속박하는 법이 어디서 오느냐 하는 데 달렸다. 자유 있는 나라의 법은 국민의 자유로운 의사에서 오고, 자유 없는 나라의 법은 국민 중의 어떤 일개인, 또는 일 계급에서 온다. 일개인에서 오는 것을 전제 또는 독재라 하고, 일 계급에서 오는 것을 계급독재라 하고 통칭 파쇼라고 한다.

나는 우리나라가 독재의 나라가 되기를 원치 아니한다. 독재의 나라에서는 정권에 참여하는 계급 하나를 제외하고는 다른 국민은 노예가 되고 마는 것이다. 독재 중에서 가장 무서운 독재는 어떤 주의, 즉 철학을 기초로 하는 계급 독재다. 군주나 기타 개인 독재자의 독재는 그 개인만 제거되면 그만이거니와, 다수의 개인으로 조직된 한 계급이 독재의 주체일 때에는 이것을 제거하기는 심히 어려운 것이니, 이러한 독재는 그보다도 큰 조직의 힘이거나 국제적 압력이 아니고는 깨뜨리기 어려운 것이다.

우리나라의 양반 정치도 일종의 계급 독재이거니와 이것은 수백 년 계속하였다. 이탈리아의 파시스트, 독일의 나치스의 일은 누구나 다 아는 일이다. 그러나 모든 계급 독재 중에도 가장 무서운 것은 철학을 기초로 한 계급 독재다. 수백 년 동안 이조 조선에 행하여 온 계급 독재는 유교, 그 중에도 주자학파의 철학을 기초로 한 것이어서, 다만 정치에 있어서만 독재가 아니라 사상, 학문, 사회생활, 가정생활, 개인생활까지도 규정하는 독재였다.

이 독재 정치 밑에서 우리 민족의 문화는 소멸되고 원기는 마멸된 것이다. 주자학 이외의 학문은 발달하지 못하니 이 영향은 예술, 경제, 산업에까지 미치었다. 우리나라가 망하고 민력이 쇠진하게 된 가장 큰 원인이 실로 여기 있었다. 왜 그런 고하면 국민의 머릿속에 아무리 좋은 사상과 경륜이 생기더라도 그가 집권계급의 사람이 아닌 이상, 또 그것이 사문난적(斯文亂賊)이라는 범주 밖에 나지 않는 이상 세상에 발표되지 못하기 때문이었다. 이 때문에 싹이 트려다가 눌려 죽은 새 사상, 싹도 트지 못하고 밟혀버린 경륜이 얼마나 많았을까. 오직 언론의 자유가 있는 나라에만 진보가 있는 것이다.

시방 공산당이 주장하는 소련식 민주주의란 것은 이러한 독재정치 중에도 가장 철저한 것이어서 독재정치의 모든 특징을 극단으로 발휘하고 있다. 즉 헤겔에서 받은 변증법, 포이에르바하의 유물론 이 두 가지와, 아담 스미스의 노동가치론을 가미한 마르크스의 학설을 최후의 것으로 믿어, 공산당과 소련의 법률과 군대와 경찰의 힘을 한데 모아서 마르크스의 학설에 일점일획이라도 반대는 고사하고 비판만 하는 것도 엄금하여 이에 위반하는 자는 죽음의 숙청으로써 대하니, 이는 옛날에 조선의 사문난적에 대한 것 이상이다.

만일 이러한 정치가 세계에 퍼진다면 전 인류의 사상은 마르크스주의 하나로 통일될 법도 하거니와, 설사 그렇게 된다 하더라도 그것이 불행히 잘못된 이론일진대, 그런 큰 인류의 불행은 없을 것이다. 그런데 마르크스 학설의 기초인 헤겔의 변증법 이론이란 것이 이미 여러 학자의 비판으로 말미암아 전면적 진리가 아닌 것이 알려지지 아니하였는가. 자연계의 변천이 변증법에 의하지 아니함은 뉴턴, 아인슈타인 등 모든 과학자들의 학설을 보아서 분명하다.

그러므로 어느 한 학설을 표준으로 하여서 국민의 사상을 속박하는 것은 어느 한 종교를 국교로 정하여서 국민의 신앙을 강제하는 것과 마찬가지로 옳지 아니한 일이다. 산에 한 가지 나무만 나지 아니하고, 들에 한 가지 꽃만 피지 아니한다.

여러 가지 나무가 어울려서 위대한 삼림의 아름다움을 이루고 백 가지 꽃이 섞여 피어서 봄들의 풍성한 경치를 이루는 것이다. 우리가 세우는 나라에는 유교도 성하고, 불교도 예수교도 자유로 발달하고, 또 철학을 보더라도 인류의 위대한 사상이 다 들어와서 꽃이 피고 열매를 맺게 할 것이니, 이러하여야만 비로소 자유의 나라라 할 것이요, 이러한 자유의 나라에서만 인류의 가장 크고 높은 문화가 발생할 것이다.

나는 노자의 무위를 그대로 믿는 자는 아니거니와, 정치에 있어서 너무 인공을 가하는 것을 옳지 않게 생각하는 자이다. 대개 사람이란 전지전능할 수가 없고 학설이란 완전무결할 수 없는 것이므로, 한 사람의 생각, 한 학설의 원리로 국민을 통제하는 것은 일시 속한 진보를 보이는 듯 하더라도 필경은 병통이 생겨서 그야말로 변증법적인 폭력의 혁명을 부르게 되는 것이다.

모든 생물에는 다 환경에 순응하여 저를 보존하는 본능이 있으므로 가장 좋은 길은 가만히 두는 것이다. 작은 꾀로 자주 건드리면 이익보다도 해가 많다. 개인생활에 너무 잘게 간섭하는 것은 결코 좋은 정치가 아니다. 국민은 군대의 병정도 아니요, 감옥의 죄수도 아니다. 한 사람 또 몇 사람의 호령으로 끌고 가는 것이 극히 부자연하고 또 위태한 일인 것은, 파시스트 이탈리아와 나치스 독일이 불행하게도 가장 잘 증명하고 있지 아니한가?

미국은 이러한 독재 국에 비겨서는 심히 통일이 무력한 것 같고 일의 진행이 느린 듯 하여도, 그 결과로 보건대 가장 큰 힘을 발하고 있으니 이것은 그 나라의 민주정치의 효과이다. 무슨 일을 의논할 때에 처음에는 백성들이 저마다 제 의견을 발표하여서 훤훤효효(喧喧囂囂) 하여 귀일(歸一)할 바를 모르는 것 같지만, 갑론을박(甲論乙駁)으로 서로 토론하는 동안에 의견이 차차 정리되어서 마침내 두어 큰 진영으로 포섭되었다가, 다시 다수결의 방법으로 한 결론에 달하여 국회의 결의가 되고, 원수의 결제를 얻어 법률이 이루어지면, 이에 국민의 의사가 결정되어 요지부동하게 되는 것이다.

이 모양으로 민주주의란 국민의 의사를 알아보는 한 절차 또는 방식이요, 그 내용은 아니다. 즉 언론의 자유, 투표의 자유, 다수결에 복종, 이 세 가지가 곧 민주주의이다. 국론, 즉 국민의 의사의 내용은 그때그때의 국민의 언론전으로 결정되는 것이어서, 어느 개인이나 당파의 특정한 철학적 이론에 좌우되는 것이 아님이 미국식 민주주의의 특색이다.

다시 말하면 언론, 투표, 다수결 복종이라는 절차만 밟으면 어떠한 철학에 기초한 법률도 정책도 만들 수 있으니, 이것을 제한하는 것은 오직 그 헌법의 조문뿐이다. 그런데 헌법도 결코 독재국의 그것과 같이 신성불가침의 것이 아니라. 민주주의의 절차로 개정할 수가 있는 것이니, 이러므로 민주, 즉 백성이 나라의 주권자라 하는 것이다. 이러한 나라에서 국론을 움직이려면 그중에서 어떤 개인이나 당파를 움직여서 되지 아니하고, 그 나라 국민의 의견을 움직여서 된다.

백성들의 작은 의견은 이해관계로 결정되거니와, 큰 의견은 그 국민성과 신앙과 철학으로 결정된다. 여기서 문화와 교육의 중요성이 생긴다. 국민성을 보존하는 것이나 수정하고 향상하는 것이 문화와 교육의 힘이요, 산업의 방향도 문화와 교육으로 결정됨이 큰 까닭이다. 교육이란 결코 생활의 기술을 가르치는 것만을 의미하는 것이 아니다. 교육의 기초가 되는 것은 우주와 인생과 정치에 대한 철학이다.

어떠한 철학의 기초 위에, 어떠한 생활의 기술을 가르치는 것이 곧 국민교육이다. 그러므로 좋은 민주주의 정치는 좋은 교육에서 시작될 것이다. 건전한 철학의 기초 위에 서지 아니한 지식과 기술의 교육은 그 개인과 그를 포함한 국가에 해가 된다. 인류 전체를 보아도 그러하다.

이상에 말한 것으로 내 정치 이념이 대강 짐작될 것이다. 나는 어떤 의미로든지 독재정치를 배격한다. 나는 우리 동포를 향하여서 부르짖는다. 결코 독재정치가 아니 되도록 조심하라고, 우리 동포 각 개인이 십 분의 언론 자유를 누려서 국민 전체의 의견대로 되는 정치를 하는 나라를 건설하자고, 일부 당파나 어떤 한 계급의 철학으로 다른 다수를 강제함이 없고, 또 현재의 우리들의 이론으로 우리 자손의 사상과 신앙의 자유를 속박함이 없는 나라, 천지와 같이 넓고 자유로운 나라, 그러면서도 사랑의 덕과 법의 질서가 우주 자연의 법칙과 같이 준수되는 나라가 되도록 우리나라를 건설하자고.

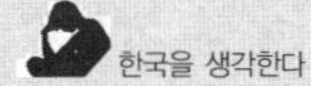

그렇다고 나는 미국의 민주주의 제도를 그대로 직역하자는 것은 아니다. 다만 소련의 독재적인 민주주의에 대하여 미국의 언론 자유적인 민주주의를 비교하여서 그 가치를 판단하였을 뿐이다. 둘 중에서 하나를 택한다면 사상과 언론의 자유를 기초로 한 자를 취한다는 말이다.

나는 미국의 민주주의 정치제도가 반드시 최후적인 완성된 것이라고는 생각지 아니한다. 인생의 어느 부분이나 다 그러함과 같이 정치 형태에 있어서도 무한한 창조적 진화가 있을 것이다. 더구나 우리나라와 같이 반만년 이래로 여러 가지 국가 형태를 경험한 나라에는 결점도 많으려니와, 교묘하게 발달된 정치제도도 없지 아니할 것이다. 가까이 이조시대로 보더라도 홍문관, 사간원, 사헌부 같은 것은 국민 중에 현인의 의사를 국정에 반영하는 제도로 멋있는 제도요, 과거제도와 암행어사 같은 것도 연구할 만한 제도다.

역대의 정치제도를 상고하면 반드시 쓸 만한 것도 많으리라고 믿는다. 이렇게 남의 나라의 좋은 것을 취하고, 내 나라의 좋은 것을 골라서 우리나라에 독특한 좋은 제도를 만드는 것도 세계의 문운(文運)에 보태는 일이다

3. 내가 원하는 우리나라

나는 우리나라가 세계에서 가장 아름다운 나라가 되기를 원한다. 가장 부강한 나라가 되기를 원하는 것은 아니다.

내가 남의 침략에 가슴이 아팠으니 내 나라가 남을 침략하는 것을 원치 아니한다. 우리의 부력(富力)은 우리의 생활을 풍족히 할 만하고, 우리의 강력(强力)은 남의 침략을 막을 만하면 족하다. 오직 한없이 가지고 싶은 것은 높은 문화의 힘이다. 문화의 힘은 우리 자신을 행복하게 하고 나아가서 남에게 행복을 주겠기 때문이다.

지금, 인류에게 부족한 것은 무력도 아니요, 경제력도 아니다. 자연 과학의 힘은 아무리 많아도 좋으나 인류 전체로 보면 현재의 자연 과학만 가지고도 편안히 살아가기에 넉넉하다. 인류가 현재에 불행한 근본 이유는 인의가 부족하고 자비가 부족하고 사랑이 부족한 때문이다. 이 마음만 발달이 되면 현재의 물질력으로 20억이 다 편안히 살아갈 수 있을 것이다. 인류의 이 정신을 배양하는 것은 오직 문화이다.

나는 우리나라가 남의 것을 모방하는 나라가 되지 말고 이러한 높고 새로운 문화의 근원이 되고 목표가 되고 모범이 되기를 원한다. 그래서 진정한 세계의 평화가 우리나라에서, 우리나라로 말미암아서 세계에 실현되기를 원한다. 홍익인간(弘益人間)이라는 우리 국조(國祖) 단군(檀君)의 이상이 이것이라고 믿는다.

또, 우리 민족의 재주와 정신과 과거의 단련이 이 사명을 달성하기에 넉넉하고 우리 국토의 위치와 기타 지리적 조건이 그러하며, 또 1차, 2차의 세계 대전을 치른 인류의 요구가 그러하며, 이러한 시대에 새로 나라를 고쳐 세우는, 우리가 서 있는 시기가 그러하다고 믿는다. 우리 민족이 주연 배우로 세계무대에 등장할 날이 눈앞에 보이지 아니하는가.

이 일을 하기 위하여 우리가 할 일은 사상의 자유를 확보하는 정치 양식의 건립과 국민 교육의 완비다. 내가 위에서 자유와 나라를 강조하고 교육의 중요성을 말한 것은 이 때문이다.

최고 문화 건설의 사명을 달한 민족은 일언이폐지하면 모두 성인(聖人)을 만드는 데 있다. 대한 사람이라면 간 데마다 신용을 받고 대접을 받아야 한다. 우리의 적이 우리를 누르고 있을 때에는 미워하고 분해하는 살벌, 투쟁의 정신을 길렀었거니와, 적은 이미 물러갔으니 우리는 증오의 투쟁을 버리고 화합의 건설을 일삼을 때다. 집안이 불화하면 망하고 나라 안이 갈려서 싸우면 망한다. 동포 간의 증오와 투쟁은 망조다. 우리의 용모에서는 화기가 빛나야 한다. 우리 국토 안에는 언제나 춘풍이 태탕하여야 한다. 이것은 우리 국민 각자가 한번 마음을 고쳐먹음으로 되고 그러한 정신의 교육으로 영속될 것이다.

최고 문화로 인류의 모범이 되기로 사명을 삼는 우리 민족의 각원(各員)은 이기적 개인주의자여서는 안 된다. 우리는 개인의 자유를 극도로 주장하되, 그것은 저 짐승들과 같이 저마다 제 배를 채우기에 쓰는 자유가 아니요, 제 가족을, 제 이웃을, 제 국민을 잘살게 하기에 쓰이는 자유다. 공원의 꽃을 꺾는 자유가 아니라 공원에 꽃을 심는 자유다.

우리는 남의 것을 빼앗거나 남의 덕을 입으려는 사람이 아니라 가족에게, 이웃에게, 동포에게 주는 것으로 낙을 삼는 사람이다. 우리말에 이른바 선비요 점잖은 사람이다.

그러므로 우리는 게으르지 아니하고 부지런하다. 사랑하는 처자를 가진 가장은 부지런할 수밖에 없다. 한없이 주기 위함이다. 힘든 일은 내가 앞서 하니 사랑하는 동포를 아낌이요, 즐거운 것은 남에게 권하니 사랑하는 자를 위하기 때문이다. 우리 조상네가 좋아하던 인후지덕(仁厚之德)이란 것이다.

이러함으로써 우리나라의 산에는 삼림이 무성하고 들에는 오곡백과가 풍성하며 촌락과 도시는 깨끗하고 풍성하고 화평할 것이다. 그리하여 우리 동포, 즉 대한 사람은 남자나 여자나 얼굴에는 항상 화기가 있고 몸에서는 덕의 향기를 발할 것이다. 이러한 나라는 불행하려 하여도 불행할 수 없고 망하려

하여도 망할 수 없는 것이다.

민족의 행복은 결코 계급투쟁에서 오는 것도 아니요, 개인의 행복도 이기심에서 오는 것이 아니다. 계급투쟁은 끝없는 계급투쟁을 낳아서 국토에 피가 마를 날이 없고, 내가 이기심으로 남을 해하면 천하가 이기심으로 나를 해할 것이니, 이것은 조금 얻고 많이 빼앗기는 법이다. 일본이 이번에 당한 보복은 국제적, 민족적으로도 그러함을 증명하는 가장 좋은 실례다.

이상에서 말한 것은 내가 바라는 새 나라의 용모의 일단을 그린 것이거니와, 동포 여러분! 이러한 나라가 될진대 얼마나 좋겠는가. 우리네 자손을 이러한 나라에 남기고 가면 얼마나 만족하겠는가. 옛날 한토(漢土)의 기자(箕子)가 우리나라를 사모하여 왔고, 공자께서도 우리 민족이 사는 데 오고 싶다고 하였으며, 우리 민족을 인(仁)을 좋아하는 민족이라 하였으니, 옛날에도 그러하였거니와, 앞으로도 세계 인류가 모두 우리 민족의 문화를 이렇게 사모하도록 하지 아니하려는가.

나는 우리의 힘으로, 특히 교육의 힘으로 반드시 이 일이 이루어질 것을 믿는다. 우리나라의 젊은 남녀가 다 이 마음을 가질진대 아니 이루어지고 어찌하랴.

나도 일찍 황해도에서 교육에 종사하였거니와, 내가 교육에서 바라던 것이 이것이었다. 내 나이 이제 70이 넘었으니 몸소 국민 교육에 종사할 시일이 넉넉지 못하거니와, 나는 천하의 교육자와 남녀 학도들이 한번 크게 마음을 고쳐먹기를 빌지 아니할 수 없다.

2006 OECD 30개국 + BRICS GDP 현황

2006 주요국 GDP 순위
(Billion US dollars & current prices and PPPs)

1. OECD total	35.0591조 달러	21. 남아공	0.3975조 달러
2. 미국	13.1329 조 달러	22. 벨기에	0.3535조 달러
3. EU 15개국 total	12.2458조 달러	23. 스웨덴	0.3167조 달러
4. 중국	5.3332조 달러	24. 그리스	0.3036조 달러
5. 일본	4.0778조 달러	25. 오스트리아	0.2956조 달러
6. 독일	2.6316조 달러	26. 스위스	0.2853조 달러
7. 인도	2.3410조 달러	27. 노르웨이	0.2426조 달러
8. 영국	1.9970조 달러	28. 체코	0.2260조 달러
9. 프랑스	1.9621조 달러	29. 포르투갈	0.2206조 달러
10. 이탈리아	1.6992조 달러	30. 칠레	0.1998조 달러
11. 러시아	1.6975조 달러	31. 덴마크	0.1915조 달러
12. 브라질	1.5851조 달러	32. 헝가리	0.1828조 달러
13. 스페인	1.2948조 달러	33. 아일랜드	0.1732조 달러
14. 멕시코	1.2679조 달러	34. 핀란드	0.1724조 달러
15. 캐나다	1.2010조 달러	35. 이스라엘	0.1567조 달러
16. 한국	1.1127조 달러	36. 뉴질랜드	0.1073조 달러
17. 호주	0.7353조 달러	37. 슬로바키아	0.0948조 달러
18. 터키	0.6397조 달러	38. 슬로베니아	0.0460조 달러
19. 네덜란드	0.5972조 달러	39. 룩셈브르크	0.0369조 달러
20. 폴란드	0.5583조 달러	40. 에스토니아	0.0224조 달러

※ 아이슬란드 0.0109조 달러

■ OECD 30개국

미국, 일본, 독일, 영국, 프랑스, 이탈리아, 스페인, 멕시코, 캐나다, 한국, 호주, 터키, 네덜란드, 폴란드, 벨기에, 스웨덴, 그리스, 오스트리아, 스위스, 노르웨이, 체코, 포르투갈, 덴마크, 헝가리, 아일랜드, 핀란드, 뉴질랜드, 슬로바키아, 룩셈부르크, 아이슬란드

■ OECD 가입 예정 5개국

러시아, 라트비아, 리투아니아, 에스토니아, 칠레

■ OECD 가입 거부국

싱가포르

■ BRICS

중국, 인도, 브라질, 러시아, (2011 남아공 신규 가입)

■ N-11(넥스트 일레븐)

방글라데시, 파키스탄, 나이지리아, 필리핀, 베트남, 이집트, 이란, 터
키, 멕시코, 인도네시아, 한국

■ G-8

미국, 일본, 독일, 영국, 프랑스, 이탈리아, 캐나다, 러시아

2 외국인 주식 및 채권보유 현황

■ 외국인의 주식 및 채권 보유현황

	1992	1994	1998	2000	2003	2006.6
주식보유액	41,451억원 (4.9%)	154,018억 원(10.2%)	256,334억 원(18.6%)	565,585억 원(30.1%)	1,425,341억 원(40.1%)	2,491,323억 원(39.3%)
채권보유액	–	386억원 (0.0%)	9,683억원 (0.3%)	6,921억원 (0.2%)	17,676억원 (0.3%)	39,004억원 (0.5%)

※ %는 해당 자본시장에서 차지하는 외국인의 비중

☞ 해설

우리나라 자본시장에 대한 외국인의 투자액 중 채권시장의 비율은 낮았
습니다. 가장 큰 이유는 우리나라 채권시장의 발달이 미성숙하고 안전자

산인 국채 발행액의 규모가 상대적으로 다른 나라에 비해서 크지 않았기 때문입니다.

■ 우리나라 자본시장 규모

	1990	1995	2000	2006.6
채권총액	35조0050억 원	111조9150억 원	397조1150억 원	730조5350억 원
국채	3조1230억 원	19조5480억 원	73조2940억 원	251조3020억 원
지방채	1조0600억 원	3조2380억 원	9조7650억 원	11조7880억 원
금융채	6조6260억 원	27조6880억 원	49조0930억 원	125조6480억 원
통화안정증권	–	5060억 원	39조8900억 원	131조8100억 원
특수채	2조1280억 원	4조4790억 원	97조1950억 원	105조9510억 원
회사채	22조0680억 원	56조4560억 원	127조8780억 원	104조0370억 원
주식총액	79조0200억 원	141조1510억 원	217조0570억 원	696조9100억 원
유가증권	79조0200억 원	141조1510억 원	188조0410억 원	633조1580억 원
코스닥	–	–	29조0160억 원	63조7520억원
자본시장 총액	114조0250억 원	253조0660억 원	614조1720억 원	1427조4450억 원

☞ 해설

주식시장은 17년간 8.5배 정도 커졌으나 채권시장은 21배 이상 커졌습니다. 좋은 일만은 아닙니다. 국가부채가(국채발행 잔량) 급증하고 있기 때문입니다.

■ 전 세계 주요투자기관의 자산구성

투자별	주식	채권	통화(현금)
비중	54%	38%	8%

(2004년 현재)

지역별	미국	기타 북미	영국	유로	기타 유럽	일본	기타아시아
비중	51%	2%	7%	17%	4%	12%	7%

통화별	달러	엔	파운드	유로	기타
비중	48%	14%	4%	31%	3%

☞ 해설

이코노미스트 매 분기 발표자료 참조

■ 자본시장 동향자료 확인

금융감독원 홈페이지(http://www.fss.or.kr/) 접속 후 우측 금융부속 사
이트란의 [금융통계정보] 클릭(http://fisis.fss.or.kr/)

항목별 보기 ⇨ 자본시장 ⇨ 외국인 주식투자, 외국인 채권투자 현황
클릭

거기를 보면 외국인투자자자수, 종류별 투자, 순매수 추이, 거래량, 보유
잔량 현황 등이 월별로 공시되어 있습니다. 1~2개월 후에 발표됩니다.

3 전 세계 금융시장 규모

■ 전 세계 금융시장 규모(2006. 12)

단위 : 달러

	주식	채권	은행자산	합계	GDP	금융/GDP
EU	13조0690억	23조2030억	36조6420억	72조9140억	13조6440억	5.34배
북미	21조2700억	28조0720억	12조1230억	61조4640억	14조0470억	4.24배
일본	4조7960억	8조7190억	6조4150억	19조9310억	4조3660억	4.56배
아시아	6조8570억	3조5180억	7조4870억	17조8620억	6조2600억	2.85배
기타	4조8350억	5조2220억	8조1940억	18조2510억	9조4640억	1.92배
전 세계	50조8270억	68조7340억	70조8610억	190조4220억	48조2040억	3.95배

출처 : IMF

■ 전 세계 채권시장 규모(2007. 12)

총 67조 2516억 달러

통화	달러	유로	엔	파운드	기타
비중	43%	24%	16%	2%	15%

출처 : BIS

■ 국제채권시장

21조5994억 달러

통화	달러	유로	엔	파운드	기타
비중	35%	49%	3%	8%	6%

■ 전 세계 주식시장 규모(2006)

총 50조 8266억 달러, 단위 : 달러

지역	북미	EU	일본	아시아 신흥	기타
비중	42%	26%	9%	13%	10%

출처 : IMF

■ 전 세계 파생금융상품 거래 규모

총 677조 4540억 달러, 단위 : 달러

	1990	1994	1998	2002	2007
거래소 거래	2조2910억	8조8980억	13조9320억	23조8100억	81조4500억
장외 거래	3조4500억	11조3030억	50조9970억	141조0790억	596조0040억
계	5조7410억	20조1660억	64조9290억	165조4890억	677조4540억

출처 : BIS

■ 파생상품 거래별 비중

	1990	1994	1998	2002	2007
북미	65.3	44.9	39.9	21.6	47.8
유럽	17.4	34.8	39.6	25.5	45.0
아시아 태평양	16.5	11.5	12.9	49.2	5.9
기타	0.8	8.7	7.7	3.7	1.3
	100%	100%	100%	100%	100%

출처 : BIS

4 외환통계

■ 전 세계 외환거래 규모

단위 : 달러 이중계산조정

	1989	1992	1995	1998	2001	2004	2007
현물환	0.35조	0.40조	0.52조	0.52조	0.38조	0.62조	1.00조
선물, 스왑	0.24조	0.42조	0.67조	0.92조	0.81조	1.32조	2.20조
계	0.59조	0.82조	1.19조	1.49조	1.20조	1.95조	3.21조

출처 : BIS

■ 전 세계 공적외환보유액 규모

조 달러

연도	1977	1980	1983	1986	1989	1992	1995	1998	2001	2007
규모	0.26	0.38	0.33	0.45	0.72	0.91	1.20	1.57	1.89	3.75

출처 : BIS

■ 전 세계 일평균 외환거래액

조 달러

연도	1977	1980	1983	1986	1989	1992	1995	1998	2001	2007
규모	1.31	1.88	1.66	1.99	2.91	3.76	4.80	5.27	6.16	11.80

출처 : BIS

■ 전 세계 연평균 외환거래액

조 달러

연도	1977	1980	1983	1986	1989	1992	1995	1998	2001	2007
규모	4.6	20.6	29.8	67.5	147.5	205.0	297.5	372.5	300.0	800.0

출처 : BIS

■ 전 세계 연간 수출규모

조 달러

연도	1977	1980	1983	1986	1989	1992	1995	1998	2001	2007
규모	1.31	1.88	1.66	1.99	2.91	3.76	4.80	5.27	6.16	11.80

출처 : BIS

■ 전 세계 연간 외환거래액/연간 수출배율 추이

연도	1977	1980	1983	1986	1989	1992	1995	1998	2001	2007
규모	3.5	10.9	17.9	33.9	50.7	54.5	61.9	70.7	48.7	67.8

출처 : BIS 외환시장 투기화 정도

■ 전 세계 외환거래 통화별 비중

(%)

	1989	1992	1995	1998	2001	2004	2007
달러	45.0	41.0	41.5	43.5	45.0	44.5	43.0
유로	–	–	–	–	19.0	18.5	18.5
엔	13.5	11.5	12.0	10.0	11.5	10.0	8.5
파운드	7.5	7.0	5.0	5.5	6.5	8.5	7.5
스위스프랑	5.0	4.5	3.5	3.5	3.0	3.0	3.5
기타	29.0	28.0	28.0	27.5	15.0	15.5	19.0
계	100.0	100.0	100.0	100.0	100.0	100.0	100.0

출처 : BIS

■ 한국 외환일거래액 추이

(억 달러)

	2002	2003	2004	2005	2006	2007
현물환	50.7	56.1	86.1	96.8	127.5	172.7
선물환	12.5	20.7	29.6	36.1	50.8	64.2
외환스왑	19.6	30.1	51.6	64.7	77.5	109.6
외환파생	9.1	14.9	18.8	25.8	45.8	80.2
	91.9	121.8	186.1	223.4	301.6	426.7

출처 : 한국은행

[표1] 2007년 자산 10분위 통계

■ **자산총액(거주주택 포함)**

(단위 : 만원)

분위	보유자산액(평균)	점유율
1분위	0	0.00%
2분위	114	0.03%
3분위	601	0.29%
4분위	2,554	1.30%
5분위	6,285	3.31%
6분위	9,865	4.73%
7분위	14,798	7.73%
8분위	22,340	10.91%
9분위	36,359	18.38%
10분위	105,721	53.33%
Total	19,790	100.00%

상위 1% 점유율 15.1%상위 5% 점유율 38.0%

■ **부동산 자산(거주주택 포함)**

(단위 : 만원)

분위	가구수	보유자산액(평균)	점유율
1~3분위	1,824	0	0.00%
4분위	238	1,949	0.51%
5분위	539	5,384	3.20%
6분위	505	9,018	5.02%
7분위	445	13,231	6.49%
8분위	531	20,323	11.90%
9분위	500	34,272	18.89%
10분위	487	100,540	53.98%
Total	5,069	17,893	100.00%

상위 1% 점유율 15.3%

상위 5% 점유율 39.3%

1분위에서 3분위는 부동산자산(거주주택 포함)이 모두 '0' 이므로 하나의 구간으로 잡힘

■ **금융자산**

(단위 : 만원)

분위	가구수	평균	점유율
1~3분위	1,791	0	0.00%
4분위	292	73	0.22%
5분위	452	237	1.11%
6분위	507	494	2.61%
7분위	507	905	4.77%
8분위	549	1,672	9.54%
9분위	466	3,155	15.29%
10분위	505	12,658	66.46%
Total	5,069	1,897	100.00%

■ **자산총액(거주주택 제외)**

(단위 : 만원)

분위	가구수	평균	점유율
1~2분위	1,453	0	0.00%
3분위	95	35	0.01%
4분위	494	189	0.20%
5분위	507	516	0.56%
6분위	502	1,095	1.19%
7분위	499	2,371	2.55%
8분위	515	5,359	5.96%
9분위	498	13,746	14.77%
10분위	506	68,470	74.76%
Total	5,069	점유율	100.00%

상위 1% 점유율 2.35% 상위 5% 점유율 57.2%

1분위에서 2분위는 자산총액(거주주택 포함)이 모두 '0' 이므로 하나의 구간으로 잡힘

■ 부동산 자산(거주주택 제외)

(단위 : 만원)

분위	가구수	평균	점유율
1~7분위	3,731	0	0.00%
8분위	325	2,353	2.08%
9분위	507	9,886	13.65%
10분위	506	61,162	84.27%
Total	5,069	7,245	100.00%

상위 1% 점유율 22.6%

상위 5% 점유율 64.8%

1분위에서 7분위는 부동산자산(거주주택 제외)이 모두 '0' 이므로 하나의 구간으로 잡힘

[표2] 2000년~2007년 자산지니계수

	2000	2001	2002	2003	2004	2005	2006	2007
자산총액(거주주택 포함)	0.6132	0.6185	0.6132	0.6229	0.6231	0.6347	0.6460	0.6499
자산총액	0.7400	0.7451	0.7370	0.7638	0.7714	0.7674	0.7752	0.7871
부동산자산(거주주택 포함)	0.4979	0.5157	0.5250	0.5417	0.5400	0.5549	0.5749	0.5721
부동산자산(거주주택 제외)	0.5748	0.6010	0.5945	0.6344	0.6181	0.6216	0.6310	0.6346
금융자산	0.6887	0.6887	0.6457	0.6791	0.7038	0.6739	0.6830	0.6952

출처 : 이정희 국회의원실